CHINA FORESTRY STATISTICAL YEARBOOK

林业统计年鉴

2013

国家林业局◎编

中国林业出版社
CHINA FORESTRY PUBLISHING HOUSE

图书在版编目(CIP)数据

中国林业统计年鉴. 2013 / 国家林业局编. —北京：中国林业出版社，2014.9
ISBN 978-7-5038-7609-7

Ⅰ. ①中… Ⅱ. ①国… Ⅲ. ①林业经济 - 统计资料 - 中国 - 2013 - 年鉴
Ⅳ. ①F326.2 - 66

中国版本图书馆 CIP 数据核字(2014)第 180765 号

中国林业统计年鉴（2013）

作者：国家林业局
地址：北京市东城区和平里东街 18 号
电话：010 - 83221210
E-mail：cfybook@163.com
出版：中国林业出版社（100009 北京市西城区德内大街刘海胡同 7 号）
发行：新华书店北京发行所
印刷：北京华正印刷有限公司
版次：2014 年 9 月第 1 版
印次：2014 年 9 月第 1 次
开本：880mm × 1230mm 1/16
印张：30.75
字数：1100 千字
定价：258.00 元

中国林业统计年鉴 2013

CHINA

FORESTRY STATISTICAL YEARBOOK **2013**

说明

一、为了适应改革开放的需要，便于国内外各界了解中国林业建设与发展情况，我们编辑的《中国林业统计年鉴》从 1987 年开始公开出版，每年出版一册，供广大读者作为资料性的工具书使用。

二、本书系根据各省、自治区、直辖市林业管理部门和国家林业局直属单位上报的 2013 年林业统计年报和其他有关资料编辑而成。全书分为：森林和湿地资源、生态建设、产业发展、从业人员和劳动报酬、林业投资、林业教育 6 个部分及国有林区 135 个木材采运企业和 20 个重点营林局主要统计指标、林业工作站和乡村林场基本情况、森林主要灾害情况、全国分县造林情况、全国历年主要统计指标完成情况、2004 ~ 2013 年主要林产品进出口情况、野生动植物进出口情况和世界主要国家林业情况 8 个附录。

三、本书数据除特别标注外不包括香港特别行政区、澳门特别行政区以及台湾省。

四、“—”表示数据不足本表最小单位数、不详或无该项数据。

五、为了不断提高图书质量，竭诚欢迎广大读者提出改进意见。

编者

2014 年 6 月

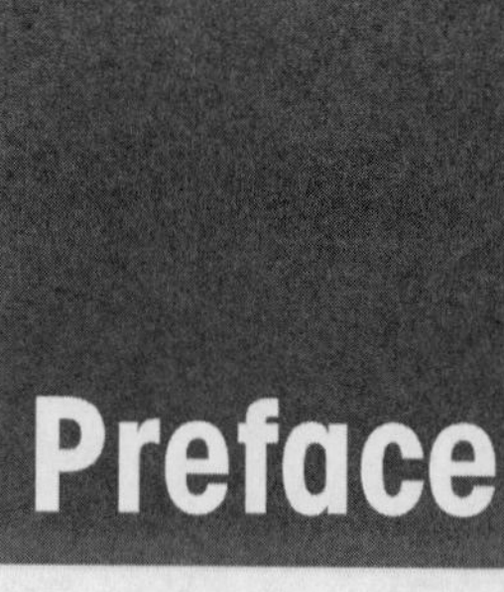

Preface

To meet requirements of reform and opening-up, *China Forestry Statistical Yearbook* has been annually published since 1987. The yearbook, as a reference tool, is used to help people from all walks of life at home and abroad to understand forestry construction and development in China.

China Forestry Statistical Yearbook 2013 is edited on the basis of some relevant information and the statistics submitted by the competent forestry departments of provinces, autonomous regions, municipalities directly under the Central Government and some institutions affiliated to the State Forestry Administration. The yearbook is composed of six components including forest and wetland resources, ecological improvement, development of forestry industry, employment, forestry investment and education. It also contains 8 appendices of major statistical data of 135 forest industry enterprises and 20 key silviculture bureaus in state – owned forest areas, forestry working stations and rural forest farms, major forest disasters, afforestation in counties, main forestry statistical indicators over years, import and export of primary forest products (2004 ~ 2013), import and export of wild fauna and flora and forestry in major countries of the world.

The yearbook (in case there are no specific notes) does not include the data of Hong Kong Special Administrative Region, Macao Special Administrative Region and Taiwan Province.

"—" indicates that the figure is not large enough to be measured with the smallest unit in the table or the data are not available.

In order to improve the quality of the yearbook, the suggestions and comments are warmly welcomed.

Editor

June, 2014

CONTENTS

三、产业发展

Forest Industrial Development

四、从业人员和劳动报酬

Employment and Wages

五、林业投资

Investment in Forestry

六、林业教育

Forestry Education

附录一：国有林区 135 个木材采运企业和 20 个重点营林局主要统计指标

Annex I Main Statistical Indicators for 135 Timber Harvesting Enterprises and 20 Key Silviculture Bureaus in the State-owned Forest Areas

附录二：林业工作站和乡村林场基本情况

Annex II　Forestry Working Stations and Rural Forest Farms

附录三：森林主要灾害情况

Annex III　Major Forest Disasters

附录四：全国分县造林情况

Annex IV　National Afforestation by County

附录五：全国历年主要统计指标完成情况

Annex V　Main Statistical Indicators in Calendar Years

附录六：2004～2013 年主要林产品进出口情况

Annex VI　Import and Export of Major Forest Products between 2004 and 2013

附录七：野生动植物进出口情况

Annex VII　Import and Export of Wild Fauna and Flora

附录八：世界主要国家林业情况

Annex VIII Forestry in Major Countries in the World

1

森林和湿地资源

FOREST AND WETLAND RESOURCES

全国森林资源情况

单位:万公顷、万立方米

地　区	森林覆盖率		林地面积	活立木总蓄积	森林面积[①]	森林蓄积	人工林		天然林		乔木林单位面积蓄积量(立方米/公顷)
	森林覆盖率(%)[①]	排序					面积	蓄积	面积	蓄积	
全国合计	21.63	—	31259.00	1643280.62	20768.73	1513729.72	6933.38	248324.85	12184.12	1229583.97	89.79
北　京	35.84	16	101.35	1828.04	58.81	1425.33	37.15	785.65	21.58	639.68	33.22
天　津	9.87	29	15.62	453.98	11.16	374.03	10.56	354.89	0.60	19.14	49.74
河　北	23.41	19	718.08	13082.23	439.33	10774.95	220.90	5683.81	173.93	5091.14	34.65
山　西	18.03	22	765.55	11039.38	282.41	9739.12	131.81	2665.79	129.54	7073.33	46.28
内蒙古	21.03	21	4398.89	148415.92	2487.90	134530.48	331.65	9798.18	1401.20	124732.30	78.53
辽　宁	38.24	14	699.89	25972.07	557.31	25046.29	307.08	9487.54	210.13	15558.75	64.28
吉　林	40.38	11	856.19	96534.93	763.87	92257.37	160.56	10397.42	602.47	81859.95	122.45
黑龙江	43.16	9	2207.40	177720.97	1962.13	164487.01	246.53	16423.73	1715.60	148063.28	84.37
上　海	10.74	28	7.73	380.25	6.81	186.35	6.81	186.35	—	—	42.74
江　苏	15.80	24	178.70	8461.42	162.10	6470.00	156.82	6320.85	5.28	149.15	51.69
浙　江	59.07	3	660.74	24224.93	601.36	21679.75	258.53	6831.76	342.83	14847.99	52.87
安　徽	27.53	18	443.18	21710.12	380.42	18074.85	225.07	9374.77	155.23	8700.08	61.97
福　建	65.95	1	926.82	66674.62	801.27	60796.15	377.69	24853.23	423.58	35942.92	100.20
江　西	60.01	2	1069.66	47032.40	1001.81	40840.62	338.60	11121.88	663.21	29718.74	51.70
山　东	16.73	23	331.26	12360.74	254.60	8919.79	244.52	8709.27	10.08	210.52	55.25
河　南	21.50	20	504.98	22880.68	359.07	17094.56	227.12	10465.76	131.95	6628.80	55.98
湖　北	38.40	13	849.85	31324.69	713.86	28652.97	194.85	6007.07	454.05	22645.90	50.06
湖　南	47.77	8	1252.78	37311.50	1011.94	33099.27	474.61	14094.46	476.17	19004.81	45.26
广　东	51.26	6	1076.44	37774.59	906.13	35682.71	557.89	15467.69	325.72	20215.02	49.92
广　西	56.51	4	1527.17	55816.60	1342.70	50936.80	634.52	22272.16	481.86	28664.64	56.34
海　南	55.38	5	214.49	9774.49	187.77	8903.83	136.20	2313.16	51.57	6590.67	91.69
重　庆	38.43	12	406.28	17437.31	316.44	14651.76	92.55	3591.72	153.80	11060.04	69.47
四　川	35.22	17	2328.26	177576.04	1703.74	168000.04	449.26	15964.49	891.42	152035.55	141.92
贵　州	37.09	15	861.22	34384.40	653.35	30076.43	237.30	11557.35	299.07	18519.08	62.83
云　南	50.03	7	2501.04	187514.27	1914.19	169309.19	414.11	11020.33	1335.98	158288.86	110.88
西　藏	11.98	25	1783.64	228812.16	1471.56	226207.05	4.88	156.75	844.25	226050.30	266.59
陕　西	41.42	10	1228.47	42416.05	853.24	39592.52	236.97	2812.14	532.16	36780.38	61.93
甘　肃	11.28	27	1042.65	24054.88	507.45	21453.97	102.97	2831.83	168.94	18622.14	86.79
青　海	5.63	30	808.04	4884.43	406.39	4331.21	7.44	430.72	34.05	3900.49	114.43
宁　夏	11.89	26	180.10	872.56	61.80	660.33	14.43	317.44	5.72	342.89	41.66
新　疆	4.24	31	1099.71	38679.57	698.25	33654.09	94.00	6026.66	142.15	27627.43	187.81
香　港[②]	22.55	—	2.49	—	2.49	—	—	—	—	—	—
澳　门[③]	30.00	—	0.09	—	0.09	—	—	—	—	—	—
台　湾[④]	58.79	—	210.24	35874.40	210.24	35820.90	—	—	—	—	—

①全国森林覆盖率和森林面积中含国家特别规定的灌木林新增面积,各省(区、市)森林覆盖率和森林面积含国家特别规定的灌木林面积。

②香港特别行政区数据来源于《中国统计年鉴(2012)》。

③澳门特别行政区数据来源于《澳门统计年鉴(2011)》。

④台湾省数据来源于《第三次台湾森林资源及土地利用调查(1993年)》。

全国湿地资源情况

单位:万公顷

地　区	湿地总面积	按类型分				
		近海与海岸湿地	河流湿地	湖泊湿地	沼泽湿地	人工湿地
全国合计	**5360.26**	**579.59**	**1055.21**	**859.38**	**2173.29**	**674.59**
北　京	4.81	—	2.27	0.02	0.13	2.39
天　津	29.56	10.43	3.23	0.36	1.09	14.45
河　北	94.19	23.19	21.25	2.66	22.36	24.73
山　西	15.19	—	9.69	0.31	0.81	4.38
内蒙古	601.06	—	46.37	56.62	484.89	13.18
辽　宁	139.48	71.32	25.15	0.29	11.01	31.71
吉　林	99.76	—	22.35	11.20	52.74	13.47
黑龙江	514.33	—	73.35	35.60	386.43	18.95
上　海	46.46	38.66	0.73	0.58	0.93	5.56
江　苏	282.28	108.75	29.66	53.67	2.80	87.40
浙　江	111.01	69.25	14.12	0.89	0.07	26.68
安　徽	104.18	—	30.96	36.11	4.29	32.82
福　建	87.10	57.56	13.51	0.03	0.02	15.98
江　西	91.01	—	31.08	37.41	2.58	19.94
山　东	173.75	72.85	25.78	6.26	5.41	63.45
河　南	62.79	—	36.89	0.69	0.49	24.72
湖　北	144.50	—	45.04	27.69	3.69	68.08
湖　南	101.97	—	39.84	38.58	2.93	20.62
广　东	175.34	81.51	33.79	0.15	0.36	59.53
广　西	75.43	25.90	26.89	0.63	0.24	21.77
海　南	32.00	20.17	3.97	0.06	—	7.80
重　庆	20.72	—	8.73	0.03	0.01	11.95
四　川	174.78	—	45.23	3.74	117.59	8.22
贵　州	20.97	—	13.81	0.25	1.10	5.81
云　南	56.35	—	24.18	11.85	3.22	17.10
西　藏	652.90	—	143.45	303.52	205.43	0.50
陕　西	30.85	—	25.76	0.76	1.10	3.23
甘　肃	169.39	—	38.17	1.59	124.48	5.15
青　海	814.36	—	88.53	147.03	564.54	14.26
宁　夏	20.72	—	9.79	3.35	3.81	3.77
新　疆	394.82	—	121.64	77.45	168.74	26.99
香　港	4.47	—	—	—	—	—
澳　门	2.55	—	—	—	—	—
台　湾	11.18	—	—	—	—	—

注:湿地总面积按类型分不包括香港、澳门和台湾。

2

生态建设

ECOLOGICAL DEVELOPMENT

全国营林生产主要指标 2013 年与 2012 年比较

指　标　名　称	单位	2013 年	2012 年	2013 年比 2012 年增减 （%）
一、造林面积	**公顷**	**6100059**	**5595791**	**9.01**
（一）按造林方式分				
1. 人工造林	公顷	4209686	3820704	10.18
其中：竹林面积	公顷	47794	41424	15.38
2. 飞播造林	公顷	154400	136409	13.19
3. 无林地和疏林地新封	公顷	1735971	1638678	5.94
（二）按经济成分分				
1. 公有经济造林	公顷	3255217	3009993	8.15
①国有经济造林	公顷	1602727	1506978	6.35
②集体经济造林	公顷	1652490	1503015	9.95
2. 非公有经济造林	公顷	2844840	2585798	10.02
（三）按林种用途分				
1. 用材林	公顷	1057558	774398	36.57
2. 经济林	公顷	1233676	1101053	12.05
3. 防护林	公顷	3748409	3650842	2.67
4. 薪炭林	公顷	24898	41145	-39.49
5. 特种用途林	公顷	35516	28353	25.26
（四）按树种类型分				
其中：速生树种	公顷	1031244	755149	36.56
乡土树种	公顷	3735831	3593927	3.95
珍贵树种	公顷	94174	60563	55.50
（五）按结构类型分				
1. 纯林	公顷	3508627	3387397	3.58
2. 混交林	公顷	2591430	2208394	17.34
二、有林地造林面积	**公顷**	**688152**	**581520**	**18.34**
1. 林冠下造林	公顷	169518	150484	12.65
2. 飞播营林	公顷	—	—	—
3. 有林地和灌木林地新封	公顷	518634	431036	20.32
三、更新造林面积	**公顷**	**303086**	**305065**	**-0.65**
四、四旁（零星）植树	**万株**	**235734**	**239418**	**-1.54**
五、年末实有封山（沙）育林面积	**公顷**	**25178730**	**24140908**	**4.30**
六、森林抚育改造面积				
1. 低产低效林改造面积	公顷	758327	707499	7.18
2. 未成林抚育作业面积	公顷次	7751527	9396281	-17.50
3. 中、幼龄林抚育面积	公顷	7847187	7661686	2.42
七、林木种苗				
1. 林木种子采集量	吨	26680	27831	-4.14
2. 当年苗木产量	万株	6004062	5707761	5.19
3. 育苗面积	公顷	1071459	915643	17.02
其中：本年新增育苗面积	公顷	299639	272013	10.16

各地区按造林方式分造林面积2013年与2012年比较

单位:公顷

地区	造林面积			人工造林			飞播造林			无林地和疏林地新封		
	2013年	2012年	增减(%)	2013年	2012年	增减(%)	2013年	2012年	增减(%)	2013年	2012年	增减(%)
全国合计	**6100057**	**5595791**	**9.01**	**4209686**	**3820704**	**10.18**	**154400**	**136409**	**13.19**	**1735971**	**1638678**	**5.94**
北　京	45813	35752	28.14	30871	22171	39.24	—	—	—	14942	13581	10.02
天　津	5792	5357	8.12	5792	5357	8.12	—	—	—	—	—	—
河　北	318737	312360	2.04	238007	209013	13.87	20001	20002	0.00	60729	83345	-27.14
山　西	298796	302851	-1.34	240843	225253	6.92	1732	2333	-25.76	56221	75265	-25.30
内蒙古	805156	781617	3.01	349624	357339	-2.16	78666	65071	20.89	376866	359207	4.92
内蒙古集团	1438	345	316.81	1438	345	316.81	—	—	—	—	—	—
辽　宁	237457	246667	-3.73	134459	140000	-3.96	—	—	—	102998	106667	-3.44
吉　林	112446	28166	299.23	48448	27833	74.07	—	—	—	63998	333	19118.62
吉林集团	2669	—	—	2669	—	—	—	—	—	—	—	—
长白山集团	10346	626	1552.72	10346	626	1552.72	—	—	—	—	—	—
黑龙江	124122	162299	-23.52	81512	108960	-25.19	—	—	—	42610	53339	-20.11
龙江集团	—	—	—	—	—	—	—	—	—	—	—	—
上　海	862	1168	-26.20	862	1168	-26.20	—	—	—	—	—	—
江　苏	65258	57341	13.81	64925	57341	13.23	—	—	—	333	—	—
浙　江	42362	43923	-3.55	30310	34473	-12.08	—	—	—	12052	9450	27.53
安　徽	172086	43786	293.02	162488	32162	405.22	—	—	—	9598	11624	-17.43
福　建	100185	98042	2.19	100185	98042	2.19	—	—	—	—	—	—
江　西	153368	138645	10.62	141041	127031	11.03	—	—	—	12327	11614	6.14
山　东	220473	197956	11.37	219129	195875	11.87	—	—	—	1344	2081	-35.42
河　南	253914	228292	11.22	201208	205968	-2.31	—	—	—	52706	22324	136.10
湖　北	246858	198578	24.31	165652	140174	18.18	—	—	—	81206	58404	39.04
湖　南	349772	404239	-13.47	188680	236487	-20.22	—	—	—	161092	167752	-3.97
广　东	139058	107512	29.34	119083	94919	25.46	—	—	—	19975	12593	58.62
广　西	149875	148878	0.67	133510	124443	7.29	—	—	—	16365	24435	-33.03
海　南	12829	17734	-27.66	12829	17734	-27.66	—	—	—	—	—	—
重　庆	227883	206215	10.51	152832	135414	12.86	—	10000	—	75051	60801	23.44
四　川	126191	112159	12.51	67992	58828	15.58	—	—	—	58199	53331	9.13
贵　州	340000	147704	130.19	256253	70400	264.00	—	—	—	83747	77304	8.33
云　南	524334	544466	-3.70	467658	495424	-5.60	—	—	—	56676	49042	15.57
西　藏	69629	72432	-3.87	30540	38395	-20.46	—	—	—	39089	34037	14.84
陕　西	343981	320287	7.40	215732	215684	0.02	54001	39003	38.45	74248	65600	13.18
甘　肃	174470	177330	-1.61	108377	110789	-2.18	—	—	—	66093	66541	-0.67
青　海	152755	135644	12.61	44397	33387	32.98	—	—	—	108358	102257	5.97
宁　夏	101145	94814	6.68	60695	53430	13.60	—	—	—	40450	41384	-2.26
新　疆	164450	210244	-21.78	115752	133877	-13.54	—	—	—	48698	76367	-36.23
新疆兵团	17093	22923	-25.43	16093	19590	-17.85	—	—	—	1000	3333	-70.00
大兴安岭	—	—	—	—	—	—	—	—	—	—	—	—

注:全国合计造林面积中包括军事管理区20000公顷人工造林。

各地区全部营林

地 区	造 林								
	合 计	按造林方式分				按经济成分分			
		人工造林		飞播造林	无林地和疏林地新封	公有经济造林			非公有经济造林
		小 计	其中：竹林面积			小计	国有经济造林	集体经济造林	
全国合计	**6100057**	**4209686**	**47794**	**154400**	**1735971**	**3255217**	**1602727**	**1652490**	**2844840**
北 京	45813	30871	—	—	14942	45723	19226	26497	90
天 津	5792	5792	—	—	—	3258	476	2782	2534
河 北	318737	238007	—	20001	60729	144127	28023	116104	174610
山 西	298796	240843	—	1732	56221	240670	68404	172266	58126
内蒙古	805156	349624	—	78666	376866	502428	226573	275855	302728
内蒙古集团	1438	1438	—	—	—	1438	1438	—	—
辽 宁	237457	134459	—	—	102998	79121	27598	51523	158336
吉 林	112446	48448	—	—	63998	97714	82054	15660	14732
吉林集团	2669	2669	—	—	—	2669	2669	—	—
长白山集团	10346	10346	—	—	—	10346	10346	—	—
黑龙江	124122	81512	—	—	42610	82962	67135	15827	41160
龙江集团	—	—	—	—	—	—	—	—	—
上 海	862	862	—	—	—	778	517	261	84
江 苏	65258	64925	578	—	333	32578	9272	23306	32680
浙 江	42362	30310	532	—	12052	27973	4214	23759	14389
安 徽	172086	162488	3760	—	9598	41748	6782	34966	130338
福 建	100185	100185	—	—	—	31798	15432	16366	68387
江 西	153368	141041	706	—	12327	29949	19095	10854	123419
山 东	220473	219129	—	—	1344	97883	11248	86635	122590
河 南	253914	201208	—	—	52706	38689	10658	28031	215225
湖 北	246858	165652	2841	—	81206	66698	33071	33627	180160
湖 南	349772	188680	1283	—	161092	91454	24695	66759	258318
广 东	139058	119083	29	—	19975	117558	65349	52209	21500
广 西	149875	133510	3569	—	16365	29756	12767	16989	120119
海 南	12829	12829	77	—	—	1266	863	403	11563
重 庆	227883	152832	902	—	75051	100265	35052	65213	127618
四 川	126191	67992	5949	—	58199	82094	66097	15997	44097
贵 州	340000	256253	13727	—	83747	238667	155334	83333	101333
云 南	524334	467658	13774	—	56676	174384	51168	123216	349950
西 藏	69629	30540	—	—	39089	58505	51133	7372	11124
陕 西	343981	215732	67	54001	74248	295283	140810	154473	48698
甘 肃	174470	108377	—	—	66093	146243	106984	39259	28227
青 海	152755	44397	—	—	108358	152755	119441	33314	—
宁 夏	101145	60695	—	—	40450	96178	64517	31661	4967
新 疆	164450	115752	—	—	48698	86712	58739	27973	77738
新疆兵团	17093	16093	—	—	1000	12710	12710	—	4383
大兴安岭	—	—	—	—	—	—	—	—	—

注：全国合计造林面积中包括军事管理区 20000 公顷人工营造的防护林。

生产情况(一)

单位:公顷

面积									
按林种用途分					按树种类型分			按结构类型分	
					其中				
用材林	经济林	防护林	薪炭林	特种用途林	速生树种	乡土树种	珍贵树种	纯林	混交林
1057558	**1233676**	**3748409**	**24898**	**35516**	**1031244**	**3735831**	**94174**	**3508627**	**2591430**
—	436	44737	—	640	—	37885	244	436	45377
618	1116	4058	—	—	2159	209	—	3466	2326
31127	45852	240298	—	1460	63597	219893	1295	200249	118488
2267	83995	202872	9662	—	10171	260405	280	150834	147962
8357	16489	777993	—	2317	6919	637841	1639	322366	482790
507	334	153	—	444	—	1438	—	1438	—
16899	26565	193993	—	—	21696	181657	108	130166	107291
8255	136	104055	—	—	8890	81735	1368	56255	56191
—	—	2669	—	—	—	2669	—	—	2669
250	—	10096	—	—	—	10346	—	4409	5937
13491	1409	106778	4	2440	25671	91147	995	106099	18023
—	—	—	—	—	—	—	—	—	—
—	85	777	—	—	—	403	—	101	761
7848	11446	43923	—	2041	10841	25654	1887	32996	32262
3266	9690	28856	224	326	4265	26854	4453	14013	28349
63164	40285	60790	716	7131	40325	98565	6754	114055	58031
72977	9055	15081	272	2800	16718	43288	7213	59922	40263
86665	37867	28207	140	489	61233	79211	4248	96793	56575
32569	63604	122536	—	1764	54185	119193	724	171640	48833
55701	41444	156769	—	—	70117	133576	4930	182442	71472
83439	58163	103083	112	2061	84087	128172	3567	163281	83577
183884	36111	125879	2161	1737	106383	169858	13533	167899	181873
29986	5143	102917	—	1012	9051	113853	1291	17840	121218
89186	35510	24339	—	840	75428	41930	5374	129836	20039
1888	8192	2103	—	646	2230	1540	1221	12743	86
60683	28605	133465	3447	1683	1400	154356	480	100207	127676
31306	23961	70791	—	133	18891	81896	5651	70465	55726
100000	144727	90000	4333	940	247667	77233	15100	264667	75333
61336	352109	110010	879	—	52356	319268	5454	416350	107984
—	1426	68203	—	—	24321	829	—	16531	53098
8371	73744	261866	—	—	3833	200642	6123	181412	162569
—	12514	156923	—	5033	6118	148622	242	71564	102906
—	6868	145887	—	—	—	81265	—	72384	80371
—	10118	91027	—	—	—	79621	—	18541	82604
4275	47011	110193	2948	23	2692	99230	—	143074	21376
600	4841	11652	—	—	671	8374	—	16261	832
—	—	—	—	—	—	—	—	—	—

各地区全部营林

地区	有林地造林面积				更新造林	四旁(零星)植树(万株)
	合计	林冠下造林	飞播营林	有林地和灌木林地新封		
全国合计	**688152**	**169518**	**—**	**518634**	**303086**	**235734**
北　京	19424	826	—	18598	784	223
天　津	—	—	—	—	—	362
河　北	76	76	—	—	5017	10914
山　西	4164	—	—	4164	—	10507
内蒙古	14733	14733	—	—	14976	3359
内蒙古集团	14733	14733	—	—	—	25
辽　宁	245	46	—	199	2199	6646
吉　林	42072	35737	—	6335	8545	1014
吉林集团	18870	18870	—	—	836	6
长白山集团	10516	10516	—	—	109	73
黑龙江	87555	53750	—	33805	25569	1116
龙江集团	54193	52658	—	1535	25569	221
上　海	—	—	—	—	—	57
江　苏	1201	15	—	1186	1948	10696
浙　江	2848	503	—	2345	13686	2975
安　徽	16203	—	—	16203	—	17355
福　建	102804	37263	—	65541	8229	2846
江　西	41318	2992	—	38326	9657	6618
山　东	6887	221	—	6666	7219	19145
河　南	—	—	—	—	146	22948
湖　北	10945	513	—	10432	2952	12014
湖　南	143001	3238	—	139763	23670	12915
广　东	83649	10367	—	73282	83650	9361
广　西	8046	369	—	7677	71579	5994
海　南	328	328	—	—	13271	1261
重　庆	8732	2934	—	5798	—	10512
四　川	666	—	—	666	6140	24279
贵　州	—	—	—	—	—	4363
云　南	76790	1011	—	75779	1167	9855
西　藏	—	—	—	—	—	53
陕　西	7535	—	—	7535	36	11221
甘　肃	3667	—	—	3667	—	11964
青　海	—	—	—	—	—	1395
宁　夏	—	—	—	—	—	1659
新　疆	5263	4596	—	667	2586	2108
新疆兵团	2084	2084	—	—	317	173
大兴安岭	—	—	—	—	60	—

生产情况(二)

单位:公顷

年末实有封山(沙)育林面积	森林抚育改造面积			林木种苗			
	低产低效林改造面积	未成林抚育作业面积(公顷次)	中、幼龄林抚育面积	林木种子采集量(吨)	当年苗木产量(万株)	育苗面积	
						合计	其中:本年新增育苗面积
25178730	**758327**	**7751527**	**7847187**	**26680**	**6004062**	**1071459**	**299639**
146674	322	17323	67296	53	21341	8947	1413
26014	—	74600	50860	—	5522	8318	3051
774918	14484	393374	348424	1283	364228	75102	27160
868747	3799	53414	90503	353	500432	66735	25135
3613217	4606	509224	764092	2037	515953	43274	11090
—	—	10133	351300	—	10690	105	30
1368320	6394	95639	104491	1831	416248	18791	6466
666387	5315	552093	220603	621	160392	9976	4058
215647	550	187433	37522	65	15099	136	30
178002	1265	117504	81594	29	4321	108	30
822630	10444	455159	612574	257	206980	10031	2835
327220	2145	250241	492997	47	55612	480	71
—	872	16900	13274	—	8827	10451	125
23786	332	80419	40000	—	322182	148028	19668
959477	7074	14494	225145	22	409386	132765	13568
526415	23297	386336	166667	537	79370	70450	1200
714757	19929	576798	161313	39	42630	947	587
1130726	46925	283608	217818	149	226694	71672	20292
231241	11333	557467	413850	1024	396382	89181	35057
362777	18506	400728	323945	1046	227612	40838	24328
1094480	27133	363080	417983	1099	132475	43830	19900
1655787	151540	475415	342415	295	74701	1677	1591
461525	49501	135183	348952	54	78097	8324	2547
1926336	5067	581047	497036	363	130520	19658	4023
136339	470	52330	71352	33	15742	2830	357
295407	3866	49756	133391	159	72773	25423	6505
734134	48480	29189	125858	1242	89212	19588	8412
563671	50000	3333	290667	970	94303	3808	2793
1449699	122615	6471	148151	4729	96891	4405	2810
44175	—	—	7333	—	—	—	—
898387	49745	66314	129881	2169	392710	27123	8021
877634	9890	95797	181416	1636	419613	33230	16560
1096845	533	5000	23533	125	46027	5246	1338
326220	1400	47419	21331	1141	291400	31652	6153
1382005	47122	1373617	1108673	3409	152687	38973	22569
198370	1662	269062	233057	34	17058	6636	5848
—	17333	—	178360	4	12732	186	27

指 标	总计	天然林资源保护工程	退耕还林工程	京津风沙源治理工程
一、造林面积	**2568952**	**460301**	**628929**	**626078**
(一)按造林方式分				
1. 人工造林	1337432	113387	432302	258841
2. 飞播造林	145731	67332	—	75066
3. 无林地和疏林地新封	1085789	279582	196627	292171
(二)按林种用途分				
1. 用材林	167262	16447	110122	11124
2. 经济林	225488	18921	150841	16785
3. 防护林	2152071	422022	351632	594542
4. 薪炭林	13439	—	11858	1571
5. 特种用途林	10692	2911	4476	2056
二、低产低效防护林改造面积	**11623**	**—**	**—**	**—**
三、年末实有封山育林面积	**14188192**	**5758320**	**1978641**	**2686580**
四、全部林业投资完成额	**5361512**	**2301529**	**1962668**	**378669**
其中：国家投资	4378163	2020503	1557260	357304

工程建设情况

单位:公顷、万元

三北及长江流域等重点防护林体系工程							野生动物植物保护及自然保护区建设工程
合计	三北防护林工程	长江流域防护林体系工程	沿海防护林体系工程	珠江流域防护林体系工程	太行山绿化工程	平原绿化工程	
853644	**518556**	**130352**	**118590**	**43985**	**35745**	**6416**	**—**
532902	303022	78905	94084	28317	22158	6416	—
3333	3333	—	—	—	—	—	—
317409	212201	51447	24506	15668	13587	—	—
29569	11810	7796	5333	4572	58	—	—
38941	24207	6160	4524	3099	951	—	—
783875	482238	116324	107847	36314	34736	6416	—
10	10	—	—	—	—	—	—
1249	291	72	886	—	—	—	—
11623	**5482**	**3281**	**1854**	**873**	**133**	**—**	**—**
3764651	**2513508**	**392914**	**452444**	**238918**	**165859**	**1008**	**—**
569772	**274469**	**65806**	**178784**	**21154**	**17539**	**12020**	**148874**
354732	170664	33863	116389	11354	10442	12020	88364

各地区林业重点生态工程造林面积

单位:公顷

地　区	全部造林面积	林业重点生态工程造林面积					其他造林面积
		合计	天然林资源保护工程	退耕还林工程	京津风沙源治理工程	三北及长江流域等重点防护林体系工程	
全国合计	**6100057**	**2568952**	**460301**	**628929**	**626078**	**853644**	**3531105**
北　京	45813	28463	—	—	20251	8212	17350
天　津	5792	5792	—	—	800	4992	—
河　北	318737	162788	—	15818	99548	47422	155949
山　西	298796	143309	39920	46415	18272	38702	155487
内蒙古	805156	685036	88297	42159	468988	85592	120120
内蒙古集团	1438	—	—	—	—	—	1438
辽　宁	237457	80536	—	24336	—	56200	156921
吉　林	112446	51541	—	19240	—	32301	60905
吉林集团	2669	—	—	—	—	—	2669
长白山集团	10346	—	—	—	—	—	10346
黑龙江	124122	83113	—	30494	—	52619	41009
龙江集团	—	—	—	—	—	—	—
上　海	862	—	—	—	—	—	862
江　苏	65258	18647	—	—	—	18647	46611
浙　江	42362	17748	—	—	—	17748	24614
安　徽	172086	36865	—	21741	—	15124	135221
福　建	100185	6595	—	—	—	6595	93590
江　西	153368	32561	—	20665	—	11896	120807
山　东	220473	40585	—	—	—	40585	179888
河　南	253914	55852	3332	27038	—	25482	198062
湖　北	246858	85157	29397	23070	—	32690	161701
湖　南	349772	35184	—	15180	—	20004	314588
广　东	139058	47295	—	—	—	47295	91763
广　西	149875	29665	—	16101	—	13564	120210
海　南	12829	2849	—	1294	—	1555	9980
重　庆	227883	48003	23668	24335	—	—	179880
四　川	126191	72764	52103	20661	—	—	53427
贵　州	340000	35113	19113	12000	—	4000	304887
云　南	524334	158318	31711	117937	—	8670	366016
西　藏	69629	18360	2200	7332	—	8828	51269
陕　西	343981	194517	89550	45385	18219	41363	149464
甘　肃	174470	118635	40340	19634	—	58661	55835
青　海	152755	78885	21290	16000	—	41595	73870
宁　夏	101145	42980	19380	8000	—	15600	58165
新　疆	164450	131796	—	34094	—	97702	32654
新疆兵团	17093	15083	—	634	—	14449	2010
大兴安岭	—	—	—	—	—	—	—

注:退耕还林工程中包括军事管理区 20000 公顷荒山荒地造林。

天然林资源保护工程建设情况

指　　标	单位	合计	东北、内蒙古等重点国有林区	长江上游、黄河上中游地区
一、工程区木材产量	**立方米**	**9240417**	**4173275**	**5067142**
其中:人工林木材产量	立方米	4914362	319429	4594933
二、造林面积	**公顷**	**460301**	**—**	**460301**
1. 人工造林	公顷	113387	—	113387
2. 飞播造林	公顷	67332	—	67332
3. 无林地和疏林地新封	公顷	279582	—	279582
按林种用途分				
1. 用材林	公顷	16447	—	16447
2. 经济林	公顷	18921	—	18921
3. 防护林	公顷	422022	—	422022
4. 薪炭林	公顷	—	—	—
5. 特种用途林	公顷	2911	—	2911
三、中、幼龄林抚育面积	**公顷**	**1639135**	**1239807**	**399328**
四、年末实有封山(沙)育林面积	**公顷**	**5758320**	**823802**	**4934518**
五、年末实有森林管护面积	**公顷**	**114405827**	**38528237**	**75877590**
1. 国有林	公顷	71137248	38528237	32609011
2. 集体和个人所有的国家级公益林	公顷	20459698	—	20459698
3. 集体和个人所有的地方公益林	公顷	22808881	—	22808881
六、工程区项目实施单位人员情况				
1. 年末人数	人	804815	641962	162853
其中:混岗职工人数	人	90309	89494	815
(1)在岗职工	人	580187	425187	155000
(2)其他从业人员	人	6805	941	5864
(3)离开本单位保留劳动关系人员	人	217823	215834	1989
2. 在岗职工年平均人数	人	556781	403459	153322
3. 在岗职工年工资总额	万元	1483464	997084	486380
4. 年末实有离退休人员	人	639457	502551	136906
5. 当年离退休人员生活费	万元	1396647	1073518	323129
6. 年末参加基本养老保险人数	人	815881	648564	167317
其中:在岗职工	人	505950	384126	121824
7. 年末参加基本医疗保险人数	人	1098030	859567	238463
其中:在岗职工	人	525818	392870	132948
七、全部林业投资完成额	**万元**	**2301529**	**1185688**	**1115841**
其中:国家投资	万元	2020503	1142986	877517
1. 公益林建设	万元	91109	—	91109
2. 后备资源培育	万元	21653	21653	—
3. 森林管护	万元	676237	288587	387650
4. 森林抚育	万元	298496	225950	72546
5. 生态效益补偿	万元	394736	3616	391120
6. 社会保险(养老、医疗、失业、工伤、生育)	万元	437465	322313	115152
7. 政社性支出	万元	331693	311108	20585
8. 其他	万元	50140	12461	37679

各地区天然林资源

地区	工程区木材产量(立方米)		造林面积(公顷)								
				按造林方式分			按林种用途分				
	合计	其中：人工林木材产量	合计	人工造林	飞播造林	无林地和疏林地新封	用材林	经济林	防护林	薪炭林	特种用途林
全国合计	**9240417**	**4914362**	**460301**	**113387**	**67332**	**279582**	**16447**	**18921**	**422022**	**—**	**2911**
北京	—	—	—	—	—	—	—	—	—	—	—
天津	—	—	—	—	—	—	—	—	—	—	—
河北	—	—	—	—	—	—	—	—	—	—	—
山西	39667	24817	39920	11890	—	28030	—	666	39254	—	—
内蒙古	1262711	158372	88297	17964	34000	36333	—	—	88297	—	—
内蒙古集团	1093228	88823	—	—	—	—	—	—	—	—	—
辽宁	—	—	—	—	—	—	—	—	—	—	—
吉林	1485853	77273	—	—	—	—	—	—	—	—	—
吉林集团	574471	58120	—	—	—	—	—	—	—	—	—
长白山集团	775916	17053	—	—	—	—	—	—	—	—	—
黑龙江	774313	131333	—	—	—	—	—	—	—	—	—
龙江集团	774313	131333	—	—	—	—	—	—	—	—	—
上海	—	—	—	—	—	—	—	—	—	—	—
江苏	—	—	—	—	—	—	—	—	—	—	—
浙江	—	—	—	—	—	—	—	—	—	—	—
安徽	—	—	—	—	—	—	—	—	—	—	—
福建	—	—	—	—	—	—	—	—	—	—	—
江西	—	—	—	—	—	—	—	—	—	—	—
山东	—	—	—	—	—	—	—	—	—	—	—
河南	118047	102006	3332	3332	—	—	—	—	3332	—	—
湖北	335710	268270	29397	3463	—	25934	2056	375	26966	—	—
湖南	—	—	—	—	—	—	—	—	—	—	—
广东	—	—	—	—	—	—	—	—	—	—	—
广西	—	—	—	—	—	—	—	—	—	—	—
海南	—	—	—	—	—	—	—	—	—	—	—
重庆	84217	54967	23668	7000	—	16668	5466	802	17400	—	—
四川	2368907	2154530	52103	5774	—	46329	3068	403	48499	—	133
贵州	1639217	1625267	19113	12446	—	6667	2025	3461	13316	—	311
云南	384899	290339	31711	18762	—	12949	—	9433	22278	—	—
西藏	—	—	2200	267	—	1933	—	—	2200	—	—
陕西	20278	20278	89550	15081	33332	41137	3832	3477	82241	—	—
甘肃	7048	6910	40340	12738	—	27602	—	—	37873	—	2467
青海	—	—	21290	1290	—	20000	—	—	21290	—	—
宁夏	—	—	19380	3380	—	16000	—	304	19076	—	—
新疆	380	—	—	—	—	—	—	—	—	—	—
新疆兵团	—	—	—	—	—	—	—	—	—	—	—
大兴安岭	719170	—	—	—	—	—	—	—	—	—	—

保护工程建设情况(一)

中、幼龄林抚育面积(公顷)	年末实有封山(沙)育林面积(公顷)	年末实有森林管护面积(公顷)				工程区项目实施单位人员情况				
			其中			年末人数(人)				
		合　计	国有林	集体和个人所有的国家级公益林	集体和个人所有的地方公益林	合计	其中:混岗职工人数	在岗职工	其他从业人员	离开本单位保留劳动关系人员
1639135	**5758320**	**114405827**	**71137248**	**20459698**	**22808881**	**804815**	**90309**	**580187**	**6805**	**217823**
—	—	—	—	—	—	—	—	—	—	—
—	—	—	—	—	—	—	—	—	—	—
—	—	—	—	—	—	—	—	—	—	—
32370	320270	5163348	1635808	766446	2761094	11507	—	11215	112	180
429866	848800	19979317	13902835	1761033	4315449	144696	35591	69186	320	75190
351300	—	9664920	9664920	—	—	129287	34986	54249	24	75014
—	—	—	—	—	—	—	—	—	—	—
123595	368138	3963353	3963353	—	—	94721	2872	57117	—	37604
36098	215647	1344448	1344448	—	—	37151	1090	25899	—	11252
81594	150127	2336256	2336256	—	—	52659	1782	27203	—	25456
492997	327220	8965060	8965060	—	—	342424	48292	239877	562	101985
492997	327220	8965060	8965060	—	—	342424	48292	239877	562	101985
—	—	—	—	—	—	—	—	—	—	—
—	—	—	—	—	—	—	—	—	—	—
—	—	—	—	—	—	—	—	—	—	—
—	—	—	—	—	—	—	—	—	—	—
—	—	—	—	—	—	—	—	—	—	—
—	—	—	—	—	—	—	—	—	—	—
—	—	—	—	—	—	—	—	—	—	—
—	32573	1689959	195367	563985	930607	3767	—	3757	—	10
23737	403584	3329289	783810	1510487	1034992	11508	156	10646	855	7
—	—	—	—	—	—	—	—	—	—	—
—	—	—	—	—	—	—	—	—	—	—
—	—	—	—	—	—	—	—	—	—	—
8651	8013	459000	459000	—	—	1866	—	1809	56	1
30560	132970	3003334	388000	1110667	1504667	4305	—	4282	14	9
76867	497892	17710333	12168333	4840000	702000	33613	—	31769	733	1111
10733	109287	4606458	318667	2443126	1844665	13469	95	12736	733	—
48665	1092191	10179032	4330366	3372666	2476000	14496	—	11441	3055	—
—	1933	1276467	1276467	—	—	142	—	142	—	—
94669	592178	12003178	3617897	3004368	5380913	23727	54	22832	242	653
40001	441997	4839863	3438583	877186	524094	24923	—	24906	—	17
16866	301945	3678178	2816978	83867	777333	7771	—	7771	—	—
7267	185942	1138265	455331	125867	557067	7184	146	7117	65	2
23931	93387	4336280	4336280	—	—	3643	—	3575	57	11
600	—	100000	100000	—	—	155	—	155	—	—
178360	—	8085113	8085113	—	—	61053	3103	60009	1	1043

地　　区	工程区项目实施单位人员情况							
	在岗职工年平均人数（人）	在岗职工年工资总额（万元）	年末实有离退休人员（人）	当年离退休人员生活费（万元）	年末参加基本养老保险人数(人)		年末参加基本医疗保险人数(人)	
					合计	其中：在岗职工	合计	其中：在岗职工
全国合计	**556781**	**1483464**	**639457**	**1396647**	**815881**	**505950**	**1098030**	**525818**
北　京	—	—	—	—	—	—	—	—
天　津	—	—	—	—	—	—	—	—
河　北	—	—	—	—	—	—	—	—
山　西	11297	37519	4694	12843	13772	10291	14725	10787
内蒙古	70118	235101	89008	224424	108634	67153	112975	69086
内蒙古集团	54913	177671	79877	200187	94301	54249	94301	54249
辽　宁	—	—	—	—	—	—	—	—
吉　林	57922	157656	76100	128993	95109	54555	93381	55774
吉林集团	26904	74840	35609	58302	37151	25899	37151	25899
长白山集团	26947	72549	37510	66356	53793	25567	49754	25860
黑龙江	220088	452825	277231	590852	389089	206742	552823	213842
龙江集团	220088	452825	277231	590852	389089	206742	552823	213842
上　海	—	—	—	—	—	—	—	—
江　苏	—	—	—	—	—	—	—	—
浙　江	—	—	—	—	—	—	—	—
安　徽	—	—	—	—	—	—	—	—
福　建	—	—	—	—	—	—	—	—
江　西	—	—	—	—	—	—	—	—
山　东	—	—	—	—	—	—	—	—
河　南	3757	9489	1609	2438	4752	3143	4752	3143
湖　北	9685	25978	3601	9467	10609	9687	10609	9687
湖　南	—	—	—	—	—	—	—	—
广　东	—	—	—	—	—	—	—	—
广　西	—	—	—	—	—	—	—	—
海　南	1828	6503	1748	3526	1987	1713	1987	1713
重　庆	4292	15032	3973	11199	4282	4282	5976	3643
四　川	32269	105938	70860	167257	56248	30010	95894	30796
贵　州	12760	47742	6387	22361	7496	4932	12533	7862
云　南	11758	30589	15270	18518	10208	10208	18383	10208
西　藏	14	—	—	—	14	14	14	14
陕　西	23169	77527	9942	25296	19677	16407	25792	17836
甘　肃	22794	66027	11929	28474	27547	21599	33215	23767
青　海	7771	19105	760	2385	656	656	1994	1994
宁　夏	7141	24810	4461	10714	6858	6236	7603	6919
新　疆	3616	16040	3031	7306	3569	3389	6452	3609
新疆兵团	155	419	136	294	291	155	291	155
大兴安岭	56502	155583	58853	130594	55374	54933	98922	55138

保护工程建设情况(二)

全部林业投资完成额(万元)									
合 计	其中:国家投资	公益林建设	后备资源培育	森林管护	森林抚育	生态效益补偿	社会保险	政社性支出	其他
2301529	**2020503**	**91109**	**21653**	**676237**	**298496**	**394736**	**437465**	**331693**	**50140**
—	—	—	—	—	—	—	—	—	—
—	—	—	—	—	—	—	—	—	—
—	—	—	—	—	—	—	—	—	—
54277	54277	7155	—	22796	4613	12153	5492	393	1675
345507	295801	21040	4260	122940	76092	33929	77581	3167	6498
205238	196251	—	4000	72487	62503	—	66248	—	—
—	—	—	—	—	—	—	—	—	—
146224	126044	—	5071	32738	20553	—	52484	29812	5566
48871	48220	—	2547	10697	8285	—	19349	7395	598
89823	70294	—	2424	19755	11621	—	30280	21366	4377
549871	549781	—	7000	67585	89760	—	157939	227587	—
549871	549781	—	7000	67585	89760	—	157939	227587	—
—	—	—	—	—	—	—	—	—	—
—	—	—	—	—	—	—	—	—	—
—	—	—	—	—	—	—	—	—	—
—	—	—	—	—	—	—	—	—	—
—	—	—	—	—	—	—	—	—	—
—	—	—	—	—	—	—	—	—	—
—	—	—	—	—	—	—	—	—	—
14938	13610	—	—	4669	1268	6969	1306	726	—
61677	52007	4026	—	8216	4129	33766	7427	1704	2409
—	—	—	—	—	—	—	—	—	—
—	—	—	—	—	—	—	—	—	—
—	—	—	—	—	—	—	—	—	—
13886	13886	—	—	9531	1327	—	1886	429	713
70926	60561	4671	—	24145	5531	31992	3141	813	633
278390	258586	7500	—	85035	13836	121657	39633	1228	9501
59744	32892	4355	—	33674	1945	11034	8676	—	60
145238	77222	9350	—	42888	14433	58734	11184	1934	6715
22486	320	—	—	19150	2016	—	32	40	1248
154566	121315	17990	—	45467	16539	57627	11472	3580	1891
103480	96163	10172	—	35728	4749	19124	15589	7156	10962
42561	33494	2100	—	32731	3036	1258	545	2891	—
16786	13821	2750	—	5959	—	2967	5074	36	—
40745	40496	—	122	24440	5561	3526	4434	393	2269
810	810	—	—	560	103	—	147	—	—
180227	180227	—	5200	58545	33108	—	33570	49804	—

东北、内蒙古等重点国有林区

地区	工程区木材产量(立方米)		造林面积(公顷)								
	合计	其中：人工林木材产量	合计	按造林方式分			按林种用途分				
				人工造林	飞播造林	无林地和疏林地新封	用材林	经济林	防护林	薪炭林	特种用途林
全国合计	**4173275**	**319429**	—	—	—	—	—	—	—	—	—
北京	—	—	—	—	—	—	—	—	—	—	—
天津	—	—	—	—	—	—	—	—	—	—	—
河北	—	—	—	—	—	—	—	—	—	—	—
山西	—	—	—	—	—	—	—	—	—	—	—
内蒙古	1193559	110823	—	—	—	—	—	—	—	—	—
内蒙古集团	1093228	88823	—	—	—	—	—	—	—	—	—
辽宁	—	—	—	—	—	—	—	—	—	—	—
吉林	1485853	77273	—	—	—	—	—	—	—	—	—
吉林集团	574471	58120	—	—	—	—	—	—	—	—	—
长白山集团	775916	17053	—	—	—	—	—	—	—	—	—
黑龙江	774313	131333	—	—	—	—	—	—	—	—	—
龙江集团	774313	131333	—	—	—	—	—	—	—	—	—
上海	—	—	—	—	—	—	—	—	—	—	—
江苏	—	—	—	—	—	—	—	—	—	—	—
浙江	—	—	—	—	—	—	—	—	—	—	—
安徽	—	—	—	—	—	—	—	—	—	—	—
福建	—	—	—	—	—	—	—	—	—	—	—
江西	—	—	—	—	—	—	—	—	—	—	—
山东	—	—	—	—	—	—	—	—	—	—	—
河南	—	—	—	—	—	—	—	—	—	—	—
湖北	—	—	—	—	—	—	—	—	—	—	—
湖南	—	—	—	—	—	—	—	—	—	—	—
广东	—	—	—	—	—	—	—	—	—	—	—
广西	—	—	—	—	—	—	—	—	—	—	—
海南	—	—	—	—	—	—	—	—	—	—	—
重庆	—	—	—	—	—	—	—	—	—	—	—
四川	—	—	—	—	—	—	—	—	—	—	—
贵州	—	—	—	—	—	—	—	—	—	—	—
云南	—	—	—	—	—	—	—	—	—	—	—
西藏	—	—	—	—	—	—	—	—	—	—	—
陕西	—	—	—	—	—	—	—	—	—	—	—
甘肃	—	—	—	—	—	—	—	—	—	—	—
青海	—	—	—	—	—	—	—	—	—	—	—
宁夏	—	—	—	—	—	—	—	—	—	—	—
新疆	380	—	—	—	—	—	—	—	—	—	—
新疆兵团	—	—	—	—	—	—	—	—	—	—	—
大兴安岭	719170	—	—	—	—	—	—	—	—	—	—

天然林资源保护工程建设情况(一)

中、幼龄林抚育面积(公顷)	年末实有封山(沙)育林面积(公顷)	年末实有森林管护面积(公顷)				工程区项目实施单位人员情况				
			其中			年末人数(人)				
		合 计	国有林	集体和个人所有的国家级公益林	集体和个人所有的地方公益林	合计	其中：混岗职工人数	在岗职工	其他从业人员	离开本单位保留劳动关系人员
1239807	**823802**	**38528237**	**38528237**	—	—	**641962**	**89494**	**425187**	**941**	**215834**
—	—	—	—	—	—	—	—	—	—	—
—	—	—	—	—	—	—	—	—	—	—
—	—	—	—	—	—	—	—	—	—	—
—	—	—	—	—	—	—	—	—	—	—
412273	27044	12719431	12719431	—	—	138255	35227	62800	265	75190
351300	—	9664920	9664920	—	—	129287	34986	54249	24	75014
—	—	—	—	—	—	—	—	—	—	—
123595	368138	3963353	3963353	—	—	94721	2872	57117	—	37604
36098	215647	1344448	1344448	—	—	37151	1090	25899	—	11252
81594	150127	2336256	2336256	—	—	52659	1782	27203	—	25456
492997	327220	8965060	8965060	—	—	342424	48292	239877	562	101985
492997	327220	8965060	8965060	—	—	342424	48292	239877	562	101985
—	—	—	—	—	—	—	—	—	—	—
—	—	—	—	—	—	—	—	—	—	—
—	—	—	—	—	—	—	—	—	—	—
—	—	—	—	—	—	—	—	—	—	—
—	—	—	—	—	—	—	—	—	—	—
—	—	—	—	—	—	—	—	—	—	—
—	—	—	—	—	—	—	—	—	—	—
—	—	—	—	—	—	—	—	—	—	—
—	—	—	—	—	—	—	—	—	—	—
—	—	—	—	—	—	—	—	—	—	—
—	—	—	—	—	—	—	—	—	—	—
—	—	—	—	—	—	—	—	—	—	—
8651	8013	459000	459000	—	—	1866	—	1809	56	1
—	—	—	—	—	—	—	—	—	—	—
—	—	—	—	—	—	—	—	—	—	—
—	—	—	—	—	—	—	—	—	—	—
—	—	—	—	—	—	—	—	—	—	—
—	—	—	—	—	—	—	—	—	—	—
—	—	—	—	—	—	—	—	—	—	—
—	—	—	—	—	—	—	—	—	—	—
—	—	—	—	—	—	—	—	—	—	—
—	—	—	—	—	—	—	—	—	—	—
23931	93387	4336280	4336280	—	—	3643	—	3575	57	11
600	—	100000	100000	—	—	155	—	155	—	—
178360	—	8085113	8085113	—	—	61053	3103	60009	1	1043

东北、内蒙古等重点国有林区

地　区	工程区项目实施单位人员情况							
	在岗职工年平均人数（人）	在岗职工年工资总额（万元）	年末实有离退休人员（人）	当年离退休人员生活费（万元）	年末参加基本养老保险人数(人)		年末参加基本医疗保险人数(人)	
					合计	其中：在岗职工	合计	其中：在岗职工
全国合计	**403459**	**997084**	**502551**	**1073518**	**648564**	**384126**	**859567**	**392870**
北　京	—	—	—	—	—	—	—	—
天　津	—	—	—	—	—	—	—	—
河　北	—	—	—	—	—	—	—	—
山　西	—	—	—	—	—	—	—	—
内蒙古	63503	208477	85588	212247	103436	62794	106002	62794
内蒙古集团	54913	177671	79877	200187	94301	54249	94301	54249
辽　宁	—	—	—	—	—	—	—	—
吉　林	57922	157656	76100	128993	95109	54555	93381	55774
吉林集团	26904	74840	35609	58302	37151	25899	37151	25899
长白山集团	26947	72549	37510	66356	53793	25567	49754	25860
黑龙江	220088	452825	277231	590852	389089	206742	552823	213842
龙江集团	220088	452825	277231	590852	389089	206742	552823	213842
上　海	—	—	—	—	—	—	—	—
江　苏	—	—	—	—	—	—	—	—
浙　江	—	—	—	—	—	—	—	—
安　徽	—	—	—	—	—	—	—	—
福　建	—	—	—	—	—	—	—	—
江　西	—	—	—	—	—	—	—	—
山　东	—	—	—	—	—	—	—	—
河　南	—	—	—	—	—	—	—	—
湖　北	—	—	—	—	—	—	—	—
湖　南	—	—	—	—	—	—	—	—
广　东	—	—	—	—	—	—	—	—
广　西	—	—	—	—	—	—	—	—
海　南	1828	6503	1748	3526	1987	1713	1987	1713
重　庆	—	—	—	—	—	—	—	—
四　川	—	—	—	—	—	—	—	—
贵　州	—	—	—	—	—	—	—	—
云　南	—	—	—	—	—	—	—	—
西　藏	—	—	—	—	—	—	—	—
陕　西	—	—	—	—	—	—	—	—
甘　肃	—	—	—	—	—	—	—	—
青　海	—	—	—	—	—	—	—	—
宁　夏	—	—	—	—	—	—	—	—
新　疆	3616	16040	3031	7306	3569	3389	6452	3609
新疆兵团	155	419	136	294	291	155	291	155
大兴安岭	56502	155583	58853	130594	55374	54933	98922	55138

天然林资源保护工程建设情况(二)

全部林业投资完成额(万元)									
合 计	其中:国家投资	公益林建设	后备资源培育	森林管护	森林抚育	生态效益补偿	社会保险	政社性支出	其他
1185688	**1142986**	—	**21653**	**288587**	**225950**	**3616**	**322313**	**311108**	**12461**
—	—	—	—	—	—	—	—	—	—
—	—	—	—	—	—	—	—	—	—
—	—	—	—	—	—	—	—	—	—
—	—	—	—	—	—	—	—	—	—
254735	232552	—	4260	95748	75641	90	72000	3083	3913
205238	196251	—	4000	72487	62503	—	66248	—	—
—	—	—	—	—	—	—	—	—	—
146224	126044	—	5071	32738	20553	—	52484	29812	5566
48871	48220	—	2547	10697	8285	—	19349	7395	598
89823	70294	—	2424	19755	11621	—	30280	21366	4377
549871	549781	—	7000	67585	89760	—	157939	227587	—
549871	549781	—	7000	67585	89760	—	157939	227587	—
—	—	—	—	—	—	—	—	—	—
—	—	—	—	—	—	—	—	—	—
—	—	—	—	—	—	—	—	—	—
—	—	—	—	—	—	—	—	—	—
—	—	—	—	—	—	—	—	—	—
—	—	—	—	—	—	—	—	—	—
—	—	—	—	—	—	—	—	—	—
—	—	—	—	—	—	—	—	—	—
—	—	—	—	—	—	—	—	—	—
—	—	—	—	—	—	—	—	—	—
—	—	—	—	—	—	—	—	—	—
—	—	—	—	—	—	—	—	—	—
13886	13886	—	—	9531	1327	—	1886	429	713
—	—	—	—	—	—	—	—	—	—
—	—	—	—	—	—	—	—	—	—
—	—	—	—	—	—	—	—	—	—
—	—	—	—	—	—	—	—	—	—
—	—	—	—	—	—	—	—	—	—
—	—	—	—	—	—	—	—	—	—
—	—	—	—	—	—	—	—	—	—
—	—	—	—	—	—	—	—	—	—
—	—	—	—	—	—	—	—	—	—
40745	40496	—	122	24440	5561	3526	4434	393	2269
810	810	—	—	560	103	—	147	—	—
180227	180227	—	5200	58545	33108	—	33570	49804	—

长江上游、黄河上中游地区

地　　区	工程区木材产量(立方米)		造林面积(公顷)								
				按造林方式分			按林种用途分				
	合　计	其中：人工林木材产量	合　计	人工造林	飞播造林	无林地和疏林地新封	用材林	经济林	防护林	薪炭林	特种用途林
全国合计	**5067142**	**4594933**	**460301**	**113387**	**67332**	**279582**	**16447**	**18921**	**422022**	**—**	**2911**
北　京	—	—	—	—	—	—	—	—	—	—	—
天　津	—	—	—	—	—	—	—	—	—	—	—
河　北	—	—	—	—	—	—	—	—	—	—	—
山　西	39667	24817	39920	11890	—	28030	—	666	39254	—	—
内蒙古	69152	47549	88297	17964	34000	36333	—	—	88297	—	—
内蒙古集团	—	—	—	—	—	—	—	—	—	—	—
辽　宁	—	—	—	—	—	—	—	—	—	—	—
吉　林	—	—	—	—	—	—	—	—	—	—	—
吉林集团	—	—	—	—	—	—	—	—	—	—	—
长白山集团	—	—	—	—	—	—	—	—	—	—	—
黑龙江	—	—	—	—	—	—	—	—	—	—	—
龙江集团	—	—	—	—	—	—	—	—	—	—	—
上　海	—	—	—	—	—	—	—	—	—	—	—
江　苏	—	—	—	—	—	—	—	—	—	—	—
浙　江	—	—	—	—	—	—	—	—	—	—	—
安　徽	—	—	—	—	—	—	—	—	—	—	—
福　建	—	—	—	—	—	—	—	—	—	—	—
江　西	—	—	—	—	—	—	—	—	—	—	—
山　东	—	—	—	—	—	—	—	—	—	—	—
河　南	118047	102006	3332	3332	—	—	—	—	3332	—	—
湖　北	335710	268270	29397	3463	—	25934	2056	375	26966	—	—
湖　南	—	—	—	—	—	—	—	—	—	—	—
广　东	—	—	—	—	—	—	—	—	—	—	—
广　西	—	—	—	—	—	—	—	—	—	—	—
海　南	—	—	—	—	—	—	—	—	—	—	—
重　庆	84217	54967	23668	7000	—	16668	5466	802	17400	—	—
四　川	2368907	2154530	52103	5774	—	46329	3068	403	48499	—	133
贵　州	1639217	1625267	19113	12446	—	6667	2025	3461	13316	—	311
云　南	384899	290339	31711	18762	—	12949	—	9433	22278	—	—
西　藏	—	—	2200	267	—	1933	—	—	2200	—	—
陕　西	20278	20278	89550	15081	33332	41137	3832	3477	82241	—	—
甘　肃	7048	6910	40340	12738	—	27602	—	—	37873	—	2467
青　海	—	—	21290	1290	—	20000	—	—	21290	—	—
宁　夏	—	—	19380	3380	—	16000	—	304	19076	—	—
新　疆	—	—	—	—	—	—	—	—	—	—	—
新疆兵团	—	—	—	—	—	—	—	—	—	—	—
大兴安岭	—	—	—	—	—	—	—	—	—	—	—

天然林资源保护工程建设情况(一)

中、幼龄林抚育面积(公顷)	年末实有封山(沙)育林面积(公顷)	年末实有森林管护面积(公顷)				工程区项目实施单位人员情况				
			其中			年末人数(人)				
		合　计	国有林	集体和个人所有的国家级公益林	集体和个人所有的地方公益林	合计	其中：混岗职工人数	在岗职工	其他从业人员	离开本单位保留劳动关系人员
399328	**4934518**	**75877590**	**32609011**	**20459698**	**22808881**	**162853**	**815**	**155000**	**5864**	**1989**
—	—	—	—	—	—	—	—	—	—	—
—	—	—	—	—	—	—	—	—	—	—
—	—	—	—	—	—	—	—	—	—	—
32370	320270	5163348	1635808	766446	2761094	11507	—	11215	112	180
17593	821756	7259886	1183404	1761033	4315449	6441	364	6386	55	—
—	—	—	—	—	—	—	—	—	—	—
—	—	—	—	—	—	—	—	—	—	—
—	—	—	—	—	—	—	—	—	—	—
—	—	—	—	—	—	—	—	—	—	—
—	—	—	—	—	—	—	—	—	—	—
—	—	—	—	—	—	—	—	—	—	—
—	—	—	—	—	—	—	—	—	—	—
—	—	—	—	—	—	—	—	—	—	—
—	—	—	—	—	—	—	—	—	—	—
—	—	—	—	—	—	—	—	—	—	—
—	—	—	—	—	—	—	—	—	—	—
—	—	—	—	—	—	—	—	—	—	—
—	—	—	—	—	—	—	—	—	—	—
—	—	—	—	—	—	—	—	—	—	—
—	32573	1689959	195367	563985	930607	3767	—	3757	—	10
23737	403584	3329289	783810	1510487	1034992	11508	156	10646	855	7
—	—	—	—	—	—	—	—	—	—	—
—	—	—	—	—	—	—	—	—	—	—
—	—	—	—	—	—	—	—	—	—	—
—	—	—	—	—	—	—	—	—	—	—
30560	132970	3003334	388000	1110667	1504667	4305	—	4282	14	9
76867	497892	17710333	12168333	4840000	702000	33613	—	31769	733	1111
10733	109287	4606458	318667	2443126	1844665	13469	95	12736	733	—
48665	1092191	10179032	4330366	3372666	2476000	14496	—	11441	3055	—
—	1933	1276467	1276467	—	—	142	—	142	—	—
94669	592178	12003178	3617897	3004368	5380913	23727	54	22832	242	653
40001	441997	4839863	3438583	877186	524094	24923	—	24906	—	17
16866	301945	3678178	2816978	83867	777333	7771	—	7771	—	—
7267	185942	1138265	455331	125867	557067	7184	146	7117	65	2
—	—	—	—	—	—	—	—	—	—	—
—	—	—	—	—	—	—	—	—	—	—
—	—	—	—	—	—	—	—	—	—	—

地　　区	工程区项目实施单位人员情况							
	在岗职工年平均人数（人）	在岗职工年工资总额（万元）	年末实有离退休人员（人）	当年离退休人员生活费（万元）	年末参加基本养老保险人数（人）		年末参加基本医疗保险人数（人）	
					合计	其中：在岗职工	合计	其中：在岗职工
全国合计	**153322**	**486380**	**136906**	**323129**	**167317**	**121824**	**238463**	**132948**
北　京	—	—	—	—	—	—	—	—
天　津	—	—	—	—	—	—	—	—
河　北	—	—	—	—	—	—	—	—
山　西	11297	37519	4694	12843	13772	10291	14725	10787
内蒙古	6615	26624	3420	12177	5198	4359	6973	6292
内蒙古集团	—	—	—	—	—	—	—	—
辽　宁	—	—	—	—	—	—	—	—
吉　林	—	—	—	—	—	—	—	—
吉林集团	—	—	—	—	—	—	—	—
长白山集团	—	—	—	—	—	—	—	—
黑龙江	—	—	—	—	—	—	—	—
龙江集团	—	—	—	—	—	—	—	—
上　海	—	—	—	—	—	—	—	—
江　苏	—	—	—	—	—	—	—	—
浙　江	—	—	—	—	—	—	—	—
安　徽	—	—	—	—	—	—	—	—
福　建	—	—	—	—	—	—	—	—
江　西	—	—	—	—	—	—	—	—
山　东	—	—	—	—	—	—	—	—
河　南	3757	9489	1609	2438	4752	3143	4752	3143
湖　北	9685	25978	3601	9467	10609	9687	10609	9687
湖　南	—	—	—	—	—	—	—	—
广　东	—	—	—	—	—	—	—	—
广　西	—	—	—	—	—	—	—	—
海　南	—	—	—	—	—	—	—	—
重　庆	4292	15032	3973	11199	4282	4282	5976	3643
四　川	32269	105938	70860	167257	56248	30010	95894	30796
贵　州	12760	47742	6387	22361	7496	4932	12533	7862
云　南	11758	30589	15270	18518	10208	10208	18383	10208
西　藏	14	—	—	—	14	14	14	14
陕　西	23169	77527	9942	25296	19677	16407	25792	17836
甘　肃	22794	66027	11929	28474	27547	21599	33215	23767
青　海	7771	19105	760	2385	656	656	1994	1994
宁　夏	7141	24810	4461	10714	6858	6236	7603	6919
新　疆	—	—	—	—	—	—	—	—
新疆兵团	—	—	—	—	—	—	—	—
大兴安岭	—	—	—	—	—	—	—	—

天然林资源保护工程建设情况(二)

全部林业投资完成额(万元)									
合 计	其中：国家投资	公益林建设	后备资源培育	森林管护	森林抚育	生态效益补偿	社会保险	政社性支出	其他
1115841	**877517**	**91109**	—	**387650**	**72546**	**391120**	**115152**	**20585**	**37679**
—	—	—	—	—	—	—	—	—	—
—	—	—	—	—	—	—	—	—	—
—	—	—	—	—	—	—	—	—	—
54277	54277	7155	—	22796	4613	12153	5492	393	1675
90772	63249	21040	—	27192	451	33839	5581	84	2585
—	—	—	—	—	—	—	—	—	—
—	—	—	—	—	—	—	—	—	—
—	—	—	—	—	—	—	—	—	—
—	—	—	—	—	—	—	—	—	—
—	—	—	—	—	—	—	—	—	—
—	—	—	—	—	—	—	—	—	—
—	—	—	—	—	—	—	—	—	—
—	—	—	—	—	—	—	—	—	—
—	—	—	—	—	—	—	—	—	—
—	—	—	—	—	—	—	—	—	—
—	—	—	—	—	—	—	—	—	—
—	—	—	—	—	—	—	—	—	—
—	—	—	—	—	—	—	—	—	—
—	—	—	—	—	—	—	—	—	—
—	—	—	—	—	—	—	—	—	—
14938	13610	—	—	4669	1268	6969	1306	726	—
61677	52007	4026	—	8216	4129	33766	7427	1704	2409
—	—	—	—	—	—	—	—	—	—
—	—	—	—	—	—	—	—	—	—
—	—	—	—	—	—	—	—	—	—
—	—	—	—	—	—	—	—	—	—
70926	60561	4671	—	24145	5531	31992	3141	813	633
278390	258586	7500	—	85035	13836	121657	39633	1228	9501
59744	32892	4355	—	33674	1945	11034	8676	—	60
145238	77222	9350	—	42888	14433	58734	11184	1934	6715
22486	320	—	—	19150	2016	—	32	40	1248
154566	121315	17990	—	45467	16539	57627	11472	3580	1891
103480	96163	10172	—	35728	4749	19124	15589	7156	10962
42561	33494	2100	—	32731	3036	1258	545	2891	—
16786	13821	2750	—	5959	—	2967	5074	36	—
—	—	—	—	—	—	—	—	—	—
—	—	—	—	—	—	—	—	—	—
—	—	—	—	—	—	—	—	—	—

退耕还林工程建设情况

指　　标	单位	合　计	退耕还林工程	京津风沙源治理工程区退耕还林
一、造林面积	**公顷**	**653348**	**628929**	**24419**
1. 退耕地造林	公顷	—	—	—
其中：生态林面积	公顷	—	—	—
25°以上坡耕地退耕面积	公顷	—	—	—
严重沙化耕地退耕面积	公顷	—	—	—
2. 荒山荒地造林	公顷	454056	432302	21754
3. 无林地和疏林地新封	公顷	199292	196627	2665
按林种用途分				
1. 用材林	公顷	110505	110122	383
2. 经济林	公顷	157943	150841	7102
3. 防护林	公顷	366995	351632	15363
4. 薪炭林	公顷	13429	11858	1571
5. 特种用途林	公顷	4476	4476	—
二、年末实有封山(沙)育林面积	**公顷**	**2257872**	**1978641**	**279231**
三、当年种草面积	**公顷**	**—**	**—**	**—**
其中：退耕地种草面积	公顷	—	—	—
四、补助粮、款兑现				
1. 当年粮款兑现退耕地总面积	公顷	7453335	6725562	727773
2. 自工程实施以来累计粮食补助资金总计	万元	21018851	19030232	1988619
其中：当年粮食补助资金合计	万元	773153	703286	69867
其中：当年新退耕地粮食补助资金	万元	—	—	—
3. 自工程实施以来累计生活费兑现金额总计	万元	3367533	2959032	408501
其中：当年生活费兑现金额合计	万元	413554	369217	44337
其中：当年新退耕地生活费兑现金额	万元	—	—	—
4. 当年粮款兑现涉及户数	户	22206999	20116831	2090168
五、全部林业投资完成额	**万元**	**2174217**	**1962668**	**211549**
其中：国家投资	万元	1729247	1557260	171987
1. 粮食补助资金	万元	773153	703286	69867
2. 种苗费	万元	88665	88085	580
3. 生活费补助	万元	413554	369217	44337
4. 巩固退耕还林成果专项资金	万元	694202	632696	61506
5. 其他费用	万元	204643	169384	35259

各地区全部退耕还林工程建设情况(一)

地　区	造林面积(公顷)						
	总　计	退耕地造林				荒山荒地造林	无林地和疏林地新封
		合 计	其　中				
			生态林面积	25°以上坡耕地退耕面积	严重沙化耕地退耕面积		
全国合计	**653348**	—	—	—	—	**454056**	**199292**
北　京	—	—	—	—	—	—	—
天　津	—	—	—	—	—	—	—
河　北	35258	—	—	—	—	26061	9197
山　西	51394	—	—	—	—	44727	6667
内蒙古	42159	—	—	—	—	31158	11001
内蒙古集团	—	—	—	—	—	—	—
辽　宁	24336	—	—	—	—	11001	13335
吉　林	19240	—	—	—	—	5907	13333
吉林集团	—	—	—	—	—	—	—
长白山集团	—	—	—	—	—	—	—
黑龙江	30494	—	—	—	—	10495	19999
龙江集团	—	—	—	—	—	—	—
上　海	—	—	—	—	—	—	—
江　苏	—	—	—	—	—	—	—
浙　江	—	—	—	—	—	—	—
安　徽	21741	—	—	—	—	14744	6997
福　建	—	—	—	—	—	—	—
江　西	20665	—	—	—	—	10666	9999
山　东	—	—	—	—	—	—	—
河　南	27038	—	—	—	—	23371	3667
湖　北	23070	—	—	—	—	14105	8965
湖　南	15180	—	—	—	—	6176	9004
广　东	—	—	—	—	—	—	—
广　西	16101	—	—	—	—	10740	5361
海　南	1294	—	—	—	—	1294	—
重　庆	24335	—	—	—	—	11665	12670
四　川	20661	—	—	—	—	13661	7000
贵　州	12000	—	—	—	—	12000	—
云　南	117937	—	—	—	—	110601	7336
西　藏	7332	—	—	—	—	2666	4666
陕　西	45385	—	—	—	—	30051	15334
甘　肃	19634	—	—	—	—	9571	10063
青　海	16000	—	—	—	—	8666	7334
宁　夏	8000	—	—	—	—	6000	2000
新　疆	34094	—	—	—	—	18730	15364
新疆兵团	634	—	—	—	—	634	—
大兴安岭	—	—	—	—	—	—	—

注:全国合计中包括军事管理区 20000 公顷荒山荒地造林。

各地区全部退耕还林

地区	造林面积(公顷)					年末实有封山(沙)育林面积(公顷)	当年种草面积(公顷)	
	按林种用途分							
	用材林	经济林	防护林	薪炭林	特种用途林		合计	其中：退耕地种草面积
全国合计	**110505**	**157943**	**366995**	**13429**	**4476**	**2257872**	**—**	**—**
北京	—	—	—	—	—	—	—	—
天津	—	—	—	—	—	24667	—	—
河北	4437	4759	26062	—	—	178070	—	—
山西	134	24064	17534	9662	—	88867	—	—
内蒙古	200	3145	38814	—	—	249253	—	—
内蒙古集团	—	—	—	—	—	—	—	—
辽宁	2345	949	21042	—	—	153488	—	—
吉林	1563	—	17677	—	—	87367	—	—
吉林集团	—	—	—	—	—	—	—	—
长白山集团	—	—	—	—	—	—	—	—
黑龙江	5050	53	23986	—	1405	243501	—	—
龙江集团	—	—	—	—	—	—	—	—
上海	—	—	—	—	—	—	—	—
江苏	—	—	—	—	—	—	—	—
浙江	—	—	—	—	—	—	—	—
安徽	5833	5389	9711	296	512	53264	—	—
福建	—	—	—	—	—	—	—	—
江西	12746	886	6900	—	133	68591	—	—
山东	—	—	—	—	—	—	—	—
河南	6916	5393	14729	—	—	61667	—	—
湖北	9027	3493	9884	—	666	29344	—	—
湖南	5623	1054	7977	—	526	68396	—	—
广东	—	—	—	—	—	—	—	—
广西	7829	1578	6694	—	—	71220	—	—
海南	400	533	361	—	—	—	—	—
重庆	5817	1424	16761	333	—	56933	—	—
四川	8637	2752	9272	—	—	92091	—	—
贵州	7743	3237	1020	—	—	84577	—	—
云南	25311	71019	21407	200	—	87177	—	—
西藏	—	—	7332	—	—	16502	—	—
陕西	834	18846	25705	—	—	123721	—	—
甘肃	—	559	17841	—	1234	126947	—	—
青海	—	—	16000	—	—	108667	—	—
宁夏	—	—	8000	—	—	11465	—	—
新疆	60	8810	22286	2938	—	172097	—	—
新疆兵团	—	634	—	—	—	22331	—	—
大兴安岭	—	—	—	—	—	—	—	—

工程建设情况(二)

补助粮、款兑现							
当年粮款兑现退耕地总面积(公顷)	自工程实施以来累计粮食补助资金总计(万元)			自工程实施以来累计生活费兑现金额总计(万元)			当年粮款兑现涉及户数(户)
	合计	其中：当年粮食补助资金合计		合计	其中：当年生活费兑现金额合计		
		小计	其中：当年新退耕地粮食补助资金		小计	其中：当年新退耕地生活费兑现金额	
7453335	**21018851**	**773153**	—	**3367533**	**413554**	—	**22206999**
22125	55629	2474	—	9072	677	—	128570
3103	7138	328	—	1404	94	—	20500
535386	1160764	66226	—	193668	18751	—	1850020
430898	904450	47235	—	183162	12929	—	695813
381310	1876767	19930	—	367055	39016	—	1294298
—	—	—	—	—	—	—	—
227285	386156	8456	—	75688	15724	—	313646
285258	410796	24373	—	73955	6630	—	236513
—	—	—	—	—	—	—	—
—	—	—	—	—	—	—	—
184659	503357	14783	—	96146	6072	—	139711
—	—	—	—	—	—	—	—
—	—	—	—	—	—	—	—
—	—	—	—	—	—	—	—
—	—	—	—	—	—	—	—
208717	717267	30450	—	81933	11324	—	792819
—	—	—	—	—	—	—	—
153155	451780	8719	—	55209	3717	—	405105
—	—	—	—	—	—	—	—
237058	619124	26713	—	88977	9130	—	916579
280563	940545	44431	—	103197	7935	—	1205769
472861	1237965	90603	—	182926	21148	—	1889863
—	—	—	—	—	—	—	—
173373	549101	23531	—	92666	12445	—	657950
35103	98868	2695	—	8357	1358	—	67903
351022	1171181	28185	—	206532	48316	—	2100493
835862	2874307	133475	—	314949	25088	—	4402415
397676	1249989	9393	—	108511	737	—	730323
234091	836166	21631	—	172182	31685	—	838752
7489	34763	1150	—	10681	2452	—	46611
924701	2253903	114912	—	351640	27430	—	1770654
603864	1212392	3004	—	242125	56357	—	1029226
193333	378883	18875	—	81773	5220	—	257268
10000	523491	2100	—	167488	38963	—	139408
264443	564069	29481	—	98237	10356	—	276790
87586	192103	7643	—	33984	4403	—	10736
—	—	—	—	—	—	—	—

各地区全部退耕还林工程建设情况(三)

地　　区	全部林业投资完成额(万元)						
	合　计	其中：国家投资	粮食补助资金	种苗费	生活费补助	巩固退耕还林成果专项资金	其他费用
全国合计	**2174217**	**1729247**	**773153**	**88665**	**413554**	**694202**	**204643**
北　京	3760	720	2474	—	677	609	—
天　津	787	787	328	—	94	365	—
河　北	160454	159013	66226	5550	18751	68235	1692
山　西	90923	90923	47235	3259	12929	25782	1718
内蒙古	158656	108201	19930	6026	39016	35302	58382
内蒙古集团	—	—	—	—	—	—	—
辽　宁	58921	58921	8456	6400	15724	19872	8469
吉　林	44261	43615	24373	395	6630	9849	3014
吉林集团	—	—	—	—	—	—	—
长白山集团	—	—	—	—	—	—	—
黑龙江	56035	43774	14783	4020	6072	21423	9737
龙江集团	—	—	—	—	—	—	—
上　海	—	—	—	—	—	—	—
江　苏	—	—	—	—	—	—	—
浙　江	—	—	—	—	—	—	—
安　徽	58203	27302	30450	1126	11324	14435	868
福　建	—	—	—	—	—	—	—
江　西	48605	26782	8719	1594	3717	20696	13879
山　东	—	—	—	—	—	—	—
河　南	54467	34162	26713	3557	9130	14742	325
湖　北	97874	57367	44431	4441	7935	32561	8506
湖　南	161419	86482	90603	6523	21148	31607	11538
广　东	—	—	—	—	—	—	—
广　西	51517	25443	23531	2940	12445	10136	2465
海　南	5100	5100	2695	385	1358	207	455
重　庆	154043	147397	28185	5936	48316	63227	8379
四　川	329455	317012	133475	6285	25088	136364	28243
贵　州	10130	—	9393	—	737	—	—
云　南	102610	59463	21631	4775	31685	40790	3729
西　藏	6571	137	1150	—	2452	2619	350
陕　西	192428	143216	114912	11401	27430	35555	3130
甘　肃	164309	145705	3004	5180	56357	70609	29159
青　海	43159	34350	18875	2540	5220	16524	—
宁　夏	60483	60209	2100	1830	38963	8273	9317
新　疆	60047	53166	29481	4502	10356	14420	1288
新疆兵团	19309	13010	7643	450	4403	6480	333
大兴安岭	—	—	—	—	—	—	—

各地区退耕还林工程建设情况(一)

地　区	造林面积(公顷)						
	总　计	退耕地造林				荒山荒地造林	无林地和疏林地新封
		合 计	其　中				
			生态林面积	25°以上坡耕地退耕面积	严重沙化耕地退耕面积		
全国合计	**628929**	—	—	—	—	**432302**	**196627**
北　京	—	—	—	—	—	—	—
天　津	—	—	—	—	—	—	—
河　北	15818	—	—	—	—	9286	6532
山　西	46415	—	—	—	—	39748	6667
内蒙古	42159	—	—	—	—	31158	11001
内蒙古集团	—	—	—	—	—	—	—
辽　宁	24336	—	—	—	—	11001	13335
吉　林	19240	—	—	—	—	5907	13333
吉林集团	—	—	—	—	—	—	—
长白山集团	—	—	—	—	—	—	—
黑龙江	30494	—	—	—	—	10495	19999
龙江集团	—	—	—	—	—	—	—
上　海	—	—	—	—	—	—	—
江　苏	—	—	—	—	—	—	—
浙　江	—	—	—	—	—	—	—
安　徽	21741	—	—	—	—	14744	6997
福　建	—	—	—	—	—	—	—
江　西	20665	—	—	—	—	10666	9999
山　东	—	—	—	—	—	—	—
河　南	27038	—	—	—	—	23371	3667
湖　北	23070	—	—	—	—	14105	8965
湖　南	15180	—	—	—	—	6176	9004
广　东	—	—	—	—	—	—	—
广　西	16101	—	—	—	—	10740	5361
海　南	1294	—	—	—	—	1294	—
重　庆	24335	—	—	—	—	11665	12670
四　川	20661	—	—	—	—	13661	7000
贵　州	12000	—	—	—	—	12000	—
云　南	117937	—	—	—	—	110601	7336
西　藏	7332	—	—	—	—	2666	4666
陕　西	45385	—	—	—	—	30051	15334
甘　肃	19634	—	—	—	—	9571	10063
青　海	16000	—	—	—	—	8666	7334
宁　夏	8000	—	—	—	—	6000	2000
新　疆	34094	—	—	—	—	18730	15364
新疆兵团	634	—	—	—	—	634	—
大兴安岭	—	—	—	—	—	—	—

注:本表数据不含京津风沙源治理工程区退耕还林。全国合计中包括军事管理区 20000 公顷荒山荒地造林。

各地区退耕还林

地区	造林面积(公顷)					年末实有封山(沙)育林面积(公顷)	当年种草面积(公顷)	
	按林种用途分							
	用材林	经济林	防护林	薪炭林	特种用途林		合计	其中：退耕地种草面积
全国合计	**110122**	**150841**	**351632**	**11858**	**4476**	**1978641**	**—**	**—**
北京	—	—	—	—	—	—	—	—
天津	—	—	—	—	—	—	—	—
河北	4054	1065	10699	—	—	48097	—	—
山西	134	20656	17534	8091	—	85170	—	—
内蒙古	200	3145	38814	—	—	128359	—	—
内蒙古集团	—	—	—	—	—	—	—	—
辽宁	2345	949	21042	—	—	153488	—	—
吉林	1563	—	17677	—	—	87367	—	—
吉林集团	—	—	—	—	—	—	—	—
长白山集团	—	—	—	—	—	—	—	—
黑龙江	5050	53	23986	—	1405	243501	—	—
龙江集团	—	—	—	—	—	—	—	—
上海	—	—	—	—	—	—	—	—
江苏	—	—	—	—	—	—	—	—
浙江	—	—	—	—	—	—	—	—
安徽	5833	5389	9711	296	512	53264	—	—
福建	—	—	—	—	—	—	—	—
江西	12746	886	6900	—	133	68591	—	—
山东	—	—	—	—	—	—	—	—
河南	6916	5393	14729	—	—	61667	—	—
湖北	9027	3493	9884	—	666	29344	—	—
湖南	5623	1054	7977	—	526	68396	—	—
广东	—	—	—	—	—	—	—	—
广西	7829	1578	6694	—	—	71220	—	—
海南	400	533	361	—	—	—	—	—
重庆	5817	1424	16761	333	—	56933	—	—
四川	8637	2752	9272	—	—	92091	—	—
贵州	7743	3237	1020	—	—	84577	—	—
云南	25311	71019	21407	200	—	87177	—	—
西藏	—	—	7332	—	—	16502	—	—
陕西	834	18846	25705	—	—	123721	—	—
甘肃	—	559	17841	—	1234	126947	—	—
青海	—	—	16000	—	—	108667	—	—
宁夏	—	—	8000	—	—	11465	—	—
新疆	60	8810	22286	2938	—	172097	—	—
新疆兵团	—	634	—	—	—	22331	—	—
大兴安岭	—	—	—	—	—	—	—	—

工程建设情况(二)

补助粮、款兑现							
当年粮款兑现退耕地总面积(公顷)	自工程实施以来累计粮食补助资金总计(万元)			自工程实施以来累计生活费兑现金额总计(万元)			当年粮款兑现涉及户数(户)
	合计	其中：当年粮食补助资金合计		合计	其中：当年生活费兑现金额合计		
		小 计	其中：当年新退耕地粮食补助资金		小 计	其中：当年新退耕地生活费兑现金额	
6725562	**19030232**	**703286**	**—**	**2959032**	**369217**	**—**	**20116831**
—	—	—	—	—	—	—	—
—	—	—	—	—	—	—	—
164034	325476	19414	—	54683	5547	—	859478
321698	694280	34744	—	143252	9733	—	585125
159317	996373	12168	—	147925	11850	—	454430
—	—	—	—	—	—	—	—
227285	386156	8456	—	75688	15724	—	313646
285258	410796	24373	—	73955	6630	—	236513
—	—	—	—	—	—	—	—
—	—	—	—	—	—	—	—
184659	503357	14783	—	96146	6072	—	139711
—	—	—	—	—	—	—	—
—	—	—	—	—	—	—	—
—	—	—	—	—	—	—	—
—	—	—	—	—	—	—	—
208717	717267	30450	—	81933	11324	—	792819
—	—	—	—	—	—	—	—
153155	451780	8719	—	55209	3717	—	405105
—	—	—	—	—	—	—	—
237058	619124	26713	—	88977	9130	—	916579
280563	940545	44431	—	103197	7935	—	1205769
472861	1237965	90603	—	182926	21148	—	1889863
—	—	—	—	—	—	—	—
173373	549101	23531	—	92666	12445	—	657950
35103	98868	2695	—	8357	1358	—	67903
351022	1171181	28185	—	206532	48316	—	2100493
835862	2874307	133475	—	314949	25088	—	4402415
397676	1249989	9393	—	108511	737	—	730323
234091	836166	21631	—	172182	31685	—	838752
7489	34763	1150	—	10681	2452	—	46611
924701	2253903	114912	—	351640	27430	—	1770654
603864	1212392	3004	—	242125	56357	—	1029226
193333	378883	18875	—	81773	5220	—	257268
10000	523491	2100	—	167488	38963	—	139408
264443	564069	29481	—	98237	10356	—	276790
87586	192103	7643	—	33984	4403	—	10736
—	—	—	—	—	—	—	—

各地区退耕还林工程建设情况(三)

地　区	全部林业投资完成额(万元)						
	合　计	其中:国家投资	粮食补助资金	种苗费	生活费补助	巩固退耕还林成果专项资金	其他费用
全国合计	**1962668**	**1557260**	**703286**	**88085**	**369217**	**632696**	**169384**
北　京	—	—	—	—	—	—	—
天　津	—	—	—	—	—	—	—
河　北	51297	50993	19414	4970	5547	19966	1400
山　西	70875	70875	34744	3259	9733	21421	1718
内蒙古	80859	65789	12168	6026	11850	27400	23415
内蒙古集团	—	—	—	—	—	—	—
辽　宁	58921	58921	8456	6400	15724	19872	8469
吉　林	44261	43615	24373	395	6630	9849	3014
吉林集团	—	—	—	—	—	—	—
长白山集团	—	—	—	—	—	—	—
黑龙江	56035	43774	14783	4020	6072	21423	9737
龙江集团	—	—	—	—	—	—	—
上　海	—	—	—	—	—	—	—
江　苏	—	—	—	—	—	—	—
浙　江	—	—	—	—	—	—	—
安　徽	58203	27302	30450	1126	11324	14435	868
福　建	—	—	—	—	—	—	—
江　西	48605	26782	8719	1594	3717	20696	13879
山　东	—	—	—	—	—	—	—
河　南	54467	34162	26713	3557	9130	14742	325
湖　北	97874	57367	44431	4441	7935	32561	8506
湖　南	161419	86482	90603	6523	21148	31607	11538
广　东	—	—	—	—	—	—	—
广　西	51517	25443	23531	2940	12445	10136	2465
海　南	5100	5100	2695	385	1358	207	455
重　庆	154043	147397	28185	5936	48316	63227	8379
四　川	329455	317012	133475	6285	25088	136364	28243
贵　州	10130	—	9393	—	737	—	—
云　南	102610	59463	21631	4775	31685	40790	3729
西　藏	6571	137	1150	—	2452	2619	350
陕　西	192428	143216	114912	11401	27430	35555	3130
甘　肃	164309	145705	3004	5180	56357	70609	29159
青　海	43159	34350	18875	2540	5220	16524	—
宁　夏	60483	60209	2100	1830	38963	8273	9317
新　疆	60047	53166	29481	4502	10356	14420	1288
新疆兵团	19309	13010	7643	450	4403	6480	333
大兴安岭	—	—	—	—	—	—	—

京津风沙源治理工程区退耕还林工程建设情况

指　标	单位	全国合计	北京	天津	河北	山西	内蒙古
一、造林面积	**公顷**	**24419**	**—**	**—**	**19440**	**4979**	**—**
1. 退耕地造林	公顷	—	—	—	—	—	—
其中:生态林面积	公顷	—	—	—	—	—	—
25°以上坡耕地退耕面积	公顷	—	—	—	—	—	—
严重沙化耕地退耕面积	公顷	—	—	—	—	—	—
2. 荒山荒地造林	公顷	21754	—	—	16775	4979	—
3. 无林地和疏林地新封	公顷	2665	—	—	2665	—	—
按林种用途分							
1. 用材林	公顷	383	—	—	383	—	—
2. 经济林	公顷	7102	—	—	3694	3408	—
3. 防护林	公顷	15363	—	—	15363	—	—
4. 薪炭林	公顷	1571	—	—	—	1571	—
5. 特种用途林	公顷	—	—	—	—	—	—
二、年末实有封山(沙)育林面积	**公顷**	**279231**	**—**	**24667**	**129973**	**3697**	**120894**
三、当年种草面积	**公顷**	**—**	**—**	**—**	**—**	**—**	**—**
其中:退耕地种草面积	公顷	—	—	—	—	—	—
四、补助粮、款兑现							
1. 当年粮款兑现退耕地总面积	公顷	727773	22125	3103	371352	109200	221993
2. 自工程实施以来累计粮食补助资金总计	万元	1988619	55629	7138	835288	210170	880394
其中:当年粮食补助资金合计	万元	69867	2474	328	46812	12491	7762
其中:当年新退耕地粮食补助资金	万元	—	—	—	—	—	—
3. 自工程实施以来累计生活费兑现金额总计	万元	408501	9072	1404	138985	39910	219130
其中:当年生活费兑现金额合计	万元	44337	677	94	13204	3196	27166
其中:当年新退耕地生活费兑现金额	万元	—	—	—	—	—	—
4. 当年粮款兑现涉及户数	户	2090168	128570	20500	990542	110688	839868
五、全部林业投资完成额	**万元**	**211549**	**3760**	**787**	**109157**	**20048**	**77797**
其中:国家投资	万元	171987	720	787	108020	20048	42412
1. 粮食补助资金	万元	69867	2474	328	46812	12491	7762
2. 种苗费	万元	580	—	—	580	—	—
3. 生活费补助	万元	44337	677	94	13204	3196	27166
4. 巩固退耕还林成果专项资金	万元	61506	609	365	48269	4361	7902
5. 其他费用	万元	35259	—	—	292	—	34967

京津风沙源治理工程建设情况

指　标	单位	全国合计	北京	天津	河北	山西	内蒙古	陕西
一、治理情况								
（一）造林面积	公顷	626078	20251	800	99548	18272	468988	18219
1. 人工造林	公顷	258841	5348	800	76882	11784	159788	4239
2. 飞播造林	公顷	75066	—	—	20001	1732	41333	12000
3. 无林地和疏林地新封	公顷	292171	14903	—	2665	4756	267867	1980
按林种用途分								
1. 用材林	公顷	11124	—	188	5485	—	5451	—
2. 经济林	公顷	16785	—	3	7733	3408	5641	—
3. 防护林	公顷	594542	19928	609	84997	13293	457496	18219
4. 薪炭林	公顷	1571	—	—	—	1571	—	—
5. 特种用途林	公顷	2056	323	—	1333	—	400	—
（二）年末实有封山（沙）育林面积	公顷	2686580	139199	26014	560260	176850	1782277	1980
（三）草地治理面积	公顷	25147	800	—	14000	1480	8867	—
（四）暖棚建设面积	平方米	181817	500	—	38000	100000	43317	—
（五）饲料机械台数	台	5062	—	—	57	3130	1875	—
（六）小流域治理	公顷	23099	2000	—	19425	507	1167	—
（七）水利设施	处	11165	—	—	1334	9680	151	—
（八）易地搬迁人数	人	815	—	—	—	80	735	—
（九）易地搬迁户数	户	227	—	—	—	30	197	—
二、全部投资完成额	**万元**	**421203**	**122053**	**11575**	**140367**	**47942**	**95136**	**4130**
其中：林业投资完成额	万元	378669	120179	11575	132811	24463	85511	4130
其中：国家投资	万元	357304	108017	11515	127269	24463	81910	4130
1. 造林	万元	352957	119995	9808	131045	5697	82282	4130
2. 科技费用	万元	459	—	450	9	—	—	—
3. 其他	万元	25253	184	1317	1757	18766	3229	—

三北及长江流域等重点防护林体系工程建设情况

单位:公顷、万元

指　　标	三北及长江流域等重点防护林体系工程						
	合　计	三北防护林工程	长江流域防护林体系工程	沿海防护林体系工程	珠江流域防护林体系工程	太行山绿化工程	平原绿化工程
一、造林面积	**853644**	**518556**	**130352**	**118590**	**43985**	**35745**	**6416**
1. 人工造林	532902	303022	78905	94084	28317	22158	6416
2. 飞播造林	3333	3333	—	—	—	—	—
3. 无林地和疏林地新封	317409	212201	51447	24506	15668	13587	—
按林种用途分							
1. 用材林	29569	11810	7796	5333	4572	58	—
2. 经济林	38941	24207	6160	4524	3099	951	—
3. 防护林	783875	482238	116324	107847	36314	34736	6416
其中：水源涵养林	95035	29330	27482	23402	9259	5562	—
水土保持林	250416	145706	44682	29174	11573	19281	—
防风固沙林	210280	192202	1855	10635	—	2297	3291
农田、牧场防护林	39470	26790	5007	4148	—	400	3125
护岸护堤林	8896	653	2490	5753	—	—	—
护路林	7749	1807	2615	2627	700	—	—
4. 薪炭林	10	10	—	—	—	—	—
5. 特种用途林	1249	291	72	886	—	—	—
二、年末实有封山(沙)育林面积	**3764651**	**2513508**	**392914**	**452444**	**238918**	**165859**	**1008**
三、低产低效林改造面积	**11623**	**5482**	**3281**	**1854**	**873**	**133**	**—**
四、全部林业投资完成额	**569772**	**274469**	**65806**	**178784**	**21154**	**17539**	**12020**
其中:国家投资	354732	170664	33863	116389	11354	10442	12020
1. 造林	511287	244025	56507	164876	16399	17480	12000
2. 低产低效防护林改造	2626	1089	792	706	39	—	—
3. 种苗	24110	14311	3692	3902	2193	2	10
4. 森林防火	2725	1306	637	635	147	—	—
5. 病虫害防治	5812	3535	451	1709	117	—	—
6. 科技费用	3929	1290	1036	1557	46	—	—
7. 其他	19283	8913	2691	5399	2213	57	10
五、群众投工投劳(折合资金)	**111771**	**50741**	**21264**	**23131**	**8929**	**7706**	**—**

各地区三北及长江流域等重点

地　　区	合　计	人工造林	飞播造林	无林地和疏林地新封	用材林	经济林
		按造林方式分			造　林	
全国合计	**853644**	**532902**	**3333**	**317409**	**29569**	**38941**
北　京	8212	8173	—	39	—	—
天　津	4992	4992	—	—	430	1113
河　北	47422	35488	—	11934	925	2416
山　西	38702	22601	—	16101	—	1063
内蒙古	85592	47928	3333	34331	353	1282
内蒙古集团	—	—	—	—	—	—
辽　宁	56200	28400	—	27800	1236	3
吉　林	32301	18301	—	14000	1467	—
吉林集团	—	—	—	—	—	—
长白山集团	—	—	—	—	—	—
黑龙江	52619	30008	—	22611	3848	583
龙江集团	—	—	—	—	—	—
上　海	—	—	—	—	—	—
江　苏	18647	18314	—	333	344	581
浙　江	17748	10964	—	6784	249	813
安　徽	15124	12523	—	2601	1260	1937
福　建	6595	6595	—	—	634	3
江　西	11896	11896	—	—	978	40
山　东	40585	40341	—	244	769	1583
河　南	25482	10668	—	14814	2852	408
湖　北	32690	12244	—	20446	2019	1335
湖　南	20004	6870	—	13134	—	1106
广　东	47295	29671	—	17624	187	—
广　西	13564	11561	—	2003	6577	1213
海　南	1555	1555	—	—	—	907
重　庆	—	—	—	—	—	—
四　川	—	—	—	—	—	—
贵　州	4000	4000	—	—	500	1200
云　南	8670	4997	—	3673	929	1400
西　藏	8828	3114	—	5714	—	—
陕　西	41363	25900	—	15463	267	2260
甘　肃	58661	30233	—	28428	—	1704
青　海	41595	18528	—	23067	—	—
宁　夏	15600	12333	—	3267	—	40
新　疆	97702	64704	—	32998	3745	15951
新疆兵团	14449	13449	—	1000	600	2890
大兴安岭	—	—	—	—	—	—

防护林体系工程建设情况(一)

单位:公顷

面积								
按林种用途分								
防护林							薪炭林	特种用途林
小计	其中							
	水源涵养林	水土保持林	防风固沙林	农田、牧场防护林	护岸护堤林	护路林		
783875	**95035**	**250416**	**210280**	**39470**	**8896**	**7749**	**10**	**1249**
8212	—	1224	3291	3458	—	—	—	—
3449	—	—	3449	—	—	—	—	—
44081	6342	20982	4024	3060	722	572	—	—
37639	2299	24696	7671	400	—	—	—	—
83957	3000	8873	62089	112	—	15	—	—
—	—	—	—	—	—	—	—	—
54961	8549	15375	14718	647	89	44	—	—
30834	1717	6204	10634	378	12	71	—	—
—	—	—	—	—	—	—	—	—
—	—	—	—	—	—	—	—	—
48183	9866	8121	14091	4369	110	728	—	5
—	—	—	—	—	—	—	—	—
—	—	—	—	—	—	—	—	—
17589	583	1845	992	243	4532	925	—	133
16460	2409	5508	942	1364	659	1193	—	226
11927	3540	2606	423	3432	438	195	—	—
5958	641	1808	502	—	72	67	—	—
10878	4857	3593	—	—	—	66	—	—
38233	3015	19016	3709	1378	1163	1926	—	—
22222	7218	8071	220	67	—	—	—	—
29336	6028	16856	21	30	712	336	—	—
18898	4892	9452	64	—	—	700	—	—
47108	19110	14015	1928	—	—	—	—	—
5175	1066	2975	—	—	—	—	—	599
648	—	—	173	—	—	—	—	—
—	—	—	—	—	—	—	—	—
—	—	—	—	—	—	—	—	—
2300	—	2300	—	—	—	—	—	—
6341	1667	2009	—	—	—	—	—	—
8828	—	—	—	—	—	—	—	—
38836	3027	23105	2547	207	194	154	—	—
56690	1868	20360	22684	4058	—	33	—	267
41595	2153	22561	9054	—	—	—	—	—
15560	945	1803	8725	95	—	3	—	—
77977	243	7058	38329	16172	193	721	10	19
10959	133	70	1814	5654	30	15	—	—
—	—	—	—	—	—	—	—	—

各地区三北及长江流域等重点

地　区	年末实有封山(沙)育林面积	低产低效林改造面积	全部林业		
			合　计	其中：国家投资	造林
全国合计	**3764651**	**11623**	**569772**	**354732**	**511287**
北　京	2808	133	24858	12170	24838
天　津	—	—	92314	83925	89122
河　北	89600	20	21170	13036	19436
山　西	212075	400	13931	13931	13874
内蒙古	561344	—	21742	15527	21193
内蒙古集团	—	—	—	—	—
辽　宁	297351	189	15889	15711	15494
吉　林	44018	943	7434	7006	7229
吉林集团	—	—	—	—	—
长白山集团	—	—	—	—	—
黑龙江	234546	—	25857	17731	24810
龙江集团	—	—	—	—	—
上　海	—	—	—	—	—
江　苏	1805	41	45110	5670	39621
浙　江	178189	67	16373	10842	15324
安　徽	154040	—	8458	5151	7493
福　建	36548	—	5796	3124	4132
江　西	96495	—	13126	5492	11678
山　东	37952	—	30028	17855	26887
河　南	59958	482	4701	4269	4479
湖　北	68730	2199	7047	5606	4085
湖　南	87149	533	15143	8041	10534
广　东	150308	2619	19323	13000	18315
广　西	64862	67	11144	5462	9802
海　南	—	—	380	210	344
重　庆	—	—	—	—	—
四　川	—	—	—	—	—
贵　州	27861	—	1800	1800	1800
云　南	21969	—	2070	1642	1672
西　藏	5714	—	—	—	—
陕　西	143504	—	17059	11852	16774
甘　肃	214526	—	12284	11450	12284
青　海	285677	—	7854	4960	7300
宁　夏	61932	—	5100	5100	5100
新　疆	625690	3930	123781	54169	97667
新疆兵团	29132	74	40845	6662	30353
大兴安岭	—	—	—	—	—

防护林体系工程建设情况(二)

单位:公顷、万元

投资完成额						群众投工投劳（折合资金）
低产低效防护林改造	种苗	森林防火	病虫害防治	科技费用	其他	
2626	**24110**	**2725**	**5812**	**3929**	**19283**	**111771**
—	10	—	—	—	10	—
—	467	—	696	10	2019	—
21	377	302	240	—	794	14412
—	—	—	—	—	57	71
—	310	—	19	1	219	419
—	—	—	—	—	—	—
—	240	10	15	—	130	6092
—	182	—	3	—	20	1161
—	—	—	—	—	—	—
—	—	—	—	—	—	—
—	598	118	83	—	248	7499
—	—	—	—	—	—	—
—	—	—	—	—	—	—
75	2421	313	177	1544	959	4759
243	292	30	10	30	444	901
28	188	66	54	73	556	2771
18	—	20	50	—	1576	92
75	228	90	48	47	960	10639
5	1082	449	887	17	701	13699
—	174	30	10	8	—	255
379	1576	223	152	36	596	827
275	1882	88	117	839	1408	7337
439	171	—	50	—	348	1539
—	760	21	8	26	527	4286
—	—	8	10	8	10	30
—	—	—	—	—	—	—
—	—	—	—	—	—	—
—	—	—	—	—	—	523
—	206	71	23	1	97	1345
—	—	—	—	—	—	—
—	235	—	25	13	12	1663
—	—	—	—	—	—	1282
—	404	—	78	—	72	228
—	—	—	—	—	—	280
1068	12307	886	3057	1276	7520	29661
728	5959	369	1458	1238	740	3633
—	—	—	—	—	—	—

各地区三北防护林

地　区	造　林					
	合　计	按造林方式分				
		人工造林	飞播造林	无林地和疏林地新封	用材林	经济林
全国合计	**518556**	**303022**	**3333**	**212201**	**11810**	**24207**
北　京	900	900	—	—	—	—
天　津	2325	2325	—	—	—	211
河　北	23393	16593	—	6800	894	1807
山　西	27905	15537	—	12368	—	1033
内蒙古	85592	47928	3333	34331	353	1282
内蒙古集团	—	—	—	—	—	—
辽　宁	41800	21201	—	20599	1236	3
吉　林	32301	18301	—	14000	1467	—
吉林集团	—	—	—	—	—	—
长白山集团	—	—	—	—	—	—
黑龙江	52619	30008	—	22611	3848	583
龙江集团	—	—	—	—	—	—
上　海	—	—	—	—	—	—
江　苏	—	—	—	—	—	—
浙　江	—	—	—	—	—	—
安　徽	—	—	—	—	—	—
福　建	—	—	—	—	—	—
江　西	—	—	—	—	—	—
山　东	—	—	—	—	—	—
河　南	—	—	—	—	—	—
湖　北	—	—		—	—	—
湖　南	—	—	—	—	—	—
广　东	—	—	—	—	—	—
广　西	—	—	—	—	—	—
海　南	—	—	—	—	—	—
重　庆	—	—	—	—	—	—
四　川	—	—	—	—	—	—
贵　州	—	—	—	—	—	—
云　南	—	—	—	—	—	—
西　藏	—	—	—	—	—	—
陕　西	38163	24431	—	13732	267	1593
甘　肃	58661	30233	—	28428	—	1704
青　海	41595	18528	—	23067	—	—
宁　夏	15600	12333	—	3267	—	40
新　疆	97702	64704	—	32998	3745	15951
新疆兵团	14449	13449	—	1000	600	2890
大兴安岭	—	—	—	—	—	—

工程建设情况(一)

单位:公顷

面积								
按林种用途分								
防护林							薪炭林	特种用途林
小计	其中							
	水源涵养林	水土保持林	防风固沙林	农田、牧场防护林	护岸护堤林	护路林		
482238	**29330**	**145706**	**192202**	**26790**	**653**	**1807**	**10**	**291**
900	—	367	—	333	—	—	—	—
2114	—	—	2114	—	—	—	—	—
20692	1695	13981	1510	419	55	105	—	—
26872	467	19431	5707	—	—	—	—	—
83957	3000	8873	62089	112	—	15	—	—
—	—	—	—	—	—	—	—	—
40561	4816	14908	14718	647	89	44	—	—
30834	1717	6204	10634	378	12	71	—	—
—	—	—	—	—	—	—	—	—
—	—	—	—	—	—	—	—	—
48183	9866	8121	14091	4369	110	728	—	5
—	—	—	—	—	—	—	—	—
—	—	—	—	—	—	—	—	—
—	—	—	—	—	—	—	—	—
—	—	—	—	—	—	—	—	—
—	—	—	—	—	—	—	—	—
—	—	—	—	—	—	—	—	—
—	—	—	—	—	—	—	—	—
—	—	—	—	—	—	—	—	—
—	—	—	—	—	—	—	—	—
—	—	—	—	—	—	—	—	—
—	—	—	—	—	—	—	—	—
—	—	—	—	—	—	—	—	—
—	—	—	—	—	—	—	—	—
—	—	—	—	—	—	—	—	—
—	—	—	—	—	—	—	—	—
—	—	—	—	—	—	—	—	—
—	—	—	—	—	—	—	—	—
—	—	—	—	—	—	—	—	—
—	—	—	—	—	—	—	—	—
36303	2560	22039	2547	207	194	87	—	—
56690	1868	20360	22684	4058	—	33	—	267
41595	2153	22561	9054	—	—	—	—	—
15560	945	1803	8725	95	—	3	—	—
77977	243	7058	38329	16172	193	721	10	19
10959	133	70	1814	5654	30	15	—	—
—	—	—	—	—	—	—	—	—

各地区三北防护林

地 区	年末实有封山(沙)育林面积	低产低效林改造面积	全部林业		
			合 计	其中：国家投资	造林
全国合计	**2513508**	**5482**	**274469**	**170664**	**244025**
北 京	333	—	6458	150	6458
天 津	—	—	16353	16353	16303
河 北	41685	20	10165	5872	8638
山 西	96372	400	9546	9546	9546
内蒙古	561344	—	21742	15527	21193
内蒙古集团	—	—	—	—	—
辽 宁	215516	189	11886	11708	11648
吉 林	44018	943	7434	7006	7229
吉林集团	—	—	—	—	—
长白山集团	—	—	—	—	—
黑龙江	234546	—	25857	17731	24810
龙江集团	—	—	—	—	—
上 海	—	—	—	—	—
江 苏	—	—	—	—	—
浙 江	—	—	—	—	—
安 徽	—	—	—	—	—
福 建	—	—	—	—	—
江 西	—	—	—	—	—
山 东	—	—	—	—	—
河 南	—	—	—	—	—
湖 北	—	—	—	—	—
湖 南	—	—	—	—	—
广 东	—	—	—	—	—
广 西	—	—	—	—	—
海 南	—	—	—	—	—
重 庆	—	—	—	—	—
四 川	—	—	—	—	—
贵 州	—	—	—	—	—
云 南	—	—	—	—	—
西 藏	—	—	—	—	—
陕 西	131869	—	16009	11092	15849
甘 肃	214526	—	12284	11450	12284
青 海	285677	—	7854	4960	7300
宁 夏	61932	—	5100	5100	5100
新 疆	625690	3930	123781	54169	97667
新疆兵团	29132	74	40845	6662	30353
大兴安岭	—	—	—	—	—

工程建设情况(二)

单位:公顷、万元

投资完成额							群众投工投劳（折合资金）
低产低效防护林改造	种苗	森林防火	病虫害防治	科技费用	其他	
1089	**14311**	**1306**	**3535**	**1290**	**8913**	**50741**
—	—	—	—	—	—	—
—	—	—	50	—	—	—
21	180	302	230	—	794	6600
—	—	—	—	—	—	71
—	310	—	19	1	219	419
—	—	—	—	—	—	—
—	210	—	—	—	28	2272
—	182	—	3	—	20	1161
—	—	—	—	—	—	—
—	—	—	—	—	—	—
—	598	118	83	—	248	7499
—	—	—	—	—	—	—
—	—	—	—	—	—	—
—	—	—	—	—	—	—
—	—	—	—	—	—	—
—	—	—	—	—	—	—
—	—	—	—	—	—	—
—	—	—	—	—	—	—
—	—	—	—	—	—	—
—	—	—	—	—	—	—
—	—	—	—	—	—	—
—	—	—	—	—	—	—
—	—	—	—	—	—	—
—	—	—	—	—	—	—
—	—	—	—	—	—	—
—	—	—	—	—	—	—
—	—	—	—	—	—	—
—	—	—	—	—	—	—
—	—	—	—	—	—	—
—	—	—	—	—	—	—
—	120	—	15	13	12	1268
—	—	—	—	—	—	1282
—	404	—	78	—	72	228
—	—	—	—	—	—	280
1068	12307	886	3057	1276	7520	29661
728	5959	369	1458	1238	740	3633
—	—	—	—	—	—	—

各地区长江流域防护林

地　区	造　林					
	合　计	按造林方式分				
		人工造林	飞播造林	无林地和疏林地新封	用材林	经济林
全国合计	**130352**	**78905**	**—**	**51447**	**7796**	**6160**
北　京	—	—	—	—	—	—
天　津	—	—	—	—	—	—
河　北	—	—	—	—	—	—
山　西	—	—	—	—	—	—
内蒙古	—	—	—	—	—	—
内蒙古集团	—	—	—	—	—	—
辽　宁	—	—	—	—	—	—
吉　林	—	—	—	—	—	—
吉林集团	—	—	—	—	—	—
长白山集团	—	—	—	—	—	—
黑龙江	—	—	—	—	—	—
龙江集团	—	—	—	—	—	—
上　海	—	—	—	—	—	—
江　苏	6531	6198	—	333	268	233
浙　江	6535	3846	—	2689	15	62
安　徽	15124	12523	—	2601	1260	1937
福　建	2725	2725	—	—	131	—
江　西	9337	9337	—	—	978	—
山　东	18200	18200	—	—	300	829
河　南	12468	4335	—	8133	2825	96
湖　北	32690	12244	—	20446	2019	1335
湖　南	14714	4914	—	9800	—	1001
广　东	—	—	—	—	—	—
广　西	—	—	—	—	—	—
海　南	—	—	—	—	—	—
重　庆	—	—	—	—	—	—
四　川	—	—	—	—	—	—
贵　州	—	—	—	—	—	—
云　南	—	—	—	—	—	—
西　藏	8828	3114	—	5714	—	—
陕　西	3200	1469	—	1731	—	667
甘　肃	—	—	—	—	—	—
青　海	—	—	—	—	—	—
宁　夏	—	—	—	—	—	—
新　疆	—	—	—	—	—	—
新疆兵团	—	—	—	—	—	—
大兴安岭	—	—	—	—	—	—

体系工程建设情况(一)

单位:公顷

面积								
按林种用途分								
防护林							薪炭林	特种用途林
小计	其中							
	水源涵养林	水土保持林	防风固沙林	农田、牧场防护林	护岸护堤林	护路林		
116324	**27482**	**44682**	**1855**	**5007**	**2490**	**2615**	**—**	**72**
—	—	—	—	—	—	—	—	—
—	—	—	—	—	—	—	—	—
—	—	—	—	—	—	—	—	—
—	—	—	—	—	—	—	—	—
—	—	—	—	—	—	—	—	—
—	—	—	—	—	—	—	—	—
—	—	—	—	—	—	—	—	—
—	—	—	—	—	—	—	—	—
—	—	—	—	—	—	—	—	—
—	—	—	—	—	—	—	—	—
—	—	—	—	—	—	—	—	—
—	—	—	—	—	—	—	—	—
—	—	—	—	—	—	—	—	—
5958	583	1845	387	146	484	190	—	72
6458	2157	1396	153	374	67	262	—	—
11927	3540	2606	423	3432	438	195	—	—
2594	367	533	—	—	—	—	—	—
8359	4257	2634	—	—	—	66	—	—
17071	403	9018	587	958	789	1499	—	—
9547	5668	1913	220	67	—	—	—	—
29336	6028	16856	21	30	712	336	—	—
13713	4012	6815	64	—	—	—	—	—
—	—	—	—	—	—	—	—	—
—	—	—	—	—	—	—	—	—
—	—	—	—	—	—	—	—	—
—	—	—	—	—	—	—	—	—
—	—	—	—	—	—	—	—	—
—	—	—	—	—	—	—	—	—
—	—	—	—	—	—	—	—	—
8828	—	—	—	—	—	—	—	—
2533	467	1066	—	—	—	67	—	—
—	—	—	—	—	—	—	—	—
—	—	—	—	—	—	—	—	—
—	—	—	—	—	—	—	—	—
—	—	—	—	—	—	—	—	—
—	—	—	—	—	—	—	—	—
—	—	—	—	—	—	—	—	—

各地区长江流域防护林

地　　区	年末实有封山(沙)育林面积	低产低效林改造面积	全部林业		
			合　计	其中：国家投资	造林
全国合计	**392914**	**3281**	**65806**	**33863**	**56507**
北　京	—	—	—	—	—
天　津	—	—	—	—	—
河　北	—	—	—	—	—
山　西	—	—	—	—	—
内蒙古	—	—	—	—	—
内蒙古集团	—	—	—	—	—
辽　宁	—	—	—	—	—
吉　林	—	—	—	—	—
吉林集团	—	—	—	—	—
长白山集团	—	—	—	—	—
黑龙江	—	—	—	—	—
龙江集团	—	—	—	—	—
上　海	—	—	—	—	—
江　苏	1805	—	13332	1110	12701
浙　江	8939	67	3482	2249	2915
安　徽	154040	—	8458	5151	7493
福　建	3467	—	1445	500	1325
江　西	77968	—	11540	4046	10442
山　东	2801	—	10295	7031	9630
河　南	33184	482	1131	1119	909
湖　北	68730	2199	7047	5606	4085
湖　南	24631	533	8026	6291	6082
广　东	—	—	—	—	—
广　西	—	—	—	—	—
海　南	—	—	—	—	—
重　庆	—	—	—	—	—
四　川	—	—	—	—	—
贵　州	—	—	—	—	—
云　南	—	—	—	—	—
西　藏	5714	—	—	—	—
陕　西	11635	—	1050	760	925
甘　肃	—	—	—	—	—
青　海	—	—	—	—	—
宁　夏	—	—	—	—	—
新　疆	—	—	—	—	—
新疆兵团	—	—	—	—	—
大兴安岭	—	—	—	—	—

体系工程建设情况(二)

单位:公顷、万元

投资完成额						群众投工投劳（折合资金）
低产低效防护林改造	种苗	森林防火	病虫害防治	科技费用	其他	
792	**3692**	**637**	**451**	**1036**	**2691**	**21264**
—	—	—	—	—	—	—
—	—	—	—	—	—	—
—	—	—	—	—	—	—
—	—	—	—	—	—	—
—	—	—	—	—	—	—
—	—	—	—	—	—	—
—	—	—	—	—	—	—
—	—	—	—	—	—	—
—	—	—	—	—	—	—
—	—	—	—	—	—	—
—	—	—	—	—	—	—
—	—	—	—	—	—	—
—	—	—	—	—	—	—
10	322	172	67	35	25	9
20	192	—	—	—	355	202
28	188	66	54	73	556	2771
—	—	—	—	—	120	—
75	228	90	48	28	629	10325
5	399	23	68	17	153	2008
—	174	30	10	8	—	61
379	1576	223	152	36	596	827
275	498	33	42	839	257	4666
—	—	—	—	—	—	—
—	—	—	—	—	—	—
—	—	—	—	—	—	—
—	—	—	—	—	—	—
—	—	—	—	—	—	—
—	—	—	—	—	—	—
—	—	—	—	—	—	—
—	—	—	—	—	—	—
—	115	—	10	—	—	395
—	—	—	—	—	—	—
—	—	—	—	—	—	—
—	—	—	—	—	—	—
—	—	—	—	—	—	—
—	—	—	—	—	—	—
—	—	—	—	—	—	—

各地区沿海防护林

地　区	造　林					
	合　计	按造林方式分				
		人工造林	飞播造林	无林地和疏林地新封	用材林	经济林
全国合计	**118590**	**94084**	**—**	**24506**	**5333**	**4524**
北　京	—	—	—	—	—	—
天　津	2667	2667	—	—	430	902
河　北	12991	10991	—	2000	—	—
山　西	—	—	—	—	—	—
内蒙古	—	—	—	—	—	—
内蒙古集团	—	—	—	—	—	—
辽　宁	14400	7199	—	7201	—	—
吉　林	—	—	—	—	—	—
吉林集团	—	—	—	—	—	—
长白山集团	—	—	—	—	—	—
黑龙江	—	—	—	—	—	—
龙江集团	—	—	—	—	—	—
上　海	—	—	—	—	—	—
江　苏	12116	12116	—	—	76	348
浙　江	11213	7118	—	4095	234	751
安　徽	—	—	—	—	—	—
福　建	3870	3870	—	—	503	3
江　西	—	—	—	—	—	—
山　东	22385	22141	—	244	469	754
河　南	—	—	—	—	—	—
湖　北	—	—	—	—	—	—
湖　南	—	—	—	—	—	—
广　东	32125	21159	—	10966	78	—
广　西	5268	5268	—	—	3543	859
海　南	1555	1555	—	—	—	907
重　庆	—	—	—	—	—	—
四　川	—	—	—	—	—	—
贵　州	—	—	—	—	—	—
云　南	—	—	—	—	—	—
西　藏	—	—	—	—	—	—
陕　西	—	—	—	—	—	—
甘　肃	—	—	—	—	—	—
青　海	—	—	—	—	—	—
宁　夏	—	—	—	—	—	—
新　疆	—	—	—	—	—	—
新疆兵团	—	—	—	—	—	—
大兴安岭	—	—	—	—	—	—

体系工程建设情况(一)

单位:公顷

面积								
按林种用途分								
防护林							薪炭林	特种用途林
小计	其中							
	水源涵养林	水土保持林	防风固沙林	农田、牧场防护林	护岸护堤林	护路林		
107847	**23402**	**29174**	**10635**	**4148**	**5753**	**2627**	**—**	**886**
—	—	—	—	—	—	—	—	—
1335	—	—	1335	—	—	—	—	—
12991	2467	—	2181	2641	667	467	—	—
—	—	—	—	—	—	—	—	—
—	—	—	—	—	—	—	—	—
—	—	—	—	—	—	—	—	—
14400	3733	467	—	—	—	—	—	—
—	—	—	—	—	—	—	—	—
—	—	—	—	—	—	—	—	—
—	—	—	—	—	—	—	—	—
—	—	—	—	—	—	—	—	—
—	—	—	—	—	—	—	—	—
—	—	—	—	—	—	—	—	—
11631	—	—	605	97	4048	735	—	61
10002	252	4112	789	990	592	931	—	226
—	—	—	—	—	—	—	—	—
3364	274	1275	502	—	72	67	—	—
—	—	—	—	—	—	—	—	—
21162	2612	9998	3122	420	374	427	—	—
—	—	—	—	—	—	—	—	—
—	—	—	—	—	—	—	—	—
—	—	—	—	—	—	—	—	—
32047	13797	13322	1928	—	—	—	—	—
267	267	—	—	—	—	—	—	599
648	—	—	173	—	—	—	—	—
—	—	—	—	—	—	—	—	—
—	—	—	—	—	—	—	—	—
—	—	—	—	—	—	—	—	—
—	—	—	—	—	—	—	—	—
—	—	—	—	—	—	—	—	—
—	—	—	—	—	—	—	—	—
—	—	—	—	—	—	—	—	—
—	—	—	—	—	—	—	—	—
—	—	—	—	—	—	—	—	—
—	—	—	—	—	—	—	—	—
—	—	—	—	—	—	—	—	—
—	—	—	—	—	—	—	—	—

各地区沿海防护林

地　区	年末实有封山(沙)育林面积	低产低效林改造面积	全部林业 合　计	其中：国家投资	造林
全国合计	**452444**	**1854**	**178784**	**116389**	**164876**
北　京	—	—	—	—	—
天　津	—	—	75961	67572	72819
河　北	26000	—	7801	4257	7596
山　西	—	—	—	—	—
内蒙古	—	—	—	—	—
内蒙古集团	—	—	—	—	—
辽　宁	81835	—	4003	4003	3846
吉　林	—	—	—	—	—
吉林集团	—	—	—	—	—
长白山集团	—	—	—	—	—
黑龙江	—	—	—	—	—
龙江集团	—	—	—	—	—
上　海	—	—	—	—	—
江　苏	—	41	31778	4560	26920
浙　江	169250	—	12891	8593	12409
安　徽	—	—	—	—	—
福　建	33081	—	4351	2624	2807
江　西	—	—	—	—	—
山　东	35151	—	19733	10824	17257
河　南	—	—	—	—	—
湖　北	—	—	—	—	—
湖　南	—	—	—	—	—
广　东	75314	1813	16177	10895	15326
广　西	31813	—	5709	2851	5552
海　南	—	—	380	210	344
重　庆	—	—	—	—	—
四　川	—	—	—	—	—
贵　州	—	—	—	—	—
云　南	—	—	—	—	—
西　藏	—	—	—	—	—
陕　西	—	—	—	—	—
甘　肃	—	—	—	—	—
青　海	—	—	—	—	—
宁　夏	—	—	—	—	—
新　疆	—	—	—	—	—
新疆兵团	—	—	—	—	—
大兴安岭	—	—	—	—	—

体系工程建设情况(二)

单位:公顷、万元

投资完成额						群众投工投劳（折合资金）
低产低效防护林改造	种苗	森林防火	病虫害防治	科技费用	其他	
706	**3902**	**635**	**1709**	**1557**	**5399**	**23131**
—	—	—	—	—	—	—
—	467	—	646	10	2019	—
—	195	—	10	—	—	300
—	—	—	—	—	—	—
—	—	—	—	—	—	—
—	—	—	—	—	—	—
—	30	10	15	—	102	3820
—	—	—	—	—	—	—
—	—	—	—	—	—	—
—	—	—	—	—	—	—
—	—	—	—	—	—	—
—	—	—	—	—	—	—
—	—	—	—	—	—	—
65	2099	141	110	1509	934	4750
223	100	30	10	30	89	699
—	—	—	—	—	—	—
18	—	20	50	—	1456	92
—	—	—	—	—	—	—
—	683	426	819	—	548	11691
—	—	—	—	—	—	—
—	—	—	—	—	—	—
—	—	—	—	—	—	—
400	171	—	39	—	241	1539
—	157	—	—	—	—	210
—	—	8	10	8	10	30
—	—	—	—	—	—	—
—	—	—	—	—	—	—
—	—	—	—	—	—	—
—	—	—	—	—	—	—
—	—	—	—	—	—	—
—	—	—	—	—	—	—
—	—	—	—	—	—	—
—	—	—	—	—	—	—
—	—	—	—	—	—	—
—	—	—	—	—	—	—
—	—	—	—	—	—	—
—	—	—	—	—	—	—

各地区珠江流域防护林

地　　区	造　林					
	合　计	按造林方式分				
		人工造林	飞播造林	无林地和疏林地新封	用材林	经济林
全国合计	**43985**	**28317**	**—**	**15668**	**4572**	**3099**
北　京	—	—	—	—	—	—
天　津	—	—	—	—	—	—
河　北	—	—	—	—	—	—
山　西	—	—	—	—	—	—
内蒙古	—	—	—	—	—	—
内蒙古集团	—	—	—	—	—	—
辽　宁	—	—	—	—	—	—
吉　林	—	—	—	—	—	—
吉林集团	—	—	—	—	—	—
长白山集团	—	—	—	—	—	—
黑龙江	—	—	—	—	—	—
龙江集团	—	—	—	—	—	—
上　海	—	—	—	—	—	—
江　苏	—	—	—	—	—	—
浙　江	—	—	—	—	—	—
安　徽	—	—	—	—	—	—
福　建	—	—	—	—	—	—
江　西	2559	2559	—	—	—	40
山　东	—	—	—	—	—	—
河　南	—	—	—	—	—	—
湖　北	—	—	—	—	—	—
湖　南	5290	1956	—	3334	—	105
广　东	15170	8512	—	6658	109	—
广　西	8296	6293	—	2003	3034	354
海　南	—	—	—	—	—	—
重　庆	—	—	—	—	—	—
四　川	—	—	—	—	—	—
贵　州	4000	4000	—	—	500	1200
云　南	8670	4997	—	3673	929	1400
西　藏	—	—	—	—	—	—
陕　西	—	—	—	—	—	—
甘　肃	—	—	—	—	—	—
青　海	—	—	—	—	—	—
宁　夏	—	—	—	—	—	—
新　疆	—	—	—	—	—	—
新疆兵团	—	—	—	—	—	—
大兴安岭	—	—	—	—	—	—

体系工程建设情况(一)

单位:公顷

面积								
按林种用途分								
防护林							薪炭林	特种用途林
小计	其中							
	水源涵养林	水土保持林	防风固沙林	农田、牧场防护林	护岸护堤林	护路林		
36314	**9259**	**11573**	**—**	**—**	**—**	**700**	**—**	**—**
—	—	—	—	—	—	—	—	—
—	—	—	—	—	—	—	—	—
—	—	—	—	—	—	—	—	—
—	—	—	—	—	—	—	—	—
—	—	—	—	—	—	—	—	—
—	—	—	—	—	—	—	—	—
—	—	—	—	—	—	—	—	—
—	—	—	—	—	—	—	—	—
—	—	—	—	—	—	—	—	—
—	—	—	—	—	—	—	—	—
—	—	—	—	—	—	—	—	—
—	—	—	—	—	—	—	—	—
—	—	—	—	—	—	—	—	—
—	—	—	—	—	—	—	—	—
—	—	—	—	—	—	—	—	—
—	—	—	—	—	—	—	—	—
—	—	—	—	—	—	—	—	—
2519	600	959	—	—	—	—	—	—
—	—	—	—	—	—	—	—	—
—	—	—	—	—	—	—	—	—
—	—	—	—	—	—	—	—	—
5185	880	2637	—	—	—	700	—	—
15061	5313	693	—	—	—	—	—	—
4908	799	2975	—	—	—	—	—	—
—	—	—	—	—	—	—	—	—
—	—	—	—	—	—	—	—	—
—	—	—	—	—	—	—	—	—
2300	—	2300	—	—	—	—	—	—
6341	1667	2009	—	—	—	—	—	—
—	—	—	—	—	—	—	—	—
—	—	—	—	—	—	—	—	—
—	—	—	—	—	—	—	—	—
—	—	—	—	—	—	—	—	—
—	—	—	—	—	—	—	—	—
—	—	—	—	—	—	—	—	—
—	—	—	—	—	—	—	—	—
—	—	—	—	—	—	—	—	—

各地区珠江流域防护林

地区	年末实有封山(沙)育林面积	低产低效林改造面积	全部林业		
			合计	其中：国家投资	造林
全国合计	**238918**	**873**	**21154**	**11354**	**16399**
北京	—	—	—	—	—
天津	—	—	—	—	—
河北	—	—	—	—	—
山西	—	—	—	—	—
内蒙古	—	—	—	—	—
内蒙古集团	—	—	—	—	—
辽宁	—	—	—	—	—
吉林	—	—	—	—	—
吉林集团	—	—	—	—	—
长白山集团	—	—	—	—	—
黑龙江	—	—	—	—	—
龙江集团	—	—	—	—	—
上海	—	—	—	—	—
江苏	—	—	—	—	—
浙江	—	—	—	—	—
安徽	—	—	—	—	—
福建	—	—	—	—	—
江西	18527	—	1586	1446	1236
山东	—	—	—	—	—
河南	—	—	—	—	—
湖北	—	—	—	—	—
湖南	62518	—	7117	1750	4452
广东	74994	806	3146	2105	2989
广西	33049	67	5435	2611	4250
海南	—	—	—	—	—
重庆	—	—	—	—	—
四川	—	—	—	—	—
贵州	27861	—	1800	1800	1800
云南	21969	—	2070	1642	1672
西藏	—	—	—	—	—
陕西	—	—	—	—	—
甘肃	—	—	—	—	—
青海	—	—	—	—	—
宁夏	—	—	—	—	—
新疆	—	—	—	—	—
新疆兵团	—	—	—	—	—
大兴安岭	—	—	—	—	—

体系工程建设情况(二)

单位:公顷、万元

投资完成额						群众投工投劳(折合资金)
低产低效防护林改造	种苗	森林防火	病虫害防治	科技费用	其他	
39	**2193**	**147**	**117**	**46**	**2213**	**8929**
—	—	—	—	—	—	—
—	—	—	—	—	—	—
—	—	—	—	—	—	—
—	—	—	—	—	—	—
—	—	—	—	—	—	—
—	—	—	—	—	—	—
—	—	—	—	—	—	—
—	—	—	—	—	—	—
—	—	—	—	—	—	—
—	—	—	—	—	—	—
—	—	—	—	—	—	—
—	—	—	—	—	—	—
—	—	—	—	—	—	—
—	—	—	—	—	—	—
—	—	—	—	—	—	—
—	—	—	—	—	—	—
—	—	—	—	—	—	—
—	—	—	—	19	331	314
—	—	—	—	—	—	—
—	—	—	—	—	—	—
—	—	—	—	—	—	—
—	1384	55	75	—	1151	2671
39	—	—	11	—	107	—
—	603	21	8	26	527	4076
—	—	—	—	—	—	—
—	—	—	—	—	—	—
—	—	—	—	—	—	—
—	—	—	—	—	—	523
—	206	71	23	1	97	1345
—	—	—	—	—	—	—
—	—	—	—	—	—	—
—	—	—	—	—	—	—
—	—	—	—	—	—	—
—	—	—	—	—	—	—
—	—	—	—	—	—	—
—	—	—	—	—	—	—
—	—	—	—	—	—	—

各地区太行山绿化

地区	造林					
	合计	按造林方式分				
		人工造林	飞播造林	无林地和疏林地新封	用材林	经济林
全国合计	**35745**	**22158**	**—**	**13587**	**58**	**951**
北京	896	857	—	39	—	—
天津	—	—	—	—	—	—
河北	11038	7904	—	3134	31	609
山西	10797	7064	—	3733	—	30
内蒙古	—	—	—	—	—	—
内蒙古集团	—	—	—	—	—	—
辽宁	—	—	—	—	—	—
吉林	—	—	—	—	—	—
吉林集团	—	—	—	—	—	—
长白山集团	—	—	—	—	—	—
黑龙江	—	—	—	—	—	—
龙江集团	—	—	—	—	—	—
上海	—	—	—	—	—	—
江苏	—	—	—	—	—	—
浙江	—	—	—	—	—	—
安徽	—	—	—	—	—	—
福建	—	—	—	—	—	—
江西	—	—	—	—	—	—
山东	—	—	—	—	—	—
河南	13014	6333	—	6681	27	312
湖北	—	—	—	—	—	—
湖南	—	—	—	—	—	—
广东	—	—	—	—	—	—
广西	—	—	—	—	—	—
海南	—	—	—	—	—	—
重庆	—	—	—	—	—	—
四川	—	—	—	—	—	—
贵州	—	—	—	—	—	—
云南	—	—	—	—	—	—
西藏	—	—	—	—	—	—
陕西	—	—	—	—	—	—
甘肃	—	—	—	—	—	—
青海	—	—	—	—	—	—
宁夏	—	—	—	—	—	—
新疆	—	—	—	—	—	—
新疆兵团	—	—	—	—	—	—
大兴安岭	—	—	—	—	—	—

工程建设情况(一)

单位:公顷

面积								
按林种用途分								
防护林							薪炭林	特种用途林
小计	其中							
	水源涵养林	水土保持林	防风固沙林	农田、牧场防护林	护岸护堤林	护路林		
34736	**5562**	**19281**	**2297**	**400**	**—**	**—**	**—**	**—**
896	—	857	—	—	—	—	—	—
—	—	—	—	—	—	—	—	—
10398	2180	7001	333	—	—	—	—	—
10767	1832	5265	1964	400	—	—	—	—
—	—	—	—	—	—	—	—	—
—	—	—	—	—	—	—	—	—
—	—	—	—	—	—	—	—	—
—	—	—	—	—	—	—	—	—
—	—	—	—	—	—	—	—	—
—	—	—	—	—	—	—	—	—
—	—	—	—	—	—	—	—	—
—	—	—	—	—	—	—	—	—
—	—	—	—	—	—	—	—	—
—	—	—	—	—	—	—	—	—
—	—	—	—	—	—	—	—	—
—	—	—	—	—	—	—	—	—
—	—	—	—	—	—	—	—	—
—	—	—	—	—	—	—	—	—
—	—	—	—	—	—	—	—	—
12675	1550	6158	—	—	—	—	—	—
—	—	—	—	—	—	—	—	—
—	—	—	—	—	—	—	—	—
—	—	—	—	—	—	—	—	—
—	—	—	—	—	—	—	—	—
—	—	—	—	—	—	—	—	—
—	—	—	—	—	—	—	—	—
—	—	—	—	—	—	—	—	—
—	—	—	—	—	—	—	—	—
—	—	—	—	—	—	—	—	—
—	—	—	—	—	—	—	—	—
—	—	—	—	—	—	—	—	—
—	—	—	—	—	—	—	—	—
—	—	—	—	—	—	—	—	—
—	—	—	—	—	—	—	—	—
—	—	—	—	—	—	—	—	—
—	—	—	—	—	—	—	—	—
—	—	—	—	—	—	—	—	—

各地区太行山绿化

地区	年末实有封山(沙)育林面积	低产低效林改造面积	全部林业		
			合计	其中：国家投资	造林
全国合计	**165859**	**133**	**17539**	**10442**	**17480**
北京	1467	133	6380	—	6380
天津	—	—	—	—	—
河北	21915	—	3204	2907	3202
山西	115703	—	4385	4385	4328
内蒙古	—	—	—	—	—
内蒙古集团	—	—	—	—	—
辽宁	—	—	—	—	—
吉林	—	—	—	—	—
吉林集团	—	—	—	—	—
长白山集团	—	—	—	—	—
黑龙江	—	—	—	—	—
龙江集团	—	—	—	—	—
上海	—	—	—	—	—
江苏	—	—	—	—	—
浙江	—	—	—	—	—
安徽	—	—	—	—	—
福建	—	—	—	—	—
江西	—	—	—	—	—
山东	—	—	—	—	—
河南	26774	—	3570	3150	3570
湖北	—	—	—	—	—
湖南	—	—	—	—	—
广东	—	—	—	—	—
广西	—	—	—	—	—
海南	—	—	—	—	—
重庆	—	—	—	—	—
四川	—	—	—	—	—
贵州	—	—	—	—	—
云南	—	—	—	—	—
西藏	—	—	—	—	—
陕西	—	—	—	—	—
甘肃	—	—	—	—	—
青海	—	—	—	—	—
宁夏	—	—	—	—	—
新疆	—	—	—	—	—
新疆兵团	—	—	—	—	—
大兴安岭	—	—	—	—	—

工程建设情况(二)

单位:公顷、万元

投资完成额						群众投工投劳（折合资金）
低产低效防护林改造	种苗	森林防火	病虫害防治	科技费用	其他	
—	**2**	**—**	**—**	**—**	**57**	**7706**
—	—	—	—	—	—	—
—	—	—	—	—	—	—
—	2	—	—	—	—	7512
—	—	—	—	—	57	—
—	—	—	—	—	—	—
—	—	—	—	—	—	—
—	—	—	—	—	—	—
—	—	—	—	—	—	—
—	—	—	—	—	—	—
—	—	—	—	—	—	—
—	—	—	—	—	—	—
—	—	—	—	—	—	—
—	—	—	—	—	—	—
—	—	—	—	—	—	—
—	—	—	—	—	—	—
—	—	—	—	—	—	—
—	—	—	—	—	—	—
—	—	—	—	—	—	—
—	—	—	—	—	—	—
—	—	—	—	—	—	194
—	—	—	—	—	—	—
—	—	—	—	—	—	—
—	—	—	—	—	—	—
—	—	—	—	—	—	—
—	—	—	—	—	—	—
—	—	—	—	—	—	—
—	—	—	—	—	—	—
—	—	—	—	—	—	—
—	—	—	—	—	—	—
—	—	—	—	—	—	—
—	—	—	—	—	—	—
—	—	—	—	—	—	—
—	—	—	—	—	—	—
—	—	—	—	—	—	—
—	—	—	—	—	—	—
—	—	—	—	—	—	—
—	—	—	—	—	—	—

各地区平原绿化

地区	造林					
	合计	按造林方式分				
		人工造林	飞播造林	无林地和疏林地新封	用材林	经济林
全国合计	**6416**	**6416**	**—**	**—**	**—**	**—**
北京	6416	6416	—	—	—	—
天津	—	—	—	—	—	—
河北	—	—	—	—	—	—
山西	—	—	—	—	—	—
内蒙古	—	—	—	—	—	—
内蒙古集团	—	—	—	—	—	—
辽宁	—	—	—	—	—	—
吉林	—	—	—	—	—	—
吉林集团	—	—	—	—	—	—
长白山集团	—	—	—	—	—	—
黑龙江	—	—	—	—	—	—
龙江集团	—	—	—	—	—	—
上海	—	—	—	—	—	—
江苏	—	—	—	—	—	—
浙江	—	—	—	—	—	—
安徽	—	—	—	—	—	—
福建	—	—	—	—	—	—
江西	—	—	—	—	—	—
山东	—	—	—	—	—	—
河南	—	—	—	—	—	—
湖北	—	—	—	—	—	—
湖南	—	—	—	—	—	—
广东	—	—	—	—	—	—
广西	—	—	—	—	—	—
海南	—	—	—	—	—	—
重庆	—	—	—	—	—	—
四川	—	—	—	—	—	—
贵州	—	—	—	—	—	—
云南	—	—	—	—	—	—
西藏	—	—	—	—	—	—
陕西	—	—	—	—	—	—
甘肃	—	—	—	—	—	—
青海	—	—	—	—	—	—
宁夏	—	—	—	—	—	—
新疆	—	—	—	—	—	—
新疆兵团	—	—	—	—	—	—
大兴安岭	—	—	—	—	—	—

工程建设情况(一)

单位:公顷

面　积								
	按林种用途分							
防　护　林							薪炭林	特种用途林
小　计	其　中							
	水源涵养林	水土保持林	防风固沙林	农田、牧场防护林	护岸护堤林	护路林		
6416	**—**	**—**	**3291**	**3125**	**—**	**—**	**—**	**—**
6416	—	—	3291	3125	—	—	—	—
—	—	—	—	—	—	—	—	—
—	—	—	—	—	—	—	—	—
—	—	—	—	—	—	—	—	—
—	—	—	—	—	—	—	—	—
—	—	—	—	—	—	—	—	—
—	—	—	—	—	—	—	—	—
—	—	—	—	—	—	—	—	—
—	—	—	—	—	—	—	—	—
—	—	—	—	—	—	—	—	—
—	—	—	—	—	—	—	—	—
—	—	—	—	—	—	—	—	—
—	—	—	—	—	—	—	—	—
—	—	—	—	—	—	—	—	—
—	—	—	—	—	—	—	—	—
—	—	—	—	—	—	—	—	—
—	—	—	—	—	—	—	—	—
—	—	—	—	—	—	—	—	—
—	—	—	—	—	—	—	—	—
—	—	—	—	—	—	—	—	—
—	—	—	—	—	—	—	—	—
—	—	—	—	—	—	—	—	—
—	—	—	—	—	—	—	—	—
—	—	—	—	—	—	—	—	—
—	—	—	—	—	—	—	—	—
—	—	—	—	—	—	—	—	—
—	—	—	—	—	—	—	—	—
—	—	—	—	—	—	—	—	—
—	—	—	—	—	—	—	—	—
—	—	—	—	—	—	—	—	—
—	—	—	—	—	—	—	—	—
—	—	—	—	—	—	—	—	—
—	—	—	—	—	—	—	—	—
—	—	—	—	—	—	—	—	—
—	—	—	—	—	—	—	—	—
—	—	—	—	—	—	—	—	—

各地区平原绿化

地　区	年末实有封山(沙)育林面积	低产低效林改造面积	全部林业		
			合　计	其中：国家投资	造林
全国合计	**1008**	**—**	**12020**	**12020**	**12000**
北　京	1008	—	12020	12020	12000
天　津	—	—	—	—	—
河　北	—	—	—	—	—
山　西	—	—	—	—	—
内蒙古	—	—	—	—	—
内蒙古集团	—	—	—	—	—
辽　宁	—	—	—	—	—
吉　林	—	—	—	—	—
吉林集团	—	—	—	—	—
长白山集团	—	—	—	—	—
黑龙江	—	—	—	—	—
龙江集团	—	—	—	—	—
上　海	—	—	—	—	—
江　苏	—	—	—	—	—
浙　江	—	—	—	—	—
安　徽	—	—	—	—	—
福　建	—	—	—	—	—
江　西	—	—	—	—	—
山　东	—	—	—	—	—
河　南	—	—	—	—	—
湖　北	—	—	—		
湖　南	—	—	—	—	—
广　东	—	—	—	—	—
广　西	—	—	—	—	—
海　南	—	—	—	—	—
重　庆	—	—	—	—	—
四　川	—	—	—	—	—
贵　州	—	—	—	—	—
云　南	—	—	—	—	—
西　藏	—	—	—	—	—
陕　西	—	—	—	—	—
甘　肃	—	—	—	—	—
青　海	—	—	—	—	—
宁　夏	—	—	—	—	—
新　疆	—	—	—	—	—
新疆兵团	—	—	—	—	—
大兴安岭	—	—	—	—	—

工程建设情况(二)

单位:公顷、万元

投资完成额						群众投工投劳（折合资金）
低产低效防护林改造	种苗	森林防火	病虫害防治	科技费用	其他	
—	**10**	**—**	**—**	**—**	**10**	**—**
—	10	—	—	—	10	—
—	—	—	—	—	—	—
—	—	—	—	—	—	—
—	—	—	—	—	—	—
—	—	—	—	—	—	—
—	—	—	—	—	—	—
—	—	—	—	—	—	—
—	—	—	—	—	—	—
—	—	—	—	—	—	—
—	—	—	—	—	—	—
—	—	—	—	—	—	—
—	—	—	—	—	—	—
—	—	—	—	—	—	—
—	—	—	—	—	—	—
—	—	—	—	—	—	—
—	—	—	—	—	—	—
—	—	—	—	—	—	—
—	—	—	—	—	—	—
—	—	—	—	—	—	—
—	—	—	—	—	—	—
—	—	—	—	—	—	—
—	—	—	—	—	—	—
—	—	—	—	—	—	—
—	—	—	—	—	—	—
—	—	—	—	—	—	—
—	—	—	—	—	—	—
—	—	—	—	—	—	—
—	—	—	—	—	—	—
—	—	—	—	—	—	—
—	—	—	—	—	—	—
—	—	—	—	—	—	—
—	—	—	—	—	—	—
—	—	—	—	—	—	—
—	—	—	—	—	—	—
—	—	—	—	—	—	—
—	—	—	—	—	—	—
—	—	—	—	—	—	—

林业系统野生动植物保护及自然保护区工程建设情况

指　　标	单位	本年实际
一、年末实有自然保护区个数	**个**	**2163**
其中：国家级	个	325
二、年末实有自然保护区面积	**百公顷**	**1244662**
其中：国家级	百公顷	787365
三、年末实有自然保护小区个数	**个**	**48675**
年末实有自然保护小区面积	百公顷	97410
四、野生植物就地保护点个数	**个**	**786**
野生植物就地保护点面积	百公顷	40045
五、禁猎（采）区个数	**个**	**1869**
禁猎（采）区面积	百公顷	574301
六、国际重要湿地个数	**个**	**46**
国际重要湿地面积	百公顷	40022
七、野生动物种源繁育基地	**个**	**4403**
1. 公益性野生动物救护繁育基地	个	142
2. 商业性野生动物驯养繁殖单位	个	4261
八、野生植物种源培育基地	**个**	**827**
九、野生动植物保护管理站	**个**	**4293**
十、鸟类环志中心（站）个数	**个**	**102**
十一、野生动物疫源疫病监测站个数	**个**	**1264**
十二、野生动植物科研及监测机构个数	**个**	**560**
在野生动植物科研及监测机构中各类专业技术人员	人	3083
十三、野生动物观赏展演单位	**个**	**316**
1. 动物园	个	162
2. 野生动物园	个	50
3. 马戏团等展演单位	个	104
十四、植物园（树木园）个数	**个**	**176**
十五、狩猎场个数	**个**	**91**
其中：对外国人开放的狩猎场个数	个	19
十六、从事野生动植物及自然保护区建设的职工人数	**人**	**51865**
其中：各类专业技术人员	人	16485
十七、野生动植物及自然保护区建设投资完成额	**万元**	**148874**
其中：国家投资	万元	88364

各地区林业系统野生动植物保护及自然保护区工程建设情况（一）

单位：个、百公顷

地区	年末实有自然保护区个数		年末实有自然保护区面积		年末实有自然保护小区		野生植物就地保护点		禁猎(采)区		国际重要湿地	
	合计	其中：国家级	合计	其中：国家级	个数	面积	个数	面积	个数	面积	个数	面积
全国合计	**2163**	**325**	**1244662**	**787365**	**48675**	**97410**	**786**	**40045**	**1869**	**574301**	**46**	**40022**
北京	16	2	1313	264	5	185	—	—	11	157	—	—
天津	5	1	579	54	—	—	—	—	—	—	—	—
河北	34	9	6284	2147	2	237	2	126	2	126	—	—
山西	45	7	10982	1168	—	—	45	10999	—	—	—	—
内蒙古	140	22	105805	30935	51	14145	13	7601	56	292994	2	7477
内蒙古集团	8	2	12365	2319	—	—	—	—	8	12302	—	—
辽宁	74	10	11655	1790	31	1108	31	413	14	5191	2	1397
吉林	38	13	24773	9763	5	78	26	2207	—	—	2	2495
吉林集团	—	—	—	—	—	—	—	—	—	—	—	—
长白山集团	6	3	3422	1930	1	6	10	1905	—	—	—	—
黑龙江	119	25	39557	17993	166	4189	20	517	7	2901	7	7146
龙江集团	23	8	11701	5760	—	—	—	—	—	—	1	315
上海	1	1	242	242	—	—	—	—	2	810	2	364
江苏	23	1	3690	780	39	84	76	33	5	1467	2	5310
浙江	19	6	996	741	360	746	9	170	45	779	1	3
安徽	59	5	4098	954	33	183	38	190	20	516	—	—
福建	89	13	5191	1956	3300	3169	6	10	—	—	1	24
江西	233	13	11861	2202	1360	1168	233	909	27	843	1	224
山东	67	5	9160	1759	29	1277	—	—	—	—	1	960
河南	25	9	5062	3255	—	—	—	—	32	2037	—	—
湖北	53	10	9473	3681	175	1247	19	2585	286	6739	3	643
湖南	125	22	13872	6213	168	6235	77	986	131	10434	3	3930
广东	270	7	12594	1502	38800	42000	5	201	668	28888	3	323
广西	62	17	13149	3167	89	1233	8	620	11	954	2	70
海南	32	6	2404	866	190	170	25	2302	1	34000	1	54
重庆	52	6	6781	2666	12	462	6	316	7	686	—	—
四川	122	22	72630	26026	512	2363	94	8091	183	42301	1	1666
贵州	105	7	9013	2309	3267	4108	8	719	292	34	—	—
云南	132	18	26389	14033	4	—	10	1	1	38320	4	136
西藏	61	8	410060	370140	—	—	—	—	—	—	2	1173
陕西	48	19	10750	5844	1	67	—	—	10	1230	—	—
甘肃	50	16	87858	42276	53	8651	26	833	47	6981	1	2474
青海	10	7	216474	207339	2	529	—	—	—	—	3	1844
宁夏	6	5	4740	4500	—	—	—	—	2	2613	—	—
新疆	28	8	91518	13599	16	2671	6	217	8	9787	—	—
新疆兵团	2	—	349	—	—	—	—	—	—	—	—	—
大兴安岭	20	5	15710	7201	5	1106	3	1	1	83512	1	2295

注：国际重要湿地个数中，全国合计包括香港特别行政区1处。

各地区林业系统野生动植物保护

地　区	野生动物种源繁育基地			野生植物种源培育基地	野生动植物保护管理站	鸟类环志中心（站）	野生动物疫源疫病监测站	野生动植物科研及监测机构	
	合计	公益性野生动物救护繁育基地	商业性野生动物驯养繁殖单位					个数	其中：各类专业技术人员
全国合计	**4403**	**142**	**4261**	**827**	**4293**	**102**	**1264**	**560**	**3083**
北　京	67	1	66	—	1	—	30	3	6
天　津	—	—	—	—	11	—	11	11	30
河　北	44	—	44	—	9	1	5	4	51
山　西	331	1	330	—	27	2	28	7	19
内蒙古	150	4	146	3	50	1	14	30	156
内蒙古集团	146	2	144	1	—	1	8	6	86
辽　宁	26	9	17	7	74	4	74	41	131
吉　林	33	2	31	16	109	2	10	35	195
吉林集团	—	—	—	—	—	—	—	—	—
长白山集团	—	—	—	4	19	—	1	11	47
黑龙江	2	2	—	—	664	7	28	12	121
龙江集团	—	—	—	—	632	1	12	1	76
上　海	1	1	—	—	8	2	33	5	44
江　苏	16	—	16	1	8	6	20	3	15
浙　江	869	10	859	16	73	2	6	18	99
安　徽	118	11	107	9	79	—	31	18	54
福　建	104	10	94	208	45	—	27	3	35
江　西	319	3	316	125	69	5	45	6	114
山　东	198	—	198	1	17	2	46	14	118
河　南	50	8	42	4	51	2	34	17	164
湖　北	60	12	48	13	122	8	71	69	227
湖　南	536	14	522	298	378	29	217	89	368
广　东	14	4	10	8	55	—	129	4	99
广　西	81	2	79	5	21	—	27	11	56
海　南	109	1	108	55	5	—	33	4	60
重　庆	142	2	140	29	185	—	19	16	50
四　川	223	5	218	3	499	—	45	19	164
贵　州	36	1	35	5	1434	6	12	4	51
云　南	705	16	689	10	21	7	50	22	286
西　藏	4	4	—	—	5	—	4	—	—
陕　西	97	7	90	5	89	1	96	11	23
甘　肃	16	2	14	6	37	7	42	9	15
青　海	—	—	—	—	—	—	—	—	—
宁　夏	8	1	7	—	9	—	8	2	56
新　疆	43	8	35	—	126	3	50	72	262
新疆兵团	4	—	4	—	1	—	1	1	4
大兴安岭	1	1	—	—	12	5	19	1	14

及自然保护区工程建设情况(二)

单位:个、百公顷、人、万元

野生动物观赏展演单位				植物园(树木园)个数	狩猎场		从事野生动植物及自然保护区建设的职工人数		野生动植物及自然保护区投资完成额	
合计	动物园	野生动物园	马戏团等展演单位		个数	其中：对外国人开放的狩猎场个数	合计	其中：各类专业技术人员	合计	其中：国家投资
316	**162**	**50**	**104**	**176**	**91**	**19**	**51865**	**16485**	**148874**	**88364**
2	—	2	—	—	1	1	574	159	32	—
—	—	—	—	—	—	—	66	50	236	236
1	—	1	—	1	2	—	783	260	2383	310
12	10	—	2	1	25	4	1040	312	1248	1248
3	—	3	—	2	1	—	2331	700	1760	1598
—	—	—	—	—	—	—	735	322	760	760
14	3	11	—	3	—	—	1526	459	1988	1354
8	6	2	—	3	2	1	1947	536	2872	2103
—	—	—	—	—	1	1	—	—	—	—
1	—	1	—	1	—	—	247	135	316	247
1	—	1	—	2	6	5	1874	1190	3417	2387
—	—	—	—	—	5	5	1178	950	915	915
1	1	—	—	—	—	—	152	83	2204	2204
4	4	—	—	1	—	—	2607	336	10086	30
8	4	2	2	4	1	—	1165	454	1172	1074
7	3	2	2	3	1	—	562	239	6337	2392
19	17	1	1	2	—	—	1629	480	6918	2528
11	9	2	—	17	4	—	3701	767	5598	1097
39	36	2	1	7	—	—	2250	834	1857	1045
81	4	—	77	4	4	—	2807	673	1740	919
18	16	2	—	2	4	—	1685	738	8270	4080
14	8	3	3	63	2	—	5567	1351	12908	6474
22	10	2	10	14	8	—	1137	401	5272	2561
3	3	—	—	1	—	—	2125	566	8567	6172
7	4	1	2	10	—	—	810	61	2977	2442
4	1	3	—	4	2	—	835	246	2719	2273
5	3	1	1	5	5	1	2326	635	6433	5363
4	3	1	—	4	—	—	2246	2147	1954	1700
13	9	2	2	10	—	—	2634	464	9888	5812
—	—	—	—	2	—	—	75	9	6610	3514
8	4	4	—	2	7	1	1854	729	8021	2471
2	1	1	—	3	2	2	2874	641	4070	3770
—	—	—	—	—	—	—	185	46	14677	14677
2	1	—	1	—	—	—	1308	460	2190	2190
3	2	1	—	5	14	4	931	330	2700	2570
—	—	—	—	1	—	—	52	6	191	91
—	—	—	—	1	—	—	259	129	1770	1770

各地区林业系统

地区	数量(个)							
	合计	森林生态	湿地生态	荒漠生态	野生植物	野生动物	草原与草甸	自然遗迹
全国合计	**2163**	**1339**	**379**	**33**	**120**	**283**	**2**	**7**
北京	16	11	3	—	—	2	—	—
天津	5	2	3	—	—	—	—	—
河北	34	23	8	—	—	3	—	—
山西	45	18	2	—	3	22	—	—
内蒙古	140	71	33	19	10	5	—	2
辽宁	74	54	16	—	—	4	—	—
吉林	38	20	11	—	5	2	—	—
黑龙江	139	36	64	—	7	29	2	1
上海	1	—	—	—	—	1	—	—
江苏	23	6	15	—	—	2	—	—
浙江	19	12	3	—	1	3	—	—
安徽	59	40	17	—	—	2	—	—
福建	89	56	7	—	8	18	—	—
江西	233	178	17	—	24	14	—	—
山东	67	41	21	—	1	3	—	1
河南	25	11	11	—	—	3	—	—
湖北	53	21	16	—	11	5	—	—
湖南	125	112	10	—	1	2	—	—
广东	270	234	20	—	6	10	—	—
广西	62	48	1	—	2	11	—	—
海南	32	17	8	—	2	5	—	—
重庆	52	16	13	—	12	11	—	—
四川	122	44	27	—	6	45	—	—
贵州	105	93	1	—	7	4	—	—
云南	132	100	12	—	6	11	—	3
西藏	61	18	14	2	2	25	—	—
陕西	48	16	7	—	3	22	—	—
甘肃	50	26	9	7	—	8	—	—
青海	10	3	2	2	—	3	—	—
宁夏	6	4	1	1	—	—	—	—
新疆	28	8	7	2	3	8	—	—

自然保护区分类情况

面积(万公顷)							
合计	森林生态	湿地生态	荒漠生态	野生植物	野生动物	草原与草甸	自然遗迹
12439.84	**3299.10**	**3167.32**	**3728.77**	**138.90**	**2076.77**	**2.31**	**26.67**
13.13	9.59	1.00	—	—	2.54	—	—
5.79	0.58	5.21	—	—	—	—	—
62.84	42.30	12.28	—	—	8.26	—	—
109.82	29.03	9.81	—	5.74	65.23	—	—
1058.05	334.08	250.32	404.60	33.65	9.63	—	25.76
116.55	65.28	48.49	—	—	2.78	—	—
247.73	178.02	52.96	—	3.68	13.07	—	—
552.66	120.09	336.47	—	11.74	82.02	2.31	0.03
2.42	—	—	—	—	2.42	—	—
36.90	0.53	27.83	—	—	8.53	—	—
9.96	8.74	0.68	—	0.51	0.03	—	—
40.98	14.27	24.55	—	—	2.16	—	—
51.91	30.75	6.41	—	3.59	11.17	—	—
118.61	73.54	22.04	—	6.97	16.06	—	—
91.60	25.62	59.06	—	1.02	5.82	—	0.08
50.62	16.27	22.95	—	—	11.40	—	—
94.73	54.42	26.95	—	8.97	4.39	—	—
138.72	92.07	45.46	—	0.08	1.12	—	—
125.94	92.24	20.68	—	1.81	11.20	—	—
131.49	113.95	0.28	—	3.45	13.81	—	—
24.04	19.16	1.26	—	0.27	3.34	—	—
67.81	24.15	10.40	—	25.53	7.74	—	—
726.30	230.81	260.36	—	6.73	228.40	—	—
90.13	77.34	0.96	—	3.57	8.26	—	—
263.89	204.55	10.01	—	7.35	41.18	—	0.80
4100.60	689.93	72.02	2984.10	0.07	354.48	—	—
107.50	36.21	11.87	—	2.50	56.92	—	—
878.58	369.58	124.48	283.75	—	100.78	—	—
2157.96	85.19	1534.50	37.76	—	500.52	—	—
47.40	31.91	8.40	7.09	—	—	—	—
915.18	228.89	159.64	11.47	11.66	503.52	—	—

各地区林业系统自然保护区分级情况

地区	数量(个)					面积(万公顷)					占土地面积比例(%)	占土地面积比例排名
	合计	国家级	省级	市级	县级	合计	国家级	省级	市级	县级		
全国合计	**2163**	**325**	**701**	**322**	**815**	**12446.62**	**7873.65**	**3363.94**	**534.46**	**674.57**	**12.96**	**—**
北京	16	2	8	6	—	13.13	2.64	6.34	4.15	—	7.81	11
天津	5	1	4	—	—	5.79	0.54	5.25	—	—	5.12	22
河北	34	9	21	1	3	62.84	21.47	39.46	0.84	1.07	3.36	28
山西	45	7	38	—	—	109.82	11.68	98.14	—	—	7.04	13
内蒙古	140	22	49	17	52	1058.05	309.35	632.23	32.70	83.77	8.94	8
辽宁	74	10	24	21	19	116.55	17.90	30.83	51.95	15.86	7.87	10
吉林	38	13	17	1	7	247.73	97.63	147.49	0.01	2.60	13.22	5
黑龙江	139	30	65	19	25	552.66	251.94	208.98	61.02	30.72	12.15	7
上海	1	1	—	—	—	2.42	2.42	—	—	—	3.81	26
江苏	23	1	5	5	12	36.90	7.80	5.44	10.36	13.30	3.60	27
浙江	19	6	6	—	7	9.96	7.41	1.25	—	1.31	0.98	31
安徽	59	5	30	2	22	40.98	9.54	26.62	1.21	3.61	2.99	30
福建	89	13	20	9	47	51.91	19.56	8.65	15.75	7.95	4.28	25
江西	233	13	28	2	190	118.61	22.02	27.56	2.83	66.20	7.11	12
山东	67	5	27	25	10	91.60	17.59	35.71	35.87	2.43	5.83	18
河南	25	9	16	—	—	50.62	32.55	18.07	—	—	3.03	29
湖北	53	10	21	17	5	94.73	36.81	40.52	12.75	4.65	5.10	24
湖南	125	22	27	2	74	138.72	62.13	37.91	1.87	36.81	6.55	17
广东	270	7	51	85	127	125.94	15.02	37.07	42.92	30.93	7.01	14
广西	62	17	38	2	5	131.49	31.67	85.35	6.76	7.71	5.57	19
海南	32	6	18	6	2	24.04	8.66	14.25	0.30	0.83	6.87	15
重庆	52	6	15	7	24	67.81	26.66	19.24	0.92	20.98	8.23	9
四川	122	22	49	19	32	726.30	260.26	232.98	66.36	166.70	15.00	4
贵州	105	7	3	14	81	90.13	23.09	4.93	20.55	41.56	5.12	23
云南	132	18	35	44	35	263.89	140.33	66.39	40.32	16.85	6.70	16
西藏	61	8	10	11	32	4100.60	3701.40	254.91	62.73	81.56	33.61	1
陕西	48	19	24	3	2	107.50	58.44	43.77	3.27	2.01	5.22	21
甘肃	50	16	33	—	1	878.58	422.76	455.16	—	0.67	19.33	3
青海	10	7	3	—	—	2164.74	2073.38	91.36	—	—	29.88	2
宁夏	6	5	1	—	—	47.40	45.00	2.4	—	—	9.15	6
新疆	28	8	15	4	1	915.18	135.99	685.67	59.01	34.50	5.51	20

3

产业发展

INDUSTRIAL DEVELOPMENT

林业产业总产值(一)

(按现行价格计算)　　单位:万元

指　　标	总产值
总　　计	**473154396**
一、第一产业	**163737921**
(一)涉林产业合计	156523685
其中:湿地产业	1107058
1. 林木育种和育苗	12774978
(1)林木育种	1126493
(2)林木育苗	11648485
2. 造林和更新	10707534
3. 森林经营和管护	7198061
4. 木材和竹材采运	10102975
(1)木材采运	7813521
(2)竹材采运	2289454
5. 经济林产品的种植与采集	92403685
(1)水果种植	46141257
(2)坚果、含油果和香料作物种植	14427279
(3)茶及其他饮料作物的种植	8639600
(4)中药材种植	5969778
(5)森林食品种植	8800422
(6)林产品采集	8425349
6. 花卉及其他观赏植物种植	16268437
7. 陆生野生动物繁育与利用	5073821
8. 林业生产服务	1994194
(二)林业系统非林产业	7214236
二、第二产业	**249761641**
(一)涉林产业合计	243195037
其中:湿地产业	1037864
1. 木材加工和木、竹、藤、棕、苇制品制造	99733250
(1)木材加工	16530717

林业产业总产值(二)

(按现行价格计算)　　　　单位:万元

指　　标	总产值
(2)人造板制造	51910432
(3)木制品制造	23731634
(4)竹、藤、棕、苇制品制造	7560467
2. 木、竹、藤家具制造	37361255
3. 木、竹、苇浆造纸和纸制品	51974253
(1)木、竹、苇浆制造	11428095
(2)造纸	24906970
(3)纸制品制造	15639188
4. 林产化学产品制造	5990768
5. 木质工艺品和木质文教体育用品制造	5244217
6. 非木质林产品加工制造业	34224022
(1)木本油料、果蔬、茶饮料等加工制造	25506647
(2)野生动物食品与毛皮革等加工制造	1535904
(3)中药材加工制造	7181471
7. 其他	8667272
(二)林业系统非林产业	6566604
三、第三产业	**59654834**
(一)涉林产业合计	53260049
其中：湿地产业	948698
1. 林业旅游与休闲服务	42496485
2. 林业生态服务	4577331
3. 林业专业技术服务	1532224
4. 林业公共管理及其他组织服务	4654009
(二)林业系统非林产业	6394785
补充资料：竹产业产值	16707524
油茶产业产值	4197905
林下经济产值	34725101

各地区林业

（按现行

地区	总计	第一					
		合计	涉林				
			合计	其中：湿地产业	林木育种和育苗		
					小计	林木育种	林木育苗
全国合计	**473154396**	**163737921**	**156523685**	**1107058**	**12774978**	**1126493**	**11648485**
北京	1805117	1623981	1621544	—	55075	—	55075
天津	186163	170141	170141	5	3702	—	3702
河北	12305030	6103231	6072784	86797	305745	18651	287094
山西	3458702	2664902	2658255	300	595127	4832	590295
内蒙古	2801456	1545569	1398953	5833	188463	11198	177265
内蒙古集团	694104	315379	299278	—	744	—	744
辽宁	17375794	9077590	8973186	7000	610394	216565	393829
吉林	13509856	3623241	3309298	—	286619	21933	264686
吉林集团	1435814	325816	286159	—	8271	1795	6476
长白山集团	718010	262516	246489	—	18268	1569	16699
黑龙江	12813789	5173952	3657539	6241	164434	11242	153192
龙江集团	4952635	1840136	836388	—	3812	261	3551
上海	3709755	369316	369316	—	30420	—	30420
江苏	36086022	8887780	8559198	59930	1102592	83464	1019128
浙江	33792859	7664849	7641689	8957	1707856	750	1707106
安徽	20595442	6309769	6129501	39446	550254	47863	502391
福建	36095326	6642694	6639898	—	122156	82540	39616
江西	20250245	7533092	7184871	32160	493984	56155	437829
山东	55739153	19772916	19183254	61611	3297051	10404	3286647
河南	12634877	6356211	6232377	48578	310727	44625	266102
湖北	14315092	6380837	6250681	13063	311438	76521	234917
湖南	23800023	8482825	7876110	454674	688099	231834	456265
广东	55953897	6894502	6729331	59274	68241	7992	60249
广西	30201223	9928226	8255041	150	135045	26897	108148
海南	4252253	2415401	2396888	103074	37628	1757	35871
重庆	4494411	2416322	2325929	1073	212675	44166	168509
四川	20302262	7688693	7403069	4955	266965	38532	228433
贵州	5034591	2361398	2281097	35518	217924	23540	194384
云南	11704317	7773695	7507727	68518	138167	22817	115350
西藏	219427	198771	198771	—	19383	—	19383
陕西	7125584	5641138	5617284	3093	479566	24383	455183
甘肃	2824923	2491464	2456481	3440	129624	8105	121519
青海	356242	351207	351207	3368	8402	53	8349
宁夏	1162137	796185	796185	—	57679	1336	56343
新疆	7066614	5852628	5846141	—	174589	8338	166251
新疆兵团	1954872	1942888	1940512	—	32717	160	32557
大兴安岭	1181814	545395	429939	—	4954	—	4954

产业总产值（一）

价格计算）　　　　单位：万元

产 业								
产 业								
造林和更新	森林经营和管护	木材和竹材采运			经济林产品的种植与采集			
		小计	木材采运	竹材采运	小计	水果种植	坚果、含油果和香料作物种植	茶及其他饮料作物的种植
10707534	**7198061**	**10102975**	**7813521**	**2289454**	**92403685**	**46141257**	**14427279**	**8639600**
864492	69259	12813	12813	—	473332	353883	92989	—
23456	16576	9903	9903	—	89323	75596	13727	—
282028	101625	55577	55577	—	4646235	3436200	980952	1002
711757	58808	5319	5319	—	1222436	901135	292487	—
364477	279483	131687	131687	—	321052	149359	24959	120
5331	134428	86407	86407	—	35790	3491	—	—
865796	174921	152235	152235	—	5017165	1642371	1164573	73000
82626	99574	373284	373284	—	1827495	262356	70625	4201
3587	17380	88539	88539	—	121585	4305	5384	780
6424	18242	99731	99731	—	75788	261	5179	—
127306	176633	185357	185357	—	2579923	157929	35211	104
27599	118413	87295	87295	—	579954	5676	10541	—
11015	34069	1332	114	1218	239708	237351	—	—
721031	1139897	228968	219856	9112	3400544	1961661	80608	547984
248104	126149	460540	158908	301632	4342251	1937795	232910	1027060
699810	469432	696455	498535	197920	2951735	910621	394051	789595
201601	98479	1277161	796930	480231	3842409	1592897	163113	1044830
560857	448077	645537	383847	261690	3666029	1670962	354850	349927
591986	387050	408345	408345	—	11085726	9041390	1560176	285327
417095	270650	258846	254708	4138	3444758	1619905	581112	461858
323208	275773	288622	231031	57591	4310079	1398513	385761	1187989
664739	730907	760016	634969	125047	3688375	1499751	680485	559047
213289	116788	755211	544665	210546	3891677	2647361	189362	211318
349661	452246	1686303	1449680	236623	4269233	2660765	427997	305632
60928	67156	92490	85811	6679	1835079	992847	83204	2585
253053	108761	60103	43601	16502	1312833	900408	113566	118636
296340	336158	580845	294535	286310	4657659	2055444	943560	488269
301099	153133	219111	213587	5524	1179200	428825	133785	304636
386792	159190	515309	429035	86274	5767663	1111346	1219203	584970
52145	45507	39049	38896	153	42687	16477	17008	70
394293	96696	34743	32589	2154	4470683	2695316	1025484	282090
107457	138917	4042	3932	110	2000629	1414148	403591	8426
201321	17888	977	977	—	121357	1153	3324	156
85640	35354	540	540	—	594242	253376	9979	768
243379	416671	29597	29597	—	4945530	2114116	2746279	—
45015	75668	7884	7884	—	1776917	987102	772965	—
753	96234	132658	132658	—	166638	—	2348	—

各地区林业

（按现行

地　区	第　一　产　业						
	涉　林　产　业						林业系统非林产业
	经济林产品的种植与采集			花卉及其他观赏植物种植	陆生野生动物繁育与利用	林业生产服务	
	中药材种植	森林食品种植	林产品采集				
全国合计	**5969778**	**8800422**	**8425349**	**16268437**	**5073821**	**1994194**	**7214236**
北　京	688	239	25533	117522	7500	21551	2437
天　津	—	—	—	26981	200	—	—
河　北	100257	92754	35070	346306	298113	37155	30447
山　西	16126	12374	314	44603	6236	13969	6647
内蒙古	57948	21218	67448	15700	66419	31672	146616
内蒙古集团	1602	7292	23405	—	32401	4177	16101
辽　宁	788912	947233	401076	972380	1047710	132585	104404
吉　林	939359	449422	101532	130118	472860	36722	313943
吉林集团	58607	34126	18383	1385	38249	7163	39657
长白山集团	1197	62463	6688	80	24041	3915	16027
黑龙江	156946	2010118	219615	58009	313410	52467	1516413
龙江集团	65352	365886	132499	—	12253	7062	1003748
上　海	—	2357	—	52262	510	—	—
江　苏	131575	245287	433429	1864212	55972	45982	328582
浙　江	155612	904819	84055	431255	285299	40235	23160
安　徽	254349	373918	229201	577903	100142	83770	180268
福　建	166918	357759	516892	998070	79104	20918	2796
江　西	157288	244614	888388	1177308	82511	110568	348221
山　东	30312	168521	—	2153832	1170082	89182	589662
河　南	289594	254323	237966	1243332	165676	121293	123834
湖　北	271121	845479	221216	448382	87938	205241	130156
湖　南	397056	281104	270932	895520	168717	279737	606715
广　东	103705	359010	380921	1651984	15528	16613	165171
广　西	93061	207895	573883	926236	233638	202679	1673185
海　南	14617	6970	734856	272428	30914	265	18513
重　庆	75992	89896	14335	337914	23318	17272	90393
四　川	220269	496635	453482	825581	227784	211737	285624
贵　州	174972	46131	90851	162431	17549	30650	80301
云　南	548970	209197	2093977	383702	64005	92899	265968
西　藏	2678	6454	—	—	—	—	—
陕　西	151089	131949	184755	101842	25642	13819	23854
甘　肃	155632	12874	5958	20184	1940	53688	34983
青　海	115417	620	687	187	—	1075	—
宁　夏	304071	—	26048	17741	152	4837	—
新　疆	84833	—	302	14273	1168	20934	6487
新疆兵团	16548	—	302	1533	202	576	2376
大兴安岭	10411	21252	132627	239	23784	4679	115456

产业总产值(二)

价格计算)

单位：万元

第二产业								
合计	涉林产业							
	合计	其中：湿地产业	木材加工和木、竹、藤、棕、苇制品制造					
			小计	木材加工	人造板制造	木制品制造	竹、藤、棕、苇制品制造
249761641	**243195037**	**1037864**	**99733250**	**16530717**	**51910432**	**23731634**	**7560467**
10981	—	—	—	—	—	—	—
5000	5000	—	—	—	—	—	—
5522275	5491834	264375	3225015	398743	2574994	250197	1081
598440	598440	—	80900	33646	37404	9850	—
761655	678792	—	565146	473248	74498	17011	389
107310	35516	—	16159	16159	—	—	—
5621270	5526381	—	2574262	681642	806097	1075663	10860
8270048	7575787	—	2400112	442864	944949	1012299	—
517109	294647	—	229657	11394	114381	103882	—
209629	127858	—	116322	4315	46448	65559	—
5763464	4414434	1988	2624345	934593	729394	957596	2762
1844846	673169	—	509604	119743	136425	253436	—
3199323	3199323	—	684170	36499	154489	488859	4323
23470730	22357876	2244	14463503	748024	8922100	4596517	196862
22900438	22886518	213997	6888470	605211	1482992	3579111	1221156
11379143	11140967	26226	7664520	951970	4249867	1117660	1345023
28459442	28362850	282000	8861571	1172877	3049076	2778525	1861093
8148615	7669298	1784	3382832	483546	969532	1002079	927675
32766644	32144940	2020	18397866	3551197	12608704	2032890	205075
5110355	5068651	26218	2535084	498249	1789327	207451	40057
5781055	5395032	10121	1942553	136982	940274	654520	210777
9366294	9028962	92369	3348184	844548	1102547	747156	653933
38624557	38601733	91607	5799712	832128	3245566	1451178	270840
17442590	17044645	5	9564144	2399380	5904654	948572	311538
1652489	1650155	—	141138	96289	39399	4022	1428
1169767	1123059	150	388508	83119	127150	97845	80394
7075946	6898210	10450	2221902	480025	1278049	284964	178864
844143	824653	6431	420287	186309	131047	84283	18648
3240770	3145338	5669	974089	292254	477231	193883	10721
12569	12569	—	12569	12569	—	—	—
925481	886622	210	326986	71053	204567	45207	6159
141950	112265	—	6134	2527	1600	1198	809
180	180	—	180	180	—	—	—
254519	254519	—	2000	2000	—	—	—
792199	791626	—	41378	14053	17325	10000	—
1294	994	—	994	976	18	—	—
449309	304378	—	195690	64992	47600	83098	—

各地区林业

（按现行

地 区	第 二 涉 林					
	木、竹、藤家具制造	木、竹、苇浆造纸和纸制品				林产化学产品制造
		小计	木、竹、苇浆制造	造纸	纸制品制造	
全国合计	**37361255**	**51974253**	**11428095**	**24906970**	**15639188**	**5990768**
北 京	—	—	—	—	—	—
天 津	5000	—	—	—	—	—
河 北	469259	41608	6101	31611	3896	40779
山 西	13243	—	—	—	—	144
内蒙古	1508	19122	—	19122	—	610
内蒙古集团	—	19122	—	19122	—	—
辽 宁	1448691	39858	37960	1898	—	3754
吉 林	376363	411729	57738	250732	103259	18016
吉林集团	23750	—	—	—	—	13109
长白山集团	2722	—	—	—	—	2700
黑龙江	433320	518230	4624	217670	295936	14334
龙江集团	85866	262	162	—	100	11280
上 海	797374	1272348	—	433809	838539	14761
江 苏	685753	3627744	404701	2297101	925942	636918
浙 江	3071545	8761273	2720147	3043929	2997197	188285
安 徽	907524	245236	118851	93403	32982	132754
福 建	4875266	5533975	1743702	2169096	1621177	690927
江 西	1999982	420387	54734	243602	122051	625915
山 东	2736359	4767905	1284742	3136386	346777	106856
河 南	702217	676945	244962	388436	43547	14444
湖 北	715319	972070	309074	560314	102682	68610
湖 南	1825397	1951892	148559	1757727	45606	222128
广 东	12048650	17676160	2302325	8230343	7143492	1051757
广 西	1023623	2686855	321344	1602405	763106	1501424
海 南	41576	1050000	1050000	—	—	858
重 庆	260604	128137	86700	36727	4710	8650
四 川	2586959	906226	382055	343534	180637	39615
贵 州	97731	74117	38383	27759	7975	38739
云 南	168515	161388	111393	21366	28629	519407
西 藏	—	—	—	—	—	—
陕 西	58347	31048	—	—	31048	1280
甘 肃	7152	—	—	—	—	4410
青 海	—	—	—	—	—	—
宁 夏	—	—	—	—	—	—
新 疆	80	—	—	—	—	—
新疆兵团	—	—	—	—	—	—
大兴安岭	3898	—	—	—	—	45393

产业总产值（三）

价格计算）

单位：万元

产　业						
产　业						
木质工艺品和木质文教体育用品制造	非木质林产品加工制造业				其他	林业系统非林产业
	小计	木本油料、果蔬、茶饮料等加工制造	野生动物食品与毛皮革等加工制造	中药材加工制造		
5244217	**34224022**	**25506647**	**1535904**	**7181471**	**8667272**	**6566604**
—	—	—	—	—	—	10981
—	—	—	—	—	—	—
4259	1562966	1526270	24052	12644	147948	30441
16	500200	492828	4180	3192	3937	—
56	9861	9861	—	—	82489	82863
—	—	—	—	—	235	71794
43983	786048	449667	52742	283639	629785	94889
61786	4159905	680296	89764	3389845	147876	694261
—	22084	21704	380	—	6047	222462
—	690	661	29	—	5424	81771
48590	305363	174118	49774	81471	470252	1349030
17997	24316	9296	204	14816	23844	1171677
11210	416296	120872	213490	81934	3164	—
353249	1780767	409257	269818	1101692	809942	1112854
1768328	2195951	1804257	186486	205208	12666	13920
424663	1554872	1420523	34420	99929	211398	238176
1304428	5162505	4911011	132410	119084	1934178	96592
134827	867265	843214	1629	22422	238090	479317
353616	5284008	5138059	18449	127500	498330	621704
44473	917537	608628	8064	300845	177951	41704
82098	1262839	1125714	10704	126421	351543	386023
156745	1380670	1154448	74793	151429	143946	337332
205175	1806373	1091850	233991	480532	13906	22824
47065	1116901	742875	88109	285917	1104633	397945
86338	328458	328458	—	—	1787	2334
68968	141784	97455	960	43369	126408	46708
22061	535805	474055	23707	38043	585642	177736
7383	152504	125799	2475	24230	33892	19490
12991	945518	887474	—	58044	363430	95432
—	—	—	—	—	—	—
1586	330531	264547	14137	51847	136844	38859
93	16494	16494	—	—	77982	29685
—	—	—	—	—	—	—
—	252519	162669	150	89700	—	—
—	397792	395258	—	2534	352376	573
—	—	—	—	—	—	300
230	52290	50690	1600	—	6877	144931

各地区林业

（按现行

地区	第三				
		涉林			
	合计	合计	其中：湿地产业	林业旅游与休闲服务	林业生态服务
全国合计	**59654834**	**53260049**	**948698**	**42496485**	**4577331**
北京	170155	158948	—	129978	28358
天津	11022	11022	—	11022	—
河北	679524	571096	105	429939	58953
山西	195360	186934	146	71575	47507
内蒙古	494232	234306	930	142372	3525
内蒙古集团	271415	39189	—	35720	—
辽宁	2676934	2510103	12830	1677367	207004
吉林	1616567	807685	90798	697417	21227
吉林集团	592889	31010	—	16393	500
长白山集团	245865	34634	—	20012	577
黑龙江	1876373	872862	36758	649797	54511
龙江集团	1267653	408205	—	384768	1193
上海	141116	105340	—	7609	39834
江苏	3727512	3566973	267932	2108462	662502
浙江	3227572	3215902	24780	2869019	215991
安徽	2906530	2737010	42282	2044411	343729
福建	993190	992139	—	736820	77628
江西	4568538	4319072	38124	3211502	760503
山东	3199593	2932904	146684	1965039	563079
河南	1168311	1148595	26423	760677	252800
湖北	2153200	1793135	20340	1455708	150227
湖南	5950904	5269263	92668	4167491	573707
广东	10434838	10079140	24156	8913807	67149
广西	2830407	1990691	7144	1788744	65374
海南	184363	181705	1260	144860	1378
重庆	908322	847300	678	736991	45516
四川	5537623	5047070	5350	4814383	89774
贵州	1829050	1786970	78857	1632369	76728
云南	689852	581974	21381	412130	41498
西藏	8087	8087	—	8087	—
陕西	558965	482076	—	318589	106947
甘肃	191509	163132	380	53247	7381
青海	4855	4855	2693	3254	1346
宁夏	111433	107233	3856	106997	—
新疆	421787	411382	980	327317	9294
新疆兵团	10690	7905	600	7898	—
大兴安岭	187110	135145	1163	99505	3861

产业总产值（四）

价格计算）　　　　单位：万元

产业			补充资料		
产业					
林业专业技术服务	林业公共管理及其他组织服务	林业系统非林产业	竹产业产值	油茶产业产值	林下经济产值
1532224	**4654009**	**6394785**	**16707524**	**4197905**	**34725101**
78	534	11207	—	—	17485
—	—	—	—	—	2160
27096	55108	108428	—	—	379961
2427	65425	8426	—	—	13115
7361	81048	259926	—	—	285898
948	2521	232226	—	—	84085
138702	487030	166831	—	—	607895
20468	68573	808882	—	—	1328656
3112	11005	561879	—	—	158306
843	13202	211231	—	—	100862
18871	149683	1003511	—	—	2356338
3376	18868	859448	—	—	644357
16319	41578	35776	—	—	7200
302534	493475	160539	4379	—	425219
21900	108992	11670	4099434	165748	6747202
96328	252542	169520	1436478	281355	1485060
10811	166880	1051	3595695	214555	2187881
70199	276868	249466	2461744	1213091	1542417
262549	142237	266689	—	—	2735980
32577	102541	19716	1530	21600	805284
83435	103765	360065	144015	103395	507683
206450	321615	681641	2360295	1534600	1080886
5631	1092553	355698	88920	145716	192199
25244	111329	839716	355424	403437	4224753
1767	33700	2658	2022	1224	615132
17462	47331	61022	102417	6657	437102
63918	78995	490553	1791077	22327	4732371
20569	57304	42080	191132	28071	290979
33681	94665	107878	69946	24034	989177
—	—	—	—	—	500
11740	44800	76889	3002	23615	312228
14805	87699	28377	14	8480	137679
255	—	—	—	—	—
70	166	4200	—	—	5543
14167	60604	10405	—	—	28219
7	—	2785	—	—	10959
4810	26969	51965	—	—	242899

全国主要林产工业产品产量2013年与2012年比较

主要指标	单位	2013年	2012年	2013年比2012年增减(%)
木材产量	万立方米	8438.50	8174.87	3.22
1. 原木	万立方米	7836.89	7494.37	4.57
2. 薪材	万立方米	601.60	680.50	-11.59
竹材产量	万根	187684.91	164412.03	14.16
锯材产量	万立方米	6297.60	5568.19	13.10
人造板产量	万立方米	25559.91	22335.79	14.43
1. 胶合板	万立方米	13725.19	10981.17	24.99
2. 纤维板	万立方米	6402.10	5800.35	10.37
3. 刨花板	万立方米	1884.95	2349.55	-19.77
4. 其他人造板	万立方米	3547.67	3204.71	10.70
木竹地板产量	万平方米	68925.68	60430.54	14.06
松香类产品产量	吨	1642308	1409995	16.48
栲胶类产品产量	吨	8403	6926	21.33
紫胶类产品产量	吨	5764	2494	131.11

全国主要木材、竹材产品产量

产品名称	单　位	全部产量
木材及竹材采伐产品		
一、商品材	**万立方米**	**8438.50**
其中:热带木材	万立方米	1049.06
针叶木材	万立方米	1434.06
1. 原木	万立方米	7836.89
2. 薪材	万立方米	601.60
按用途分:		
1. 直接用原木	万立方米	2258.63
2. 加工用材	万立方米	4023.29
3. 造纸用材	万立方米	1126.31
4. 其他	万立方米	1030.26
按生产单位分:		
1. 系统内国有企业单位生产的木材	万立方米	651.16
2. 系统内国有林场、事业单位生产的木材	万立方米	1301.04
3. 系统外企、事业单位采伐自营林地的木材	万立方米	410.67
4. 乡(镇)集体企业及单位生产的木材	万立方米	715.04
5. 村及村以下各级组织和农民个人生产的木材	万立方米	5360.59
二、非商品材	**万立方米**	**3123.82**
1. 农民自用材采伐量	万立方米	901.03
2. 农民烧材采伐量	万立方米	2222.79
三、竹材		
(一)大径竹	万根	187684.91
其中:村及村以下各级组织和农民个人生产的大径竹	万根	128326.91
1. 毛竹	万根	114557.75
2. 其他	万根	73127.16
(二)小杂竹	万吨	956.21

注:大径竹一般指直径在5厘米以上,以根为计量单位的竹材。

各地区主要木材、

地区	木材及竹材							
	商品							
	合计	其中		原木	薪材	按用途分		
		热带木材	针叶木材			直接用原木	加工用材	造纸用材
全国合计	**8438.50**	**1049.06**	**1434.06**	**7836.89**	**601.60**	**2258.63**	**4023.29**	**1126.31**
北　京	20.81	—	0.85	19.21	1.60	12.71	0.13	—
天　津	15.38	—	—	15.38	—	—	—	—
河　北	84.68	—	9.66	72.34	12.34	59.03	6.87	0.39
山　西	11.92	—	0.84	8.23	3.69	7.00	0.60	—
内蒙古	186.24	—	118.97	181.96	4.28	71.02	48.86	4.73
内蒙古集团	109.32	—	109.32	105.94	3.39	17.58	32.37	4.73
辽　宁	178.27	—	40.88	172.09	6.18	135.73	29.25	4.82
吉　林	347.41	—	57.62	335.48	11.93	122.94	203.29	2.49
吉林集团	57.45	—	9.39	57.02	0.43	4.21	48.55	—
长白山集团	77.59	—	16.49	77.58	0.01	5.80	65.70	0.16
黑龙江	219.63	—	17.23	209.13	10.50	122.48	61.58	2.37
龙江集团	77.43	—	7.29	73.58	3.86	20.36	33.88	1.06
上　海	0.21	—	—	—	0.21	—	—	—
江　苏	144.10	—	0.36	138.58	5.52	59.79	63.11	4.69
浙　江	154.37	—	106.99	152.81	1.56	45.48	81.76	—
安　徽	477.54	—	123.18	412.25	65.30	177.69	244.53	13.24
福　建	572.27	—	100.51	522.50	49.77	102.75	284.18	65.66
江　西	266.91	—	130.41	248.26	18.65	136.45	95.82	5.18
山　东	559.10	—	0.23	510.42	48.67	125.38	374.88	17.55
河　南	243.13	—	0.17	221.04	22.09	111.82	94.91	2.91
湖　北	251.93		26.51	228.59	23.34	117.63	85.69	5.73
湖　南	474.92	—	93.81	453.90	21.02	165.71	166.40	105.80
广　东	809.15	173.29	64.65	717.30	91.85	70.91	465.29	222.74
广　西	2288.03	708.05	265.70	2215.30	72.73	120.09	1351.34	563.39
海　南	122.33	112.07	0.01	105.49	16.84	68.32	12.98	17.95
重　庆	30.06	—	9.07	24.32	5.73	11.23	14.28	0.94
四　川	237.10	—	26.40	202.98	34.11	97.99	117.63	7.36
贵　州	180.86	—	16.29	173.99	6.87	113.68	36.93	20.91
云　南	430.22	55.65	184.40	365.82	64.40	144.68	136.81	53.14
西　藏	6.39	—	—	6.39	—	1.59	4.80	—
陕　西	10.16	—	0.64	9.28	0.88	5.44	3.32	0.10
甘　肃	3.11	—	0.57	2.95	0.16	2.47	0.04	—
青　海	0.61	—	0.03	0.31	0.29	0.31	0.24	—
宁　夏	0.90	—	—	0.90	—	—	0.90	—
新　疆	38.85	—	0.88	37.76	1.09	28.22	7.73	—
新疆兵团	11.33	—	—	11.33	—	7.15	3.90	—
大兴安岭	71.92	—	37.22	71.92	—	20.09	29.15	4.22

竹材产品产量(一)

单位:万立方米

采伐产品								
材						非商品材		
	按生产单位分							
其他	系统内国有企业单位生产的木材	系统内国有林场、事业单位生产的木材	系统外企、事业单位采伐自营林地的木材	乡(镇)集体企业及单位生产的木材	村及村以下各级组织和农民个人生产的木材	合计	农民自用材采伐量	农民烧材采伐量
1030.26	**651.16**	**1301.04**	**410.67**	**715.04**	**5360.59**	**3123.82**	**901.03**	**2222.79**
7.97	—	0.21	0.27	2.32	18.02	8.75	8.62	0.13
15.38	—	—	—	—	15.38	—	—	—
18.39	0.06	26.08	0.20	3.88	54.45	15.96	3.60	12.36
4.32	—	5.41	0.09	0.07	6.35	1.16	0.87	0.29
61.63	111.09	25.44	4.15	0.63	44.94	9.98	5.89	4.09
54.64	109.32	—	—	—	—	—	—	—
8.47	7.98	62.79	2.43	23.25	81.82	35.65	10.18	25.47
18.69	148.59	105.92	7.54	26.54	58.82	—	—	—
4.69	57.45	—	—	—	—	—	—	—
5.93	77.59	—	—	—	—	—	—	—
33.20	79.40	91.07	4.40	6.36	38.41	5.22	5.15	0.07
22.13	77.43	—	—	—	—	—	—	—
0.21	—	0.21	—	—	—	0.01	0.00	0.01
16.50	9.88	15.91	13.36	19.71	85.24	46.63	29.83	16.81
27.13	2.48	13.90	1.06	6.30	130.64	28.25	8.83	19.42
42.09	0.73	38.50	3.64	33.02	401.66	93.14	28.88	64.26
119.68	60.80	80.04	13.99	80.84	336.60	1332.48	370.25	962.23
29.45	41.82	53.32	11.00	44.40	116.37	57.15	11.11	46.04
41.29	5.34	2.81	2.51	114.42	434.02	31.35	25.04	6.31
33.48	—	6.53	2.24	17.50	216.86	98.07	51.81	46.26
42.88	1.41	21.82	11.84	17.17	199.69	137.05	70.34	66.71
37.01	14.33	56.87	88.59	74.10	241.03	122.08	37.59	84.49
50.20	12.22	128.55	67.03	31.69	569.66	15.65	1.53	14.12
253.22	6.71	476.38	108.24	105.98	1590.72	242.97	63.61	179.35
23.08	6.85	8.29	39.09	7.83	60.27	7.25	3.65	3.60
3.61	0.03	3.96	2.39	4.46	19.23	15.07	8.03	7.04
14.12	5.29	17.51	8.58	21.18	184.54	105.29	24.57	80.72
9.35	5.52	21.99	0.19	26.53	126.62	17.36	1.53	15.83
95.60	48.06	33.10	17.04	36.84	295.18	554.13	84.37	469.76
—	—	—	—	6.39	—	86.80	17.80	69.00
1.30	0.20	1.58	0.03	2.90	5.46	45.42	18.39	27.04
0.60	—	0.56	0.16	0.26	2.13	1.99	1.54	0.45
0.06	0.06	0.04	—	—	0.51	1.28	1.28	—
—	—	—	0.62	—	0.28	0.14	0.14	—
2.90	10.40	2.27	0.01	0.49	25.68	7.54	6.61	0.93
0.29	10.40	0.93	—	—	—	—	—	—
18.46	71.92	—	—	—	—	—	—	—

各地区主要木材、竹材产品产量(二)

单位:万立方米

地区	木材及竹材采伐产品				
	竹　材				
	大径竹(万根)				小杂竹(万吨)
	合计	其中:村及村以下各级组织和农民个人生产的大径竹	毛竹	其他	
全国合计	**187684.91**	**128326.91**	**114557.75**	**73127.16**	**956.21**
北　京	—	—	—	—	—
天　津	—	—	—	—	—
河　北	—	—	—	—	—
山　西	—	—	—	—	—
内蒙古	—	—	—	—	—
内蒙古集团	—	—	—	—	—
辽　宁	—	—	—	—	—
吉　林	—	—	—	—	—
吉林集团	—	—	—	—	—
长白山集团	—	—	—	—	—
黑龙江	—	—	—	—	—
龙江集团	—	—	—	—	—
上　海	—	—	—	—	0.16
江　苏	408.69	6.69	386.68	22.01	2.31
浙　江	19923.62	12280.56	18789.24	1134.38	49.61
安　徽	12914.63	8833.80	11395.21	1519.42	42.71
福　建	56888.00	54237.00	37169.00	19719.00	65.18
江　西	16169.80	3386.95	13478.34	2691.45	14.89
山　东	—	—	—	—	—
河　南	125.85	125.03	125.03	0.83	2.35
湖　北	3297.30	1701.94	2889.72	407.59	22.00
湖　南	6874.67	5663.78	6403.30	471.37	8.68
广　东	13509.65	7526.03	3997.13	9512.52	171.74
广　西	34655.89	27583.06	9317.89	25338.01	79.29
海　南	1513.78	187.02	190.44	1323.34	0.59
重　庆	502.58	110.90	436.64	65.94	47.81
四　川	8591.12	3366.35	3107.12	5484.00	355.12
贵　州	653.94	8.40	645.75	8.19	4.25
云　南	10774.28	3280.61	5981.40	4792.88	87.73
西　藏	—	—	—	—	0.06
陕　西	881.11	28.80	244.86	636.25	1.49
甘　肃	—	—	—	—	0.23
青　海	—	—	—	—	—
宁　夏	—	—	—	—	—
新　疆	—	—	—	—	—
新疆兵团	—	—	—	—	—
大兴安岭	—	—	—	—	—

全国主要经济林产品生产情况

单位:吨

指　　标	产　量
各类经济林产品总量	**148337384**
一、水果产量	**126608205**
1. 苹果	33773914
2. 柑橘	27165180
3. 梨	17098139
4. 葡萄	11211999
5. 桃	11728772
6. 杏	2622915
7. 荔枝	1969026
8. 龙眼	1486425
9. 猕猴桃	945448
10. 其他水果	18606387
二、干果产量	**10894136**
1. 核桃	2325010
2. 板栗	2132301
3. 枣(干重)	4315602
4. 柿子(干重)	1025745
5. 仁用杏	115341
6. 山杏仁	172393
7. 银杏(白果)	119956
8. 榛子	114971
9. 松子	88518
10. 其他干果	484299
三、林产饮料产品(干重)	**1848566**
1. 毛茶	1590229
2. 咖啡	112086
3. 其他林产饮料产品	146251
四、林产调料产品(干重)	**596428**
1. 花椒	320715
2. 八角	133619
3. 桂皮	108837
4. 其他林产调料产品	33257
五、森林食品(干重)	**3276916**
1. 竹笋干	574793
2. 食用菌	2077069
3. 山野菜	369732
4. 其他森林食品	255322
六、木本药材	**1390129**
1. 杜仲	167729
2. 黄柏	25267
3. 厚朴	186183
4. 枸杞	221325
5. 山茱萸	42697
6. 其他木本药材	746928
七、木本油料	**1851435**
1. 油茶籽	1776506
2. 油橄榄	15402
3. 文冠果	3502
4. 油用牡丹籽	8369
5. 其他木本油料	47656
八、林产工业原料	**1871569**
1. 生漆	25154
2. 油桐籽	418924
3. 乌桕籽	37003
4. 五倍子	23694
5. 棕片	54134
6. 松脂	1307747
7. 紫胶(原胶)	4913

各地区主要经济林

地区	各类经济林产品总量	水果产量									
		合计	苹果	柑橘	梨	葡萄	桃	杏	荔枝	龙眼	猕猴桃
全国合计	**148337384**	**126608205**	**33773914**	**27165180**	**17098139**	**11211999**	**11728772**	**2622915**	**1969026**	**1486425**	**945448**
北京	868909	757430	104079	—	152233	47349	361956	27287	—	—	9
天津	241532	232133	48068	—	37294	75644	54140	3123	—	—	—
河北	12543737	11363293	3201405	—	4455981	1369938	1661743	261618	—	—	1238
山西	3935827	3454530	1867304	—	928941	146013	379577	78894	—	—	30
内蒙古	394421	344118	93157	—	46497	61508	4168	26929	—	—	—
内蒙古集团	11773	4860	—	—	—	—	—	—	—	—	—
辽宁	7215196	5895249	2882264	—	1233602	917871	425287	59200	—	—	—
吉林	755422	520352	160848	—	105907	146427	1456	7269	—	—	1860
吉林集团	8394	695	—	—	—	—	—	—	—	—	—
长白山集团	13617	221	—	—	191	30	—	—	—	—	—
黑龙江	708879	240382	101326	—	32267	43360	127	465	—	—	—
龙江集团	144846	2069	379	—	785	455	—	—	—	—	—
上海	370297	370113	6	155190	36454	100604	71161	—	—	—	1234
江苏	2721289	2476752	564153	35440	670128	603755	458346	11412	—	—	4594
浙江	4907682	4333756	—	2031831	487281	651160	399466	—	—	—	22736
安徽	3081472	2572589	362525	42058	1045364	295861	531656	20656	—	—	15204
福建	6863874	5539996	162705	1723658	541809	128724	248090	14499	136826	191088	8068
江西	5092679	4360824	109	3861016	156914	51436	64474	—	—	—	12294
山东	19065487	17800641	9665388	—	1656401	1338762	3463452	327124	—	—	1445
河南	6074304	5250012	2438197	111975	1023656	337833	825862	162810	—	—	55713
湖北	6321010	5147230	17556	3303986	611903	241294	785902	6350	—	—	24604
湖南	5860822	4427602	—	3571987	153755	206991	116793	1435	—	—	63057
广东	8324935	7732678	—	2992394	85418	386	31046	—	1086651	669670	25760
广西	10876945	9556154	—	3522858	274965	360080	247696	114	540923	514646	3531
海南	1537109	1380831	—	29411	—	—	1852	—	171148	46586	—
重庆	3080761	2850618	43379	1951035	376716	97761	104882	14306	406	6058	24254
四川	6473157	5568578	507363	2545187	784560	281947	522982	13502	21637	48980	122140
贵州	1334155	957226	21818	266733	273934	92487	128701	1483	672	537	13733
云南	5889634	4227895	274968	819903	392181	617761	193860	2269	10763	8860	1870
西藏	24931	16392	9505	978	4746	378	622	—	—	—	—
陕西	10289154	8480445	6712533	198160	171260	230328	293480	68279	—	—	541958
甘肃	4861079	4488548	3354402	1380	446495	317960	188735	118182	—	—	116
青海	27137	2214	1046	—	776	14	15	341	—	—	—
宁夏	619410	455697	242453	—	6815	161962	9530	21004	—	—	—
新疆	7958232	5803927	937357	—	903886	2286405	151715	1374364	—	—	—
新疆兵团	1865869	1276117	311682	—	322116	536070	47363	48892	—	—	—
大兴安岭	17906	—	—	—	—	—	—	—	—	—	—

产品生产情况(一)

单位:吨

	干果产量										
其他水果	合　计	核桃	板栗	枣（干重）	柿子（干重）	仁用杏	山杏仁	银杏（白果）	榛子	松子	其他干果
18606387	**10894136**	**2325010**	**2132301**	**4315602**	**1025745**	**115341**	**172393**	**119956**	**114971**	**88518**	**484299**
64517	110664	18882	38969	3057	41486	8175	—	—	—	—	95
13864	9394	1102	1046	7246	—	—	—	—	—	—	—
411370	1065216	104334	284555	467070	148159	26152	23198	—	7905	3	3840
53771	462955	58025	2605	292061	42430	15949	2794	—	—	216	48875
111859	25885	—	—	56	—	3814	12618	—	4476	4192	729
4860	4284	—	—	—	—	—	—	—	92	4192	—
377025	751753	144070	103006	209379	—	48716	121133	10	91180	31800	2459
96585	48877	29771	666	—	—	89	—	—	2559	15519	273
695	2702	1424	—	—	—	—	—	—	20	1258	—
—	805	158	—	—	—	—	—	—	1	646	—
62837	17244	4236	310	—	—	—	—	—	2770	9030	898
450	11473	3698	310	—	—	—	—	—	1414	5506	545
5464	—	—	—	—	—	—	—	—	—	—	—
128924	160971	2117	26905	6089	64203	40	—	59908	—	—	1709
741282	120963	16333	86587	1278	8018	—	—	1766	—	—	6981
259265	201242	17805	124204	11848	41591	—	370	1763	—	—	3661
2384529	176693	840	95545	13800	59891	—	—	20	6000	—	597
214581	57697	5	25564	532	2768	—	—	257	—	—	28571
1348069	1036704	100376	314753	308306	153367	100	81	9235	—	—	150486
293966	431860	83228	122288	119379	98214	1715	3350	2325	—	—	1361
155635	582919	93987	410983	31256	22158	7	5	19537	—	—	4986
313584	148342	13479	99102	21323	10291	2	3	1808	—	—	2334
2841353	52900	—	13274	—	26456	—	—	755	—	—	12415
4091341	159273	1266	91604	3966	53663	—	—	8593	—	—	181
1131834	125243	—	—	—	—	—	—	—	—	—	125243
231821	44568	12215	17816	4129	7012	192	—	2090	—	820	294
720280	320883	245876	39189	9441	5865	—	6	8088	—	8295	4123
157128	60183	20790	27642	726	7254	133	1	1729	—	—	1908
1905460	879615	705043	128810	2252	22493	—	—	1297	—	13855	5865
163	6744	6482	—	—	—	—	12	—	—	—	250
264447	1431002	159921	74116	982574	198043	4446	6903	634	—	3134	1231
61278	212169	75913	2762	111261	12383	4241	1699	141	—	1639	2130
22	503	503	—	—	—	—	—	—	—	—	—
13933	69104	240	—	63464	—	1330	220	—	—	—	3850
150200	2122475	408171	—	1645109	—	240	—	—	1	—	68954
9994	586039	10787	—	574878	—	—	—	—	—	—	374
—	95	—	—	—	—	—	—	—	80	15	—

各地区主要经济林

地　区	林产饮料产品(干重)				林产调料产品(干重)				
	合　计	毛茶	咖啡	其他林产饮料产品	合　计	花椒	八角	桂皮	其他林产调料产品
全国合计	**1848566**	**1590229**	**112086**	**146251**	**596428**	**320715**	**133619**	**108837**	**33257**
北　京	—	—	—	—	58	58	—	—	—
天　津	—	—	—	—	5	5	—	—	—
河　北	48000	—	—	48000	5298	5298	—	—	—
山　西	—	—	—	—	10293	10293	—	—	—
内蒙古	—	—	—	—	—	—	—	—	—
内蒙古集团	—	—	—	—	—	—	—	—	—
辽　宁	—	—	—	—	—	—	—	—	—
吉　林	—	—	—	—	—	—	—	—	—
吉林集团	—	—	—	—	—	—	—	—	—
长白山集团	—	—	—	—	—	—	—	—	—
黑龙江	53	—	—	53	—	—	—	—	—
龙江集团	—	—	—	—	—	—	—	—	—
上　海	—	—	—	—	—	—	—	—	—
江　苏	7659	7659	—	—	150	150	—	—	—
浙　江	176240	174081	—	2159	—	—	—	—	—
安　徽	90255	89255	—	1000	512	272	—	—	240
福　建	380008	372829	—	7179	—	—	—	—	—
江　西	57295	56652	—	643	69	—	31	29	9
山　东	64175	13977	—	50198	44893	43435	—	—	1458
河　南	20044	19187	—	857	26220	25585	—	—	635
湖　北	140676	138301	—	2375	4550	3324	18	48	1160
湖　南	94302	77453	—	16849	1082	853	87	107	35
广　东	48602	48448	—	154	84645	—	3797	75549	5299
广　西	55975	51738	—	4237	154183	2	120542	32907	732
海　南	769	529	240	—	11218	—	—	—	11218
重　庆	16583	16168	—	415	44404	44001	137	86	180
四　川	120854	120036	115	703	44359	44138	100	23	98
贵　州	69278	65311	—	3967	5457	4425	76	—	956
云　南	408903	293344	111731	3828	65198	46651	8831	88	9628
西　藏	—	—	—	—	85	85	—	—	—
陕　西	44240	44206	—	34	50274	48674	—	—	1600
甘　肃	1055	1055	—	—	43316	43307	—	—	9
青　海	—	—	—	—	85	85	—	—	—
宁　夏	3600	—	—	3600	74	74	—	—	—
新　疆	—	—	—	—	—	—	—	—	—
新疆兵团	—	—	—	—	—	—	—	—	—
大兴安岭	—	—	—	—	—	—	—	—	—

产品生产情况(二)

单位:吨

森林食品(干重)					木本药材						
合　计	竹笋干	食用菌	山野菜	其他森林食品	合　计	杜仲	黄柏	厚朴	枸杞	山茱萸	其他木本药材
3276916	**574793**	**2077069**	**369732**	**255322**	**1390129**	**167729**	**25267**	**186183**	**221325**	**42697**	**746928**
757	—	757	—	—	—	—	—	—	—	—	—
—	—	—	—	—	—	—	—	—	—	—	—
15144	—	4635	2288	8221	45684	—	—	—	12144	—	33540
2514	—	2275	42	197	5448	86	—	—	—	713	4649
7766	—	4270	3152	344	16632	—	—	—	14652	—	1980
1621	—	1105	516	—	1008	—	—	—	—	—	1008
558027	—	475722	73560	8745	8167	—	—	—	277	—	7890
173541	—	81040	75234	17267	12652	—	—	—	5574	—	7078
4997	—	3608	1309	80	—	—	—	—	—	—	—
12163	—	10826	1287	50	428	—	—	—	1	—	427
428101	—	346435	45853	35813	23099	—	—	—	8	—	23091
126003	—	82616	35218	8169	5301	—	—	—	—	—	5301
184	184	—	—	—	—	—	—	—	—	—	—
27804	3200	24452	152	—	47888	480	2	—	64	1	47341
216056	140040	73026	2713	277	13291	662	—	1823	—	5019	5787
112911	25661	67472	7976	11802	19576	2662	151	63	100	1715	14885
457377	119159	276322	53358	8538	46464	115	89	1906	—	—	44354
43570	18569	16451	3287	5263	48912	2299	5	1795	2	37	44774
111202	—	70340	1364	39498	3667	44	—	—	—	—	3623
143916	180	108574	26459	8703	80456	14304	80	37	441	26683	38911
176365	8428	141316	14709	11912	82809	14061	4238	12564	378	1429	50139
134234	32861	24820	10126	66427	237517	88898	2574	100337	4	264	45440
59352	38220	20735	—	397	26992	—	—	555	—	—	26437
59280	28468	26798	1980	2034	53872	2498	40	7357	586	—	43391
1369	1369	—	—	—	3284	—	—	—	—	—	3284
58157	38796	10497	6248	2616	30848	4450	9504	5345	143	129	11277
289052	87855	176724	14361	10112	97055	21801	7970	44275	1552	400	21057
33494	15362	12365	2531	3236	72164	3482	252	102	262	232	67834
52959	12544	28025	8030	4360	26624	392	244	614	1	1	25372
1710	—	1360	350	—	—	—	—	—	—	—	—
85858	3861	69249	11107	1641	147450	11208	55	9306	282	6023	120576
8405	36	2729	2681	2959	92483	277	63	104	41915	51	50073
—	—	—	—	—	24335	—	—	—	24335	—	—
—	—	—	—	—	90935	—	—	—	90935	—	—
—	—	—	—	—	31825	10	—	—	27670	—	4145
—	—	—	—	—	3709	—	—	—	3709	—	—
17811	—	10680	2171	4960	—	—	—	—	—	—	—

各地区主要经济林

地　区	木本油料					
	合　计	油茶籽	油橄榄	文冠果	油用牡丹籽	其他木本油料
全国合计	**1851435**	**1776506**	**15402**	**3502**	**8369**	**47656**
北　京	—	—	—	—	—	—
天　津	—	—	—	—	—	—
河　北	1102	—	—	2	—	1100
山　西	87	—	—	5	—	82
内蒙古	20	—	—	20	—	—
内蒙古集团	—	—	—	—	—	—
辽　宁	2000	—	—	2000	—	—
吉　林	—	—	—	—	—	—
吉林集团	—	—	—	—	—	—
长白山集团	—	—	—	—	—	—
黑龙江	—	—	—	—	—	—
龙江集团	—	—	—	—	—	—
上　海	—	—	—	—	—	—
江　苏	62	62	—	—	—	—
浙　江	45681	45681	—	—	—	—
安　徽	66050	63932	—	—	2000	118
福　建	122587	97825	35	—	—	24727
江　西	412384	412339	—	—	—	45
山　东	4205	—	—	40	4165	—
河　南	17687	17461	—	—	226	—
湖　北	88697	87483	—	—	894	320
湖　南	728947	725190	—	—	36	3721
广　东	89925	83547	—	—	—	6378
广　西	170762	168544	—	—	—	2218
海　南	47	47	—	—	—	—
重　庆	7785	4520	55	—	10	3200
四　川	11180	5361	4232	—	—	1587
贵　州	42665	41430	—	—	—	1235
云　南	15958	15390	20	—	—	548
西　藏	—	—	—	—	—	—
陕　西	8781	7694	—	20	998	69
甘　肃	14818	—	11060	1414	40	2304
青　海	—	—	—	—	—	—
宁　夏	—	—	—	—	—	—
新　疆	5	—	—	1	—	4
新疆兵团	4	—	—	—	—	4
大兴安岭	—	—	—	—	—	—

产品生产情况(三)

单位:吨

林产工业原料							
合　计	生漆	油桐籽	乌桕籽	五倍子	棕片	松脂	紫胶（原胶）
1871569	**25154**	**418924**	**37003**	**23694**	**54134**	**1307747**	**4913**
—	—	—	—	—	—	—	—
—	—	—	—	—	—	—	—
—	—	—	—	—	—	—	—
—	—	—	—	—	—	—	—
—	—	—	—	—	—	—	—
—	—	—	—	—	—	—	—
—	—	—	—	—	—	—	—
—	—	—	—	—	—	—	—
—	—	—	—	—	—	—	—
—	—	—	—	—	—	—	—
—	—	—	—	—	—	—	—
—	—	—	—	—	—	—	—
—	—	—	—	—	—	—	—
3	—	—	—	3	—	—	—
1695	10	87	—	—	462	1136	—
18337	410	2830	106	83	3767	11141	—
140749	178	23240	398	107	16255	100413	158
111928	235	8012	184	13	2170	101314	—
—	—	—	—	—	—	—	—
104109	2209	83830	10825	4181	—	3064	—
97764	6897	25290	18344	3710	3656	39867	—
88796	610	39591	917	1699	4936	41041	2
229841	6	7650	576	2	2714	216098	2795
667446	37	77715	117	106	2987	586484	—
14348	—	—	—	—	—	14348	—
27798	6095	13412	618	7074	542	57	—
21196	583	15276	1404	484	1462	1987	—
93688	3103	75275	2476	1602	3596	7631	5
212482	271	18277	388	220	9004	182369	1953
—	—	—	—	—	—	—	—
41104	4476	28390	650	4222	2569	797	—
285	34	49	—	188	14	—	—
—	—	—	—	—	—	—	—
—	—	—	—	—	—	—	—
—	—	—	—	—	—	—	—
—	—	—	—	—	—	—	—
—	—	—	—	—	—	—	—

全国速生丰产用材林建设情况

指　　标	单位	本年实际
一、各种地类造林面积	**公顷**	**389760**
1. 荒山荒（沙）地造林	公顷	269563
2. 更新造林	公顷	86371
3. 非林业用地造林	公顷	33826
二、改培面积	**公顷**	**18711**
三、当年造林和改培面积按投资主体分		
1. 林场（国有、集体）	公顷	83086
2. 内资企业	公顷	14873
3. 外资企业	公顷	2357
4. 合资企业	公顷	1516
5. 农户	公顷	263809
6. 其他	公顷	42830
四、当年造林和改培面积按培育目的分		
1. 浆纸原料林	公顷	62468
2. 人造板原料林	公顷	161483
3. 大径级和珍贵树种用材林	公顷	76208
4. 其他	公顷	108312
五、当年造林和改培面积按树种分		
1. 桉树	公顷	107564
2. 湿地松、火炬松、马尾松	公顷	39074
3. 杉木、柳杉	公顷	98838
4. 杨树	公顷	81347
5. 落叶松、红松、云杉、冷杉、樟子松	公顷	12121
6. 柚木、楠木、西南桦、桃花心木	公顷	3281
7. 水曲柳、核桃楸、黄波罗、椴树	公顷	1570
8. 竹类	公顷	20009
9. 其他	公顷	44667
六、全部林业投资完成额	**万元**	**494061**
1. 国家投资	万元	91318
2. 国内贷款	万元	11992
3. 利用外资	万元	3255
4. 自筹资金	万元	352341
5. 其他	万元	35155

各地区速生丰产用材林建设情况（一）

单位：公顷

地区	各种地类造林面积				改培面积	当年造林和改培面积按投资主体分					
	合计	荒山荒（沙）地造林	更新造林	非林业用地造林		林场（国有、集体）	内资企业	外资企业	合资企业	农户	其他
全国合计	**389760**	**269563**	**86371**	**33826**	**18711**	**83086**	**14873**	**2357**	**1516**	**263809**	**42830**
北京	—	—	—	—	—	—	—	—	—	—	—
天津	—	—	—	—	—	—	—	—	—	—	—
河北	23806	20114	1300	2392	15	844	150	—	200	16346	6281
山西	2113	1179	—	934	—	—	733	—	—	734	646
内蒙古	—	—	—	—	—	—	—	—	—	—	—
内蒙古集团	—	—	—	—	—	—	—	—	—	—	—
辽宁	—	—	—	—	—	—	—	—	—	—	—
吉林	—	—	—	—	2218	2218	—	—	—	—	—
吉林集团	—	—	—	—	—	—	—	—	—	—	—
长白山集团	—	—	—	—	373	373	—	—	—	—	—
黑龙江	234	234	—	—	721	955	—	—	—	—	—
龙江集团	—	—	—	—	—	—	—	—	—	—	—
上海	—	—	—	—	—	—	—	—	—	—	—
江苏	1076	807	101	168	—	198	—	—	—	853	25
浙江	—	—	—	—	—	—	—	—	—	—	—
安徽	5973	4796	—	1177	2523	1194	523	—	—	5256	1523
福建	28552	25585	2967	—	2189	10942	104	72	190	16363	3070
江西	7880	6280	1600	—	—	2649	440	367	—	4424	—
山东	12934	11051	616	1267	—	1115	—	—	—	11412	407
河南	17471	15296	—	2175	—	660	341	—	—	15155	1315
湖北	28682	24996	1036	2650	50	3591	2648	—	—	18883	3610
湖南	64040	54136	9904	—	2855	8940	3096	56	1126	48034	5643
广东	22546	1026	21425	95	1535	10916	—	1120	—	11409	636
广西	117243	71421	45822	—	417	25257	3326	642	—	75100	13335
海南	—	—	—	—	—	—	—	—	—	—	—
重庆	1400	1000	—	400	—	—	400	—	—	1000	—
四川	38843	15008	1600	22235	6101	1028	2912	100	—	36439	4465
贵州	—	—	—	—	—	—	—	—	—	—	—
云南	533	400	—	133	87	—	—	—	—	620	—
西藏	—	—	—	—	—	—	—	—	—	—	—
陕西	2252	2252	—	—	—	1859	—	—	—	393	—
甘肃	14182	13982	—	200	—	10720	200	—	—	1388	1874
青海	—	—	—	—	—	—	—	—	—	—	—
宁夏	—	—	—	—	—	—	—	—	—	—	—
新疆	—	—	—	—	—	—	—	—	—	—	—
新疆兵团	—	—	—	—	—	—	—	—	—	—	—
大兴安岭	—	—	—	—	—	—	—	—	—	—	—

各地区速生丰产

地　区	当年造林和改培面积按培育目的分				当年造林和改培面积				
	浆纸原料林	人造板原料林	大径级和珍贵树种用材林	其他	桉树	湿地松、火炬松、马尾松	杉木、柳杉	杨树	落叶松、红松、云杉、冷杉、樟子松
全国合计	**62468**	**161483**	**76208**	**108312**	**107564**	**39074**	**98838**	**81347**	**12121**
北　京	—	—	—	—	—	—	—	—	—
天　津	—	—	—	—	—	—	—	—	—
河　北	700	5413	413	17295	—	—	—	17500	—
山　西	—	933	—	1180	—	—	—	2080	—
内蒙古	—	—	—	—	—	—	—	—	—
内蒙古集团	—	—	—	—	—	—	—	—	—
辽　宁	—	—	—	—	—	—	—	—	—
吉　林	—	—	2218	—	—	—	—	—	1996
吉林集团	—	—	—	—	—	—	—	—	—
长白山集团	—	—	373	—	—	—	—	—	373
黑龙江	—	—	955	—	—	—	—	—	234
龙江集团	—	—	—	—	—	—	—	—	—
上　海	—	—	—	—	—	—	—	—	—
江　苏	—	1064	12	—	—	—	—	1076	—
浙　江	—	—	—	—	—	—	—	—	—
安　徽	700	1960	1334	4502	—	364	2447	425	—
福　建	3793	8382	7296	11270	11384	2217	13480	—	25
江　西	—	1286	6493	101	—	834	7046	—	—
山　东	1188	10789	48	909	—	—	—	11825	330
河　南	2727	6862	488	7394	—	179	—	13207	—
湖　北	5934	15667	2613	4518	100	6356	2736	14312	1469
湖　南	12873	17927	21332	14763	3645	14645	34471	6949	—
广　东	10944	8796	2030	2311	18782	2265	2259	45	—
广　西	9658	61934	20249	25819	68063	12167	30010	—	—
海　南	—	—	—	—	—	—	—	—	—
重　庆	700	700	—	—	1100	—	—	150	—
四　川	13184	17824	5194	8742	4003	47	5429	9708	—
贵　州	—	—	—	—	—	—	—	—	—
云　南	—	320	—	300	487	—	—	133	—
西　藏	—	—	—	—	—	—	—	—	—
陕　西	67	1626	—	559	—	—	960	1225	—
甘　肃	—	—	5533	8649	—	—	—	2712	8067
青　海	—	—	—	—	—	—	—	—	—
宁　夏	—	—	—	—	—	—	—	—	—
新　疆	—	—	—	—	—	—	—	—	—
新疆兵团	—	—	—	—	—	—	—	—	—
大兴安岭	—	—	—	—	—	—	—	—	—

用材林建设情况(二)

单位:公顷、万元

按树种分				全部林业投资完成额					
柚木、楠木、西南桦、桃花心木	水曲柳、核桃楸、黄波罗、椴树	竹类	其他	合计	国家投资	国内贷款	利用外资	自筹资金	其他
3281	**1570**	**20009**	**44667**	**494061**	**91318**	**11992**	**3255**	**352341**	**35155**
—	—	—	—	—	—	—	—	—	—
—	—	—	—	—	—	—	—	—	—
—	—	—	6321	7776	5350	—	—	2126	300
—	—	—	33	3140	30	—	—	3110	—
—	—	—	—	—	—	—	—	—	—
—	—	—	—	—	—	—	—	—	—
—	—	—	—	—	—	—	—	—	—
—	222	—	—	329	100	—	—	229	—
—	—	—	—	—	—	—	—	—	—
—	—	—	—	—	—	—	—	—	—
—	721	—	—	571	450	—	—	121	—
—	—	—	—	—	—	—	—	—	—
—	—	—	—	—	—	—	—	—	—
—	—	—	—	537	176	—	—	361	—
—	—	—	—	—	—	—	—	—	—
961	—	612	3687	23819	7003	—	179	16336	301
498	—	192	2945	28262	3142	118	15	24537	450
—	—	—	—	2926	329	60	—	2397	140
—	22	—	757	21053	2470	—	191	17772	620
—	—	—	4085	8056	388	—	—	7668	—
—	—	1893	1866	31521	7683	—	—	23136	702
1440	—	1632	4113	61570	9761	1959	1086	44540	4224
—	—	—	730	15665	1236	2541	1008	7335	3545
241	5	2957	4217	235835	24413	6054	776	185070	19522
—	—	—	—	—	—	—	—	—	—
—	—	—	150	762	762	—	—	—	—
141	600	11168	13848	43551	22051	800	—	15584	5116
—	—	—	—	—	—	—	—	—	—
—	—	—	—	720	191	—	—	529	—
—	—	—	—	—	—	—	—	—	—
—	—	67	—	1854	700	460	—	560	134
—	—	1488	1915	6114	5083	—	—	930	101
—	—	—	—	—	—	—	—	—	—
—	—	—	—	—	—	—	—	—	—
—	—	—	—	—	—	—	—	—	—
—	—	—	—	—	—	—	—	—	—
—	—	—	—	—	—	—	—	—	—

全国油茶与花卉产业发展情况

指　　标	单位	产量
一、油茶产业发展情况		
1. 年末实有油茶林面积	公顷	3529178
当年新造面积	公顷	182023
当年低改面积	公顷	167959
2. 繁殖圃个数	个	516
繁殖圃面积	公顷	5374
3. 苗木产量	万株	113746
其中:一年生苗木产量	万株	65477
二年留床苗木产量	万株	28722
4. 油茶籽产量	万吨	178
5. 油茶企业	个	1682
二、花卉产业发展情况		
1. 年末实有花卉种植面积	公顷	1042505
2. 切花切叶产量	万支	1817082
3. 盆栽植物产量	万盆	540054
4. 观赏苗木产量	万株	1243162
5. 草坪产量	万平方米	47273
6. 花卉市场	个	4199
7. 花卉企业	个	44907
其中:大中型企业	个	9172
8. 花农	万户	136.58
9. 花卉从业人员	万人	431.67
其中:专业技术人员	万人	27.79
10. 控温温室面积	万平方米	5997
11. 日光温室面积	万平方米	19066

各地区油茶与花卉产业发展情况(一)

地区	油茶产业发展情况										花卉产业发展情况
	年末实有油茶林面积(公顷)			繁殖圃		苗木产量(万株)			油茶籽产量(万吨)	油茶企业(个)	年末实有花卉种植面积(公顷)
	合计	当年新造面积	当年低改面积	个数(个)	面积(公顷)	合计	其中				
							一年生苗木产量	二年留床苗木产量			
全国合计	**3529178**	**182023**	**167959**	**516**	**5374**	**113746**	**65477**	**28722**	**178**	**1682**	**1042505**
北　京	—	—	—	—	—	—	—	—	—	—	24656
天　津	—	—	—	—	—	—	—	—	—	—	397
河　北	—	—	—	—	—	—	—	—	—	—	43442
山　西	—	—	—	—	—	—	—	—	—	—	1128
内蒙古	—	—	—	—	—	—	—	—	—	—	394
内蒙古集团	—	—	—	—	—	—	—	—	—	—	—
辽　宁	—	—	—	—	—	—	—	—	—	—	17950
吉　林	—	—	—	—	—	—	—	—	—	—	2104
吉林集团	—	—	—	—	—	—	—	—	—	—	—
长白山集团	—	—	—	—	—	—	—	—	—	—	2
黑龙江	—	—	—	—	—	—	—	—	—	—	1659
龙江集团	—	—	—	—	—	—	—	—	—	—	—
上　海	—	—	—	—	—	—	—	—	—	—	2201
江　苏	200	—	—	—	—	1563	—	—	—	—	118816
浙　江	144237	7367	5502	28	105	2861	1358	1503	5	191	56161
安　徽	102782	14477	1877	23	222	6954	4237	2545	6	142	28766
福　建	126673	8760	8636	32	91	2519	1218	1151	10	131	52271
江　西	860988	31796	28757	125	927	21361	12575	4413	41	254	40339
山　东	—	—	—	—	—	—	—	—	—	—	171274
河　南	36433	6239	844	13	66	1097	1023	67	2	13	102403
湖　北	171021	18747	6479	56	1921	8385	4845	3348	9	158	43233
湖　南	1208653	26122	75928	82	337	27332	19539	6271	73	393	40590
广　东	157250	15253	8001	32	261	4197	2556	1341	8	98	61116
广　西	309658	13345	9532	49	310	8024	3697	759	17	184	23419
海　南	569	208	46	5	9	805	205	—	—	7	7790
重　庆	29658	4120	—	3	47	4892	3192	900	—	17	20270
四　川	18403	2710	886	12	80	988	624	365	1	5	51491
贵　州	136242	12620	—	18	48	2594	979	1615	4	30	102062
云　南	203652	17493	20938	28	917	18490	8195	4011	2	51	17970
西　藏	—	—	—	—	—	—	—	—	—	—	—
陕　西	22759	2766	533	10	33	811	733	63	1	8	6163
甘　肃	—	—	—	—	—	872	500	372	—	—	2605
青　海	—	—	—	—	—	—	—	—	—	—	—
宁　夏	—	—	—	—	—	—	—	—	—	—	792
新　疆	—	—	—	—	—	—	—	—	—	—	1040
新疆兵团	—	—	—	—	—	—	—	—	—	—	17
大兴安岭	—	—	—	—	—	—	—	—	—	—	3

各地区油茶与花卉产业发展情况(二)

地　区	花卉产业发展情况											
	切花切叶产量（万支）	盆栽植物产量（万盆）	观赏苗木产量（万株）	草坪产量（万平方米）	花卉市场（个）	花卉企业（个）		花农（万户）	花卉从业人员（万人）		控温温室面积（万平方米）	日光温室面积（万平方米）
						合计	其中：大中型企业		合计	其中：专业技术人员		
全国合计	**1817082**	**540054**	**1243162**	**47273**	**4199**	**44907**	**9172**	**136.58**	**431.67**	**27.79**	**5997**	**19066**
北　京	3564	20566	1123	906	18	256	85	0.11	1.15	0.12	163	410
天　津	522	1790	548	384	13	74	6	0.19	0.50	0.06	35	76
河　北	90116	47547	144857	1438	276	807	86	3.93	12.09	0.95	206	704
山　西	374	899	1305	50	180	247	23	0.11	0.80	0.17	14	1548
内蒙古	1597	1925	1149	55	71	52	—	0.11	0.59	0.05	4	71
内蒙古集团	—	—	—	—	—	—	—	—	—	—	—	—
辽　宁	190704	58084	8244	1518	69	378	156	4.36	9.99	0.45	255	4037
吉　林	4366	485	648	132	67	111	12	0.30	0.99	0.11	7	17
吉林集团	—	—	9	—	—	—	—	—	0.00	0.00	—	—
长白山集团	—	45	—	1	—	—	—	—	0.00	0.00	—	—
黑龙江	126	642	5374	64	26	62	4	0.04	2.52	0.18	10	18
龙江集团	—	—	—	—	—	—	—	—	—	—	—	—
上　海	37989	6060	294	1195	19	211	43	0.16	0.55	0.08	95	78
江　苏	168963	24504	322182	20160	313	4933	1452	21.26	67.39	1.56	817	1354
浙　江	132448	24856	220140	3018	117	8884	2455	17.52	55.67	3.17	405	1442
安　徽	6451	4993	18030	3605	298	1519	216	5.13	15.39	1.48	49	166
福　建	159375	63409	35325	1165	79	3117	566	7.29	27.01	1.29	657	2047
江　西	23775	18722	38466	379	414	1200	80	2.38	7.43	1.01	24	22
山　东	154400	105616	220303	841	402	2653	672	12.62	43.63	4.44	1741	1145
河　南	79139	8013	76567	624	193	2216	611	11.71	53.29	1.64	193	331
湖　北	8738	12470	27513	979	266	1291	140	4.00	11.61	1.21	30	95
湖　南	2780	9949	21780	2692	309	1873	326	8.72	36.72	2.10	53	98
广　东	200503	27593	34316	3207	108	8864	1496	5.83	15.04	1.01	63	992
广　西	8235	4681	14208	1577	74	828	59	9.37	9.62	0.94	19	57
海　南	121784	67473	273	357	34	595	80	0.94	3.46	0.09	72	46
重　庆	9277	5519	4542	1465	129	1658	99	3.94	12.28	0.59	19	45
四　川	50987	15125	14546	1341	402	1837	302	10.94	28.07	3.54	34	767
贵　州	22131	1145	4628	29	56	236	30	0.20	0.82	0.06	18	11
云　南	316677	2098	4222	10	57	513	95	3.16	9.81	1.04	772	2872
西　藏	—	—	—	—	2	—	—	0.01	0.08	0.01	—	—
陕　西	581	1308	10159	68	69	208	14	0.77	2.74	0.25	58	72
甘　肃	10083	1393	717	11	83	210	42	1.24	1.59	0.14	107	122
青　海	10	8	—	—	3	1	—	0.01	0.02	0.01	12	7
宁　夏	10027	2563	8630	—	12	44	11	0.21	0.63	0.01	49	394
新　疆	1335	619	2995	1	40	29	11	0.04	0.22	0.04	16	22
新疆兵团	—	46	—	—	1	2	1	0.00	0.06	0.00	5	3
大兴安岭	28	—	80	—	—	—	—	—	—	—	—	1

全国主要林产工业产品产量

产　品　名　称	单位	产量
木竹加工制品		
一、锯材	万立方米	6297.60
1. 普通锯材	万立方米	6044.92
2. 特种锯材	万立方米	75.10
3. 枕木及其他锯材	万立方米	177.58
二、木片、木粒加工产品	万实积立方米	3935.53
三、人造板	万立方米	25559.91
(一)胶合板	万立方米	13725.19
1. 木胶合板	万立方米	12087.54
2. 竹胶合板	万立方米	533.59
3. 其他胶合板	万立方米	1104.06
(二)纤维板	万立方米	6402.10
1. 木质纤维板	万立方米	6253.26
(1)硬质纤维板	万立方米	806.67
(2)中密度纤维板	万立方米	5394.53
(3)软质纤维板	万立方米	52.05
2. 非木质纤维板	万立方米	148.84
(三)刨花板	万立方米	1884.95
1. 木质刨花板	万立方米	1858.35
其中:定向刨花板(OSB)	万立方米	54.16
2. 非木质刨花板	万立方米	26.60
(四)其他人造板	万立方米	3547.67
其中:细木工板	万立方米	2118.25
四、其他加工材	万立方米	476.25
1. 改性木材	万立方米	801.76
2. 指接材	万立方米	440.25
五、木竹地板	万平方米	68925.68
1. 实木地板	万平方米	13139.70
2. 实木复合木地板	万平方米	25813.00
3. 浸渍纸层压木质地板(强化木地板)	万平方米	17011.11
4. 竹地板(含竹木复合地板)	万平方米	8135.07
5. 其他木地板(含软木地板、集成材地板等)	万平方米	4826.79
林产化学产品		
一、松香类产品	吨	1642308
1. 松香	吨	1424300
2. 松香深加工产品	吨	218008
二、松节油类产品	吨	266504
1. 松节油	吨	179503
2. 松节油深加工产品	吨	87001
三、樟脑	吨	17704
其中:合成樟脑	吨	11939
四、冰片	吨	1662
其中:合成冰片	吨	610
五、栲胶类产品	吨	8403
1. 栲胶	吨	8403
2. 栲胶深加工产品	吨	—
六、紫胶类产品	吨	5764
1. 紫胶	吨	4955
2. 紫胶深加工产品	吨	809
七、木竹热解产品	吨	1100279
其中:木炭	吨	418767

各地区主要林产工业

地区	木竹								
	锯材				木片、木粒加工产品（万实积立方米）				
	合计	普通锯材	特种锯材	枕木及其他锯材		总计	胶合板		
							合计	木胶合板	竹胶合板
全国合计	**6297.60**	**6044.92**	**75.10**	**177.58**	**3935.53**	**25559.91**	**13725.19**	**12087.54**	**533.59**
北京	—	—	—	—	—	20.50	—	—	—
天津	—	—	—	—	—	11.30	—	—	—
河北	172.85	172.77	—	0.08	24.23	1494.59	504.60	503.72	—
山西	4.27	4.27	—	—	7.70	35.33	0.97	0.67	0.30
内蒙古	641.70	641.70	—	—	11.61	75.44	29.34	29.34	—
内蒙古集团	—	—	—	—	—	—	—	—	—
辽宁	383.41	372.29	3.33	7.79	107.37	562.48	272.22	251.06	—
吉林	140.60	136.65	3.95	—	11.04	361.82	155.55	86.88	—
吉林集团	0.59	0.59	—	—	—	65.29	0.45	0.45	—
长白山集团	2.06	2.06	—	—	0.00	25.43	0.95	0.87	—
黑龙江	536.53	533.54	2.99	—	86.45	417.55	242.78	240.82	—
龙江集团	51.34	50.62	0.72	—	14.60	62.78	4.50	3.92	—
上海	1.60	1.60	—	—	1.47	21.38	6.84	6.84	—
江苏	209.31	206.36	2.94	—	97.89	4463.96	2799.63	2763.45	5.87
浙江	303.09	297.91	2.69	2.49	60.93	676.00	281.52	177.06	102.21
安徽	437.38	418.44	9.33	9.61	142.31	1841.67	1006.11	737.96	91.46
福建	165.53	165.53	—	—	103.35	826.14	394.21	292.36	88.86
江西	164.94	156.01	3.95	4.99	64.63	388.14	138.05	70.64	56.30
山东	1289.98	1181.35	29.29	79.34	2181.44	6422.25	4412.53	4211.34	—
河南	200.66	200.66	—	—	191.75	1581.20	705.00	443.14	—
湖北	88.84	87.99	—	0.85	35.05	500.89	117.86	97.33	1.48
湖南	281.82	263.46	4.24	14.11	42.65	540.50	289.88	161.70	81.19
广东	136.09	134.61	0.44	1.03	126.61	980.48	248.17	201.00	0.43
广西	542.07	492.05	0.44	49.58	496.50	2970.20	1719.91	1525.21	17.77
海南	48.68	48.33	—	0.35	26.95	24.61	17.16	15.68	—
重庆	27.69	24.21	0.35	3.13	7.82	83.36	37.13	31.87	4.56
四川	194.01	186.90	5.08	2.03	39.24	764.69	209.22	122.06	74.18
贵州	78.96	78.01	0.08	0.87	9.79	76.18	51.33	40.13	4.17
云南	196.76	190.85	5.92	—	23.76	273.97	66.70	59.16	4.82
西藏	4.80	4.80	—	—	—	—	—	—	—
陕西	24.12	22.72	0.08	1.32	14.07	108.30	10.23	9.85	—
甘肃	0.23	0.23	—	—	—	0.80	0.80	0.80	—
青海	0.07	0.07	—	—	—	—	—	—	—
宁夏	—	—	—	—	—	1.60	—	—	—
新疆	9.14	9.14	—	—	2.66	15.37	7.37	7.37	—
新疆兵团	0.24	0.24	—	—	—	0.02	0.02	0.02	—
大兴安岭	12.45	12.45	—	—	18.24	19.22	0.09	0.09	—

产品产量(一)

单位:万立方米

加工制品										
	人造板									
	纤维板						刨花板			
		木质纤维板				非木质纤维板		木质刨花板		非木质刨花板
其他胶合板	合计	小计	硬质纤维板	中密度纤维板	软质纤维板		合计	小计	其中:定向刨花板(OSB)	
1104.06	**6402.10**	**6253.26**	**806.67**	**5394.53**	**52.05**	**148.84**	**1884.95**	**1858.35**	**54.16**	**26.60**
—	20.50	20.50	—	20.50	—	—	—	—	—	—
—	8.70	8.70	—	8.70	—	—	2.60	2.60	—	—
0.88	435.65	435.65	20.30	415.36	—	—	261.53	255.03	—	6.50
—	16.35	16.35	—	16.35	—	—	11.38	11.38	—	—
—	6.39	6.39	0.03	6.36	—	—	26.63	26.63	—	—
—	—	—	—	—	—	—	—	—	—	—
21.16	131.93	131.93	35.89	96.04	—	—	48.18	48.18	—	—
68.67	97.80	97.80	—	97.80	—	—	61.29	60.99	—	0.31
—	22.56	22.56	—	22.56	—	—	42.28	41.98	—	0.31
0.07	24.08	24.08	—	24.08	—	—	—	—	—	—
1.95	68.93	68.93	12.17	56.76	—	—	66.30	66.30	—	—
0.58	15.68	15.68	0.09	15.59	—	—	27.39	27.39	—	—
—	14.54	14.54	9.35	5.20	—	—	—	—	—	—
30.31	936.67	935.09	220.90	712.04	2.15	1.58	269.62	269.31	0.07	0.31
2.25	104.01	103.92	—	103.92	—	0.09	13.88	13.10	—	0.78
176.69	401.07	401.07	77.15	323.92	—	—	65.31	63.49	2.50	1.82
12.99	135.93	135.93	7.74	128.19	—	—	141.24	141.24	—	—
11.11	134.85	134.55	12.83	121.66	0.07	0.30	25.14	25.14	—	—
201.19	1097.34	960.95	269.25	645.17	46.53	136.39	466.62	466.62	6.64	—
261.87	386.55	386.55	17.46	365.99	3.10	—	87.46	87.46	1.59	—
19.06	258.15	256.69	7.29	249.40	—	1.46	47.61	46.13	38.37	1.48
46.98	53.70	52.60	15.38	37.02	0.20	1.10	16.25	16.18	—	0.07
46.74	513.65	513.65	69.24	444.41	—	—	136.85	122.00	0.50	14.85
176.92	738.42	738.42	22.90	715.52	—	—	102.31	102.31	—	—
1.48	2.00	2.00	—	2.00	—	—	5.00	5.00	—	—
0.69	44.66	40.16	0.59	39.57	—	4.50	0.40	0.40	—	—
12.98	481.97	479.89	2.38	477.52	—	2.08	20.36	19.86	4.50	0.50
7.03	7.82	7.82	—	7.82	—	—	0.10	0.10	—	—
2.72	186.12	184.77	5.85	178.92	—	1.35	7.69	7.69	—	—
—	—	—	—	—	—	—	—	—	—	—
0.38	97.48	97.48	—	97.48	—	—	0.29	0.29	—	—
—	—	—	—	—	—	—	—	—	—	—
—	—	—	—	—	—	—	—	—	—	—
—	1.60	1.60	—	1.60	—	—	—	—	—	—
—	8.00	8.00	—	8.00	—	—	—	—	—	—
—	—	—	—	—	—	—	—	—	—	—
—	11.33	11.33	—	11.33	—	—	0.93	0.93	—	—

各地区主要林产工业

地　区	人造板		其他加工材			木竹 木竹地板	
	其他人造板						
	合计	其中:细木工板	合计	改性木材	指接材	合计	实木地板
全国合计	**3547.67**	**2118.25**	**476.25**	**801.76**	**440.25**	**68925.68**	**13139.70**
北　京	—	—	—	—	—	127.30	—
天　津	—	—	—	—	—	10.70	0.80
河　北	292.80	213.18	19.40	10.94	2.00	140.00	100.00
山　西	6.63	3.95	0.50	0.47	0.03	—	—
内蒙古	13.08	11.46	—	—	—	15.08	15.08
内蒙古集团	—	—	—	—	—	—	—
辽　宁	110.15	27.71	—	—	13.58	2952.24	1108.62
吉　林	47.17	34.21	12.32	0.38	6.67	3574.83	417.97
吉林集团	—	—	0.07	—	0.07	365.61	—
长白山集团	0.40	0.11	0.45	—	0.15	321.48	0.57
黑龙江	39.54	30.45	5.07	—	7.01	528.48	350.10
龙江集团	15.21	12.40	5.07	—	5.07	234.46	80.70
上　海	—	—	—	—	—	3243.59	669.28
江　苏	458.05	322.75	1.50	2.00	2.00	15481.94	686.52
浙　江	276.59	275.49	112.29	16.91	95.38	12766.50	5222.10
安　徽	369.18	305.96	27.86	6.43	8.70	7394.09	512.03
福　建	154.77	134.35	98.43	1.16	97.27	1972.20	16.35
江　西	90.10	71.40	19.69	5.06	41.08	3541.32	259.01
山　东	445.76	141.17	63.10	739.24	78.38	8070.90	639.28
河　南	402.19	80.87	20.80	—	20.00	126.99	61.49
湖　北	77.28	68.12	8.76	5.86	2.90	3099.26	62.95
湖　南	180.68	136.97	9.30	0.47	11.88	1216.62	380.67
广　东	81.81	0.40	0.56	—	0.20	2884.09	1715.83
广　西	409.55	199.28	52.09	2.62	18.66	180.85	74.43
海　南	0.45	—	3.10	2.63	0.60	13.80	1.80
重　庆	1.17	1.17	2.88	1.50	8.16	5.00	3.20
四　川	53.14	31.92	8.64	2.80	19.86	1146.61	510.56
贵　州	16.94	8.51	3.66	0.67	2.99	57.82	7.76
云　南	13.47	11.80	6.13	2.42	2.89	350.85	318.31
西　藏	—	—	—	—	—	—	—
陕　西	0.29	0.26	0.15	0.20	—	5.76	5.56
甘　肃	—	—	—	—	—	—	—
青　海	—	—	—	—	—	—	—
宁　夏	—	—	—	—	—	—	—
新　疆	—	—	—	—	—	—	—
新疆兵团	—	—	—	—	—	—	—
大兴安岭	6.86	6.86	—	—	—	18.87	—

产品产量(二)

单位:万立方米

加工制品(万平方米)				林产化学产品(吨)					
				松香类产品			松节油类产品		
实木复合木地板	浸渍纸层压木质地板(强化木地板)	竹地板(含竹木复合地板)	其他木地板(含软木地板、集成材地板等)	合计	松香	松香深加工产品	合计	松节油	松节油深加工产品
25813.00	**17011.11**	**8135.07**	**4826.79**	**1642308**	**1424300**	**218008**	**266504**	**179503**	**87001**
—	127.30	—	—	—	—	—	—	—	—
—	9.90	—	—	—	—	—	—	—	—
40.00	—	—	—	—	—	—	—	—	—
—	—	—	—	—	—	—	—	—	—
—	—	—	—	—	—	—	—	—	—
—	—	—	—	—	—	—	—	—	—
1140.62	700.00	—	3.00	—	—	—	—	—	—
2980.97	163.62	—	12.27	—	—	—	—	—	—
365.61	—	—	—	—	—	—	—	—	—
170.91	150.00	—	—	—	—	—	—	—	—
149.40	26.18	—	2.80	—	—	—	—	—	—
127.58	26.18	—	—	—	—	—	—	—	—
2574.31	—	—	—	—	—	—	—	—	—
3174.55	10329.69	999.98	291.20	—	—	—	—	—	—
6096.34	88.76	1272.30	87.00	17600	—	17600	10800	—	10800
1508.06	1184.57	1102.93	3086.50	6547	6547	—	1747	1747	—
342.80	—	1613.04	—	123903	113633	10270	19336	10567	8769
71.57	15.99	2792.66	402.09	119999	86870	33129	52894	22107	30787
5631.85	1192.30	15.00	592.47	—	—	—	—	—	—
42.40	23.10	—	—	2650	2650	—	—	—	—
489.64	2317.84	14.63	214.20	19784	19534	250	3607	3153	454
1.06	521.40	191.35	122.14	61988	35338	26650	2213	2044	169
1168.26	—	—	—	110334	75441	34893	3585	2270	1315
52.50	1.41	52.50	—	945722	880302	65420	96670	96670	—
9.00	—	3.00	—	9553	9553	—	223	223	—
1.30	—	0.50	—	940	940	—	—	—	—
286.74	309.05	28.56	11.70	1689	1689	—	170	170	—
0.23	—	48.61	1.22	5459	5459	—	723	723	—
32.54	—	—	—	216140	186344	29796	74536	39829	34707
—	—	—	—	—	—	—	—	—	—
—	—	—	0.20	—	—	—	—	—	—
—	—	—	—	—	—	—	—	—	—
—	—	—	—	—	—	—	—	—	—
—	—	—	—	—	—	—	—	—	—
—	—	—	—	—	—	—	—	—	—
—	—	—	—	—	—	—	—	—	—
18.87	—	—	—	—	—	—	—	—	—

各地区主要林产工业产品产量(三)

单位:吨

地　区	林产化学产品											
	樟脑		冰片		栲胶类产品			紫胶类产品			木材热解产品	
	合计	其中:合成樟脑	合计	其中:合成冰片	合计	栲胶	栲胶深加工产品	合计	紫胶	紫胶深加工产品	合计	其中:木炭
全国合计	**17704**	**11939**	**1662**	**610**	**8403**	**8403**	**—**	**5764**	**4955**	**809**	**1100279**	**418767**
北　京	—	—	—	—	—	—	—	—	—	—	—	—
天　津	—	—	—	—	—	—	—	—	—	—	—	—
河　北	—	—	—	—	1560	1560	—	—	—	—	26705	665
山　西	—	—	—	—	—	—	—	—	—	—	480	70
内蒙古	—	—	—	—	610	610	—	—	—	—	—	—
内蒙古集团	—	—	—	—	—	—	—	—	—	—	—	—
辽　宁	—	—	—	—	—	—	—	—	—	—	11420	11420
吉　林	—	—	—	—	—	—	—	—	—	—	12675	4128
吉林集团	—	—	—	—	—	—	—	—	—	—	—	—
长白山集团	—	—	—	—	—	—	—	—	—	—	—	—
黑龙江	—	—	—	—	—	—	—	—	—	—	3765	3765
龙江集团	—	—	—	—	—	—	—	—	—	—	—	—
上　海	—	—	—	—	—	—	—	—	—	—	—	—
江　苏	—	—	—	—	—	—	—	—	—	—	10000	10000
浙　江	—	—	—	—	—	—	—	—	—	—	169421	18045
安　徽	—	—	—	—	—	—	—	—	—	—	60640	51444
福　建	11594	11594	—	—	—	—	—	157	157	—	167445	369
江　西	482	345	2	—	—	—	—	—	—	—	213627	45527
山　东	—	—	—	—	—	—	—	—	—	—	77657	67157
河　南	—	—	—	—	—	—	—	—	—	—	5000	4000
湖　北	—	—	—	—	—	—	—	—	—	—	320	—
湖　南	—	—	1050	—	—	—	—	3	3	—	85947	63762
广　东	—	—	—	—	—	—	—	2783	2783	—	8344	7469
广　西	6	—	—	—	6233	6233	—	—	—	—	9984	9984
海　南	—	—	—	—	—	—	—	—	—	—	177	177
重　庆	—	—	—	—	—	—	—	—	—	—	607	472
四　川	500	—	—	—	—	—	—	60	60	—	17000	10700
贵　州	—	—	—	—	—	—	—	—	—	—	45622	45206
云　南	5122	—	610	610	—	—	—	2761	1952	809	50438	50422
西　藏	—	—	—	—	—	—	—	—	—	—	—	—
陕　西	—	—	—	—	—	—	—	—	—	—	—	—
甘　肃	—	—	—	—	—	—	—	—	—	—	—	—
青　海	—	—	—	—	—	—	—	—	—	—	—	—
宁　夏	—	—	—	—	—	—	—	—	—	—	—	—
新　疆	—	—	—	—	—	—	—	—	—	—	—	—
新疆兵团	—	—	—	—	—	—	—	—	—	—	—	—
大兴安岭	—	—	—	—	—	—	—	—	—	—	123005	13985

全国主要林产品销售实际平均价格

指　　标	单　位	本年实际		
		产品销售实际平均价格	产品销售收入	产品销售量
一、木材	元/立方米	742	45237046119	60951054
二、竹材	元/根	9	14246260600	1510024146
三、锯材	元/立方米	1266	56111562112	44334003
四、木片	元/实积立方米	765	20032147913	26194455
五、木地板	元/平方米	160	81233342625	507437239
六、胶合板	元/立方米	1896	169616950386	89471405
七、硬质纤维板	元/立方米	1372	8182027750	5962763
八、中密度纤维板	元/立方米	1581	57940491015	36649204
九、刨花板	元/立方米	953	22413125940	23521435
十、松香	元/吨	12595	16007745843	1270921
十一、栲胶	元/吨	9572	79935000	8351
十二、紫胶	元/吨	48373	67480000	1395

各地区主要林产品

地　　区	木　　材			竹　　材			锯　　材		
	产品销售实际平均价格	产品销售收入	产品销售量	产品销售实际平均价格	产品销售收入	产品销售量	产品销售实际平均价格	产品销售收入	产品销售量
全国合计	**742**	**45237046119**	**60951054**	**9**	**14246260600**	**1510024146**	**1266**	**56111562112**	**44334003**
北　京	519	77173000	148566	—	—	—	—	—	—
天　津	628	67130924	106881	—	—	—	—	—	—
河　北	620	406229357	655468	—	—	—	953	1735503264	1820885
山　西	463	44965238	97088	—	—	—	1701	72497850	42631
内蒙古	678	1219652575	1799370	—	—	—	685	4390763537	6412091
内蒙古集团	754	891111104	1181369	—	—	—	—	—	—
辽　宁	750	639071179	852585	—	—	—	1120	3897802519	3480696
吉　林	1072	3489650174	3253844	—	—	—	1991	2382638050	1196445
吉林集团	1486	911200528	613224	—	—	—	1891	11298607	5976
长白山集团	1203	950656954	790299	—	—	—	2162	44884543	20763
黑龙江	782	2086015301	2668050	—	—	—	1443	6581077366	4561389
龙江集团	1031	1142589208	1108389	—	—	—	2239	722585750	322778
上　海	—	—	—	—	—	—	—	—	—
江　苏	544	247075254	454492	20	20758000	1014375	1625	1826416542	1124150
浙　江	863	1219604545	1413215	13	2198173835	169090295	1699	4609940874	2713326
安　徽	872	2653639656	3044775	18	1970950447	112426201	1532	4125204955	2692757
福　建	831	2041305468	2455621	12	3665376154	300223066	1572	933602122	593887
江　西	1052	2599014245	2469542	15	1422823142	91944068	1645	2544827352	1547408
山　东	794	2484593110	3130199	—	—	—	1317	8252996982	6266596
河　南	712	1081369600	1518630	13	18800800	1445184	1218	1214694982	997377
湖　北	643	411636858	640361	12	84372379	7308981	1023	226470000	221421
湖　南	740	2883692492	3897221	13	670452090	51645699	1560	1683478283	1079000
广　东	626	3901683312	6228479	8	764495574	98957013	1069	1520275080	1422678
广　西	690	11047189162	16011121	5	1759870843	335292872	1216	5016733024	4123953
海　南	974	395931575	406322	6	35497940	6234188	2356	352371800	149562
重　庆	861	327971435	381102	16	101425150	6257403	1124	296373800	263675
四　川	788	1540246716	1953456	7	781942914	111515857	1310	1892117331	1444605
贵　州	735	1329286455	1808553	8	52655496	6581937	1081	853592192	789632
云　南	499	2067234814	4140275	3	668485496	194796394	1170	1257632532	1074804
西　藏	—	—	—	—	—	—	—	—	—
陕　西	754	136313010	180709	2	27642562	13261342	1597	77183700	48321
甘　肃	610	10913118	17898	1	2537778	2029271	1585	1900075	1199
青　海	—	—	—	—	—	—	—	—	—
宁　夏	—	—	—	—	—	—	—	—	—
新　疆	700	213807546	305276	—	—	—	916	82527900	90073
新疆兵团	868	21456200	24719	—	—	—	943	1000000	1060
大兴安岭	674	614650000	911955	—	—	—	1613	282940000	175442

销售实际平均价格(一)

单位:元/(立方米、平方米、实积立方米、根)、元、立方米、平方米、实积立方米、根

木片			木地板			胶合板		
产品销售实际平均价格	产品销售收入	产品销售量	产品销售实际平均价格	产品销售收入	产品销售量	产品销售实际平均价格	产品销售收入	产品销售量
765	**20032147913**	**26194455**	**160**	**81233342625**	**507437239**	**1896**	**169616950386**	**89471405**
—	—	—	—	—	—	—	—	—
—	—	—	—	—	—	—	—	—
726	163098817	224638	248	314970000	1268900	1744	7480766429	4289820
1480	113860000	76910	—	—	—	2647	52620000	19880
500	39247000	78461	267	40000000	150000	950	353747820	372328
—	—	—	—	—	—	—	—	—
476	4050040070	8509985	123	2579818389	21023503	1774	506390600	285453
400	42512680	106215	167	5873543928	35156923	2915	2769106088	949982
—	—	—	152	634863928	4167855	4233	12487550	2950
—	—	—	110	354120000	3214768	5917	65901354	11137
910	513350458	564044	181	612517960	3389792	1815	3630946598	2000942
320	19429728	60739	129	102126520	789788	2309	75937648	32886
—	—	—	—	—	—	—	—	—
626	918123300	1467550	163	39969092385	244709954	1731	2870176598	1657824
1482	896224680	604740	188	18079421756	96167137	3263	5715741629	1751683
1138	1282681010	1126706	73	3460795500	47613809	2338	15590382790	6666982
729	45467106	62328	603	79826396	132413	2209	3891471382	1761314
718	314450780	437790	201	1381260000	6857126	2736	2418835680	884093
887	4423450245	4989608	171	4837798752	28357715	1984	88177745217	44446774
1193	1619238500	1357532	92	95360300	1037385	1341	3858304357	2876832
1037	230495800	222320	89	543900000	6082500	1744	1015964400	582609
743	294275400	396182	220	301083300	1368353	1837	2041530641	1111426
911	1926258458	2114988	167	511750000	3067189	2010	2863412680	1424538
838	2279556881	2721657	424	311729296	734569	1395	21335691178	15289719
795	28680000	36092	534	55000000	103000	1599	105393789	65911
1099	60714000	55269	268	13680000	51000	1752	447324740	255380
862	289593240	335869	232	1410564080	6081630	1542	2627253848	1704120
802	78547078	97939	210	121427460	578226	1621	665637714	410634
376	102803400	273610	177	597811123	3379715	1908	997059750	522532
—	—	—	—	—	—	—	—	—
1749	159021660	90903	65	312000	4800	1957	129397418	66129
—	—	—	—	—	—	—	—	—
—	—	—	—	—	—	—	—	—
—	—	—	—	—	—	—	—	—
1314	34997350	26636	—	—	—	933	68569040	73471
—	—	—	—	—	—	—	—	—
580	125460000	216483	343	41680000	121600	3382	3480000	1029

各地区主要林产品

地区	硬质纤维板			中密度纤维板			刨花板		
	产品销售实际平均价格	产品销售收入	产品销售量	产品销售实际平均价格	产品销售收入	产品销售量	产品销售实际平均价格	产品销售收入	产品销售量
全国合计	1372	8182027750	5962763	1581	57940491015	36649204	953	22413125940	23521435
北京	—	—	—	—	—	—	—	—	—
天津	—	—	—	—	—	—	—	—	—
河北	1099	59350000	54000	1485	5956047777	4011177	1322	3205461926	2425126
山西	—	—	—	1578	183000000	116000	879	58600000	66667
内蒙古	1207	350000	290	879	55870000	63576	938	245230500	261303
内蒙古集团	—	—	—	—	—	—	—	—	—
辽宁	2200	16800000	7636	1407	1995241493	1418328	898	514150000	572556
吉林	—	—	—	1546	1256835996	812715	1250	903876204	722893
吉林集团	—	—	—	1521	367556627	241673	1475	771106204	522812
长白山集团	—	—	—	1128	158519369	140481	—	—	—
黑龙江	2082	259437200	124615	1973	1156882135	586352	1331	395097095	296794
龙江集团	1680	1537200	915	1669	260225600	155925	1410	306058095	217083
上海	—	—	—	—	—	—	—	—	—
江苏	1400	37100000	26500	1860	3973900110	2136844	299	1224135000	4092500
浙江	—	—	—	1438	1312200884	912518	1272	175084440	137645
安徽	1539	983750000	639400	2932	6539465038	2230713	1654	722763700	437002
福建	1162	6774460	5830	1788	458595800	256514	1245	1221038160	980450
江西	1868	473560000	253500	1605	1097021400	683706	1309	263233820	201041
山东	1165	3753904352	3222032	2064	8519978100	4127217	921	9443581311	10248107
河南	1502	987650000	657400	1321	2474544440	1872725	1302	765923892	588299
湖北	—	—	—	1576	1557468000	988052	1425	232046000	162890
湖南	2176	268158000	123210	1324	200347360	151361	903	98330600	108896
广东	1656	1062345500	641697	1355	4189492185	3092017	1260	952475055	755750
广西	1454	30602338	21047	1238	9015630156	7282259	1082	1040049697	961634
海南	—	—	—	—	—	—	800	16000000	20000
重庆	1100	2200000	2000	1321	410759361	310832	2542	17080000	6720
四川	1996	142995900	71650	1523	4037839000	2651293	1949	603487300	309621
贵州	—	—	—	885	69164520	78152	1055	1021240	968
云南	867	97050000	111956	1321	2296939652	1739025	1953	300650000	153980
西藏	—	—	—	—	—	—	—	—	—
陕西	—	—	—	851	791317608	929480	1730	1730000	1000
甘肃	—	—	—	—	—	—	—	—	—
青海	—	—	—	—	—	—	—	—	—
宁夏	—	—	—	—	—	—	—	—	—
新疆	—	—	—	1306	104500000	80000	—	—	—
新疆兵团	—	—	—	—	—	—	—	—	—
大兴安岭	—	—	—	2429	287450000	118348	1259	12080000	9593

销售实际平均价格(二)

单位:元/(立方米、吨)、元、立方米、吨

松香			栲胶			紫胶		
产品销售实际平均价格	产品销售收入	产品销售量	产品销售实际平均价格	产品销售收入	产品销售量	产品销售实际平均价格	产品销售收入	产品销售量
12595	**16007745843**	**1270921**	**9572**	**79935000**	**8351**	**48373**	**67480000**	**1395**
—	—	—	—	—	—	—	—	—
—	—	—	—	—	—	—	—	—
—	—	—	19000	29640000	1560	—	—	—
—	—	—	—	—	—	—	—	—
—	—	—	10000	6100000	610	—	—	—
—	—	—	—	—	—	—	—	—
—	—	—	—	—	—	—	—	—
—	—	—	—	—	—	—	—	—
—	—	—	—	—	—	—	—	—
—	—	—	—	—	—	—	—	—
—	—	—	—	—	—	—	—	—
—	—	—	—	—	—	—	—	—
—	—	—	—	—	—	—	—	—
—	—	—	—	—	—	—	—	—
—	—	—	—	—	—	—	—	—
5850	27187000	4647	—	—	—	—	—	—
8524	443443644	52025	—	—	—	—	—	—
11607	902490948	77751	—	—	—	—	—	—
—	—	—	—	—	—	—	—	—
6100	16165000	2650	—	—	—	—	—	—
9519	54970458	5775	—	—	—	—	—	—
13472	56502960	4194	—	—	—	—	—	—
8716	573515682	65797	—	—	—	20000	7400000	370
14023	10736219145	765615	7150	44195000	6181	—	—	—
10000	5410000	541	—	—	—	—	—	—
—	—	—	—	—	—	—	—	—
10875	33300000	3062	—	—	—	20000	1000000	50
6258	34162422	5459	—	—	—	—	—	—
11024	3124378584	283405	—	—	—	60595	59080000	975
—	—	—	—	—	—	—	—	—
—	—	—	—	—	—	—	—	—
—	—	—	—	—	—	—	—	—
—	—	—	—	—	—	—	—	—
—	—	—	—	—	—	—	—	—
—	—	—	—	—	—	—	—	—
—	—	—	—	—	—	—	—	—
—	—	—	—	—	—	—	—	—

各地区林业旅游与休闲产业发展情况

地　　区	旅游人次（人次）	旅游收入（万元）	人均花费（元）	直接带动的其他产业产值（万元）
全国合计	**1606530384**	**42496485**	**265**	**63896809**
北　京	143067032	129978	9	28856
天　津	2156652	11022	51	6613
河　北	24385620	429939	176	256786
山　西	8269953	71575	87	80771
内蒙古	5911419	142372	241	57577
内蒙古集团	671000	35720	532	14249
辽　宁	46868039	1677367	358	897293
吉　林	14116383	697417	494	233274
吉林集团	238165	16393	688	18862
长白山集团	357076	20012	560	60203
黑龙江	12140092	649797	535	512344
龙江集团	6613577	384768	582	419013
上　海	3739305	7609	20	443
江　苏	87289694	2108462	242	1345698
浙　江	154220650	2869019	186	2827935
安　徽	59885462	2044411	341	3697052
福　建	33627352	736820	219	2989577
江　西	54376900	3211502	591	15267450
山　东	89828289	1965039	219	3488494
河　南	70738540	760677	108	614977
湖　北	42472797	1455708	343	5078387
湖　南	81856633	4167491	509	13652938
广　东	135991573	8913807	655	1709155
广　西	81664808	1788744	219	1491248
海　南	8522608	144860	170	298158
重　庆	80542709	736991	92	232417
四　川	233733786	4814383	206	5979293
贵　州	59356750	1632369	275	1796583
云　南	27879265	412130	148	213226
西　藏	235000	8087	344	2680
陕　西	17538052	318589	182	291137
甘　肃	7256865	53247	73	190391
青　海	313460	3254	104	3552
宁　夏	6498555	106997	165	228498
新　疆	10907826	327317	300	358850
新疆兵团	357500	7898	221	37480
大兴安岭	1138315	99505	874	65156

各地区森林公园建设与经营情况主要指标(一)

地　区	森林公园总数（处）	森林公园总面积（公顷）	国家森林公园数量（处）	国家森林公园面积（公顷）	省级森林公园数量（处）	省级森林公园面积（公顷）	县级森林公园数量（处）	县级森林公园面积（公顷）
全国合计	**2948**	**17580006**	**780**	**12143291**	**1371**	**4215951**	**797**	**1220764**
北　京	31	96263	15	68441	16	27821	—	—
天　津	1	2126	1	2126	—	—	—	—
河　北	93	507702	27	298852	66	208850	—	—
山　西	111	537907	18	381791	37	111143	56	44973
内蒙古	53	1151685	29	912506	23	233809	1	5370
内蒙古集团	8	400927	8	400927	—	—	—	—
辽　宁	70	230973	29	141446	41	89527	—	—
吉　林	56	2490393	34	2033970	22	456424	—	—
吉林集团	8	89773	8	89773	—	—	—	—
黑龙江	103	1849727	56	1633541	47	216186	—	—
龙江集团	41	1329403	24	1213759	17	115644	—	—
上　海	5	2252	4	1952	1	300	—	—
江　苏	64	99335	16	36730	48	62605	—	—
浙　江	195	439891	38	220825	80	130166	77	88900
安　徽	70	151288	30	107176	40	44112	—	—
福　建	178	237873	29	124636	128	89981	21	23256
江　西	169	513294	45	366629	110	118809	14	27857
山　东	242	406569	42	187258	73	102534	127	116777
河　南	160	364769	28	118872	78	151378	54	94519
湖　北	89	407000	32	288124	57	118876	—	—
湖　南	119	469899	50	264831	57	181406	12	23662
广　东	460	1070171	25	206684	74	113494	361	749993
广　西	54	259830	20	212647	28	46012	6	1171
海　南	27	164305	9	116287	16	46326	2	1693
重　庆	83	186080	25	133937	57	51308	1	835
四　川	121	750877	33	642083	55	89520	33	19274
贵　州	74	261513	22	151809	31	91409	21	18295
云　南	41	147651	27	112612	14	35039	—	—
西　藏	9	1329608	9	1329608	—	—	—	—
陕　西	86	340455	34	180033	49	158088	3	2334
甘　肃	93	959230	21	434401	72	524829	—	—
青　海	17	462278	7	293297	10	168982	—	—
宁　夏	11	37629	4	28587	7	9042	—	—
新　疆	61	1521460	19	981629	34	537975	8	1856
大兴安岭	2	129972	2	129972	—	—	—	—

注:森林公园总数和国家森林公园中含白山市国家森林旅游区 1 处。

各地区森林公园建设与

地区	森林公园收入情况(万元)						旅游接待人数(万人次)	
	收入总额	其中旅游收入					旅游总人数	海外旅游者
		合计	门票收入	食宿收入	娱乐收入	其他收入		
全国合计	**5905207**	**4911066**	**896328**	**2123017**	**615859**	**1275862**	**58948**	**2169**
北京	27392	27392	2945	20105	2280	2063	653	5
天津	1469	1469	1089	—	—	380	28	1
河北	50090	48916	27258	13149	3413	5096	952	21
山西	81920	81920	18600	35248	2214	25859	1947	10
内蒙古	37565	37515	8945	13887	2982	11701	287	3
内蒙古集团	30173	30173	4961	12367	1889	10955	58	—
辽宁	95324	95324	16353	54598	10030	14343	1865	33
吉林	686112	203612	10274	122616	34280	36442	1003	17
吉林集团	2963	2963	24	2554	199	186	24	—
黑龙江	142803	142803	16437	63821	20321	42224	982	19
龙江集团	94446	94446	11791	37780	16359	28516	362	6
上海	11457	7225	5138	258	1582	247	500	6
江苏	273189	168972	38638	32594	10788	86953	4574	134
浙江	1278962	1278259	132591	550974	205776	388919	3707	148
安徽	74150	63431	17493	39183	2596	4160	1500	13
福建	89880	84151	12646	35462	11479	24564	2065	213
江西	523243	450035	70655	265430	37152	76797	4697	687
山东	195592	183142	86485	49242	11075	36340	3400	103
河南	92618	92618	47531	25090	12655	7342	2412	39
湖北	174496	118429	13478	53090	32346	19514	1825	23
湖南	438604	250751	133548	50199	13372	53632	3517	166
广东	256341	246611	41329	128781	20823	55679	8911	316
广西	120035	75189	17425	32205	5137	20423	701	21
海南	41292	41292	21650	17027	255	2360	353	11
重庆	445352	445352	37407	222673	61724	123548	4622	49
四川	397492	397214	45531	161523	82275	107884	2459	16
贵州	233765	233765	6729	102658	21837	102541	2527	68
云南	18814	18430	11759	1295	48	5328	796	4
西藏	11410	11410	5358	4650	1161	241	78	4
陕西	52181	52181	31854	10882	2261	7184	982	29
甘肃	9261	9261	3021	3948	1095	1196	552	8
青海	12934	12934	2552	494	3346	6542	307	—
宁夏	4354	4354	1649	1039	685	980	126	—
新疆	24260	24260	9957	8600	591	5112	607	3
大兴安岭	2849	2849	1	2298	282	268	12	—

经营情况主要指标(二)

本年度投入资金(万元)				其中环境建设投入(万元)	本年度环境建设情况(公顷)	
合 计	国家投资	自筹资金	招商引资		植树造林	改造林相
4866947	**799483**	**1314441**	**2753022**	**561563**	**109449**	**192621**
35550	26050	6400	3100	3957	110	5270
2400	—	2400	—	184	—	1200
12905	2350	6955	3600	3171	2271	1421
39275	7884	9091	22300	4919	1826	2754
64766	17657	20651	26458	8344	5028	26810
24761	7580	17181	—	565	1696	21781
87843	14560	47753	25530	27902	1901	642
1543145	7401	33851	1501893	3754	9791	1657
1788	1190	598	—	365	140	1210
163802	73907	55155	34740	13584	12989	35582
114401	50980	34760	28661	11297	10970	34859
18914	8957	9957	—	5034	11	244
303774	23535	202694	77545	69952	5167	3326
398474	132311	159324	106839	77076	1961	7396
73249	15588	32168	25493	5857	1011	1437
29623	12270	14550	2804	9995	3704	4078
160345	24769	56975	78600	38917	3379	8283
259603	27674	139306	92623	67612	10648	19742
104104	7429	51906	44768	14327	4064	17068
149995	50289	22224	77482	18763	4660	7177
148225	51694	35623	60908	31655	6037	12652
288276	46202	67489	174585	32807	5683	6855
37409	8764	13419	15226	6025	682	2551
35461	4050	28911	2500	2070	252	217
168444	64642	53742	50060	16833	6193	1206
142688	50529	65087	27073	15163	1853	2488
210113	18268	9386	182459	8223	1200	799
34845	5737	21348	7760	3908	391	3202
7475	1030	945	5500	500	404	109
128451	18283	62148	48019	7289	8177	4525
69986	11661	26296	32030	5663	3235	2970
34927	12538	6771	15618	2060	5572	3109
23788	9284	14504	—	14020	958	639
76567	44140	24917	7510	39502	189	7002
12526	30	12496	—	2496	102	209

各地区森林公园建设与经营情况主要指标(三)

地　　区	从业人员现状(人)		基础设施现状				社会旅游从业人员(人)
	职工总数	导游人数	车船总数(台/艘)	游步道总数(千米)	床位总数(张)	餐位总数(个)	
全国合计	**164871**	**17702**	**37816**	**74190**	**809091**	**1438403**	**687462**
北　京	1164	150	261	625	2750	9540	8000
天　津	121	16	30	19	340	680	2500
河　北	4960	681	721	2363	88540	96390	18906
山　西	3364	591	820	1548	56982	65324	14654
内蒙古	2464	193	613	2382	9245	17752	16604
内蒙古集团	702	52	218	708	3129	3462	11046
辽　宁	3193	559	3489	2015	30562	53204	13738
吉　林	7571	653	2790	3588	29960	29240	22618
吉林集团	519	31	695	568	2265	6660	509
黑龙江	6791	1056	3407	4443	50087	92540	21484
龙江集团	4357	665	2268	2431	33563	67558	16473
上　海	459	46	526	120	60	1760	785
江　苏	9912	599	1235	2064	16307	34607	19510
浙　江	17275	1836	8813	2760	81612	147693	54366
安　徽	4621	252	341	1525	8161	20915	21587
福　建	7199	696	684	3370	7518	34026	18607
江　西	6886	1150	1771	9842	39603	72969	41991
山　东	15204	1778	2045	6309	51537	137667	155296
河　南	7774	1182	1538	2281	44444	89371	34148
湖　北	9538	976	1879	3343	49844	59492	30134
湖　南	13482	789	922	4313	36159	86049	33836
广　东	11994	796	1596	4032	31138	99158	37598
广　西	2672	205	903	857	17438	29256	2799
海　南	2671	189	184	353	2306	9440	934
重　庆	4423	1332	996	3068	39968	74459	20397
四　川	4717	557	461	2151	53431	57633	20583
贵　州	3761	154	305	2162	12301	35745	16181
云　南	1633	170	343	1078	2790	5867	6967
西　藏	141	197	50	122	860	487	484
陕　西	3568	408	359	1707	13753	25971	36402
甘　肃	4040	207	194	1842	10542	20336	5049
青　海	520	80	88	556	5824	8989	3682
宁　夏	1102	35	63	454	697	1315	457
新　疆	1397	160	377	2458	13732	18728	6465
大兴安岭	254	9	12	440	600	1800	700

4

从业人员和劳动报酬

EMPLOYMENT AND WAGES

林业系统从业人员和劳动报酬主要指标2013年与2012年比较

主要指标	单位	2013年	2012年	2013年比2012年增减%
一、单位个数	个	44562	45060	-1.11
二、年末人数	人	1563271	1615527	-3.23
1.从业人员	人	1281649	1329057	-3.57
①在岗职工	人	1221890	1262385	-3.21
②其他从业人员	人	59759	66672	-10.37
2.离开本单位仍保留劳动关系人员	人	281622	286470	-1.69
三、年末实有离退休人员	人	1015200	999800	1.54
四、在岗职工年平均工资	元	30940	28105	10.09

林业系统按行业分全部单位个数、从业人员和劳动报酬情况(一)

指　　标	单位个数(个)	年末人数(人)			
		总计	单位从业人员		
			合计	其中	
				女性	非全日制
总　计	**44562**	**1563271**	**1281649**	**351499**	**28902**
按性质分:					
(一)企业	2168	772388	525618	153070	4554
(二)事业	37671	687209	653693	179234	22215
(三)机关	4723	103674	102338	19195	2133
按行业分:					
(一)农林牧渔业	26323	1223480	975002	270537	20435
1. 林木育种育苗	2439	72975	63240	20469	3376
2. 造林与经营管护	11726	459695	411243	112878	11964
3. 木竹采运	1098	553290	367251	103283	1495
4. 经济林产品种植与采集	586	7096	6993	2116	291
5. 花卉及其他观赏植物种植	143	1839	1767	464	64
6. 陆生野生动物繁育与利用	126	958	943	321	42
7. 林业有害生物防治	1789	14549	14469	5351	351
8. 森林防火	1164	17025	16988	2206	636
9. 其他	7252	96053	92108	23449	2216
(二)制造业	314	45202	31068	10644	1034
1. 木材加工及木、竹、藤、棕、苇制品业	202	31965	20308	6644	1002
2. 木、竹、藤家具制造业	14	1751	1374	481	—
3. 木、竹、苇浆造纸业	2	119	119	33	—
4. 林产化学产品制造	18	1205	974	290	29
5. 其他	78	10162	8293	3196	3
(三)服务业	17616	263184	257504	63882	7214
1. 野生动植物保护和自然保护区管理	954	24074	23571	6379	1267
2. 林业工程技术与规划管理	713	14620	14500	4184	311
3. 林业科技交流和推广服务	2337	31858	31489	10074	1222
4. 林业公共管理和社会组织	12190	164468	162069	34459	3747
①林业行政管理、公安及监督检查机构	11289	153186	150961	30463	3431
②林业专业性、行业性团体	901	11282	11108	3996	316
5. 其他	1422	28164	25875	8786	667
(四)其他行业	309	31405	18075	6436	219

林业系统按行业分全部单位个数、

指　　标	年末人数(人)			
	单位从业人员			离开本单位仍保留劳动关系人员
	其中专业技术人员	在岗职工	其他从业人员	
总　计	**335764**	**1221890**	**59759**	**281622**
按性质分:				
(一)企业	133649	510139	15479	246770
(二)事业	189586	613243	40450	33516
(三)机关	12529	98508	3830	1336
按行业分:				
(一)农林牧渔业	247023	926659	48343	248478
1. 林木育种育苗	16521	61016	2224	9735
2. 造林与经营管护	84378	380886	30357	48452
3. 木竹采运	105087	364047	3204	186039
4. 经济林产品种植与采集	2177	6612	381	103
5. 花卉及其他观赏植物种植	440	1658	109	72
6. 陆生野生动物繁育与利用	525	909	34	15
7. 林业有害生物防治	6991	14154	315	80
8. 森林防火	3412	15471	1517	37
9. 其他	27492	81906	10202	3945
(二)制造业	4812	30030	1038	14134
1. 木材加工及木、竹、藤、棕、苇制品业	3062	19547	761	11657
2. 木、竹、藤家具制造业	155	1280	94	377
3. 木、竹、苇浆造纸业	18	119	—	—
4. 林产化学产品制造	226	974	—	231
5. 其他	1351	8110	183	1869
(三)服务业	77506	248253	9251	5680
1. 野生动植物保护和自然保护区管理	6148	21633	1938	503
2. 林业工程技术与规划管理	9331	14201	299	120
3. 林业科技交流和推广服务	16732	31082	407	369
4. 林业公共管理和社会组织	36607	156460	5609	2399
①林业行政管理、公安及监督检查机构	32237	145680	5281	2225
②林业专业性、行业性团体	4370	10780	328	174
5. 其他	8688	24877	998	2289
(四)其他行业	6423	16948	1127	13330

从业人员和劳动报酬情况(二)

年末实有离退休人员（人）	在岗职工年平均人数（人）	在岗职工年工资总额（千元）	离退休人员年生活费（千元）	在岗职工年平均工资（元）
1015200	**1194494**	**36957903**	**23505430**	**30940**
640452	488810	11941817	12946675	24430
323841	607279	20354744	8689464	33518
50907	98405	4661341	1869292	47369
841552	900324	24468415	18439097	27177
48326	61864	1631824	1031716	26378
306058	367611	10117152	6910390	27521
430076	342888	8344472	9044271	24336
4156	12229	336146	99181	27488
381	2045	53375	11114	26100
210	1099	41010	7024	37316
4113	14106	597758	146385	42376
2748	15639	506599	88790	32393
45484	82843	2840078	1100226	34283
33284	29723	780384	507184	26255
20446	19121	463278	299503	24229
436	1293	33770	8307	26118
949	115	3679	18733	31992
411	984	24194	7171	24588
11042	8210	255462	173469	31116
109998	247314	10998416	3856868	44471
6199	21677	850088	173329	39216
5766	13958	748130	217753	53599
14209	30770	1345242	513362	43719
69387	155915	6918765	2461290	44375
64738	145343	6448795	2284236	44369
4649	10572	469970	177054	44454
14437	24994	1136191	491134	45459
30366	17133	710688	702281	41481

各地区林业系统

地　区	总　计	按性质分				
		企　业	事　业	机　关	合　计	林木育种育苗
全国合计	**44562**	**2168**	**37671**	**4723**	**26323**	**2439**
北　京	237	1	210	26	143	16
天　津	76	—	67	9	67	4
河　北	1508	30	1285	193	1096	168
山　西	2155	17	2005	133	1171	186
内蒙古	1579	56	1295	228	919	96
内蒙古集团	52	28	24	—	24	—
辽　宁	1527	16	1384	127	1089	71
吉　林	1430	254	1067	109	463	38
吉林集团	59	59	—	—	9	—
长白山集团	22	14	7	1	12	—
黑龙江	1942	169	1616	157	855	112
龙江集团	193	119	57	17	73	8
上　海	39	—	38	1	10	1
江　苏	738	57	666	15	474	75
浙　江	1005	17	881	107	789	41
安　徽	1421	36	1162	223	775	112
福　建	1960	230	1525	205	1252	104
江　西	2332	322	1800	210	1078	71
山　东	2450	31	2256	163	1828	300
河　南	1118	25	878	215	630	125
湖　北	1985	98	1729	158	725	85
湖　南	2970	97	2570	303	1540	85
广　东	1933	38	1642	253	871	55
广　西	2090	162	1690	238	1385	80
海　南	213	30	151	32	117	7
重　庆	1131	14	1047	70	191	25
四　川	3462	133	2971	358	2484	140
贵　州	2235	79	2014	142	2074	30
云　南	1831	124	1455	252	1130	70
西　藏	107	9	48	50	56	2
陕　西	1553	36	1313	204	727	103
甘　肃	1490	7	1291	192	1077	125
青　海	352	—	245	107	170	24
宁　夏	283	3	249	31	241	22
新　疆	1252	51	1009	192	881	66
新疆兵团	—	—	—	—	—	—
局直属单位	158	26	112	20	15	—
大兴安岭	71	20	32	19	15	—

单位个数(一)

单位:个

按行业分							
农林牧渔业							
造林与经营管护	木竹采运	经济林产品种植与采集	花卉及其他观赏植物种植	陆生野生动物繁育与利用	林业有害生物防治	森林防火	其他
11726	**1098**	**586**	**143**	**126**	**1789**	**1164**	**7252**
34	—	3	2	1	22	6	59
6	1	4	—	1	19	1	31
319	25	30	7	6	75	59	407
532	—	—	—	—	95	76	282
393	24	2	2	—	72	47	283
—	19	—	—	—	—	—	5
630	44	24	2	3	63	33	219
328	22	—	—	3	35	24	13
—	8	—	—	—	—	—	1
—	11	—	—	—	1	—	—
419	70	1	1	1	77	42	132
4	52	—	—	—	2	2	5
—	—	—	—	—	—	—	9
240	5	54	3	1	51	19	26
98	3	9	—	6	66	25	541
365	55	1	9	1	77	28	127
507	115	5	9	3	50	51	408
318	201	7	5	8	61	65	342
1183	27	66	10	5	101	59	77
130	34	19	16	9	94	45	158
358	14	22	2	4	76	31	133
533	114	58	17	33	58	48	594
306	28	12	—	2	51	38	379
495	49	21	11	5	74	84	566
24	7	2	—	1	9	6	61
74	1	—	—	—	35	12	44
904	50	107	11	3	94	55	1120
1490	119	72	23	7	89	89	155
379	43	27	2	7	81	63	458
24	10	—	—	—	8	9	3
334	18	13	6	9	43	38	163
534	6	20	4	3	65	45	275
116	—	—	—	1	12	5	12
127	—	1	—	—	17	18	56
525	4	6	1	3	119	41	116
—	—	—	—	—	—	—	—
1	9	—	—	—	—	2	3
1	9	—	—	—	—	2	3

各地区林业系统

地区	按行					
	制造业					
	合计	木材加工及木、竹、藤、棕、苇制品业	木、竹、藤家具制造业	木、竹、苇浆造纸业	林产化学产品制造	其他
全国合计	**314**	**202**	**14**	**2**	**18**	**78**
北京	—	—	—	—	—	—
天津	—	—	—	—	—	—
河北	10	5	—	—	2	3
山西	5	—	—	—	—	5
内蒙古	2	1	1	—	—	—
内蒙古集团	1	1	—	—	—	—
辽宁	1	1	—	—	—	—
吉林	36	20	1	—	1	14
吉林集团	26	12	—	—	1	13
长白山集团	3	2	1	—	—	—
黑龙江	39	24	1	1	2	11
龙江集团	33	22	1	1	1	8
上海	—	—	—	—	—	—
江苏	—	—	—	—	—	—
浙江	—	—	—	—	—	—
安徽	10	5	1	—	—	4
福建	14	6	—	—	3	5
江西	11	5	2	—	2	2
山东	—	—	—	—	—	—
河南	1	1	—	—	—	—
湖北	16	12	—	—	1	3
湖南	40	26	4	1	2	7
广东	9	9	—	—	—	—
广西	51	45	—	—	1	5
海南	1	1	—	—	—	—
重庆	3	2	—	—	—	1
四川	21	4	4	—	2	11
贵州	7	5	—	—	1	1
云南	6	6	—	—	—	—
西藏	—	—	—	—	—	—
陕西	9	6	—	—	1	2
甘肃	2	2	—	—	—	—
青海	—	—	—	—	—	—
宁夏	—	—	—	—	—	—
新疆	15	15	—	—	—	—
新疆兵团	—	—	—	—	—	—
局直属单位	5	1	—	—	—	4
大兴安岭	5	1	—	—	—	4

单位个数(二)

单位:个

业 分								
服 务 业								其他行业
合 计	野生动植物保护和自然保护区管理	林业工程技术与规划管理	林业科技交流和推广服务	林业公共管理和社会组织	其中		其 他	
					林业行政管理、公安及监督检查机构	林业专业性、行业性团体		
17616	**954**	**713**	**2337**	**12190**	**11289**	**901**	**1422**	**309**
80	1	4	3	46	41	5	26	14
9	—	—	—	9	9	—	—	—
398	12	4	120	231	213	18	31	4
979	34	22	34	702	699	3	187	—
628	26	28	12	554	536	18	8	30
5	3	1	—	1	—	1	—	22
435	31	24	59	297	247	50	24	2
912	9	10	18	864	864	—	11	19
9	—	—	—	—	—	—	9	15
7	—	1	1	5	5	—	—	—
1005	31	15	32	832	816	16	95	43
61	—	4	5	27	17	10	25	26
29	2	3	5	1	1	—	18	—
262	—	—	194	63	58	5	5	2
202	16	4	63	119	117	2	—	14
628	21	98	148	348	319	29	13	8
672	32	53	48	524	396	128	15	22
1232	66	56	70	824	673	151	216	11
620	34	3	125	455	416	39	3	2
476	34	25	81	298	293	5	38	11
1244	60	82	111	938	938	—	53	—
1378	70	68	276	829	767	62	135	12
1050	122	9	88	588	451	137	243	3
629	36	28	71	438	402	36	56	25
93	23	2	4	50	48	2	14	2
931	11	17	17	882	854	28	4	6
948	67	23	161	661	623	38	36	9
149	6	1	—	142	142	—	—	5
660	78	42	123	395	372	23	22	35
51	—	—	—	50	50	—	1	—
808	36	34	292	367	345	22	79	9
411	52	27	73	206	206	—	53	—
180	2	3	54	120	120	—	1	2
42	4	1	5	32	32	—	—	—
353	31	19	28	264	219	45	11	3
—	—	—	—	—	—	—	—	—
122	7	8	22	61	22	39	24	16
35	4	2	2	20	20	—	7	16

各地区林业系统

地　　区	总　计	按性质分				
		企　业	事　业	机　关	合　计	林木育种育苗
全国合计	**1563271**	**772388**	**687209**	**103674**	**1223480**	**72975**
北　京	11848	76	10885	887	7240	1536
天　津	817	—	675	142	675	110
河　北	26197	2466	20058	3673	18094	2370
山　西	25005	297	22722	1986	15782	2161
内蒙古	179252	128937	44458	5857	157615	1872
内蒙古集团	129287	126930	2357	—	117707	—
辽　宁	24896	677	22457	1762	19122	912
吉　林	159327	120052	35074	4201	133766	1703
吉林集团	41722	41722	—	—	30539	—
长白山集团	53425	52659	291	475	51145	—
黑龙江	405581	334968	64598	6015	365377	29619
龙江集团	342424	331872	7840	2712	312271	28336
上　海	2093	—	1917	176	273	39
江　苏	19308	8974	10193	141	17575	3871
浙　江	12205	578	9498	2129	8345	516
安　徽	24252	2802	19140	2310	17247	3947
福　建	26680	7745	15066	3869	17311	544
江　西	81363	25750	48819	6794	62921	3056
山　东	24283	367	21340	2576	18443	3660
河　南	31203	544	26249	4410	19468	2969
湖　北	31481	3808	24131	3542	15924	1188
湖　南	63649	11723	43787	8139	35671	1890
广　东	32973	3333	23075	6565	17683	682
广　西	47467	5422	38050	3995	37404	783
海　南	8449	3329	3969	1151	5477	234
重　庆	8184	312	6592	1280	3458	196
四　川	48647	18042	23995	6610	33911	1433
贵　州	26090	3539	20336	2215	22952	379
云　南	42908	11558	21905	9445	26612	1764
西　藏	7666	6110	551	1005	6613	77
陕　西	38887	5994	29713	3180	25036	2052
甘　肃	40220	2853	33379	3988	29716	1354
青　海	9615	—	8593	1022	7173	216
宁　夏	9556	303	8743	510	8102	1207
新　疆	23401	5041	15486	2874	17046	635
新疆兵团	—	—	—	—	—	—
局直属单位	69768	56788	11755	1225	51448	—
大兴安岭	61053	55951	4123	979	51448	—

单位年末人数(一)

单位:人

按行业分							
农林牧渔业							
造林与经营管护	木竹采运	经济林产品种植与采集	花卉及其他观赏植物种植	陆生野生动物繁育与利用	林业有害生物防治	森林防火	其他
459695	**553290**	**7096**	**1839**	**958**	**14549**	**17025**	**96053**
832	—	141	25	6	929	511	3260
159	3	58	—	2	151	10	182
6274	193	252	57	30	708	1786	6424
9630	—	—	—	—	747	1074	2170
32813	117307	27	17	—	735	750	4094
—	117185	—	—	—	—	—	522
10282	3802	136	6	9	500	179	3296
43993	86341	—	—	11	287	294	1137
—	30360	—	—	—	—	—	179
—	51134	—	—	—	11	—	—
70318	259877	22	11	5	404	1587	3534
23281	258834	—	—	—	18	43	1759
—	—	—	—	—	—	—	234
12228	77	519	52	23	302	176	327
4044	24	37	—	22	410	104	3188
8487	929	15	115	2	503	278	2971
9288	3937	29	21	6	151	298	3037
43427	9543	914	107	97	340	1659	3778
11376	307	548	108	55	714	720	955
9583	887	310	513	96	1049	324	3737
11701	443	116	19	29	462	181	1785
18106	5497	402	194	153	347	326	8756
10104	1155	84	—	9	312	729	4608
24326	1192	401	72	40	469	1841	8280
2886	68	290	—	12	70	135	1782
2510	14	—	—	—	284	110	344
23644	2373	675	148	5	536	250	4847
15490	1496	227	186	82	339	425	4328
10566	4344	193	20	22	470	694	8539
5479	919	—	—	—	66	22	50
13061	4427	290	106	176	772	608	3544
24001	22	229	58	8	662	298	3084
6628	—	—	—	38	121	25	145
4052	—	222	—	—	198	777	1646
12242	12	959	4	20	1511	228	1435
—	—	—	—	—	—	—	—
2165	48101	—	—	—	—	626	556
2165	48101	—	—	—	—	626	556

各地区林业系统

地　区	按　　行					
	制　　造　　业					
	合　计	木材加工及木、竹、藤、棕、苇制品业	木、竹、藤家具制造业	木、竹、苇浆造纸业	林产化学产品制造	其　他
全国合计	**45202**	**31965**	**1751**	**119**	**1205**	**10162**
北　京	—	—	—	—	—	—
天　津	—	—	—	—	—	—
河　北	1777	367	—	—	21	1389
山　西	11	—	—	—	—	11
内蒙古	61	5	56	—	—	—
内蒙古集团	5	5	—	—	—	—
辽　宁	135	135	—	—	—	—
吉　林	10599	7930	647	—	289	1733
吉林集团	8994	7022	—	—	289	1683
长白山集团	1525	878	647	—	—	—
黑龙江	14495	13041	371	21	115	947
龙江集团	13979	12670	371	21	28	889
上　海	—	—	—	—	—	—
江　苏	—	—	—	—	—	—
浙　江	—	—	—	—	—	—
安　徽	346	149	78	—	—	119
福　建	1058	843	—	—	180	35
江　西	529	265	57	—	7	200
山　东	—	—	—	—	—	—
河　南	5	5	—	—	—	—
湖　北	1326	857	—	—	186	283
湖　南	4853	3007	518	98	29	1201
广　东	209	209	—	—	—	—
广　西	1622	1188	—	—	320	114
海　南	2	2	—	—	—	—
重　庆	34	33	—	—	—	1
四　川	614	371	24	—	26	193
贵　州	214	204	—	—	7	3
云　南	633	633	—	—	—	—
西　藏	—	—	—	—	—	—
陕　西	965	915	—	—	25	25
甘　肃	1137	1137	—	—	—	—
青　海	—	—	—	—	—	—
宁　夏	—	—	—	—	—	—
新　疆	60	60	—	—	—	—
新疆兵团	—	—	—	—	—	—
局直属单位	4517	609	—	—	—	3908
大兴安岭	4517	609	—	—	—	3908

单位年末人数(二)

单位:人

业 分								
服 务 业								其他行业
合 计	野生动植物保护和自然保护区管理	林业工程技术与规划管理	林业科技交流和推广服务	林业公共管理和社会组织	其中		其 他	
					林业行政管理、公安及监督检查机构	林业专业性、行业性团体		
263184	**24074**	**14620**	**31858**	**164468**	**153186**	**11282**	**28164**	**31405**
3221	35	329	109	895	759	136	1853	1387
142	—	—	—	142	142	—	—	—
6277	636	153	886	4273	4150	123	329	49
9212	603	371	435	5873	5864	9	1930	—
10291	773	330	419	8677	8320	357	92	11285
418	314	61	—	43	—	43	—	11157
5575	484	283	659	3928	3615	313	221	64
13301	340	553	869	10827	10827	—	712	1661
692	—	—	—	—	—	—	692	1497
755	—	54	39	662	662	—	—	—
17341	645	1456	1309	11051	9116	1935	2880	8368
8405	—	992	1121	4608	2723	1885	1684	7769
1820	40	61	301	176	176	—	1242	—
1561	—	—	766	784	624	160	11	172
3588	317	107	787	2377	2360	17	—	272
5694	165	747	1071	3451	3002	449	260	965
7809	479	680	276	6257	5367	890	117	502
17728	831	719	971	11590	10619	971	3617	185
5818	198	179	813	4600	4489	111	28	22
11516	1273	317	2146	6687	6486	201	1093	214
14231	1164	823	1692	9431	9431	—	1121	—
22766	3935	1002	2735	12989	12253	736	2105	359
14919	1190	215	1381	9087	7863	1224	3046	162
8046	874	280	655	5541	5123	418	696	395
2903	915	138	166	1623	1590	33	61	67
4479	229	156	184	3879	3717	162	31	213
13518	1165	1286	1184	9125	8613	512	758	604
2577	234	128	—	2215	2215	—	—	347
15313	2439	518	1191	10778	10580	198	387	350
1053	—	—	—	1005	1005	—	48	—
11940	1073	807	3284	4857	4697	160	1919	946
9367	1839	535	1584	4238	4238	—	1171	—
2437	19	71	1274	1065	1065	—	8	5
1454	722	45	146	541	541	—	—	—
6097	657	438	675	4072	3265	807	255	198
—	—	—	—	—	—	—	—	—
11190	800	1893	3890	2434	1074	1360	2173	2613
2475	385	356	200	1032	1032	—	502	2613

各地区林业系统单位

地　　区	总　计	按性质分				
		企　业	事　业	机　关	合　计	林木育种育苗
全国合计	**1281649**	**525618**	**653693**	**102338**	**975002**	**63240**
北　京	11669	76	10706	887	7091	1394
天　津	817	—	675	142	675	110
河　北	25461	2213	19667	3581	17599	2241
山　西	24785	174	22644	1967	15724	2150
内蒙古	103926	53923	44163	5840	91149	1871
内蒙古集团	54273	51916	2357	—	51492	—
辽　宁	23502	530	21210	1762	17816	814
吉　林	114049	76781	33353	3915	89560	1583
吉林集团	30470	30470	—	—	19779	—
长白山集团	27798	27203	265	330	25871	—
黑龙江	299077	232201	60933	5943	271929	22673
龙江集团	240439	230016	7726	2697	222364	21412
上　海	2069	—	1893	176	273	39
江　苏	18631	8590	9900	141	17149	3870
浙　江	11496	522	8846	2128	7691	494
安　徽	22623	2129	18184	2310	16129	3678
福　建	24708	6769	14070	3869	15507	490
江　西	60649	14138	40074	6437	43913	2057
山　东	24068	356	21166	2546	18261	3517
河　南	30776	469	25901	4406	19297	2900
湖　北	29230	3261	22443	3526	14396	1148
湖　南	50074	5848	36370	7856	25207	1364
广　东	31271	2912	21887	6472	16545	677
广　西	44009	4034	35989	3986	34569	746
海　南	8282	3224	3907	1151	5319	193
重　庆	8150	291	6579	1280	3452	196
四　川	47362	17126	23652	6584	32817	1404
贵　州	25920	3397	20308	2215	22782	379
云　南	42593	11372	21793	9428	26393	1724
西　藏	7493	5937	551	1005	6440	77
陕　西	37819	5307	29342	3170	24327	2049
甘　肃	40131	2836	33308	3987	29628	1346
青　海	9615	—	8593	1022	7173	216
宁　夏	9524	303	8712	509	8071	1205
新　疆	23159	4956	15331	2872	16821	635
新疆兵团	—	—	—	—	—	—
局直属单位	68711	55943	11543	1225	51299	—
大兴安岭	60010	55107	3924	979	51299	—

从业人员年末人数(一)

单位:人

按行业分							
农林牧渔业							
造林与经营管护	木竹采运	经济林产品种植与采集	花卉及其他观赏植物种植	陆生野生动物繁育与利用	林业有害生物防治	森林防火	其他
411243	**367251**	**6993**	**1767**	**943**	**14469**	**16988**	**92108**
831	—	141	25	6	929	510	3255
159	3	58	—	2	151	10	182
6126	193	236	57	30	691	1783	6242
9585	—	—	—	—	747	1074	2168
32588	51086	27	17	—	728	750	4082
—	50970	—	—	—	—	—	522
10234	2650	136	6	9	500	179	3288
37040	49411	—	—	11	284	293	938
—	19600	—	—	—	—	—	179
—	25860	—	—	—	11	—	—
57804	186725	22	11	5	404	1587	2698
13945	185779	—	—	—	18	43	1167
—	—	—	—	—	—	—	234
11805	77	517	52	23	302	176	327
3435	24	37	—	22	410	104	3165
8008	772	15	74	2	503	278	2799
8184	3534	9	21	6	151	298	2814
29563	5616	883	107	97	339	1659	3592
11361	307	535	108	55	706	720	952
9521	887	310	513	96	1047	323	3700
10317	418	116	11	29	457	181	1719
11831	2652	402	194	138	347	326	7953
9532	807	81	—	9	312	729	4398
22306	1004	384	72	40	468	1828	7721
2786	68	290	—	12	68	135	1767
2504	14	—	—	—	284	110	344
22734	2366	675	129	5	536	250	4718
15490	1362	227	182	82	339	425	4296
10399	4341	193	20	22	470	694	8530
5472	753	—	—	—	66	22	50
12808	4046	289	106	176	738	607	3508
23958	22	229	58	8	662	281	3064
6628	—	—	—	38	121	25	145
4052	—	222	—	—	198	777	1617
12017	12	959	4	20	1511	228	1435
—	—	—	—	—	—	—	—
2165	48101	—	—	—	—	626	407
2165	48101	—	—	—	—	626	407

各地区林业系统单位

地区	按行					
	制造业					
	合计	木材加工及木、竹、藤、棕、苇制品业	木、竹、藤家具制造业	木、竹、苇浆造纸业	林产化学产品制造	其他
全国合计	**31068**	**20308**	**1374**	**119**	**974**	**8293**
北京	—	—	—	—	—	—
天津	—	—	—	—	—	—
河北	1672	262	—	—	21	1389
山西	11	—	—	—	—	11
内蒙古	61	5	56	—	—	—
内蒙古集团	5	5	—	—	—	—
辽宁	50	50	—	—	—	—
吉林	9973	7584	524	—	242	1623
吉林集团	8550	6735	—	—	242	1573
长白山集团	1343	819	524	—	—	—
黑龙江	4842	4141	171	21	115	394
龙江集团	4672	4061	171	21	28	391
上海	—	—	—	—	—	—
江苏	—	—	—	—	—	—
浙江	—	—	—	—	—	—
安徽	251	149	78	—	—	24
福建	962	755	—	—	180	27
江西	145	130	3	—	7	5
山东	—	—	—	—	—	—
河南	5	5	—	—	—	—
湖北	1002	797	—	—	2	203
湖南	2876	1621	518	98	29	610
广东	140	140	—	—	—	—
广西	1417	1013	—	—	320	84
海南	2	2	—	—	—	—
重庆	34	33	—	—	—	1
四川	614	371	24	—	26	193
贵州	214	204	—	—	7	3
云南	556	556	—	—	—	—
西藏	—	—	—	—	—	—
陕西	727	684	—	—	25	18
甘肃	1137	1137	—	—	—	—
青海	—	—	—	—	—	—
宁夏	—	—	—	—	—	—
新疆	60	60	—	—	—	—
新疆兵团	—	—	—	—	—	—
局直属单位	4317	609	—	—	—	3708
大兴安岭	4317	609	—	—	—	3708

从业人员年末人数(二)

单位:人

业　分								
服　务　业								其他行业
合　计	野生动植物保护和自然保护区管理	林业工程技术与规划管理	林业科技交流和推广服务	林业公共管理和社会组织	其中		其　他	
					林业行政管理、公安及监督检查机构	林业专业性、行业性团体		
257504	**23571**	**14500**	**31489**	**162069**	**150961**	**11108**	**25875**	**18075**
3192	35	329	109	893	759	134	1826	1386
142	—	—	—	142	142	—	—	—
6176	636	153	886	4172	4049	123	329	14
9050	599	371	433	5839	5830	9	1808	—
10230	770	326	417	8625	8268	357	92	2486
418	314	61	—	43	—	43	—	2358
5572	484	283	659	3925	3613	312	221	64
12897	339	543	858	10455	10455	—	702	1619
685	—	—	—	—	—	—	685	1456
584	—	44	33	507	507	—	—	—
16920	644	1431	1298	10919	9017	1902	2628	5386
8091	—	967	1110	4561	2708	1853	1453	5312
1796	40	61	296	176	176	—	1223	—
1330	—	—	765	554	394	160	11	152
3582	314	107	785	2376	2359	17	—	223
5626	162	747	1071	3450	3001	449	196	617
7767	479	672	274	6229	5340	889	113	472
16495	831	711	945	11162	10205	957	2846	96
5785	198	179	813	4567	4456	111	28	22
11336	1192	310	2136	6605	6404	201	1093	138
13832	1160	823	1564	9281	9281	—	1004	—
21633	3552	989	2614	12656	11920	736	1822	358
14424	1187	215	1353	8958	7744	1214	2711	162
7631	870	280	650	5334	5029	305	497	392
2894	906	138	166	1623	1590	33	61	67
4472	229	156	184	3872	3710	162	31	192
13436	1165	1277	1182	9097	8585	512	715	495
2577	234	128	—	2215	2215	—	—	347
15294	2438	518	1190	10761	10563	198	387	350
1053	—	—	—	1005	1005	—	48	—
11850	1072	782	3272	4847	4687	160	1877	915
9366	1839	535	1584	4237	4237	—	1171	—
2437	19	71	1274	1065	1065	—	8	5
1453	722	45	146	540	540	—	—	—
6080	657	438	675	4055	3248	807	255	198
—	—	—	—	—	—	—	—	—
11176	798	1882	3890	2434	1074	1360	2172	1919
2475	385	356	200	1032	1032	—	502	1919

各地区林业系统单位

地区	总计	按性质分				
		企业	事业	机关	合计	林木育种育苗
全国合计	**1221890**	**510139**	**613243**	**98508**	**926659**	**61016**
北京	10698	76	9735	887	6233	1370
天津	817	—	675	142	675	110
河北	24334	2213	18540	3581	16515	2032
山西	24595	174	22458	1963	15579	2149
内蒙古	101829	53887	42119	5823	89245	1870
内蒙古集团	54249	51898	2351	—	51492	—
辽宁	22407	506	20266	1635	17192	779
吉林	108758	76132	28713	3913	84705	1173
吉林集团	30023	30023	—	—	19619	—
长白山集团	27798	27203	265	330	25871	—
黑龙江	296674	231945	58867	5862	270011	22567
龙江集团	239877	229799	7421	2657	222161	21412
上海	1898	—	1722	176	265	39
江苏	14238	4257	9840	141	12770	3765
浙江	11221	443	8706	2072	7544	491
安徽	22149	2031	17841	2277	15823	3631
福建	22485	5675	13217	3593	14179	471
江西	56023	12276	37568	6179	40228	1926
山东	23835	356	20955	2524	18069	3514
河南	30178	466	25310	4402	18834	2896
湖北	27491	2944	21081	3466	13397	1123
湖南	48622	5823	35022	7777	24092	1276
广东	30386	2903	21170	6313	16067	640
广西	39880	3716	32493	3671	31272	652
海南	6441	2833	2505	1103	4076	171
重庆	8103	291	6537	1275	3413	196
四川	45604	16424	22673	6507	31579	1372
贵州	18836	3215	13406	2215	15785	261
云南	34056	9521	17065	7470	20502	1541
西藏	4484	3047	457	980	3456	77
陕西	36832	5032	28638	3162	23633	1753
甘肃	39755	2836	32934	3985	29430	1345
青海	9158	—	8139	1019	6744	216
宁夏	8938	294	8144	500	7494	996
新疆	22619	4905	15042	2672	16553	614
新疆兵团	—	—	—	—	—	—
局直属单位	68546	55918	11405	1223	51299	—
大兴安岭	60009	55107	3923	979	51299	—

在岗职工年末人数(一)

单位:人

按行业分							
农林牧渔业							
造林与经营管护	木竹采运	经济林产品种植与采集	花卉及其他观赏植物种植	陆生野生动物繁育与利用	林业有害生物防治	森林防火	其他
380886	**364047**	**6612**	**1658**	**909**	**14154**	**15471**	**81906**
829	—	141	25	6	836	510	2516
159	3	58	—	2	151	10	182
6118	193	236	57	30	691	1541	5617
9467	—	—	—	—	747	1054	2162
30690	51086	27	17	—	728	750	4077
—	50970	—	—	—	—	—	522
9998	2646	136	6	9	497	179	2942
32757	49411	—	—	11	284	293	776
—	19600	—	—	—	—	—	19
—	25860	—	—	—	11	—	—
56471	186321	22	11	5	404	1516	2694
13945	185576	—	—	—	18	43	1167
—	—	—	—	—	—	—	226
7541	77	511	52	23	298	176	327
3335	24	37	—	21	404	104	3128
7895	742	15	74	2	501	224	2739
7284	3268	9	21	6	150	298	2672
27097	5088	881	107	97	335	1303	3394
11205	307	535	108	55	705	694	946
9077	887	308	509	93	1047	323	3694
9553	383	116	11	29	453	179	1550
11045	2622	402	172	137	342	316	7780
9175	804	81	—	9	311	686	4361
20767	857	301	72	40	400	1347	6836
2590	68	275	—	12	58	135	767
2504	14	—	—	—	281	76	342
22173	2314	475	103	5	536	250	4351
10635	1029	156	125	56	233	292	2998
9220	3367	193	20	22	470	664	5005
2663	578	—	—	—	66	22	50
12672	3823	287	106	173	736	606	3477
23861	22	229	58	8	662	281	2964
6199	—	—	—	38	121	25	145
3955	—	222	—	—	196	777	1348
11786	12	959	4	20	1511	214	1433
—	—	—	—	—	—	—	—
2165	48101	—	—	—	—	626	407
2165	48101	—	—	—	—	626	407

各地区林业系统单位

地区	按行					
	制造业					
	合计	木材加工及木、竹、藤、棕、苇制品业	木、竹、藤家具制造业	木、竹、苇浆造纸业	林产化学产品制造	其他
全国合计	**30030**	**19547**	**1280**	**119**	**974**	**8110**
北京	—	—	—	—	—	—
天津	—	—	—	—	—	—
河北	1672	262	—	—	21	1389
山西	11	—	—	—	—	11
内蒙古	43	5	38	—	—	—
内蒙古集团	5	5	—	—	—	—
辽宁	50	50	—	—	—	—
吉林	9868	7578	524	—	242	1524
吉林集团	8485	6729	—	—	242	1514
长白山集团	1343	819	524	—	—	—
黑龙江	4831	4131	171	21	115	393
龙江集团	4662	4051	171	21	28	391
上海	—	—	—	—	—	—
江苏	—	—	—	—	—	—
浙江	—	—	—	—	—	—
安徽	175	149	2	—	—	24
福建	924	737	—	—	180	7
江西	24	9	3	—	7	5
山东	—	—	—	—	—	—
河南	5	5	—	—	—	—
湖北	702	541	—	—	2	159
湖南	2875	1620	518	98	29	610
广东	140	140	—	—	—	—
广西	1106	703	—	—	320	83
海南	2	2	—	—	—	—
重庆	34	33	—	—	—	1
四川	563	338	24	—	26	175
贵州	214	204	—	—	7	3
云南	556	556	—	—	—	—
西藏	—	—	—	—	—	—
陕西	721	678	—	—	25	18
甘肃	1137	1137	—	—	—	—
青海	—	—	—	—	—	—
宁夏	—	—	—	—	—	—
新疆	60	60	—	—	—	—
新疆兵团	—	—	—	—	—	—
局直属单位	4317	609	—	—	—	3708
大兴安岭	4317	609	—	—	—	3708

在岗职工年末人数(二)

单位:人

业 分								
服务业								其他行业
合计	野生动植物保护和自然保护区管理	林业工程技术与规划管理	林业科技交流和推广服务	林业公共管理和社会组织	其中：林业行政管理、公安及监督检查机构	其中：林业专业性、行业性团体	其他	
248253	**21633**	**14201**	**31082**	**156460**	**145680**	**10780**	**24877**	**16948**
3119	35	304	109	893	759	134	1778	1346
142	—	—	—	142	142	—	—	—
6133	615	152	886	4151	4046	105	329	14
9005	599	371	433	5801	5792	9	1801	—
10087	649	326	417	8603	8246	357	92	2454
418	314	61	—	43	—	43	—	2334
5101	466	282	652	3482	3170	312	219	64
12810	332	543	812	10421	10421	—	702	1375
685	—	—	—	—	—	—	685	1234
584	—	44	33	507	507	—	—	—
16665	624	1431	1234	10790	8913	1877	2586	5167
7961	—	967	1046	4496	2668	1828	1452	5093
1633	40	56	242	176	176	—	1119	—
1316	—	—	761	544	390	154	11	152
3521	313	107	782	2319	2303	16	—	156
5534	150	733	1061	3394	2967	427	196	617
7278	423	580	248	5914	5025	889	113	104
15692	808	640	945	10645	9776	869	2654	79
5744	182	179	813	4542	4431	111	28	22
11201	1192	309	2115	6492	6291	201	1093	138
13392	1056	783	1528	9107	9107	—	918	—
21297	3419	979	2568	12561	11825	736	1770	358
14017	1103	215	1350	8709	7550	1159	2640	162
7110	758	279	639	4951	4657	294	483	392
2296	650	138	154	1293	1260	33	61	67
4464	229	155	184	3865	3703	162	31	192
12967	1105	1265	1181	8904	8418	486	512	495
2577	234	128	—	2215	2215	—	—	260
12648	1762	513	1190	8800	8602	198	383	350
1028	—	—	—	980	980	—	48	—
11615	1067	776	3261	4744	4584	160	1767	863
9188	1688	535	1559	4235	4235	—	1171	—
2409	19	71	1251	1062	1062	—	6	5
1444	722	45	146	531	531	—	—	—
5808	595	438	675	3845	3038	807	255	198
—	—	—	—	—	—	—	—	—
11012	798	1868	3886	2349	1065	1284	2111	1918
2475	385	356	200	1032	1032	—	502	1918

各地区林业系统单位

地区	总计	按性质分				
		企业	事业	机关	合计	林木育种育苗
全国合计	**59759**	**15479**	**40450**	**3830**	**48343**	**2224**
北京	971	—	971	—	858	24
天津	—	—	—	—	—	—
河北	1127	—	1127	—	1084	209
山西	190	—	186	4	145	1
内蒙古	2097	36	2044	17	1904	1
内蒙古集团	24	18	6	—	—	—
辽宁	1095	24	944	127	624	35
吉林	5291	649	4640	2	4855	410
吉林集团	447	447	—	—	160	—
长白山集团	—	—	—	—	—	—
黑龙江	2403	256	2066	81	1918	106
龙江集团	562	217	305	40	203	—
上海	171	—	171	—	8	—
江苏	4393	4333	60	—	4379	105
浙江	275	79	140	56	147	3
安徽	474	98	343	33	306	47
福建	2223	1094	853	276	1328	19
江西	4626	1862	2506	258	3685	131
山东	233	—	211	22	192	3
河南	598	3	591	4	463	4
湖北	1739	317	1362	60	999	25
湖南	1452	25	1348	79	1115	88
广东	885	9	717	159	478	37
广西	4129	318	3496	315	3297	94
海南	1841	391	1402	48	1243	22
重庆	47	—	42	5	39	—
四川	1758	702	979	77	1238	32
贵州	7084	182	6902	—	6997	118
云南	8537	1851	4728	1958	5891	183
西藏	3009	2890	94	25	2984	—
陕西	987	275	704	8	694	296
甘肃	376	—	374	2	198	1
青海	457	—	454	3	429	—
宁夏	586	9	568	9	577	209
新疆	540	51	289	200	268	21
新疆兵团	—	—	—	—	—	—
局直属单位	165	25	138	2	—	—
大兴安岭	1	—	1	—	—	—

其他从业人员年末人数(一)

单位:人

按行业分							
农林牧渔业							
造林与经营管护	木竹采运	经济林产品种植与采集	花卉及其他观赏植物种植	陆生野生动物繁育与利用	林业有害生物防治	森林防火	其他
30357	**3204**	**381**	**109**	**34**	**315**	**1517**	**10202**
2	—	—	—	—	93	—	739
—	—	—	—	—	—	—	—
8	—	—	—	—	—	242	625
118	—	—	—	—	—	20	6
1898	—	—	—	—	—	—	5
—	—	—	—	—	—	—	—
236	4	—	—	—	3	—	346
4283	—	—	—	—	—	—	162
—	—	—	—	—	—	—	160
—	—	—	—	—	—	—	—
1333	404	—	—	—	—	71	4
—	203	—	—	—	—	—	—
—	—	—	—	—	—	—	8
4264	—	6	—	—	4	—	—
100	—	—	—	1	6	—	37
113	30	—	—	—	2	54	60
900	266	—	—	—	1	—	142
2466	528	2	—	—	4	356	198
156	—	—	—	—	1	26	6
444	—	2	4	3	—	—	6
764	35	—	—	—	4	2	169
786	30	—	22	1	5	10	173
357	3	—	—	—	1	43	37
1539	147	83	—	—	68	481	885
196	—	15	—	—	10	—	1000
—	—	—	—	—	3	34	2
561	52	200	26	—	—	—	367
4855	333	71	57	26	106	133	1298
1179	974	—	—	—	—	30	3525
2809	175	—	—	—	—	—	—
136	223	2	—	3	2	1	31
97	—	—	—	—	—	—	100
429	—	—	—	—	—	—	—
97	—	—	—	—	2	—	269
231	—	—	—	—	—	14	2
—	—	—	—	—	—	—	—
—	—	—	—	—	—	—	—
—	—	—	—	—	—	—	—

各地区林业系统单位

<table>
<tr><th rowspan="3">地　区</th><th colspan="6">按　行</th></tr>
<tr><th colspan="6">制　造　业</th></tr>
<tr><th>合　计</th><th>木材加工及木、竹、藤、棕、苇制品业</th><th>木、竹、藤家具制造业</th><th>木、竹、苇浆造纸业</th><th>林产化学产品制造</th><th>其　他</th></tr>
<tr><td>全国合计</td><td>1038</td><td>761</td><td>94</td><td>—</td><td>—</td><td>183</td></tr>
<tr><td>北　京</td><td>—</td><td>—</td><td>—</td><td>—</td><td>—</td><td>—</td></tr>
<tr><td>天　津</td><td>—</td><td>—</td><td>—</td><td>—</td><td>—</td><td>—</td></tr>
<tr><td>河　北</td><td>—</td><td>—</td><td>—</td><td>—</td><td>—</td><td>—</td></tr>
<tr><td>山　西</td><td>—</td><td>—</td><td>—</td><td>—</td><td>—</td><td>—</td></tr>
<tr><td>内蒙古</td><td>18</td><td>—</td><td>18</td><td>—</td><td>—</td><td>—</td></tr>
<tr><td>内蒙古集团</td><td>—</td><td>—</td><td>—</td><td>—</td><td>—</td><td>—</td></tr>
<tr><td>辽　宁</td><td>—</td><td>—</td><td>—</td><td>—</td><td>—</td><td>—</td></tr>
<tr><td>吉　林</td><td>105</td><td>6</td><td>—</td><td>—</td><td>—</td><td>99</td></tr>
<tr><td>吉林集团</td><td>65</td><td>6</td><td>—</td><td>—</td><td>—</td><td>59</td></tr>
<tr><td>长白山集团</td><td>—</td><td>—</td><td>—</td><td>—</td><td>—</td><td>—</td></tr>
<tr><td>黑龙江</td><td>11</td><td>10</td><td>—</td><td>—</td><td>—</td><td>1</td></tr>
<tr><td>龙江集团</td><td>10</td><td>10</td><td>—</td><td>—</td><td>—</td><td>—</td></tr>
<tr><td>上　海</td><td>—</td><td>—</td><td>—</td><td>—</td><td>—</td><td>—</td></tr>
<tr><td>江　苏</td><td>—</td><td>—</td><td>—</td><td>—</td><td>—</td><td>—</td></tr>
<tr><td>浙　江</td><td>—</td><td>—</td><td>—</td><td>—</td><td>—</td><td>—</td></tr>
<tr><td>安　徽</td><td>76</td><td>—</td><td>76</td><td>—</td><td>—</td><td>—</td></tr>
<tr><td>福　建</td><td>38</td><td>18</td><td>—</td><td>—</td><td>—</td><td>20</td></tr>
<tr><td>江　西</td><td>121</td><td>121</td><td>—</td><td>—</td><td>—</td><td>—</td></tr>
<tr><td>山　东</td><td>—</td><td>—</td><td>—</td><td>—</td><td>—</td><td>—</td></tr>
<tr><td>河　南</td><td>—</td><td>—</td><td>—</td><td>—</td><td>—</td><td>—</td></tr>
<tr><td>湖　北</td><td>300</td><td>256</td><td>—</td><td>—</td><td>—</td><td>44</td></tr>
<tr><td>湖　南</td><td>1</td><td>1</td><td>—</td><td>—</td><td>—</td><td>—</td></tr>
<tr><td>广　东</td><td>—</td><td>—</td><td>—</td><td>—</td><td>—</td><td>—</td></tr>
<tr><td>广　西</td><td>311</td><td>310</td><td>—</td><td>—</td><td>—</td><td>1</td></tr>
<tr><td>海　南</td><td>—</td><td>—</td><td>—</td><td>—</td><td>—</td><td>—</td></tr>
<tr><td>重　庆</td><td>—</td><td>—</td><td>—</td><td>—</td><td>—</td><td>—</td></tr>
<tr><td>四　川</td><td>51</td><td>33</td><td>—</td><td>—</td><td>—</td><td>18</td></tr>
<tr><td>贵　州</td><td>—</td><td>—</td><td>—</td><td>—</td><td>—</td><td>—</td></tr>
<tr><td>云　南</td><td>—</td><td>—</td><td>—</td><td>—</td><td>—</td><td>—</td></tr>
<tr><td>西　藏</td><td>—</td><td>—</td><td>—</td><td>—</td><td>—</td><td>—</td></tr>
<tr><td>陕　西</td><td>6</td><td>6</td><td>—</td><td>—</td><td>—</td><td>—</td></tr>
<tr><td>甘　肃</td><td>—</td><td>—</td><td>—</td><td>—</td><td>—</td><td>—</td></tr>
<tr><td>青　海</td><td>—</td><td>—</td><td>—</td><td>—</td><td>—</td><td>—</td></tr>
<tr><td>宁　夏</td><td>—</td><td>—</td><td>—</td><td>—</td><td>—</td><td>—</td></tr>
<tr><td>新　疆</td><td>—</td><td>—</td><td>—</td><td>—</td><td>—</td><td>—</td></tr>
<tr><td>新疆兵团</td><td>—</td><td>—</td><td>—</td><td>—</td><td>—</td><td>—</td></tr>
<tr><td>局直属单位</td><td>—</td><td>—</td><td>—</td><td>—</td><td>—</td><td>—</td></tr>
<tr><td>大兴安岭</td><td>—</td><td>—</td><td>—</td><td>—</td><td>—</td><td>—</td></tr>
</table>

其他从业人员年末人数(二)

单位:人

业　分								
服　务　业								其他行业
合　计	野生动植物保护和自然保护区管理	林业工程技术与规划管理	林业科技交流和推广服务	林业公共管理和社会组织	其中		其　他	
					林业行政管理、公安及监督检查机构	林业专业性、行业性团体		
9251	**1938**	**299**	**407**	**5609**	**5281**	**328**	**998**	**1127**
73	—	25	—	—	—	—	48	40
—	—	—	—	—	—	—	—	—
43	21	1	—	21	3	18	—	—
45	—	—	—	38	38	—	7	—
143	121	—	—	22	22	—	—	32
—	—	—	—	—	—	—	—	24
471	18	1	7	443	443	—	2	—
87	7	—	46	34	34	—	—	244
—	—	—	—	—	—	—	—	222
—	—	—	—	—	—	—	—	—
255	20	—	64	129	104	25	42	219
130	—	—	64	65	40	25	1	219
163	—	5	54	—	—	—	104	—
14	—	—	4	10	4	6	—	—
61	1	—	3	57	56	1	—	67
92	12	14	10	56	34	22	—	—
489	56	92	26	315	315	—	—	368
803	23	71	—	517	429	88	192	17
41	16	—	—	25	25	—	—	—
135	—	1	21	113	113	—	—	—
440	104	40	36	174	174	—	86	—
336	133	10	46	95	95	—	52	—
407	84	—	3	249	194	55	71	—
521	112	1	11	383	372	11	14	—
598	256	—	12	330	330	—	—	—
8	—	1	—	7	7	—	—	—
469	60	12	1	193	167	26	203	—
—	—	—	—	—	—	—	—	87
2646	676	5	—	1961	1961	—	4	—
25	—	—	—	25	25	—	—	—
235	5	6	11	103	103	—	110	52
178	151	—	25	2	2	—	—	—
28	—	—	23	3	3	—	2	—
9	—	—	—	9	9	—	—	—
272	62	—	—	210	210	—	—	—
—	—	—	—	—	—	—	—	—
164	—	14	4	85	9	76	61	1
—	—	—	—	—	—	—	—	1

各地区林业系统单位离开本单位

地　　区	总　计	按性质分				
		企　业	事　业	机　关	合　计	林木育种育苗
全国合计	**281622**	**246770**	**33516**	**1336**	**248478**	**9735**
北　京	179	—	179	—	149	142
天　津	—	—	—	—	—	—
河　北	736	253	391	92	495	129
山　西	220	123	78	19	58	11
内蒙古	75326	75014	295	17	66466	1
内蒙古集团	75014	75014	—	—	66215	—
辽　宁	1394	147	1247	—	1306	98
吉　林	45278	43271	1721	286	44206	120
吉林集团	11252	11252	—	—	10760	—
长白山集团	25627	25456	26	145	25274	—
黑龙江	106504	102767	3665	72	93448	6946
龙江集团	101985	101856	114	15	89907	6924
上　海	24	—	24	—	—	—
江　苏	677	384	293	—	426	1
浙　江	709	56	652	1	654	22
安　徽	1629	673	956	—	1118	269
福　建	1972	976	996	—	1804	54
江　西	20714	11612	8745	357	19008	999
山　东	215	11	174	30	182	143
河　南	427	75	348	4	171	69
湖　北	2251	547	1688	16	1528	40
湖　南	13575	5875	7417	283	10464	526
广　东	1702	421	1188	93	1138	5
广　西	3458	1388	2061	9	2835	37
海　南	167	105	62	—	158	41
重　庆	34	21	13	—	6	—
四　川	1285	916	343	26	1094	29
贵　州	170	142	28	—	170	—
云　南	315	186	112	17	219	40
西　藏	173	173	—	—	173	—
陕　西	1068	687	371	10	709	3
甘　肃	89	17	71	1	88	8
青　海	—	—	—	—	—	—
宁　夏	32	—	31	1	31	2
新　疆	242	85	155	2	225	—
新疆兵团	—	—	—	—	—	—
局直属单位	1057	845	212	—	149	—
大兴安岭	1043	844	199	—	149	—

仍保留劳动关系人员年末人数(一)

单位:人

按行业分							
农林牧渔业							
造林与经营管护	木竹采运	经济林产品种植与采集	花卉及其他观赏植物种植	陆生野生动物繁育与利用	林业有害生物防治	森林防火	其他
48452	**186039**	**103**	**72**	**15**	**80**	**37**	**3945**
1	—	—	—	—	—	1	5
—	—	—	—	—	—	—	—
148	—	16	—	—	17	3	182
45	—	—	—	—	—	—	2
225	66221	—	—	—	7	—	12
—	66215	—	—	—	—	—	—
48	1152	—	—	—	—	—	8
6953	36930	—	—	—	3	1	199
—	10760	—	—	—	—	—	—
—	25274	—	—	—	—	—	—
12514	73152	—	—	—	—	—	836
9336	73055	—	—	—	—	—	592
—	—	—	—	—	—	—	—
423	—	2	—	—	—	—	—
609	—	—	—	—	—	—	23
479	157	—	41	—	—	—	172
1104	403	20	—	—	—	—	223
13864	3927	31	—	—	1	—	186
15	—	13	—	—	8	—	3
62	—	—	—	—	2	1	37
1384	25	—	8	—	5	—	66
6275	2845	—	—	15	—	—	803
572	348	3	—	—	—	—	210
2020	188	17	—	—	1	13	559
100	—	—	—	—	2	—	15
6	—	—	—	—	—	—	—
910	7	—	19	—	—	—	129
—	134	—	4	—	—	—	32
167	3	—	—	—	—	—	9
7	166	—	—	—	—	—	—
253	381	1	—	—	34	1	36
43	—	—	—	—	—	17	20
—	—	—	—	—	—	—	—
—	—	—	—	—	—	—	29
225	—	—	—	—	—	—	—
—	—	—	—	—	—	—	—
—	—	—	—	—	—	—	149
—	—	—	—	—	—	—	149

各地区林业系统单位离开本单位

地区	按行					
	制造业					
	合计	木材加工及木、竹、藤、棕、苇制品业	木、竹、藤家具制造业	木、竹、苇浆造纸业	林产化学产品制造	其他
全国合计	**14134**	**11657**	**377**	—	**231**	**1869**
北京	—	—	—	—	—	—
天津	—	—	—	—	—	—
河北	105	105	—	—	—	—
山西	—	—	—	—	—	—
内蒙古	—	—	—	—	—	—
内蒙古集团	—	—	—	—	—	—
辽宁	85	85	—	—	—	—
吉林	626	346	123	—	47	110
吉林集团	444	287	—	—	47	110
长白山集团	182	59	123	—	—	—
黑龙江	9653	8900	200	—	—	553
龙江集团	9307	8609	200	—	—	498
上海	—	—	—	—	—	—
江苏	—	—	—	—	—	—
浙江	—	—	—	—	—	—
安徽	95	—	—	—	—	95
福建	96	88	—	—	—	8
江西	384	135	54	—	—	195
山东	—	—	—	—	—	—
河南	—	—	—	—	—	—
湖北	324	60	—	—	184	80
湖南	1977	1386		—	—	591
广东	69	69	—	—	—	—
广西	205	175	—	—	—	30
海南	—	—	—	—	—	—
重庆	—	—	—	—	—	—
四川	—	—	—	—	—	—
贵州	—	—	—	—	—	—
云南	77	77	—	—	—	—
西藏	—	—	—	—	—	—
陕西	238	231	—	—	—	7
甘肃	—	—	—	—	—	—
青海	—	—	—	—	—	—
宁夏	—	—	—	—	—	—
新疆	—	—	—	—	—	—
新疆兵团	—	—	—	—	—	—
局直属单位	200	—	—	—	—	200
大兴安岭	200	—	—	—	—	200

仍保留劳动关系人员年末人数(二)

单位:人

业　分								
服　务　业								其他行业
合　计	野生动植物保护和自然保护区管理	林业工程技术与规划管理	林业科技交流和推广服务	林业公共管理和社会组织	其中		其　他	
					林业行政管理、公安及监督检查机构	林业专业性、行业性团体		
5680	**503**	**120**	**369**	**2399**	**2225**	**174**	**2289**	**13330**
29	—	—	—	2	—	2	27	1
—	—	—	—	—	—	—	—	—
101	—	—	—	101	101	—	—	35
162	4	—	2	34	34	—	122	—
61	3	4	2	52	52	—	—	8799
—	—	—	—	—	—	—	—	8799
3	—	—	—	3	2	1	—	—
404	1	10	11	372	372	—	10	42
7	—	—	—	—	—	—	7	41
171	—	10	6	155	155	—	—	—
421	1	25	11	132	99	33	252	2982
314	—	25	11	47	15	32	231	2457
24	—	—	5	—	—	—	19	—
231	—	—	1	230	230	—	—	20
6	3	—	2	1	1	—	—	49
68	3	—	—	1	1	—	64	348
42	—	8	2	28	27	1	4	30
1233	—	8	26	428	414	14	771	89
33	—	—	—	33	33	—	—	—
180	81	7	10	82	82	—	—	76
399	4	—	128	150	150	—	117	—
1133	383	13	121	333	333	—	283	1
495	3	—	28	129	119	10	335	—
415	4	—	5	207	94	113	199	3
9	9	—	—	—	—	—	—	—
7	—	—	—	7	7	—	—	21
82	—	9	2	28	28	—	43	109
—	—	—	—	—	—	—	—	—
19	1	—	1	17	17	—	—	—
—	—	—	—	—	—	—	—	—
90	1	25	12	10	10	—	42	31
1	—	—	—	1	1	—	—	—
—	—	—	—	—	—	—	—	—
1	—	—	—	1	1	—	—	—
17	—	—	—	17	17	—	—	—
—	—	—	—	—	—	—	—	—
14	2	11	—	—	—	—	1	694
—	—	—	—	—	—	—	—	694

各地区林业系统单位

地　　区	总　计	按性质分				
		企　业	事　业	机　关	合　计	林木育种育苗
全国合计	**1015200**	**640452**	**323841**	**50907**	**841552**	**48326**
北　京	7725	—	7250	475	4756	1789
天　津	366	—	282	84	282	30
河　北	10108	380	8079	1649	7466	904
山　西	9512	201	8187	1124	6506	960
内蒙古	101146	70662	28737	1747	88292	861
内蒙古集团	79877	70332	9545	—	70435	—
辽　宁	11351	327	10076	948	9160	556
吉　林	100486	86293	11943	2250	94056	787
吉林集团	37409	37409	—	—	35609	—
长白山集团	37900	37510	105	285	37290	—
黑龙江	307456	271579	30468	5409	262311	22324
龙江集团	277231	270603	4367	2261	237794	21742
上　海	3513	—	3209	304	170	78
江　苏	11033	5618	5341	74	10039	2874
浙　江	8640	678	6926	1036	6890	418
安　徽	12028	1560	9317	1151	9341	2233
福　建	26158	15320	8680	2158	19563	497
江　西	46322	22210	20657	3455	38612	1847
山　东	9396	271	7933	1192	7127	1701
河　南	9045	416	7109	1520	5721	871
湖　北	15181	3735	9492	1954	9340	484
湖　南	29563	7825	16864	4874	17019	1117
广　东	29476	4631	20846	3999	21309	827
广　西	31916	3921	26445	1550	28034	516
海　南	5448	4511	605	332	4893	265
重　庆	5582	236	4263	1083	3478	43
四　川	78598	59059	15771	3768	71418	1060
贵　州	10368	2750	6070	1548	8391	1761
云　南	21439	11330	7291	2818	17068	781
西　藏	195	46	55	94	101	39
陕　西	15346	5845	8270	1231	10593	507
甘　肃	16352	185	14906	1261	13146	562
青　海	1314	—	1152	162	1020	63
宁　夏	5211	494	4471	246	4535	957
新　疆	10496	3967	5635	894	8465	614
新疆兵团	—	—	—	—	—	—
局直属单位	64430	56402	7511	517	52450	—
大兴安岭	58853	55974	2362	517	52450	—

实有离退休人员年末人数(一)

单位:人

按行业分							
农林牧渔业							
造林与经营管护	木竹采运	经济林产品种植与采集	花卉及其他观赏植物种植	陆生野生动物繁育与利用	林业有害生物防治	森林防火	其他
306058	**430076**	**4156**	**381**	**210**	**4113**	**2748**	**45484**
551	—	96	1	—	768	—	1551
106	2	62	—	—	29	15	38
3128	11	52	4	7	98	608	2654
4697	—	—	—	—	129	23	697
14781	70279	18	1	—	375	153	1824
—	70224	—	—	—	—	—	211
4707	2578	98	1	9	137	30	1044
16603	75878	—	—	2	87	79	620
—	35609	—	—	—	—	—	—
—	37288	—	—	—	2	—	—
37664	197818	15	13	—	97	89	4291
15353	197394	—	—	—	7	15	3283
—	—	—	—	—	—	—	92
6668	14	203	5	3	80	29	163
5590	12	11	—	20	122	20	697
4482	564	9	7	1	210	56	1779
10695	5603	8	4	—	24	74	2658
24195	9928	404	33	33	64	5	2103
4379	29	181	41	7	148	262	379
3674	48	22	42	9	106	26	923
7614	382	50	26	—	63	23	698
8899	4211	4	37	22	48	5	2676
15006	1330	105	—	1	38	182	3820
20922	914	190	7	5	192	311	4977
4239	9	220	—	1	12	40	107
3141	39	—	—	—	65	1	189
65615	2553	64	69	2	48	28	1979
4117	217	1209	77	38	26	8	938
7408	5070	73	5	—	91	165	3475
3	41	—	—	—	1	3	14
4001	4659	74	5	28	174	61	1084
11366	3	36	3	1	135	59	981
882	—	—	—	19	44	2	10
2219	—	406	—	—	18	344	591
6087	1	546	—	2	684	47	484
—	—	—	—	—	—	—	—
2619	47883	—	—	—	—	—	1948
2619	47883	—	—	—	—	—	1948

各地区林业系统单位

地区	按行					
	制造业					
	合计	木材加工及木、竹、藤、棕、苇制品业	木、竹、藤家具制造业	木、竹、苇浆造纸业	林产化学产品制造	其他
全国合计	**33284**	**20446**	**436**	**949**	**411**	**11042**
北京	—	—	—	—	—	—
天津	—	—	—	—	—	—
河北	39	36	—	—	—	3
山西	94	—	—	—	—	94
内蒙古	25	—	25	—	—	—
内蒙古集团	—	—	—	—	—	—
辽宁	33	33	—	—	—	—
吉林	2002	396	181	—	84	1341
吉林集团	1780	355	—	—	84	1341
长白山集团	222	41	181	—	—	—
黑龙江	19024	12949	—	895	4	5176
龙江集团	18770	12774	—	895	4	5097
上海	—	—	—	—	—	—
江苏	—	—	—	—	—	—
浙江	—	—	—	—	—	—
安徽	314	130	27	—	—	157
福建	3090	2138	—	—	39	913
江西	281	168	31	—	28	54
山东	—	—	—	—	—	—
河南	—	—	—	—	—	—
湖北	737	321	—	—	150	266
湖南	3075	2197	138	54	7	679
广东	187	187	—	—	—	—
广西	600	348	—	—	72	180
海南	12	12	—	—	—	—
重庆	36	36	—	—	—	—
四川	286	142	34	—	27	83
贵州	179	177	—	—	—	2
云南	154	154	—	—	—	—
西藏	—	—	—	—	—	—
陕西	859	849	—	—	—	10
甘肃	165	165	—	—	—	—
青海	—	—	—	—	—	—
宁夏	—	—	—	—	—	—
新疆	—	—	—	—	—	—
新疆兵团	—	—	—	—	—	—
局直属单位	2092	8	—	—	—	2084
大兴安岭	2092	8	—	—	—	2084

实有离退休人员年末人数(二)

单位:人

业 分								
	服 务 业							
合 计	野生动植物保护和自然保护区管理	林业工程技术与规划管理	林业科技交流和推广服务	林业公共管理和社会组织	其中		其 他	其他行业
					林业行政管理、公安及监督检查机构	林业专业性、行业性团体		
109998	**6199**	**5766**	**14209**	**69387**	**64738**	**4649**	**14437**	**30366**
2041	19	231	33	475	425	50	1283	928
84	—	—	—	84	84	—	—	—
2587	201	45	296	1929	1885	44	116	16
2912	71	89	203	1909	1909	—	640	—
3362	134	102	304	2809	2665	144	13	9467
—	—	—	—	—	—	—	—	9442
2156	119	90	252	1632	1496	136	63	2
4346	89	196	435	3608	3608	—	18	82
12	—	—	—	—	—	—	12	8
388	—	6	33	349	349	—	—	—
11340	90	941	857	7543	6514	1029	1909	14781
5886	—	770	770	3270	2245	1025	1076	14781
3343	8	13	213	304	304	—	2805	—
814	—	—	154	660	470	190	—	180
1624	136	46	372	1070	1064	6	—	126
1999	23	146	362	1357	1278	79	111	374
3315	31	140	118	2977	2641	336	49	190
7313	209	233	636	4650	4393	257	1585	116
2263	51	69	200	1935	1896	39	8	6
3306	509	40	523	1956	1882	74	278	18
5104	157	186	936	3370	3370	—	455	—
9332	1427	346	870	5844	5642	202	845	137
7958	209	147	939	5237	4644	593	1426	22
3152	210	57	410	2288	2032	256	187	130
543	35	—	95	407	406	1	6	—
2047	124	60	116	1732	1707	25	15	21
6783	512	916	357	4731	4512	219	267	111
1613	65	—	—	1548	1548	—	—	185
4173	352	73	461	3200	3152	48	87	44
94	—	—	—	94	94	—	—	—
3710	246	226	989	1717	1693	24	532	184
3041	448	113	490	1282	1282	—	708	—
294	—	35	71	188	188	—	—	—
676	369	17	39	251	251	—	—	—
1917	78	168	271	1228	1150	78	172	114
—	—	—	—	—	—	—	—	—
6756	277	1041	3207	1372	553	819	859	3132
1179	14	154	156	542	542	—	313	3132

各地区林业系统单位

地区	总计	按性质分				
		企业	事业	机关	合计	林木育种育苗
全国合计	**30940**	**24430**	**33518**	**47369**	**27177**	**26378**
北京	84311	52500	80296	129570	76989	62702
天津	53461	—	50320	68389	50320	53808
河北	30435	35375	29123	34168	28018	22163
山西	33275	17231	32743	40815	30222	25075
内蒙古	35705	31323	38070	59299	33268	34671
内蒙古集团	32355	31810	44551	—	31962	—
辽宁	30140	71790	27921	45579	26738	26197
吉林	28272	27599	27665	45982	24580	22496
吉林集团	33297	33297	—	—	31444	—
长白山集团	27803	26923	59828	77451	26962	—
黑龙江	20680	19400	22981	44309	19302	18568
龙江集团	20575	19453	41580	49909	19427	18292
上海	89844	—	86906	118039	94448	112975
江苏	30873	40505	25907	80410	29557	42253
浙江	64166	42593	61390	81222	58713	56547
安徽	28649	20248	27495	44520	25382	22446
福建	45913	30385	50706	53025	42215	43261
江西	26452	20876	26367	37828	21884	21211
山东	34755	23059	33590	45758	31679	32550
河南	22986	23159	21683	30178	20540	19310
湖北	25196	21790	24418	33125	22216	24363
湖南	28461	26544	27448	34538	25091	19706
广东	42278	26229	38785	62477	35220	32745
广西	29276	20190	28944	41293	27543	29460
海南	34619	29703	30243	60141	29270	25424
重庆	42363	32628	41431	50604	40962	41954
四川	38237	31565	40023	49085	35198	38361
贵州	24010	18945	24616	28845	23498	15031
云南	38098	24577	42020	46443	33408	25979
西藏	43766	38437	48657	60709	39573	54206
陕西	37873	25698	39000	47844	34853	41528
甘肃	35228	12952	34899	48484	33619	31872
青海	38858	—	35842	63644	34583	48304
宁夏	40753	28735	40258	56585	38871	35657
新疆	39592	34315	38740	54175	35085	39386
新疆兵团	—	—	—	—	—	—
局直属单位	34121	27229	63367	59410	25824	—
大兴安岭	27536	26065	41259	51363	25824	—

在岗职工年平均工资(一)

单位:元

按行业分							
农林牧渔业							
造林与经营管护	木竹采运	经济林产品种植与采集	花卉及其他观赏植物种植	陆生野生动物繁育与利用	林业有害生物防治	森林防火	其他
27521	**24336**	**27488**	**26100**	**37316**	**42376**	**32393**	**34283**
94069	—	60170	80850	76850	82973	43319	85961
51838	53875	52809	—	53875	38650	53875	55484
32253	24384	22727	13184	25162	28189	29609	25550
32768	—	—	—	—	32250	20544	28095
32905	31841	47807	36581	—	56269	47933	46419
—	31812	—	—	—	—	—	46860
26792	22891	29412	31670	36636	33946	37803	28149
18343	28561	—	—	79314	37478	41315	18753
—	31402	—	—	—	—	—	74401
—	26948	—	—	—	59944	—	—
17232	20010	47530	21149	66414	34487	20919	20216
14365	20031	—	—	—	44051	41265	12252
—	—	—	—	—	—	—	91193
20460	34573	31756	40100	46357	82859	45556	35727
52971	64718	59423	—	75748	72095	69326	63010
24843	28730	41148	22053	35000	40214	34036	26541
48065	33890	51889	45313	38898	48639	44961	35768
19746	24011	27729	27541	41819	31171	24653	28954
31019	28974	33449	26004	30440	37311	35475	29937
20164	17624	19646	15041	27275	22378	24633	22536
21045	21935	21528	21818	21345	23884	30175	26710
23046	27358	21199	22912	33067	29003	24836	28122
31981	29218	34541	—	39000	50677	45514	41298
28032	24260	25511	33761	32318	36104	23653	26611
34197	30454	20393	—	35149	42776	30618	22329
40601	36933	—	—	—	47489	41911	37897
35379	28575	37505	39870	46859	44188	39465	35025
27182	28936	24082	25121	28655	26553	23814	21366
32834	28357	36243	26769	42294	42757	39630	38389
39074	37631	—	—	—	55652	41810	58459
35226	24693	41260	26559	46647	40603	36550	38866
32662	32329	45676	28387	37375	40573	37753	38816
33033	—	—	—	56053	57805	44374	54984
34327	—	30936	—	—	49300	50227	50198
33720	48254	27478	55011	47774	42791	48654	39326
—	—	—	—	—	—	—	—
28264	25631	—	—	—	—	22188	39589
28264	25631	—	—	—	—	22188	39589

各地区林业系统单位

地区	按行					
	制造业					
	合计	木材加工及木、竹、藤、棕、苇制品业	木、竹、藤家具制造业	木、竹、苇浆造纸业	林产化学产品制造	其他
全国合计	**26255**	**24229**	**26118**	**31992**	**24588**	**31116**
北京	—	—	—	—	—	—
天津	—	—	—	—	—	—
河北	40014	24140	—	—	11330	43442
山西	41331	—	—	—	—	41331
内蒙古	28027	48600	25320	—	—	—
内蒙古集团	48600	48600	—	—	—	—
辽宁	12000	12000	—	—	—	—
吉林	29777	30029	22927	—	21140	32217
吉林集团	30346	30261	—	—	21140	32245
长白山集团	26451	28806	22927	—	—	—
黑龙江	16596	16207	9812	22726	25247	19661
龙江集团	16699	16640	9812	22726	24003	19591
上海	—	—	—	—	—	—
江苏	—	—	—	—	—	—
浙江	—	—	—	—	—	—
安徽	14340	14544	4800	—	—	13745
福建	29271	27361	—	—	38439	11571
江西	16260	18000	12000	—	31200	12000
山东	—	—	—	—	—	—
河南	12000	12000	—	—	—	—
湖北	18015	17727	—	—	16200	19427
湖南	29854	28121	34800	33600	28725	29918
广东	9320	9320	—	—	—	—
广西	23500	24792	—	—	20064	21187
海南	2400	2400	—	—	—	—
重庆	22737	23135	—	—	—	9600
四川	27039	23882	30562	—	27475	32558
贵州	15331	16759	—	—	17714	2070
云南	2339	2339	—	—	—	—
西藏	—	—	—	—	—	—
陕西	27153	27492	—	—	19472	25035
甘肃	10901	10901	—	—	—	—
青海	—	—	—	—	—	—
宁夏	—	—	—	—	—	—
新疆	20714	20714	—	—	—	—
新疆兵团	—	—	—	—	—	—
局直属单位	28649	30640	—	—	—	28324
大兴安岭	28649	30640	—	—	—	28324

在岗职工年平均工资(二)

单位:元

业 分								
服务业								其他行业
合计	野生动植物保护和自然保护区管理	林业工程技术与规划管理	林业科技交流和推广服务	林业公共管理和社会组织	其中		其他	
					林业行政管理、公安及监督检查机构	林业专业性、行业性团体		
44471	**39216**	**53599**	**43719**	**44375**	**44369**	**44454**	**45459**	**41481**
98223	86945	93878	98339	126829	129291	112479	84232	83428
68389	—	—	—	68389	68389	—	—	—
34330	43148	47369	25886	34237	34484	24712	35698	19840
38583	33209	43570	45132	36923	36918	39879	43209	—
56118	50491	46924	63036	56698	56988	49948	43290	40917
36699	37283	18672	—	58000	—	58000	—	40253
41750	41725	41822	80656	36104	36463	32162	31262	17403
46277	45583	53478	47769	46433	46433	—	37045	72362
37538	—	—	—	—	—	—	37538	75993
69358	—	57610	50730	71692	71692	—	—	—
38472	32614	38737	41226	39486	39807	37998	34350	33868
43054	—	41176	42174	45190	49657	38605	38226	33903
89095	90822	107491	107367	118039	118039	—	79465	—
43399	—	—	32377	57807	55496	62679	32636	31162
77270	67772	84735	74526	79115	79069	85502	—	42522
40273	35196	33641	37025	44337	45228	38634	15500	20760
55374	35289	40491	44807	58846	62231	39138	43482	33661
36605	40649	33633	43375	36206	36057	38228	35343	26349
44365	37398	40070	43103	45106	45182	42068	32229	30872
26967	20164	20767	20854	29864	29918	28169	31063	15027
28665	27494	29806	28766	28221	28221	—	33175	—
31995	28788	36649	26297	32712	32922	29323	38579	34063
51409	53401	91490	47582	54340	57681	31828	39624	24798
38157	43635	27837	31977	39223	39982	27170	32916	28501
46417	22270	34922	29688	64771	65471	38400	30682	11635
44218	45827	62664	42649	43487	43565	41701	41051	27460
47325	37316	56147	43687	48431	48258	51492	37031	10339
28755	26266	21384	—	28881	28881	—	—	20069
47489	66943	38355	39523	45353	45464	40554	42582	36908
60966	—	—	—	60709	60709	—	69178	—
45225	39401	59806	48312	45015	45567	29165	37231	30863
43060	36780	39630	40705	48283	48283	—	38507	—
51252	70107	59731	39445	64128	64128	—	53663	53370
50237	44796	72630	52544	55409	55409	—	—	—
52247	46814	62947	47945	52115	54007	44769	60169	54963
—	—	—	—	—	—	—	—	—
70804	35036	104935	62350	68034	51172	81991	72870	43522
46866	30571	53733	40340	50136	50136	—	49939	43522

林业系统按行业分职工伤亡事故情况

国民经济行业	轻 伤（人次）	重 伤（人次）	死 亡（人）
总　计	**602**	**45**	**65**
一、农、林、牧、渔业	**546**	**45**	**58**
其中：国有林场	98	13	26
木材及竹材采运业	423	28	5
二、采矿业	**—**	**—**	**—**
三、制造业	**27**	**—**	**1**
1. 木材加工及木、竹、藤、棕、苇制品业	21	—	1
2. 木、竹、藤家具制造业	6	—	—
3. 木、竹、苇浆造纸业	—	—	—
4. 林产化学产品制造	—	—	—
5. 其他	—	—	—
四、建筑业	**—**	**—**	**—**
五、其他	**29**	**—**	**6**

各地区林业系统按行业分职工轻伤事故情况

单位：人次

地区	总计	农、林、牧、渔业			采矿业	制造业						建筑业	其他
		合计	其中			合计	木材加工及木、竹、藤、棕、苇制品业	木、竹、藤家具制造业	木、竹、苇浆造纸业	林产化学产品制造	其他		
			国有林场	木材及竹材采运业									
全国合计	**602**	**546**	**98**	**423**	**—**	**27**	**21**	**6**	**—**	**—**	**—**	**—**	**29**
北京	6	1	—	—	—	—	—	—	—	—	—	—	5
天津	—	—	—	—	—	—	—	—	—	—	—	—	—
河北	—	—	—	—	—	—	—	—	—	—	—	—	—
山西	—	—	—	—	—	—	—	—	—	—	—	—	—
内蒙古	133	127	10	116	—	—	—	—	—	—	—	—	6
内蒙古集团	122	116	—	116	—	—	—	—	—	—	—	—	6
辽宁	—	—	—	—	—	—	—	—	—	—	—	—	—
吉林	55	41	19	22	—	14	8	6	—	—	—	—	—
吉林集团	16	16	—	16	—	—	—	—	—	—	—	—	—
长白山集团	25	11	6	5	—	14	8	6	—	—	—	—	—
黑龙江	224	219	25	193	—	1	1	—	—	—	—	—	4
龙江集团	224	219	25	193	—	1	1	—	—	—	—	—	4
上海	—	—	—	—	—	—	—	—	—	—	—	—	—
江苏	—	—	—	—	—	—	—	—	—	—	—	—	—
浙江	—	—	—	—	—	—	—	—	—	—	—	—	—
安徽	—	—	—	—	—	—	—	—	—	—	—	—	—
福建	—	—	—	—	—	—	—	—	—	—	—	—	—
江西	17	17	13	—	—	—	—	—	—	—	—	—	—
山东	—	—	—	—	—	—	—	—	—	—	—	—	—
河南	—	—	—	—	—	—	—	—	—	—	—	—	—
湖北	7	7	5	—	—	—	—	—	—	—	—	—	—
湖南	38	23	9	7	—	8	8	—	—	—	—	—	7
广东	5	5	4	—	—	—	—	—	—	—	—	—	—
广西	2	2	—	—	—	—	—	—	—	—	—	—	—
海南	3	2	2	—	—	—	—	—	—	—	—	—	1
重庆	1	—	—	—	—	—	—	—	—	—	—	—	1
四川	14	14	2	8	—	—	—	—	—	—	—	—	—
贵州	2	1	1	—	—	—	—	—	—	—	—	—	1
云南	19	13	4	8	—	2	2	—	—	—	—	—	4
西藏	—	—	—	—	—	—	—	—	—	—	—	—	—
陕西	5	5	—	5	—	—	—	—	—	—	—	—	—
甘肃	—	—	—	—	—	—	—	—	—	—	—	—	—
青海	2	2	2	—	—	—	—	—	—	—	—	—	—
宁夏	3	3	2	—	—	—	—	—	—	—	—	—	—
新疆	—	—	—	—	—	—	—	—	—	—	—	—	—
新疆兵团	—	—	—	—	—	—	—	—	—	—	—	—	—
大兴安岭	66	64	—	64	—	2	2	—	—	—	—	—	—

各地区林业系统按行业分职工重伤事故情况

单位：人次

地　区	总计	农、林、牧、渔业			采矿业	制　造　业						建筑业	其他
		合计	其　中			合 计	木材加工及木、竹、藤、棕、苇制品业	木、竹、藤家具制造业	木、竹、苇浆造纸业	林产化学产品制造	其他		
			国有林场	木材及竹材采运业									
全国合计	**45**	**45**	**13**	**28**	—	—	—	—	—	—	—	—	—
北　京	—	—	—	—	—	—	—	—	—	—	—	—	—
天　津	—	—	—	—	—	—	—	—	—	—	—	—	—
河　北	—	—	—	—	—	—	—	—	—	—	—	—	—
山　西	—	—	—	—	—	—	—	—	—	—	—	—	—
内蒙古	—	—	—	—	—	—	—	—	—	—	—	—	—
内蒙古集团	—	—	—	—	—	—	—	—	—	—	—	—	—
辽　宁	—	—	—	—	—	—	—	—	—	—	—	—	—
吉　林	—	—	—	—	—	—	—	—	—	—	—	—	—
吉林集团	—	—	—	—	—	—	—	—	—	—	—	—	—
长白山集团	—	—	—	—	—	—	—	—	—	—	—	—	—
黑龙江	5	5	1	4	—	—	—	—	—	—	—	—	—
龙江集团	5	5	1	4	—	—	—	—	—	—	—	—	—
上　海	—	—	—	—	—	—	—	—	—	—	—	—	—
江　苏	—	—	—	—	—	—	—	—	—	—	—	—	—
浙　江	—	—	—	—	—	—	—	—	—	—	—	—	—
安　徽	1	1	—	—	—	—	—	—	—	—	—	—	—
福　建	—	—	—	—	—	—	—	—	—	—	—	—	—
江　西	1	1	1	—	—	—	—	—	—	—	—	—	—
山　东	—	—	—	—	—	—	—	—	—	—	—	—	—
河　南	—	—	—	—	—	—	—	—	—	—	—	—	—
湖　北	—	—	—	—	—	—	—	—	—	—	—	—	—
湖　南	7	7	6		—	—	—	—	—	—	—	—	—
广　东	2	2	1	—	—	—	—	—	—	—	—	—	—
广　西	1	1	—	—	—	—	—	—	—	—	—	—	—
海　南	1	1	—	1	—	—	—	—	—	—	—	—	—
重　庆	—	—	—	—	—	—	—	—	—	—	—	—	—
四　川	1	1	—	1	—	—	—	—	—	—	—	—	—
贵　州	1	1	1	—	—	—	—	—	—	—	—	—	—
云　南	1	1	—	1	—	—	—	—	—	—	—	—	—
西　藏	—	—	—	—	—	—	—	—	—	—	—	—	—
陕　西	—	—	—	—	—	—	—	—	—	—	—	—	—
甘　肃	1	1	1	—	—	—	—	—	—	—	—	—	—
青　海	—	—	—	—	—	—	—	—	—	—	—	—	—
宁　夏	2	2	2	—	—	—	—	—	—	—	—	—	—
新　疆	—	—	—	—	—	—	—	—	—	—	—	—	—
新疆兵团	—	—	—	—	—	—	—	—	—	—	—	—	—
大兴安岭	21	21	—	21	—	—	—	—	—	—	—	—	—

各地区林业系统按行业分职工死亡事故情况

单位:人

地区	总计	农、林、牧、渔业			采矿业	制造业						建筑业	其他
		合计	其中			合计	木材加工及木、竹、藤、棕、苇制品业	木、竹、藤家具制造业	木、竹、苇浆造纸业	林产化学产品制造	其他		
			国有林场	木材及竹材采运业									
全国合计	**65**	**58**	**26**	**5**	**—**	**1**	**1**	**—**	**—**	**—**	**—**	**—**	**6**
北京	1	1	—	—	—	—	—	—	—	—	—	—	—
天津	—	—	—	—	—	—	—	—	—	—	—	—	—
河北	—	—	—	—	—	—	—	—	—	—	—	—	—
山西	—	—	—	—	—	—	—	—	—	—	—	—	—
内蒙古	5	5	4	—	—	—	—	—	—	—	—	—	—
内蒙古集团	—	—	—	—	—	—	—	—	—	—	—	—	—
辽宁	—	—	—	—	—	—	—	—	—	—	—	—	—
吉林	6	6	3	—	—	—	—	—	—	—	—	—	—
吉林集团	—	—	—	—	—	—	—	—	—	—	—	—	—
长白山集团	—	—	—	—	—	—	—	—	—	—	—	—	—
黑龙江	4	4	1	2	—	—	—	—	—	—	—	—	—
龙江集团	4	4	1	2	—	—	—	—	—	—	—	—	—
上海	—	—	—	—	—	—	—	—	—	—	—	—	—
江苏	1	1	—	—	—	—	—	—	—	—	—	—	—
浙江	—	—	—	—	—	—	—	—	—	—	—	—	—
安徽	5	5	2	—	—	—	—	—	—	—	—	—	—
福建	—	—	—	—	—	—	—	—	—	—	—	—	—
江西	1	1	1	—	—	—	—	—	—	—	—	—	—
山东	—	—	—	—	—	—	—	—	—	—	—	—	—
河南	2	—	—	—	—	—	—	—	—	—	—	—	2
湖北	2	2	2	—	—	—	—	—	—	—	—	—	—
湖南	6	6	1	1	—	—	—	—	—	—	—	—	—
广东	2	2	1	—	—	—	—	—	—	—	—	—	—
广西	6	5	—	—	—	—	—	—	—	—	—	—	1
海南	—	—	—	—	—	—	—	—	—	—	—	—	—
重庆	1	1	1	—	—	—	—	—	—	—	—	—	—
四川	—	—	—	—	—	—	—	—	—	—	—	—	—
贵州	2	1	1	—	—	1	1	—	—	—	—	—	—
云南	10	8	3	1	—	—	—	—	—	—	—	—	2
西藏	—	—	—	—	—	—	—	—	—	—	—	—	—
陕西	4	4	3	—	—	—	—	—	—	—	—	—	—
甘肃	5	4	2	—	—	—	—	—	—	—	—	—	1
青海	1	1	1	—	—	—	—	—	—	—	—	—	—
宁夏	—	—	—	—	—	—	—	—	—	—	—	—	—
新疆	—	—	—	—	—	—	—	—	—	—	—	—	—
新疆兵团	—	—	—	—	—	—	—	—	—	—	—	—	—
大兴安岭	1	1	—	1	—	—	—	—	—	—	—	—	—

国家林业局机关及直属单位

指　　标	单位数（个）	年末人数（人）				
		总计	单位从业人员			
			合计	其中		
				女性	非全日制	专业技术人员
总计	**158**	**69768**	**68711**	**23682**	**521**	**22744**
国家林业局机关	1	246	246	71	—	—
国家林业局信息中心	1	28	28	14	—	20
国家林业局国有林场和林木种苗工作总站	1	36	36	10	—	—
国家林业局林业工作站管理总站	1	23	23	6	—	—
国家林业局林业基金管理总站	1	34	34	14	—	2
国家林业局宣传中心	1	28	28	7	—	—
国家林业局濒危物种进出口管理中心	1	33	33	14	—	—
国家林业局天然林保护工程管理中心	1	28	28	6	—	—
国家林业局西北华北东北防护林建设局	1	90	90	19	—	—
国家林业局退耕还林（草）工程管理办公室	1	29	29	9	—	—
国家林业局防治荒漠化管理中心	1	20	20	8	—	—
国家林业局世界银行贷款项目管理中心	1	30	30	13	—	20
国家林业局科技发展中心	1	25	25	11	—	—
国家林业局森林资源监督管理办公室	1	19	19	1	—	—
国家林业局亚太森林网络管理中心	1	21	21	13	—	—
国家林业局湿地保护管理中心	1	13	13	4	—	—
国家林业局经济发展研究中心	1	68	68	33	—	44
国家林业局人才开发交流中心	1	25	25	10	—	—
国家林业局对外合作项目中心	1	25	25	13	—	—
国家林业局森林防火预警监测信息中心	1	23	23	7	—	1
中国林业科学研究院	20	3690	3690	1137	473	1948
国家林业局调查规划设计院	1	330	319	118	2	224
国家林业局林产工业规划设计院	1	394	394	219	—	365
国家林业局管理干部学院	1	243	243	139	—	62
中国绿色时报社	1	107	107	66	—	66
中国林业出版社	1	115	115	64	—	67
国家林业局国际竹藤中心	1	90	90	37	—	63
中国林学会	1	35	35	18	—	16
中国野生动物保护协会	1	32	32	10	—	—
中国花卉协会	1	10	10	4	—	3
中国绿化基金会	1	19	19	8	—	1
国家林业局机关服务中心	1	155	154	60	—	6
国家林业局离退休干部局	1	69	69	31	—	—
国家林业局招待所	1	39	39	15	—	—
国家林业局幼儿园	1	49	49	45	—	40
驻内蒙古自治区森林资源监督专员办事处	1	23	23	5	—	—
驻长春森林资源监督专员办事处	1	28	28	3	—	—
驻黑龙江省森林资源监督专员办事处	1	28	28	6	—	—
驻大兴安岭森林资源监督专员办事处	1	18	18	2	—	—
驻福州森林资源监督专员办事处	1	17	17	6	—	—
驻云南省森林资源监督专员办事处	1	13	13	4	—	—
驻成都森林资源监督专员办事处	1	21	21	5	2	—
驻西安森林资源监督专员办事处	1	21	21	6	—	—
驻武汉森林资源监督专员办事处	1	15	15	2	—	1
驻贵阳森林资源监督专员办事处	1	10	10	1	—	—
驻广州森林资源监督专员办事处	1	23	23	7	—	—
驻合肥森林资源监督专员办事处	1	15	15	8	—	—
驻乌鲁木齐森林资源监督专员办事处	1	12	12	3	—	—
驻上海森林资源监督专员办事处	1	18	18	8	—	—
驻北京森林资源监督专员办事处	1	19	19	7	2	—
国家林业局森林病虫害防治总站	1	112	112	31	—	79
国家林业局北方航空护林总站	1	132	132	34	—	23
国家林业局南方航空护林总站	7	142	142	36	—	48
南京森林警察学院	1	572	572	241	—	216
国家林业局华东林业调查规划设计院	1	164	164	24	—	129
国家林业局中南林业调查规划设计院	1	177	177	36	—	157
国家林业局西北林业调查规划设计院	1	203	203	55	—	169
国家林业局昆明勘察设计院	1	269	269	74	—	204
陕西佛坪国家级自然保护区管理局	1	80	78	20	12	46
甘肃白水江国家级自然保护区管理局	1	124	124	31	30	57
国家林业局卧龙自然保护区管理局	1	211	211	82	—	103
国家林业局北戴河培训中心	1	27	27	10	—	—
大兴安岭林业集团公司	71	61053	60010	20681	—	18564

从业人员和劳动报酬情况

			年末实有离退休人员（人）	在岗职工年平均人数（人）	在岗职工年工资总额（千元）	离退休人员年生活费（千元）	在岗职工年平均工资（元）
		离开本单位仍保留劳动关系人员					
在岗职工	其他从业人员						
68546	**165**	**1057**	**64430**	**65044**	**2219385**	**1570741**	**34121**
244	2	—	—	241	22172	—	92000
28	—	—	—	28	1665	—	59468
36	—	—	18	36	3310	1270	91944
23	—	—	12	23	1840	721	80018
34	—	—	2	35	2800	87	79997
23	5	—	8	23	1463	472	63597
33	—	—	3	33	2630	175	79702
28	—	—	2	29	1942	56	66973
75	15	—	59	75	6207	2540	82760
29	—	—	1	29	4106	75	141586
20	—	—	3	20	1666	143	83285
30	—	—	5	30	1944	280	64800
21	4	—	2	25	1749	95	69960
19	—	—	—	20	1741	—	87049
21	—	—	—	20	1840	—	92000
13	—	—	—	13	1051	—	80871
68	—	—	26	68	5509	1416	81015
25	—	—	1	25	4215	63	168588
25	—	—	2	25	1315	110	52600
23	—	—	1	20	1433	68	71650
3686	4	—	3051	3689	234543	137577	63579
305	14	11	141	307	67131	7648	218668
394	—	—	300	394	38502	2968	97721
236	7	—	87	245	12802	4238	52253
98	9	—	28	110	13960	1709	126909
110	5	—	46	110	13532	414	123018
80	10	—	6	80	8170	388	102128
32	3	—	25	32	2074	1585	64823
23	9	—	10	23	1888	536	82069
10	—	—	1	10	867	39	86700
14	5	—	2	14	1666	124	118997
154	—	1	29	156	12773	3008	81875
47	22	—	540	47	5153	36052	109629
39	—	—	12	39	3158	391	80962
49	—	—	3	49	2714	33	55388
23	—	—	10	23	2061	739	89602
26	2	—	7	28	1690	460	60368
28	—	—	15	28	1705	1007	60881
18	—	—	7	18	1739	552	96602
14	3	—	2	12	1170	178	97507
13	—	—	2	13	931	67	71631
19	2	—	—	19	1335	—	70286
21	—	—	1	21	1255	35	59742
15	—	—	—	15	1249	—	83273
10	—	—	—	10	798	—	79827
19	4	—	2	20	2133	161	106626
11	4	—	—	11	650	—	59104
12	—	—	—	12	831	—	69219
15	3	—	2	15	1631	149	108733
17	2	—	—	19	1522	—	80119
112	—	—	59	108	5004	2821	46333
128	4	—	73	130	5639	2870	43377
127	15	—	64	128	7835	2962	61214
572	—	—	185	560	48250	13718	86161
164	—	—	68	162	19760	4743	121977
177	—	—	85	177	20539	4366	116041
203	—	—	95	201	21876	4391	108836
269	—	—	198	253	7346	9220	29037
78	—	2	32	78	3309	1384	42428
124	—	—	62	124	4202	2158	33887
211	—	—	169	218	8847	8300	40583
16	11	—	13	16	716	242	44763
60009	1	1043	58853	56502	1555830	1305940	27536

5

林业投资

INVESTMENT IN FORESTRY

林业投资完成情况

单位:万元

指　　标	本年实际
一、本年计划投资	**33177547**
二、自年初累计完成投资	**37822690**
其中:国家投资	13942080
1. 生态建设与保护	18705774
(1)造林	10900848
(2)更新	366457
(3)森林抚育	1388410
(4)野生动植物保护及自然保护区	155484
(5)湿地恢复与保护	255517
(6)森林生态效益补偿	2257877
(7)其他(含生态工程补助资金)	3381181
2. 林业支撑与保障	2216819
(1)林木种苗	842635
(2)森林防火与森林公安	501085
(3)林业有害生物防治	187258
(4)科技教育	79853
(5)林业信息化	22921
(6)其他	583067
3. 林业产业发展	10776201
(1)工业原料林	1613756
(2)特色经济林(不含木本油料)	679213
(3)木本油料	608657
其中:油茶示范基地建设	310833
核桃示范基地建设	138890
(4)花卉	902779
(5)林下经济	2011993
(6)其他	4959803
4. 林业民生工程	1868405
(1)棚户区(危旧房)改造	1046166
(2)社会性基础设施	634859
(3)其他	187380
5. 其他投资	4255491
其中:财政事业费	1456570
三、本年实际到位资金合计	**37998294**
1. 上年末结余资金	689635
2. 本年实际到位资金小计	37308659
(1)国家预算资金	17263438
①中央资金	8673690
②地方资金	8589748
(2)国内贷款	3855681
(3)债券	173
(4)利用外资	506374
(5)自筹资金	13163683
(6)其他资金	2519310

各地区林业投资完成情况(一)

单位:万元

地　　区	本年计划投资	自年初累计完成投资						
		总计	其中:国家投资	生态建设与保护				
				合计	造林	更新	森林抚育	野生动植物保护及自然保护区
全国合计	**33177547**	**37822690**	**13942080**	**18705774**	**10900848**	**366457**	**1388410**	**155484**
北　京	1863278	2071603	731382	1811906	1433213	21433	23768	1031
天　津	112535	112535	112535	104396	100944	—	2901	262
河　北	676512	676512	448108	393974	251636	1651	14683	2787
山　西	941257	1101015	776415	952452	851765	1800	12445	2077
内蒙古	1590609	1500005	1157814	1046212	401490	1845	82780	4015
内蒙古集团	497405	398477	369109	205238	—	—	62503	—
辽　宁	1357426	1363756	797243	1207383	1113057	3090	10452	1303
吉　林	656546	606084	382492	259454	26876	2075	52379	3350
吉林集团	182195	179890	94079	65017	2896	1549	29311	—
长白山集团	261658	195452	127095	82306	2438	—	12155	211
黑龙江	1242721	1246000	1103379	696928	53200	347	102179	4005
龙江集团	987641	983223	905525	553265	—	—	89761	2360
上　海	91236	102636	61229	94445	17121	370	12965	5447
江　苏	840761	1255738	52357	973963	831318	17750	34115	9552
浙　江	713740	923541	463090	516116	340852	4666	26969	5140
安　徽	620292	983084	209833	729153	585133	18417	52446	4625
福　建	249593	2384170	104211	553252	452619	—	24971	1500
江　西	740977	820201	301388	351801	128863	7054	26928	4086
山　东	2247275	2700406	406089	1308604	1017495	5920	136941	5530
河　南	1000000	1019382	65000	658534	517364	—	7760	2525
湖　北	463218	674917	394179	330860	158067	8778	47660	3404
湖　南	1347340	1603967	702468	675665	357307	61333	67117	9670
广　东	983675	983675	557245	699232	119718	46842	45345	3649
广　西	8488715	8283917	444065	1250515	509199	116399	323145	9302
海　南	142492	153080	129859	92594	40543	7421	8735	1738
重　庆	360658	474109	383841	355200	215069	1089	11317	1160
四　川	1901917	1901917	943066	712489	149146	3791	45238	19281
贵　州	390000	390000	324000	345969	243316	—	5552	3385
云　南	685395	854863	408287	493739	190074	9596	42087	10762
西　藏	160000	166755	42058	149535	26012	21385	2903	9414
陕　西	1000000	1012633	890385	625860	362955	93	24063	3565
甘　肃	790723	784173	442929	359383	79493	20	11896	4767
青　海	241633	268967	233728	201321	81394	—	4036	11704
宁　夏	153896	186810	122189	118161	24473	—	3422	2190
新　疆	583329	695760	388551	424264	221136	3292	87927	4033
新疆兵团	135809	189261	38211	114638	50651	721	53593	363
局直属单位	539798	520479	362665	212414	—	—	33285	225
大兴安岭	446598	393445	251381	182059	—	—	33285	188

各地区林业投资

地区	生态建设与保护			林业支撑				
	湿地恢复与保护	森林生态效益补偿	其他（含生态工程补助资金）	合计	林木种苗	森林防火与森林公安	林业有害生物防治	科技教育
全国合计	**255517**	**2257877**	**3381181**	**2216819**	**842635**	**501085**	**187258**	**79853**
北京	5523	66418	260520	48073	3106	18860	6938	262
天津	—	207	82	2568	935	410	1161	—
河北	1406	32843	88968	34694	9723	13234	5079	2094
山西	1296	40974	42095	21694	5540	8368	2984	3462
内蒙古	7482	162228	386372	61108	2113	16523	3303	648
内蒙古集团	—	—	142735	16785	—	3927	1183	—
辽宁	2016	51910	25555	51640	27707	9312	3612	1045
吉林	4337	32778	137659	91621	7029	12988	3163	422
吉林集团	—	400	30861	16364	1924	670	88	—
长白山集团	369	4154	62979	43097	2207	5441	109	100
黑龙江	4101	25915	507181	88295	2333	22013	2670	2491
龙江集团	1032	—	460112	65569	200	14229	749	1200
上海	21	56330	2191	4965	778	340	3155	126
江苏	53215	17185	10828	89121	60958	15890	8076	897
浙江	5772	100120	32597	76856	39527	9836	8618	10264
安徽	3402	29447	35683	47348	31896	5853	3301	1538
福建	500	73662	—	132465	2530	1710	750	4278
江西	1734	120295	62841	76694	29586	21105	3640	2883
山东	83810	26264	32644	416100	317288	41692	46478	4845
河南	1630	20598	108657	32669	3365	5196	3946	3142
湖北	5475	46101	61375	42950	27030	5850	2185	2356
湖南	11445	111590	57203	77559	26769	17109	6370	5608
广东	2537	422567	58574	73357	11500	19320	8244	2794
广西	8215	98457	185798	307564	112959	113912	16642	2962
海南	499	21049	12609	20724	5601	7038	1592	419
重庆	3559	52622	70384	34204	6394	9462	14501	1775
四川	19197	125388	350448	59752	17136	15031	4257	3238
贵州	527	80653	12536	13425	2530	4509	1322	2250
云南	6837	144697	89686	77968	9742	43606	3191	4114
西藏	5931	76534	7356	6340	280	3850	2110	—
陕西	3980	59072	172132	29883	10971	9523	2986	1471
甘肃	2299	52614	208294	42263	3242	6655	2356	1786
青海	4494	47432	52261	11519	2390	1884	1837	2538
宁夏	1492	11514	75070	7995	2785	2340	1196	1624
新疆	2223	50413	55240	72392	38892	9576	11201	8521
新疆兵团	20	4972	4318	32660	26881	708	3656	904
局直属单位	562	—	178342	63013	20000	28090	394	—
大兴安岭	562	—	148024	6759	—	5919	353	—

自年初累计

完成情况(二)

单位:万元

完成投资与保障		林业产业发展								
					木本油料					
						其中				
林业信息化	其他	合计	工业原料林	特色经济林(不含木本油料)	小计	油茶示范基地建设	核桃示范基地建设	花卉	林下经济	其他
22921	**583067**	**10776201**	**1613756**	**679213**	**608657**	**310833**	**138890**	**902779**	**2011993**	**4959803**
534	18373	54701	—	6060	—	—	—	7121	35309	6211
52	10	2000	—	2000	—	—	—	—	—	—
125	4439	129335	31894	28978	37682	—	7826	2856	8298	19627
290	1050	9724	—	—	8700	—	5700	—	120	904
80	38441	11528	—	8145	—	—	—	325	145	2913
—	11675	—	—	—	—	—	—	—	—	—
105	9859	53352	2740	6600	6620	—	1863	24838	9552	3002
68	67951	39674	50	881	—	—	—	182	1126	37435
—	13682	29066	—	—	—	—	—	—	40	29026
—	35240	5960	—	68	—	—	—	—	50	5842
61	58727	8658	—	936	—	—	—	3408	853	3461
—	49191	2016	—	—	—	—	—	—	—	2016
37	529	1037	—	503	—	—	—	14	486	34
536	2764	173581	9290	33101	1260	—	1260	41179	86848	1903
1008	7603	172096	3553	24954	18415	12086	840	9563	9491	106120
1111	3649	143169	18549	14254	43352	28433	1128	20165	22683	24166
—	123197	1455869	107106	—	3800	3800	—	3800	5000	1336163
652	18828	148577	27475	10063	51169	42652	—	31737	20952	7181
1336	4461	865460	19053	77444	43565	—	30393	205327	499802	20269
215	16805	248036	—	—	1500	1500	—	98927	60359	87250
1108	4421	176974	19179	8563	29956	16795	5177	30620	11261	77395
1657	20046	619921	63825	8158	171947	165529	5020	188593	149587	37811
1348	30151	20871	13208	300	2674	1453	—	1415	110	3164
1976	59113	5162743	1225648	235283	86841	28889	13910	150939	944032	2520000
222	5852	7853	—	—	220	200	—	3993	1548	2092
297	1775	11503	—	5687	2606	1704	30	—	318	2892
5544	14546	838544	61767	78269	38770	2804	27849	75028	116605	468105
—	2814	900	—	—	900	900	—	—	—	—
722	16593	58284	9419	4614	28848	2663	10896	20	7662	7721
—	100	1454	—	360	258	—	—	—	370	466
63	4869	68122	—	14606	26356	1425	23880	326	12208	14626
—	28224	157491	—	2107	1613	—	1513	—	940	152831
—	2870	28708	1000	22833	1055	—	1055	—	920	2900
—	50	48964	—	43573	—	—	—	—	369	5022
677	3525	50003	—	40941	550	—	550	2403	4939	1170
152	359	40492	—	33790	50	—	50	1763	4819	70
3097	11432	7069	—	—	—	—	—	—	100	6969
—	487	7001	—	—	—	—	—	—	100	6901

各地区林业投资

地　区	自年初累计完成投资							
	林业民生工程				其他投资		总计	上年末结余资金
	合计	棚户区（危旧房）改造	社会性基础设施	其他	合计	其中：财政事业费		
全国合计	**1868405**	**1046166**	**634859**	**187380**	**4255491**	**1456570**	**37998294**	**689635**
北　京	2807	—	2807	—	154116	52680	1714149	50643
天　津	—	—	—	—	3571	3524	112535	—
河　北	30594	18702	11190	702	87915	49204	676512	9310
山　西	92212	6099	5272	80841	24933	17732	1101015	—
内蒙古	190992	187152	3370	470	190165	129383	1329341	2018
内蒙古集团	139469	139469	—	—	36985	—	398477	—
辽　宁	14951	9247	3281	2423	36430	24686	1364450	4469
吉　林	132088	105571	20595	5922	83247	32388	706286	69555
吉林集团	51864	40816	9660	1388	17579	256	210982	18850
长白山集团	41350	33619	5202	2529	22739	—	240200	31861
黑龙江	397123	142518	239752	14853	54996	16016	1253997	4646
龙江集团	362373	112952	238647	10774	—	—	1003869	—
上　海	—	—	—	—	2189	2189	91043	—
江　苏	11074	7092	3982	—	7999	4124	1271007	23663
浙　江	51798	1433	48772	1593	106675	82416	932304	21678
安　徽	7603	4165	1646	1792	55811	29867	957981	1358
福　建	—	—	—	—	242584	19146	2648719	1078
江　西	67097	51994	9394	5709	176032	94060	793124	253
山　东	26775	8441	17744	590	83467	58000	2631186	826
河　南	3750	3750	—	—	76393	18530	1019382	—
湖　北	52548	32638	16987	2923	71585	35823	681950	7189
湖　南	81435	40776	37640	3019	149387	115773	1611826	8945
广　东	35618	9556	22931	3131	154597	94877	1037204	29681
广　西	218993	107584	84732	26677	1344102	56679	8365736	22964
海　南	12806	6402	3399	3005	19103	12120	194494	36267
重　庆	14471	6486	6364	1621	58731	37743	457583	—
四　川	62951	43618	7580	11753	228181	58358	1923299	27445
贵　州	3020	3020	—	—	26686	25462	390000	—
云　南	72798	11965	50212	10621	152074	84285	965697	128078
西　藏	2023	—	2023	—	7403	—	164920	—
陕　西	63560	52660	4634	6266	225208	78066	1027321	7694
甘　肃	47781	20926	24918	1937	177255	125075	788001	4126
青　海	2263	530	1085	648	25156	17246	252175	249
宁　夏	2632	1141	1490	1	9058	—	196984	180
新　疆	14386	11561	1942	883	134715	68723	751128	151430
新疆兵团	135	—	120	15	1336	1316	151566	140
局直属单位	152256	151139	1117	—	85727	12395	586945	75890
大兴安岭	152086	151009	1077	—	45540	—	439177	12160

完成情况(三)

单位:万元

本年实际到位资金合计								
本年实际到位资金小计								
合计	国家预算资金			国内贷款	债券	利用外资	自筹资金	其他资金
	小计	中央资金	地方资金					
37308659	**17263438**	**8673690**	**8589748**	**3855681**	**173**	**506374**	**13163683**	**2519310**
1663506	1540554	25023	1515531	—	—	—	118543	4409
112535	112535	3817	108718	—	—	—	—	—
667202	448108	273824	174284	101948	—	2719	87752	26675
1101015	776415	234815	541600	—	—	740	323860	—
1327323	1236251	930196	306055	—	110	1631	70261	19070
398477	361492	276548	84944	—	—	—	36985	—
1359981	824360	173998	650362	—	—	2929	531068	1624
636731	446300	392577	53723	22100	—	2450	113541	52340
192132	110049	101862	8187	20000	—	—	41640	20443
208339	139494	132399	7095	—	—	—	54177	14668
1249351	1119213	1090302	28911	201	—	—	117892	12045
1003869	917943	917943	—	—	—	—	84871	1055
91043	85376	239	85137	—	—	—	147	5520
1247344	349891	11109	338782	1420	—	10384	867041	18608
910626	562716	56195	506521	158004	60	6611	167388	15847
956623	292788	152319	140469	87370	—	5478	543611	27376
2647641	287793	116173	171620	2119326	3	182100	45922	12497
792871	504343	260161	244182	50859	—	6474	135233	95962
2630360	760060	78175	681885	31647	—	12808	1539725	286120
1019382	110350	65000	45350	310000	—	3800	430000	165232
674761	390356	237192	153164	63685	—	1905	190668	28147
1602881	702522	469954	232568	215705	—	5465	625279	53910
1007523	893548	73938	819610	10211	—	5989	60152	37623
8342772	435157	305664	129493	376650	—	207269	6104349	1219347
158227	142691	32276	110415	—	—	—	11351	4185
457583	441098	244749	196349	1998	—	—	8885	5602
1895854	943066	756653	186413	54987	—	22762	602184	272855
390000	390000	324000	66000	—	—	—	—	—
837619	647937	367557	280380	37370	—	—	75211	77101
164920	164920	140496	24424	—	—	—	—	—
1019627	912937	516362	396575	6460	—	3400	64070	32760
783875	594938	432961	161977	138764	—	16811	17219	16143
251926	233728	210342	23386	15320	—	2878	—	—
196804	152930	122189	30741	27893	—	—	11535	4446
599698	410652	225529	185123	23763	—	1771	157661	5851
151426	29314	28244	1070	21650	—	—	100412	50
511055	349905	349905	—	—	—	—	143135	18015
427017	284953	284953	—	—	—	—	142064	—

林业固定资产投资完成情况

单位:万元

指　　标	总计
一、本年计划投资	**12991241**
二、自年初累计完成投资	**13762091**
其中:国家投资	2441652
按构成分	
1. 建筑工程	4423686
2. 安装工程	479739
3. 设备工器具购置	1846467
4. 其他	7012199
按性质分	
1. 新建	8430268
2. 扩建	2782517
3. 改建和技术改造	1832255
4. 单纯建造生活设施	80948
5. 迁建	28734
6. 恢复	56261
7. 单纯购置	551108
三、本年新增固定资产	**6269738**
四、房屋建筑面积及竣工价值	
本年房屋施工面积(平方米)	10990080
其中:住宅	8663120
本年房屋竣工面积(平方米)	8246668
其中:住宅	6711081
本年房屋竣工价值	1000322
其中:住宅	747255
五、本年实际到位资金合计	**13400523**
1. 上年末结余资金	178699
2. 本年实际到位资金小计	13221824
(1)国家预算资金	3575153
①中央资金	1913684
②地方资金	1661469
(2)国内贷款	498384
(3)债券	170
(4)利用外资	222812
(5)自筹资金	7658874
(6)其他资金	1266431
六、本年各项应付款合计	**2540417**
其中:工程款	953437

注:本表统计范围为按照项目管理的,且计划总投资在500万元以上的城镇林业固定资产投资项目和农村非农户林业固定资产投资项目。

各地区林业固定资产投资完成情况(一)

单位:万元

地区	本年计划投资	自年初累计完成投资					
		总计	其中:国家投资	按构成分			
				建筑工程	安装工程	设备工器具购置	其他
全国合计	**12991241**	**13762091**	**2441652**	**4423686**	**479739**	**1846467**	**7012199**
北　京	1054417	1338052	250135	893739	33	821	443459
天　津	—	—	—	—	—	—	—
河　北	23126	33196	16525	12774	334	61	20027
山　西	25245	25245	25245	6289	5413	7058	6485
内蒙古	352913	327136	221002	234152	721	23330	68933
内蒙古集团	292040	193239	156254	162307	257	20902	9773
辽　宁	100714	121587	98180	6004	269	—	115314
吉　林	143423	157021	61454	111062	10207	2159	33593
吉林集团	39793	56143	20375	52694	2139	225	1085
长白山集团	76338	61037	21850	47411	1916	1069	10641
黑龙江	584350	589445	451710	362753	52575	4756	169361
龙江集团	534192	531979	427457	343524	50575	4675	133205
上　海	32263	64283	33228	—	—	258	64025
江　苏	401910	575319	9448	11549	28	2887	560855
浙　江	32481	41568	15934	13329	150	50	28039
安　徽	198250	332747	80778	56114	5	1444	275184
福　建	45157	53194	22763	26226	84	661	26223
江　西	24670	39929	11348	6747	1554	6	31622
山　东	99514	124623	21775	12582	5489	6385	100167
河　南	—	10823	10823	—	—	—	10823
湖　北	122162	192310	42093	84618	7130	25319	75243
湖　南	290584	340166	64370	98380	13038	14834	213914
广　东	—	—	—	—	—	—	—
广　西	8325907	8095281	367598	2065883	371583	1695851	3961964
海　南	6260	6260	121	1760	—	—	4500
重　庆	16564	20154	13679	9325	—	—	10829
四　川	181689	241963	131638	48344	2715	7469	183435
贵　州	3280	3280	3020	1380	1900	—	—
云　南	230122	291658	119677	41974	3479	30392	215813
西　藏	—	—	—	—	—	—	—
陕　西	113470	123415	36362	47689	500	25	75201
甘　肃	162877	158269	116624	43167	327	425	114350
青　海	60001	61289	56327	3805	—	178	57306
宁　夏	1082	1141	1095	1127	—	—	14
新　疆	64697	130356	41129	2428	185	824	126919
新疆兵团	—	—	—	—	—	—	—
局直属单位	294113	262381	117571	220486	2020	21274	18601
大兴安岭	270489	217336	75272	181625	1228	19540	14943

各地区林业固定资产

地　区	自年初累计完成投资						
	按性质分						
	新建	扩建	改建和技术改造	单纯建造生活设施	迁建	恢复	单纯购置
全国合计	**8430268**	**2782517**	**1832255**	**80948**	**28734**	**56261**	**551108**
北　京	1259000	71291	7750	—	—	—	11
天　津	—	—	—	—	—	—	—
河　北	30216	2257	32	484	—	—	207
山　西	6289	10386	—	1512	—	—	7058
内蒙古	318971	5871	1045	—	—	—	1249
内蒙古集团	193239	—	—	—	—	—	—
辽　宁	111723	5402	—	—	4050	411	1
吉　林	141284	4834	9551	26	—	—	1326
吉林集团	51187	1291	3570	—	—	—	95
长白山集团	60680	—	329	—	—	—	28
黑龙江	436204	114404	33643	2371	—	—	2823
龙江集团	382599	111752	32623	2371	—	—	2634
上　海	59686	—	4296	—	—	—	301
江　苏	567968	1066	6280	—	—	—	5
浙　江	41398	—	110	—	—	30	30
安　徽	314948	14651	70	1872	62	830	314
福　建	36239	263	16192	106	—	12	382
江　西	34080	4261	1573	9	—	—	6
山　东	105190	10025	5101	418	—	1283	2606
河　南	10823	—	—	—	—	—	—
湖　北	173667	10832	6676	—	—	—	1135
湖　南	227312	78422	6049	22930	—	3903	1550
广　东	—	—	—	—	—	—	—
广　西	3614200	2255092	1639383	20607	23001	38725	504273
海　南	4660	—	1600	—	—	—	—
重　庆	19254	860	40	—	—	—	—
四　川	169516	51578	10022	3474	—	6530	843
贵　州	3280	—	—	—	—	—	—
云　南	174723	107539	2498	—	281	1487	5130
西　藏	—	—	—	—	—	—	—
陕　西	102491	7296	454	13149	—	—	25
甘　肃	145112	—	504	12646	—	—	7
青　海	60010	—	300	530	—	—	449
宁　夏	1127	—	—	14	—	—	—
新　疆	121192	3974	—	800	1340	3050	—
新疆兵团	—	—	—	—	—	—	—
局直属单位	139705	22213	79086	—	—	—	21377
大兴安岭	101707	18108	76896	—	—	—	20625

投资完成情况(二)

单位:万元

本年新增固定资产	房屋建筑面积及竣工价值					
	本年房屋施工面积(平方米)		本年房屋竣工面积(平方米)		本年房屋竣工价值	
	合计	其中:住宅	合计	其中:住宅	合计	其中:住宅
6269738	**10990080**	**8663120**	**8246668**	**6711081**	**1000322**	**747255**
427827	6618	—	13636	—	7425	—
—	—	—	—	—	—	—
15397	235908	201514	145779	128663	33302	30109
6513	8640	8640	—	—	—	—
130591	1406594	1395173	1403703	1392393	188773	184344
103120	1140579	1135800	1140468	1135800	141501	139469
69689	134399	134399	137370	137370	22515	22515
59524	620990	567246	596217	589293	74765	67857
22624	306907	270407	183992	183992	24576	23530
18048	255724	238480	367225	360301	41189	35327
308267	2965672	2854654	2510211	2441315	228235	224280
285757	2815300	2748195	2386567	2353286	214684	214229
10580	—	—	—	—	—	—
9680	27500	25500	—	—	—	—
19330	—	—	—	—	—	—
220175	45510	41011	15550	12539	2598	1222
27029	308931	287806	30736	18588	5062	4094
29059	343942	156565	89939	89256	5052	4984
28280	4440	—	4962	—	690	18
—	9000	—	1440	—	198	—
153521	319654	164823	266678	160088	27897	18946
372539	285555	237078	172188	168658	20226	18615
—	—	—	—	—	—	—
3712626	1965782	567710	1338341	251209	230737	38550
6260	—	—	—	—	—	—
900	33650	20000	32104	32104	5730	5730
23490	479514	455625	258231	211077	18111	17431
3020	16832	7263	12361	5362	2472	1072
102107	219151	102601	110826	34795	11400	4184
—	—	—	—	—	—	—
94744	276496	240446	99973	85986	11289	10037
73561	133109	103103	48391	32569	7208	4587
51025	700	—	700	—	161	—
1082	5078	5078	5078	5078	1016	1016
119451	22337	22337	15917	15917	2280	2280
—	—	—	—	—	—	—
193471	1114078	1064548	936337	898821	93180	85384
188112	1102850	1064548	932290	896548	92610	85052

各地区林业固定资产

地区	本年实际到位					
	总计	上年末结余资金	本年实际			
			合计	国家预算资金		
				小计	中央资金	地方资金
全国合计	**13400523**	**178699**	**13221824**	**3575153**	**1913684**	**1661469**
北　京	984363	10151	974212	934696	5098	929598
天　津	—	—	—	—	—	—
河　北	34588	165	34423	28016	15023	12993
山　西	25245	—	25245	25245	9673	15572
内蒙古	300755	—	300755	245690	156715	88975
内蒙古集团	193239	—	193239	156254	71310	84944
辽　宁	101088	1673	99415	98761	39911	58850
吉　林	184025	29187	154838	75403	65722	9681
吉林集团	69069	14165	54904	29733	24749	4984
长白山集团	72354	9463	62891	19893	16790	3103
黑龙江	601288	—	601288	503169	498183	4986
龙江集团	548592	—	548592	470251	470251	—
上　海	37473	—	37473	35490	99	35391
江　苏	601134	6380	594754	41509	2454	39055
浙　江	41011	30	40981	11146	50	11096
安　徽	319105	264	318841	114401	55894	58507
福　建	54412	1078	53334	28416	18202	10214
江　西	43976	—	43976	24043	15825	8218
山　东	126617	300	126317	49631	15494	34137
河　南	10823	—	10823	10823	10823	—
湖　北	193991	4798	189193	49990	41519	8471
湖　南	408879	2584	406295	156193	106212	49981
广　东	—	—	—	—	—	—
广　西	8073761	20819	8052942	364026	260813	103213
海　南	3630	1496	2134	1279	140	1139
重　庆	20154	—	20154	14379	9388	4991
四　川	201104	14161	186943	140924	121339	19585
贵　州	3280	—	3280	3280	3020	260
云　南	283209	20983	262226	173179	113802	59377
西　藏	—	—	—	—	—	—
陕　西	110904	4843	106061	57526	22855	34671
甘　肃	147614	—	147614	135967	109698	26269
青　海	61240	249	60991	60871	55645	5226
宁　夏	1300	159	1141	1141	1141	—
新　疆	132896	39160	93736	59584	28571	31013
新疆兵团	—	—	—	—	—	—
局直属单位	292658	20219	272439	130375	130375	—
大兴安岭	264248	12160	252088	110024	110024	—

投资完成情况(三)

单位:万元

资金合计					本年各项应付款	
到位资金小计						
国内贷款	债券	利用外资	自筹资金	其他资金	合计	其中：工程款
498384	**170**	**222812**	**7658874**	**1266431**	**2540417**	**953437**
—	—	—	39516	—	1111233	498926
—	—	—	—	—	—	—
830	—	55	4238	1284	9915	4424
—	—	—	—	—	—	—
—	110	587	52804	1564	587	587
—	—	—	36985	—	—	—
—	—	651	—	3	—	—
1600	—	473	65026	12336	23570	19903
—	—	—	24821	350	21418	18131
—	—	—	32063	10935	2152	1772
—	—	—	97047	1072	1206	1206
—	—	—	77860	481	1200	1200
—	—	—	—	1983	—	—
—	—	—	549648	3597	316416	630
4000	60	—	22045	3730	16440	16440
32724	—	2295	165603	3818	75329	6815
—	—	—	20801	4117	9072	7098
—	—	—	19933	—	5251	4887
1701	—	2538	70114	2333	12081	8242
—	—	—	—	—	—	—
42670	—	282	90131	6120	48460	18894
37789	—	200	203908	8205	7102	3256
—	—	—	—	—	—	—
359638	—	207269	5930651	1191358	796988	303263
—	—	—	787	68	—	—
—	—	—	5730	45	—	—
—	—	5831	26879	13309	38031	2631
—	—	—	—	—	—	—
16528	—	—	61246	11273	14504	2780
—	—	—	—	—	—	—
—	—	2511	45824	200	6396	6396
—	—	—	11631	16	—	—
—	—	120	—	—	4899	4750
—	—	—	—	—	—	—
904	—	—	33248	—	42522	41897
—	—	—	—	—	—	—
—	—	—	142064	—	415	412
—	—	—	142064	—	—	—

林业利用外资基本情况

单位:万美元

指　　标	项目个数（个）	实际利用外资金额				协议利用外资金额			
		合计	国外借款	外商投资	无偿援助	合计	国外借款	外商投资	无偿援助
总　计	**240**	**80461**	**11503**	**64245**	**4713**	**69720**	**5943**	**59964**	**3813**
一、营造林	128	12147	7869	1246	3032	6870	3325	967	2578
1. 公益林	66	7224	4245	116	2863	3931	1353	—	2578
2. 工业原料林	25	2641	1652	965	24	1947	1037	910	—
3. 特色经济林	37	2282	1972	165	145	992	935	57	—
二、木竹材加工	28	11078	—	11078	—	4283	37	4246	—
其中:木家具制造	8	6552	—	6552	—	1521	—	1521	—
人造板制造	4	918	—	918	—	5	5	—	—
木制品制造	11	3464	—	3464	—	2146	—	2146	—
三、林纸一体化	10	43346	—	43346	—	42392	35	42357	—
四、林产化工	1	7	7	—	—	—	—	—	—
五、非木质林产品加工	6	5314	—	5314	—	300	—	300	—
六、花卉、种苗	12	1912	357	1555	—	1978	—	1978	—
七、科学研究	8	290	—	—	290	340	—	250	90
八、其他	47	6367	3270	1706	1391	13557	2546	9866	1145

各地区林业利用外资项目个数

单位:个

地区	总计	营造林				木竹材加工				林纸一体化	林产化工	非木质林产品加工	花卉、种苗	科学研究	其他
		合计	公益林	工业原料林	特色经济林	合计	其中								
							木家具制造	人造板制造	木制品制造						
全国合计	**240**	**128**	**66**	**25**	**37**	**28**	**8**	**4**	**11**	**10**	**1**	**6**	**12**	**8**	**47**
北京	—	—	—	—	—	—	—	—	—	—	—	—	—	—	—
天津	—	—	—	—	—	—	—	—	—	—	—	—	—	—	—
河北	13	13	13	—	—	—	—	—	—	—	—	—	—	—	—
山西	3	3	3	—	—	—	—	—	—	—	—	—	—	—	—
内蒙古	3	3	3	—	—	—	—	—	—	—	—	—	—	—	—
内蒙古集团	—	—	—	—	—	—	—	—	—	—	—	—	—	—	—
辽宁	7	6	4	—	2	—	—	—	—	—	—	—	—	—	1
吉林	8	3	3	—	—	—	—	—	—	—	—	—	—	—	5
吉林集团	—	—	—	—	—	—	—	—	—	—	—	—	—	—	—
长白山集团	—	—	—	—	—	—	—	—	—	—	—	—	—	—	—
黑龙江	—	—	—	—	—	—	—	—	—	—	—	—	—	—	—
龙江集团	—	—	—	—	—	—	—	—	—	—	—	—	—	—	—
上海	—	—	—	—	—	—	—	—	—	—	—	—	—	—	—
江苏	3	—	—	—	—	2	—	2	—	—	—	—	1	—	—
浙江	5	4	2	—	2	1	1	—	—	—	—	—	—	—	—
安徽	26	19	8	6	5	—	—	—	—	—	—	—	—	—	7
福建	58	3	—	—	3	21	7	1	10	8	—	6	10	1	9
江西	17	17	1	6	10	—	—	—	—	—	—	—	—	—	—
山东	1	1	1	—	—	—	—	—	—	—	—	—	—	—	—
河南	2	2	—	2	—	—	—	—	—	—	—	—	—	—	—
湖北	6	3	1	2	—	1	—	—	—	—	—	—	1	—	1
湖南	15	14	9	4	1	—	—	—	—	—	—	—	—	—	1
广东	3	1	—	1	—	1	—	—	1	—	—	—	—	—	1
广西	7	6	2	4	—	—	—	—	—	1	—	—	—	—	—
海南	—	—	—	—	—	—	—	—	—	—	—	—	—	—	—
重庆	—	—	—	—	—	—	—	—	—	—	—	—	—	—	—
四川	32	4	3	—	1	2	—	1	—	1	1	—	—	3	21
贵州	—	—	—	—	—	—	—	—	—	—	—	—	—	—	—
云南	—	—	—	—	—	—	—	—	—	—	—	—	—	—	—
西藏	—	—	—	—	—	—	—	—	—	—	—	—	—	—	—
陕西	13	13	1	—	12	—	—	—	—	—	—	—	—	—	—
甘肃	14	10	10	—	—	—	—	—	—	—	—	—	—	4	—
青海	1	—	—	—	—	—	—	—	—	—	—	—	—	—	1
宁夏	—	—	—	—	—	—	—	—	—	—	—	—	—	—	—
新疆	3	3	2	—	1	—	—	—	—	—	—	—	—	—	—
新疆兵团	—	—	—	—	—	—	—	—	—	—	—	—	—	—	—
大兴安岭	—	—	—	—	—	—	—	—	—	—	—	—	—	—	—

各地区林业实际利用外资情况

单位:万美元

地区	总计	营造林				木竹材加工				林纸一体化	林产化工	非木质林产品加工	花卉、种苗	科学研究	其他
		合计	公益林	工业原料林	特色经济林	合计	其中								
							木家具制造	人造板制造	木制品制造						
全国合计	**80461**	**12147**	**7224**	**2641**	**2282**	**11078**	**6552**	**918**	**3464**	**43346**	**7**	**5314**	**1912**	**290**	**6367**
北　京	—	—	—	—	—	—	—	—	—	—	—	—	—	—	—
天　津	—	—	—	—	—	—	—	—	—	—	—	—	—	—	—
河　北	444	444	444	—	—	—	—	—	—	—	—	—	—	—	—
山　西	122	122	122	—	—	—	—	—	—	—	—	—	—	—	—
内蒙古	258	258	258	—	—	—	—	—	—	—	—	—	—	—	—
内蒙古集团	—	—	—	—	—	—	—	—	—	—	—	—	—	—	—
辽　宁	484	480	402	—	78	—	—	—	—	—	—	—	—	—	4
吉　林	505	189	189	—	—	—	—	—	—	—	—	—	—	—	316
吉林集团	—	—	—	—	—	—	—	—	—	—	—	—	—	—	—
长白山集团	—	—	—	—	—	—	—	—	—	—	—	—	—	—	—
黑龙江	—	—	—	—	—	—	—	—	—	—	—	—	—	—	—
龙江集团	—	—	—	—	—	—	—	—	—	—	—	—	—	—	—
上　海	—	—	—	—	—	—	—	—	—	—	—	—	—	—	—
江　苏	1675	—	—	—	—	118	—	118	—	—	—	—	1557	—	—
浙　江	1079	559	187	—	372	520	520	—	—	—	—	—	—	—	—
安　徽	899	706	261	197	248	—	—	—	—	—	—	—	—	—	193
福　建	27938	165	—	—	165	9639	6032	800	2728	11043	—	5314	308	—	1469
江　西	1138	1138	74	438	626	—	—	—	—	—	—	—	—	—	—
山　东	2046	2046	2046	—	—	—	—	—	—	—	—	—	—	—	—
河　南	615	615	—	615	—	—	—	—	—	—	—	—	—	—	—
湖　北	302	118	20	98	—	65	—	—	—	—	—	—	47	—	72
湖　南	875	754	402	291	61	—	—	—	—	—	—	—	—	—	121
广　东	988	55	—	55	—	736	—	—	736	—	—	—	—	—	197
广　西	33323	1020	73	947	—	—	—	—	—	32303	—	—	—	—	—
海　南	—	—	—	—	—	—	—	—	—	—	—	—	—	—	—
重　庆	—	—	—	—	—	—	—	—	—	—	—	—	—	—	—
四　川	3771	38	38	—	—	—	—	—	—	—	7	—	—	200	3526
贵　州	—	—	—	—	—	—	—	—	—	—	—	—	—	—	—
云　南	—	—	—	—	—	—	—	—	—	—	—	—	—	—	—
西　藏	—	—	—	—	—	—	—	—	—	—	—	—	—	—	—
陕　西	573	573	23	—	550	—	—	—	—	—	—	—	—	—	—
甘　肃	2668	2578	2578	—	—	—	—	—	—	—	—	—	—	90	—
青　海	469	—	—	—	—	—	—	—	—	—	—	—	—	—	469
宁　夏	—	—	—	—	—	—	—	—	—	—	—	—	—	—	—
新　疆	289	289	107	—	182	—	—	—	—	—	—	—	—	—	—
新疆兵团	—	—	—	—	—	—	—	—	—	—	—	—	—	—	—
大兴安岭	—	—	—	—	—	—	—	—	—	—	—	—	—	—	—

各地区林业协议利用外资情况

单位:万美元

地区	总计	营造林				木竹材加工				林纸一体化	林产化工	非木质林产品加工	花卉、种苗	科学研究	其他
		合计	公益林	工业原料林	特色经济林	合计	其中 木家具制造	人造板制造	木制品制造						
全国合计	**69720**	**6870**	**3931**	**1947**	**992**	**4283**	**1521**	**5**	**2146**	**42392**	**—**	**300**	**1978**	**340**	**13557**
北　京	—	—	—	—	—	—	—	—	—	—	—	—	—	—	—
天　津	—	—	—	—	—	—	—	—	—	—	—	—	—	—	—
河　北	395	395	395	—	—	—	—	—	—	—	—	—	—	—	—
山　西	—	—	—	—	—	—	—	—	—	—	—	—	—	—	—
内蒙古	148	148	148	—	—	—	—	—	—	—	—	—	—	—	—
内蒙古集团	—	—	—	—	—	—	—	—	—	—	—	—	—	—	—
辽　宁	—	—	—	—	—	—	—	—	—	—	—	—	—	—	—
吉　林	505	189	189	—	—	—	—	—	—	—	—	—	—	—	316
吉林集团	—	—	—	—	—	—	—	—	—	—	—	—	—	—	—
长白山集团	—	—	—	—	—	—	—	—	—	—	—	—	—	—	—
黑龙江	—	—	—	—	—	—	—	—	—	—	—	—	—	—	—
龙江集团	—	—	—	—	—	—	—	—	—	—	—	—	—	—	—
上　海	—	—	—	—	—	—	—	—	—	—	—	—	—	—	—
江　苏	—	—	—	—	—	—	—	—	—	—	—	—	—	—	—
浙　江	210	210	96	—	114	—	—	—	—	—	—	—	—	—	—
安　徽	491	482	413	40	29	—	—	—	—	—	—	—	—	—	9
福　建	26686	57	—	—	57	4181	1521	—	2146	10054	—	300	1978	250	9866
江　西	561	561	—	397	164	—	—	—	—	—	—	—	—	—	—
山　东	—	—	—	—	—	—	—	—	—	—	—	—	—	—	—
河　南	—	—	—	—	—	—	—	—	—	—	—	—	—	—	—
湖　北	163	98	—	98	—	65	—	—	—	—	—	—	—	—	—
湖　南	560	560	58	502	—	—	—	—	—	—	—	—	—	—	—
广　东	—	—	—	—	—	—	—	—	—	—	—	—	—	—	—
广　西	33244	941	31	910	—	—	—	—	—	32303	—	—	—	—	—
海　南	—	—	—	—	—	—	—	—	—	—	—	—	—	—	—
重　庆	—	—	—	—	—	—	—	—	—	—	—	—	—	—	—
四　川	3516	78	—	—	78	37	—	5	—	35	—	—	—	—	3366
贵　州	—	—	—	—	—	—	—	—	—	—	—	—	—	—	—
云　南	—	—	—	—	—	—	—	—	—	—	—	—	—	—	—
西　藏	—	—	—	—	—	—	—	—	—	—	—	—	—	—	—
陕　西	573	573	23	—	550	—	—	—	—	—	—	—	—	—	—
甘　肃	2668	2578	2578	—	—	—	—	—	—	—	—	—	—	90	—
青　海	—	—	—	—	—	—	—	—	—	—	—	—	—	—	—
宁　夏	—	—	—	—	—	—	—	—	—	—	—	—	—	—	—
新　疆	—	—	—	—	—	—	—	—	—	—	—	—	—	—	—
新疆兵团	—	—	—	—	—	—	—	—	—	—	—	—	—	—	—
大兴安岭	—	—	—	—	—	—	—	—	—	—	—	—	—	—	—

国家林业局机关及直属单位

单位	本年计划投资	总计	其中：国家投资	自年初 生态建设与保护 合计	造林	野生动植物保护及自然保护区
总 计	**539798**	**520479**	**362665**	**212414**	**—**	**225**
国家林业局信息中心	3394	3318	3318	—	—	—
国家林业局国有林场和林木种苗工作总站	20000	20000	20000	—	—	—
国家林业局林业工作站管理总站	—	20	—	—	—	—
国家林业局林业基金管理总站	293	293	—	293	—	—
国家林业局宣传中心	40	36	36	—	—	—
国家林业局濒危物种进出口管理中心	—	—	—	—	—	—
国家林业局天然林保护工程管理中心	—	—	—	—	—	—
国家林业局西北华北东北防护林建设局	3968	3964	2882	—	—	—
国家林业局退耕还林(草)工程管理办公室	—	—	—	—	—	—
国家林业局防治荒漠化管理中心	—	—	—	—	—	—
国家林业局世界银行贷款项目管理中心	730	752	722	—	—	—
国家林业局科技发展中心	—	—	—	—	—	—
国家林业局森林资源监督管理办公室	30	30	30	—	—	—
国家林业局亚太森林网络管理中心	3346	3089	3089	2817	—	—
国家林业局湿地保护管理中心	1502	1502	1502	—	—	—
国家林业局经济发展研究中心	80	56	56	—	—	—
国家林业局人才开发交流中心	1422	1330	628	—	—	—
国家林业局对外合作项目中心	—	17	17	—	—	—
国家林业局森林防火预警监测信息中心	—	—	—	—	—	—
中国林业科学研究院	11815	10040	10040	427	—	—
国家林业局调查规划设计院	1164	1426	1426	—	—	—
国家林业局林产工业规划设计院	220	191	191	—	—	—
国家林业局管理干部学院	2000	6456	6456	—	—	—
中国绿色时报社	1058	1058	1058	—	—	—
中国林业出版社	1985	817	817	—	—	—
国家林业局国际竹藤中心	524	524	524	—	—	—
中国林学会	—	—	—	—	—	—
中国野生动物保护协会	7	7	7	—	—	—
中国花卉协会	—	—	—	—	—	—
中国绿化基金会	7462	13542	763	—	—	—
国家林业局机关服务中心	40	40	40	—	—	—

林业投资完成情况(一)

单位:万元

累 计 完 成 投 资									
		林业支撑与保障							
湿地恢复与保护	其他	合计	林木种苗	森林防火与森林公安	林业有害生物防治	科技教育	林业信息化	其他	林业产业发展
562	**211627**	**63013**	**20000**	**28090**	**394**	**—**	**3097**	**11432**	**7069**
—	—	3082	—	—	—	—	3082	—	—
—	—	20000	20000	—	—	—	—	—	—
—	—	—	—	—	—	—	—	—	—
—	293	—	—	—	—	—	—	—	—
—	—	—	—	—	—	—	—	—	—
—	—	—	—	—	—	—	—	—	—
—	—	—	—	—	—	—	—	—	—
—	—	—	—	—	—	—	—	—	—
—	—	—	—	—	—	—	—	—	—
—	—	—	—	—	—	—	—	—	—
—	—	—	—	—	—	—	—	—	—
—	—	—	—	—	—	—	—	—	—
—	—	—	—	—	—	—	—	—	—
—	—	—	—	—	—	—	—	—	—
—	2817	15	—	—	—	—	15	—	—
—	—	—	—	—	—	—	—	—	—
—	—	—	—	—	—	—	—	—	—
—	—	1330	—	—	—	—	—	1330	—
—	—	—	—	—	—	—	—	—	—
—	—	—	—	—	—	—	—	—	—
—	427	1359	—	191	—	—	—	1168	28
—	—	1426	—	—	—	—	—	1426	—
—	—	—	—	—	—	—	—	—	—
—	—	6456	—	—	—	—	—	6456	—
—	—	—	—	—	—	—	—	—	—
—	—	—	—	—	—	—	—	—	—
—	—	—	—	—	—	—	—	—	—
—	—	—	—	—	—	—	—	—	—
—	—	—	—	—	—	—	—	—	—
—	—	—	—	—	—	—	—	—	—
—	—	—	—	—	—	—	—	—	—
—	—	—	—	—	—	—	—	—	—

国家林业局机关及直属单位

单　位	本年计划投资	自年初				
		总计	其中：国家投资	生态建设与保护		
				合计	造林	野生动植物保护及自然保护区
国家林业局离退休干部局	—	—	—	—	—	—
国家林业局招待所	—	—	—	—	—	—
国家林业局幼儿园	—	—	—	—	—	—
驻内蒙古自治区森林资源监督专员办事处	—	—	—	—	—	—
驻长春森林资源监督专员办事处	—	—	—	—	—	—
驻黑龙江省森林资源监督专员办事处	—	780	780	—	—	—
驻大兴安岭森林资源监督专员办事处	656	662	—	—	—	—
驻福州森林资源监督专员办事处	—	—	—	—	—	—
驻云南省森林资源监督专员办事处	—	—	—	—	—	—
驻成都森林资源监督专员办事处	467	431	431	—	—	—
驻西安森林资源监督专员办事处	380	350	350	—	—	—
驻武汉森林资源监督专员办事处	—	—	—	—	—	—
驻贵阳森林资源监督专员办事处	307	307	307	—	—	—
驻广州森林资源监督专员办事处	24	20	20	—	—	—
驻合肥森林资源监督专员办事处	272	272	272	—	—	—
驻乌鲁木齐森林资源监督专员办事处	292	277	265	—	—	—
驻上海森林资源监督专员办事处	—	—	—	—	—	—
驻北京森林资源监督专员办事处	522	499	499		—	—
国家林业局森林病虫害防治总站	1104	41	41	—	—	—
国家林业局北方航空护林总站	—	153	153	—	—	—
国家林业局南方航空护林总站	20221	21677	21677	—	—	—
南京森林警察学院	2467	2467	2467	—	—	—
国家林业局华东林业调查规划设计院	200	672	672	—	—	—
国家林业局中南林业调查规划设计院	80	120	80	40	—	—
国家林业局西北林业调查规划设计院	1070	1426	1426	—	—	—
国家林业局昆明勘察设计院	60	60	60	—	—	—
陕西佛坪国家级自然保护区管理局	983	1113	983	—	—	—
甘肃白水江国家级自然保护区管理局	1826	37	37	37	—	37
国家林业局卧龙自然保护区管理局	1014	26986	26986	26741	—	—
国家林业局北戴河培训中心	175	175	175	—	—	—
大兴安岭林业集团公司	446598	393445	251381	182059	—	188

林业投资完成情况(二)

单位:万元

累计完成投资									
		林业支撑与保障							林业产业发展
湿地恢复与保护	其他	合计	林木种苗	森林防火与森林公安	林业有害生物防治	科技教育	林业信息化	其他	
—	—	—	—	—	—	—	—	—	—
—	—	—	—	—	—	—	—	—	—
—	—	—	—	—	—	—	—	—	—
—	—	—	—	—	—	—	—	—	—
—	—	—	—	—	—	—	—	—	—
—	—	—	—	—	—	—	—	—	—
—	—	—	—	—	—	—	—	—	—
—	—	—	—	—	—	—	—	—	—
—	—	—	—	—	—	—	—	—	—
—	—	—	—	—	—	—	—	—	—
—	—	127	—	—	—	—	—	127	—
—	—	—	—	—	—	—	—	—	—
—	—	—	—	—	—	—	—	—	—
—	—	—	—	—	—	—	—	—	—
—	—	—	—	—	—	—	—	—	—
—	—	—	—	—	—	—	—	—	—
—	—	—	—	—	—	—	—	—	—
—	—	213	—	—	—	—	—	213	—
—	—	41	—	—	41	—	—	—	—
—	—	153	—	153	—	—	—	—	—
—	—	21677	—	21452	—	—	—	225	—
—	—	—	—	—	—	—	—	—	—
—	—	—	—	—	—	—	—	—	—
—	40	—	—	—	—	—	—	—	40
—	—	—	—	—	—	—	—	—	—
—	—	—	—	—	—	—	—	—	—
—	—	130	—	130	—	—	—	—	—
—	—	—	—	—	—	—	—	—	—
—	26741	245	—	245	—	—	—	—	—
—	—	—	—	—	—	—	—	—	—
562	181309	6759	—	5919	353	—	—	487	7001

国家林业局机关及直属单位

单位	自年初累计完成投资					
	林业民生工程				其他投资	
	合计	棚户区（危旧房）改造	社会性基础设施	其他	合计	其中：财政事业费
总计	**152256**	**151139**	**1117**	**—**	**85727**	**12395**
国家林业局信息中心	—	—	—	—	236	236
国家林业局国有林场和林木种苗工作总站	—	—	—	—	—	—
国家林业局林业工作站管理总站	—	—	—	—	20	20
国家林业局林业基金管理总站	—	—	—	—	—	—
国家林业局宣传中心	—	—	—	—	36	—
国家林业局濒危物种进出口管理中心	—	—	—	—	—	—
国家林业局天然林保护工程管理中心	—	—	—	—	—	—
国家林业局西北华北东北防护林建设局	—	—	—	—	3964	1788
国家林业局退耕还林(草)工程管理办公室	—	—	—	—	—	—
国家林业局防治荒漠化管理中心	—	—	—	—	—	—
国家林业局世界银行贷款项目管理中心	—	—	—	—	752	732
国家林业局科技发展中心	—	—	—	—	—	—
国家林业局森林资源监督管理办公室	—	—	—	—	30	—
国家林业局亚太森林网络管理中心	—	—	—	—	257	257
国家林业局湿地保护管理中心	—	—	—	—	1502	1502
国家林业局经济发展研究中心	—	—	—	—	56	—
国家林业局人才开发交流中心	—	—	—	—	—	—
国家林业局对外合作项目中心	—	—	—	—	17	17
国家林业局森林防火预警监测信息中心	—	—	—	—	—	—
中国林业科学研究院	—	—	—	—	8226	—
国家林业局调查规划设计院	—	—	—	—	—	—
国家林业局林产工业规划设计院	—	—	—	—	191	—
国家林业局管理干部学院	—	—	—	—	—	—
中国绿色时报社	—	—	—	—	1058	—
中国林业出版社	—	—	—	—	817	—
国家林业局国际竹藤中心	—	—	—	—	524	—
中国林学会	—	—	—	—	—	—
中国野生动物保护协会	—	—	—	—	7	7
中国花卉协会	—	—	—	—	—	—
中国绿化基金会	—	—	—	—	13542	49
国家林业局机关服务中心	—	—	—	—	40	—

林业投资完成情况(三)

单位:万元

本年实际到位资金合计										
总计	上年末结余资金	本年实际到位资金小计								
		合计	国家预算资金			国内贷款	债券	利用外资	自筹资金	其他资金
			小计	中央资金	地方资金					
586945	**75890**	**511055**	**349905**	**349905**	**—**	**—**	**—**	**—**	**143135**	**18015**
3394	110	3284	3284	3284	—	—	—	—	—	—
—	—	—	—	—	—	—	—	—	—	—
20	—	20	20	20	—	—	—	—	—	—
293	—	293	293	293	—	—	—	—	—	—
40	—	40	40	40	—	—	—	—	—	—
—	—	—	—	—	—	—	—	—	—	—
—	—	—	—	—	—	—	—	—	—	—
3383	340	3043	2663	2663	—	—	—	—	—	380
18	18	—	—	—	—	—	—	—	—	—
—	—	—	—	—	—	—	—	—	—	—
769	39	730	730	730	—	—	—	—	—	—
—	—	—	—	—	—	—	—	—	—	—
30	—	30	30	30	—	—	—	—	—	—
3346	191	3155	3155	3155	—	—	—	—	—	—
1745	148	1597	1594	1594	—	—	—	—	—	3
104	24	80	80	80	—	—	—	—	—	—
1714	—	1714	631	631	—	—	—	—	1071	12
17	—	17	17	17	—	—	—	—	—	—
—	—	—	—	—	—	—	—	—	—	—
17807	5992	11815	11815	11815	—	—	—	—	—	—
1164	—	1164	1164	1164	—	—	—	—	—	—
245	25	220	220	220	—	—	—	—	—	—
2718	718	2000	2000	2000	—	—	—	—	—	—
1058	—	1058	1058	1058	—	—	—	—	—	—
2482	497	1985	1985	1985	—	—	—	—	—	—
2269	954	1315	1315	1315	—	—	—	—	—	—
—	—	—	—	—	—	—	—	—	—	—
32121	25898	6223	471	471	—	—	—	—	—	5752
—	—	—	—	—	—	—	—	—	—	—
33653	21185	12468	763	763	—	—	—	—	—	11705
40	—	40	40	40	—	—	—	—	—	—

<table>
<tr><th rowspan="3">单　位</th><th colspan="6">自年初累计完成投资</th></tr>
<tr><th colspan="4">林业民生工程</th><th colspan="2">其他投资</th></tr>
<tr><th>合计</th><th>棚户区（危旧房）改造</th><th>社会性基础设施</th><th>其他</th><th>合计</th><th>其中：财政事业费</th></tr>
<tr><td>国家林业局离退休干部局</td><td>—</td><td>—</td><td>—</td><td>—</td><td>—</td><td>—</td></tr>
<tr><td>国家林业局招待所</td><td>—</td><td>—</td><td>—</td><td>—</td><td>—</td><td>—</td></tr>
<tr><td>国家林业局幼儿园</td><td>—</td><td>—</td><td>—</td><td>—</td><td>—</td><td>—</td></tr>
<tr><td>驻内蒙古自治区森林资源监督专员办事处</td><td>—</td><td>—</td><td>—</td><td>—</td><td>—</td><td>—</td></tr>
<tr><td>驻长春森林资源监督专员办事处</td><td>—</td><td>—</td><td>—</td><td>—</td><td>—</td><td>—</td></tr>
<tr><td>驻黑龙江省森林资源监督专员办事处</td><td>—</td><td>—</td><td>—</td><td>—</td><td>780</td><td>652</td></tr>
<tr><td>驻大兴安岭森林资源监督专员办事处</td><td>—</td><td>—</td><td>—</td><td>—</td><td>662</td><td>523</td></tr>
<tr><td>驻福州森林资源监督专员办事处</td><td>—</td><td>—</td><td>—</td><td>—</td><td>—</td><td>—</td></tr>
<tr><td>驻云南省森林资源监督专员办事处</td><td>—</td><td>—</td><td>—</td><td>—</td><td>—</td><td>—</td></tr>
<tr><td>驻成都森林资源监督专员办事处</td><td>—</td><td>—</td><td>—</td><td>—</td><td>431</td><td>431</td></tr>
<tr><td>驻西安森林资源监督专员办事处</td><td>—</td><td>—</td><td>—</td><td>—</td><td>223</td><td>223</td></tr>
<tr><td>驻武汉森林资源监督专员办事处</td><td>—</td><td>—</td><td>—</td><td>—</td><td>—</td><td>—</td></tr>
<tr><td>驻贵阳森林资源监督专员办事处</td><td>—</td><td>—</td><td>—</td><td>—</td><td>307</td><td>307</td></tr>
<tr><td>驻广州森林资源监督专员办事处</td><td>—</td><td>—</td><td>—</td><td>—</td><td>20</td><td>20</td></tr>
<tr><td>驻合肥森林资源监督专员办事处</td><td>—</td><td>—</td><td>—</td><td>—</td><td>272</td><td>272</td></tr>
<tr><td>驻乌鲁木齐森林资源监督专员办事处</td><td>—</td><td>—</td><td>—</td><td>—</td><td>277</td><td>136</td></tr>
<tr><td>驻上海森林资源监督专员办事处</td><td>—</td><td>—</td><td>—</td><td>—</td><td>—</td><td>—</td></tr>
<tr><td>驻北京森林资源监督专员办事处</td><td>—</td><td>—</td><td>—</td><td>—</td><td>286</td><td>242</td></tr>
<tr><td>国家林业局森林病虫害防治总站</td><td>—</td><td>—</td><td>—</td><td>—</td><td>—</td><td>—</td></tr>
<tr><td>国家林业局北方航空护林总站</td><td>—</td><td>—</td><td>—</td><td>—</td><td>—</td><td>—</td></tr>
<tr><td>国家林业局南方航空护林总站</td><td>—</td><td>—</td><td>—</td><td>—</td><td>—</td><td>—</td></tr>
<tr><td>南京森林警察学院</td><td>—</td><td>—</td><td>—</td><td>—</td><td>2467</td><td>2467</td></tr>
<tr><td>国家林业局华东林业调查规划设计院</td><td>—</td><td>—</td><td>—</td><td>—</td><td>672</td><td>—</td></tr>
<tr><td>国家林业局中南林业调查规划设计院</td><td>40</td><td>—</td><td>40</td><td>—</td><td>—</td><td>—</td></tr>
<tr><td>国家林业局西北林业调查规划设计院</td><td>—</td><td>—</td><td>—</td><td>—</td><td>1426</td><td>1426</td></tr>
<tr><td>国家林业局昆明勘察设计院</td><td>—</td><td>—</td><td>—</td><td>—</td><td>60</td><td>60</td></tr>
<tr><td>陕西佛坪国家级自然保护区管理局</td><td>130</td><td>130</td><td>—</td><td>—</td><td>853</td><td>853</td></tr>
<tr><td>甘肃白水江国家级自然保护区管理局</td><td>—</td><td>—</td><td>—</td><td>—</td><td>—</td><td>—</td></tr>
<tr><td>国家林业局卧龙自然保护区管理局</td><td>—</td><td>—</td><td>—</td><td>—</td><td>—</td><td>—</td></tr>
<tr><td>国家林业局北戴河培训中心</td><td>—</td><td>—</td><td>—</td><td>—</td><td>175</td><td>175</td></tr>
<tr><td>大兴安岭林业集团公司</td><td>152086</td><td>151009</td><td>1077</td><td>—</td><td>45540</td><td>—</td></tr>
</table>

林业投资完成情况(四)

单位:万元

本年实际到位资金合计										
总计	上年末结余资金	本年实际到位资金小计								
		合计	国家预算资金			国内贷款	债券	利用外资	自筹资金	其他资金
			小计	中央资金	地方资金					
—	—	—	—	—	—	—	—	—	—	—
—	—	—	—	—	—	—	—	—	—	—
—	—	—	—	—	—	—	—	—	—	—
—	—	—	—	—	—	—	—	—	—	—
—	—	—	—	—	—	—	—	—	—	—
—	—	—	—	—	—	—	—	—	—	—
662	—	662	523	523	—	—	—	—	—	139
—	—	—	—	—	—	—	—	—	—	—
—	—	—	—	—	—	—	—	—	—	—
490	20	470	468	468	—	—	—	—	—	2
405	—	405	405	405	—	—	—	—	—	—
—	—	—	—	—	—	—	—	—	—	—
307	—	307	307	307	—	—	—	—	—	—
24	—	24	24	24	—	—	—	—	—	—
272	—	272	272	272	—	—	—	—	—	—
314	15	299	277	277	—	—	—	—	—	22
—	—	—	—	—	—	—	—	—	—	—
579	57	522	522	522	—	—	—	—	—	—
1126	22	1104	1104	1104	—	—	—	—	—	—
1885	1885	—	—	—	—	—	—	—	—	—
23171	2950	20221	20221	20221	—	—	—	—	—	—
2467	—	2467	2467	2467	—	—	—	—	—	—
724	524	200	200	200	—	—	—	—	—	—
80	—	80	80	80	—	—	—	—	—	—
3174	2104	1070	1070	1070	—	—	—	—	—	—
60	—	60	60	60	—	—	—	—	—	—
983	—	983	983	983	—	—	—	—	—	—
1426	—	1426	1426	1426	—	—	—	—	—	—
1014	14	1000	1000	1000	—	—	—	—	—	—
175	—	175	175	175	—	—	—	—	—	—
439177	12160	427017	284953	284953	—	—	—	—	142064	—

6

林业教育

FORESTRY EDUCATION

2013～2014学年初普通高等林业院校、高中等林业职业院校和其他普通、职业院校林科基本情况

单位:人

名　　称	学校单位数（所、个）	毕业生数	招生数	在校学生数	毕业班学生数	教职工数	
						计	其中：专任教师
总　计	**—**	**155719**	**147093**	**481680**	**158631**	**20263**	**13006**
一、研究生	**157**	**8760**	**9559**	**28631**	**11732**	**11671**	**7425**
1. 高等林业院校	6	5148	5882	16507	6708	11671	7425
2. 其他高等院校（林科）	136	3349	3359	11192	4669	—	—
3. 科研单位	15	263	318	932	355	—	—
二、普通本专科生	**242**	**30030**	**38189**	**145921**	**34707**	**—**	**—**
1. 普通高等林业院校	7	22761	27402	105435	25231	—	—
2. 其他普通高等院校（林科）	235	7269	10787	40486	9476	—	—
三、高等职业院校学生	**121**	**36190**	**39035**	**116059**	**38244**	**5674**	**3882**
1. 普通林业学校专科	2	1394	582	2716	1288	—	—
2. 高等林业（园林）职业学校	13	22884	26331	76172	24524	5674	3882
3. 其他高等职业学校（林科）	106	11912	12122	37171	12432	—	—
四、中等职业院校学生	**427**	**80739**	**60310**	**191069**	**73948**	**2918**	**1699**
1. 中等林业（园林）职业学校	24	16822	18410	48618	14467	2918	1699
2. 其他中等职业学校（林科）	403	63917	41900	142451	59481	—	—

2013～2014学年初普通高等林业院校教职工情况(一)

单位:人

学校名称	教职工数								
	合计	校本部教职工							
		计	专任教师						行政人员
			计	正高级	副高级	中级	初级	无职称者	
总　计	**11921**	**11358**	**7577**	**1240**	**2554**	**3083**	**407**	**293**	**1927**
北京林业大学	1781	1688	1180	238	525	360	8	49	249
东北林业大学	2773	2455	1521	306	522	563	81	49	404
南京林业大学	1893	1803	1231	196	368	601	66	—	322
浙江农林大学	1586	1566	1054	163	346	409	29	107	302
中南林业科技大学	2330	2317	1461	210	448	657	91	55	421
西南林业大学	1160	1143	877	102	268	386	92	29	129
南京森林警察学院	398	386	253	25	77	107	40	4	100

2013～2014学年初普通高等林业院校教职工情况(二)

单位:人

学校名称	教职工数					另有其他人员			
	校本部教职工		科研机构人员	校办企业职工	其他附设机构人员	聘请校外教师	离退休人员	附属中小学幼儿园教职工	集体所有制人员
	教辅人员	工勤人员							
总　计	**1188**	**666**	**86**	**143**	**334**	**1098**	**4706**	**33**	**128**
北京林业大学	187	72	—	59	34	293	772	33	—
东北林业大学	375	155	7	67	244	22	1120	—	128
南京林业大学	134	116	37	17	36	289	1052	—	—
浙江农林大学	148	62	8	—	12	73	13	—	—
中南林业科技大学	231	204	13	—	—	209	1148	—	—
西南林业大学	95	42	17	—	—	160	420	—	—
南京森林警察学院	18	15	4	—	8	52	181	—	—

2013～2014 学年初普通高等林业院校资产情况

学校名称	占地面积(平方米)			图书资料		拥有教学用计算机（台）	多媒体教室座位数（个）	语音实验室数（个）	固定资产总值(万元)	
	总面积	其中		合计（万册）	其中:当年新增（万册）				计	教学、科研仪器设备资产
		绿化用地	运动场地							
一、学校产权	**10183602**	**4259712**	**531978**	**1066.3**	**28.7**	**49970**	**37359**	**1835**	**942295**	**225122**
北京林业大学	468796	124750	56505	170.4	7.1	6230	3251	154	182309	51472
东北林业大学	1287559	400000	100291	205.5	4.9	9241	6919	357	169309	56856
南京林业大学	3730262	1492104	66475	166.2	6.2	7607	6299	299	135736	48317
浙江农林大学	1859349	920906	101198	147.9	5.5	6111	5255	401	140668	22129
中南林业科技大学	1307246	586000	52175	180.3	0.3	11979	8390	320	102834	23746
西南林业大学	801768	329750	70118	137.9	2.6	5927	5097	238	159533	15861
南京森林警察学院	728622	406202	85216	58.1	2.1	2875	2148	66	51906	6741
二、非学校产权	**490629**	**16000**	**15000**	**50000.0**	**—**	**1030**	**450**	**—**	**35100**	**8700**
北京林业大学	—	—	—	—	—	—	—	—	—	—
东北林业大学	—	—	—	—	—	—	—	—	—	—
南京林业大学	—	—	—	—	—	—	—	—	—	—
浙江农林大学	—	—	—	—	—	—	—	—	—	—
中南林业科技大学	33300	6000	15000	50000.0	—	1030	450	—	35100	8700
西南林业大学	437329	—	—	—	—	—	—	—	—	—
南京森林警察学院	20000	10000	—	—	—	—	—	—	—	—

2013～2014学年初普通高等林业院校和其他高等院校、科研院所林科研究生分单位情况(一)

单位:人

学校名称	毕业生数	招生数	在校学生数	毕业班学生数
总　计	**8760**	**9559**	**28631**	**11732**
一、博士生	**1097**	**1395**	**6058**	**3282**
1. 高等林业院校	524	642	2928	1651
北京林业大学	217	266	1090	564
东北林业大学	150	195	924	532
南京林业大学	114	125	668	417
浙江农林大学	—	3	3	—
中南林业科技大学	43	53	243	138
2. 林业科研单位	106	119	390	158
中国林业科学研究院	106	119	390	158
3. 其他高等院校(林业学科)	467	634	2740	1473
二、硕士生	**7663**	**8164**	**22573**	**8450**
1. 高等林业院校	4624	5240	13579	5057
北京林业大学	1183	1371	3531	1287
东北林业大学	1070	1226	3219	1144
南京林业大学	939	1015	2562	981
浙江农林大学	433	483	1240	479
中南林业科技大学	578	689	1807	684
西南林业大学	421	456	1220	482
2. 林业科研单位	157	199	542	197
中国林业科学研究院	157	199	542	197
3. 其他院所(林科)	2882	2725	8452	3196
中国科学院大学	9	26	68	20
首都师范大学	7	2	12	7
中国农业大学	34	44	124	80
中国人民大学	4	6	11	5
中央民族大学	12	6	24	12
北京大学	1	4	16	7
北京农学院	17	6	33	15
北京师范大学	8	4	17	5
华北水利水电大学	4	3	10	3
天津科技大学	4	2	9	4
天津师范大学	15	13	42	14
河北大学	14	11	31	11
河北科技大学	7	7	23	8
河北科技师范学院	—	2	4	—
河北农业大学	79	61	202	80
河北师范大学	18	15	52	20
山西大学	12	19	44	12
山西农业大学	46	79	190	51
山西师范大学	14	40	69	8
内蒙古大学	12	18	50	15
内蒙古科技大学	—	3	7	—

2013～2014 学年初普通高等林业院校和其他高等院校、科研院所林科研究生分单位情况(二)

单位:人

学校名称	毕业生数	招生数	在校学生数	毕业班学生数
内蒙古农业大学	71	68	225	78
内蒙古师范大学	18	21	52	16
沈阳农业大学	87	58	213	101
辽宁大学	—	7	12	—
辽宁工程技术大学	6	8	19	7
辽宁师范大学	9	2	21	9
沈阳师范大学	—	3	5	—
北华大学	10	16	35	10
吉林大学	7	3	13	5
吉林农业大学	29	29	109	45
东北农业大学	65	36	138	64
东北师范大学	11	9	44	23
黑龙江八一农垦大学	1	2	6	1
哈尔滨师范大学	15	14	51	21
牡丹江师范学院	—	9	14	—
齐齐哈尔大学	3	—	12	12
佳木斯大学	—	3	5	—
南昌大学	11	11	29	8
复旦大学	4	4	20	9
上海财经大学	2	2	4	2
上海大学	—	—	2	—
上海交通大学	9	—	6	6
上海师范大学	17	19	60	20
河海大学	1	3	8	2
浙江大学	28	32	100	36
杭州师范大学	10	11	34	10
南京大学	10	19	57	19
南京农业大学	74	105	362	155
南京师范大学	21	18	62	22
南开大学	11	10	29	10
南通大学	—	3	6	—
江苏科技大学	—	2	2	—
江苏师范大学	7	—	8	8
扬州大学	10	6	17	6
苏州大学	19	3	19	12
安徽农业大学	60	84	234	66
安徽师范大学	13	10	31	11
淮北师范大学	18	2	19	15
合肥工业大学	9	3	13	9
福建农林大学	154	68	289	140
福建师范大学	12	13	33	10
厦门大学	8	3	20	9
江西财经大学	5	9	15	3

2013～2014学年初普通高等林业院校和其他高等院校、科研院所林科研究生分单位情况(三)

单位:人

学校名称	毕业生数	招生数	在校学生数	毕业班学生数
江西农业大学	56	38	130	51
江西师范大学	—	13	34	10
山东大学	3	6	11	2
山东建筑大学	6	2	8	4
山东农业大学	90	68	220	91
山东师范大学	20	25	64	19
烟台大学	—	2	5	—
聊城大学	9	3	12	7
青岛农业大学	20	9	48	22
曲阜师范大学	7	—	14	8
齐鲁工业大学	—	1	3	—
河南大学	15	12	37	14
河南科技大学	5	3	14	6
河南农业大学	42	41	129	54
河南师范大学	18	12	41	17
信阳师范学院	2	3	11	4
郑州大学	3	6	19	3
武汉大学	2	12	26	2
长江大学	6	1	12	8
湖北大学	1	3	11	4
湖北民族学院	4	15	21	2
中南财经政法大学	—	—	3	2
三峡大学	—	1	3	—
湖南农业大学	20	10	56	29
湖南师范大学	10	12	41	15
吉首大学	3	12	33	11
华中科技大学	—	—	—	—
华中农业大学	107	63	249	114
华中师范大学	21	14	36	12
华东师范大学	17	18	55	20
广州大学	—	3	5	—
深圳大学	5	—	2	2
华南师范大学	39	44	119	36
华南农业大学	84	63	207	80
广西大学	58	40	146	63
广西师范大学	13	10	35	13
仲恺农业工程学院	17	15	43	17
海南大学	49	25	111	55
重庆大学	—	20	42	22
重庆师范大学	—	6	10	—
西南大学	104	65	226	103
四川大学	24	21	82	39
四川农业大学	101	91	340	158

2013～2014 学年初普通高等林业院校和其他高等院校、科研院所林科研究生分单位情况(四)

单位:人

学校名称	毕业生数	招生数	在校学生数	毕业班学生数
西华师范大学	4	22	32	5
西南交通大学	5	—	6	5
西南科技大学	31	—	47	37
四川师范大学	—	4	7	—
贵州大学	51	59	157	54
贵州师范大学	17	11	37	12
昆明理工大学	11	4	26	15
云南大学	20	17	53	18
云南农业大学	58	43	148	52
云南师范大学	4	5	13	6
西藏大学	1	14	29	4
陕西理工学院	5	9	27	14
陕西师范大学	17	25	59	15
西安理工大学	3	3	8	2
长安大学	—	—	—	—
西北大学	8	10	22	2
西北农林科技大学	208	201	581	194
西北师范大学	16	17	46	15
甘肃农业大学	35	41	124	44
兰州大学	24	36	106	32
兰州交通大学	—	1	2	1
青海大学	5	6	16	7
青海师范大学	11	8	20	5
宁夏大学	4	6	15	3
新疆农业大学	29	36	94	35
新疆师范大学	7	6	15	5
石河子大学	19	17	46	12
塔里木大学	—	6	10	—
江苏省植物研究所	16	16	46	15
中国科学院武汉植物研究所	15	12	35	11
中国科学院华南植物研究院	24	19	49	13
中国科学院昆明植物研究所	14	14	37	11
中国科学院南京土壤研究所	11	17	41	9
中国科学院上海生命科学研究院	3	56	77	1
中国科学院西北高原生物研究所	3	5	12	2
中国科学院西双版纳热带植物园	15	18	49	16
中国科学院新疆生态与地理研究所	10	8	32	12
中国科学院沈阳应用生态所	5	12	25	6
中国科学院水土保持与生态环境研究中心	16	15	46	14
中国科学院成都山地灾害与环境研究所	2	5	13	4
中国科学院成都生物研究所	5	5	15	4
中国社会科学院研究生院	—	—	—	—
中国农业科学院研究生院	7	9	24	8

2013～2014学年初普通高等林业院校和其他高等院校、科研院所林科研究生分学科情况(一)

单位:人

学科名称	毕业生数	招生数	在校学生数	毕业班学生数
总　计	**8760**	**9559**	**28631**	**11732**
一、博士生	**1097**	**1395**	**6058**	**3282**
1. 林业学科小计	1009	1296	5611	3036
林产化学加工工程	31	36	122	58
林木遗传育种	53	58	221	98
林业经济管理	52	60	345	227
木材科学与技术	46	71	280	148
森林保护学	44	51	209	115
森林工程	26	42	187	111
森林经理学	36	46	198	102
森林培育	79	72	380	226
水土保持与荒漠化防治	54	92	330	155
野生动植物保护与利用	27	36	164	91
园林植物与观赏园艺	43	32	215	136
生态学(森林生态学)	61	71	338	189
土壤学(森林土壤学)	2	3	15	7
植物学(森林植物学)	22	30	126	67
风景园林学	15	35	100	35
其他	418	561	2381	1271
2. 林业院校和科研单位其他学科	88	99	447	246
草学新专业	5	4	20	12
动物学	—	—	2	1
发育生物学	6	4	19	11
机械电子工程	—	2	4	—
机械工程	—	9	16	—
机械设计及理论	13	10	87	70
机械制造及其自动化	—	2	4	—
农业经济管理	22	15	72	40
生物化学与分子生物学	13	11	37	13
生物学	2	1	5	—
微生物学	5	7	31	16
细胞生物学	4	6	24	14
水生生物学	—	1	4	—
食品科学与工程	—	—	5	3
遗传学	5	7	31	16
载运工具运用工程	2	5	16	9
制浆造纸工程	6	4	29	22
思想政治教育	2	5	17	8
作物遗传育种	3	6	24	11
二、硕士	**7663**	**8164**	**22573**	**8450**
1. 林业学科小计	4736	4760	13869	5136
林产化学加工工程	93	92	277	90
林木遗传育种	122	162	472	149
林业经济管理	78	83	238	78

2013～2014学年初普通高等林业院校和其他高等院校、科研院所林科研究生分学科情况(二)

单位:人

学科名称	毕业生数	招生数	在校学生数	毕业班学生数
木材科学与技术	168	163	503	154
森林保护学	173	198	569	179
森林工程	56	59	193	70
森林经理学	166	185	566	205
森林培育	258	281	835	290
水土保持与荒漠化防治	339	340	968	336
野生动植物保护与利用	133	146	400	126
园林植物与观赏园艺	900	352	1607	915
土壤学(森林土壤学)	26	32	98	33
植物学(森林植物学)	86	95	288	97
生态学(森林生态学)	195	195	534	179
风景园林	417	525	1162	450
其他林业学科	1526	1852	5159	1785
2. 林业院校和科研单位其他学科	2927	3404	8704	3314
材料加工工程	6	9	25	8
材料物理与化学	—	7	14	—
材料学	10	11	34	12
草学学科	14	12	39	14
测试计量技术及仪器	12	—	10	10
茶学	—	1	2	—
车辆工程	13	17	44	11
城乡规划学学科	97	44	175	89
道路与铁道工程	30	21	66	23
地图学与地理信息系统	47	41	132	45
动物学	35	25	84	34
动物遗传育种与繁殖	3	4	14	5
俄语语言文学	—	5	11	—
发酵工程	3	2	12	6
发育生物学	12	18	48	12
法学理论	4	10	25	9
法学学科	—	28	50	—
翻译	22	59	93	34
防灾减灾工程及防护工程	—	—	1	—
概率论与数理统计	—	5	10	—
高分子化学与物理	19	13	52	27
工程	339	630	1184	554
工商管理	—	129	247	118
工商管理学科	8	36	76	—
管理科学与工程学科	58	39	129	43
国际贸易学	13	15	35	9
国际商务	14	6	14	8
果树学	4	6	17	4
汉语言文字学	6	6	19	7
行政管理	43	37	104	31

2013～2014学年初普通高等林业院校和其他高等院校、科研院所林科研究生分学科情况(三)

单位:人

学科名称	毕业生数	招生数	在校学生数	毕业班学生数
化学工程与技术学科	—	11	26	—
化学工艺	16	12	39	15
环境工程	25	17	63	22
环境科学	82	30	105	48
环境科学与工程学科	—	27	86	25
环境与资源保护法学	76	26	117	70
会计	23	41	75	34
会计学	26	31	69	12
机械电子工程	7	17	39	9
机械工程学科	—	10	21	—
机械设计及理论	44	21	80	40
机械制造及其自动化	29	20	77	34
技术经济及管理	5	3	11	2
计算机软件与理论	7	8	27	8
计算机系统结构	—	2	6	—
计算机应用技术	61	30	111	45
检测技术与自动化装置	15	10	25	6
建筑学学科	—	17	31	—
交通信息工程及控制	1	6	16	4
交通运输规划与管理	9	8	24	9
结构工程	39	28	105	50
金融学(含:保险学)	7	5	13	5
科学技术哲学	15	—	15	14
控制理论与控制工程	17	19	58	17
伦理学	13	12	38	12
旅游管理	25	16	66	29
马克思主义发展史	—	3	9	—
马克思主义基本原理	10	8	33	14
马克思主义中国化研究	20	26	77	25
美学	—	4	8	—
民商法学(含:劳动法学、社会保障法学)	—	15	25	—
模式识别与智能系统	—	5	8	—
木材科学与技术	138	131	405	122
农产品加工及贮藏工程	18	13	50	18
农业电气化与自动化	7	5	11	2
农业机械化工程	8	10	25	4
农业经济管理	21	13	47	18
农业生物环境与能源工程	5	4	16	5
农业推广	331	543	1033	490
农业资源与环境学科	—	7	13	—
企业管理(含:财务管理、市场营销、人力资源管理)	68	25	125	71
桥梁与隧道工程	27	15	48	16
人口、资源与环境经济学	10	8	24	7

2013～2014 学年初普通高等林业院校和其他高等院校、科研院所林科研究生分学科情况(四)

单位:人

学科名称	毕业生数	招生数	在校学生数	毕业班学生数
人文地理学	—	5	9	—
软件工程学科	—	8	15	—
设计学学科	25	98	290	86
设计艺术学	199	26	166	117
生理学	9	12	29	7
生物工程学科	—	4	8	—
生物化工	11	9	27	8
生物化学与分子生物学	47	55	160	49
生物物理学	15	17	52	15
生物学学科	—	3	3	—
生药学	20	16	50	17
食品科学	5	8	35	22
食品科学与工程学科	12	23	53	5
市政工程	—	1	2	—
蔬菜学	—	1	3	—
数学学科	—	5	5	—
水产品加工及贮藏工程	—	—	5	5
水生生物学	12	8	28	12
水土保持与荒漠化防治	130	116	334	117
思想政治教育	34	31	101	42
特种经济动物饲养(含:蚕、蜂等)	5	7	18	4
统计学	11	14	38	12
土木工程学科	—	40	72	—
外国语言学及应用语言学	39	21	80	33
微生物学	41	42	130	36
细胞生物学	24	20	65	26
宪法学与行政法学	—	14	24	—
心理学学科	—	12	26	—
岩土工程	12	11	33	11
药物化学	10	4	14	6
仪器科学与技术学科	—	8	16	—
遗传学	17	19	70	26
艺术	63	97	218	83
英语语言文学	37	19	69	26
应用化学	17	13	43	15
应用数学	15	6	24	11
应用统计	12	6	15	9
应用心理学	13	—	14	14
有机化学	—	6	10	—
载运工具运用工程	24	28	81	26
哲学	—	10	24	—
植物营养学	9	12	37	14
制浆造纸工程	32	28	85	30
资产评估	4	10	19	9
自然地理学	6	13	38	6

2013～2014学年初普通高等林业院校和其他高等院校林科分学校学生情况

单位:人

学校名称	毕业生数	招生数	在校学生数	毕业班学生数
总　计	**30030**	**38189**	**145921**	**34707**
一、普通高等林业院校	**22761**	**27402**	**105435**	**25231**
北京林业大学	3195	3441	13282	3294
东北林业大学	4722	4676	18846	4502
南京林业大学	3669	4047	16179	3958
浙江农林大学	3318	3500	14013	3455
中南林业科技大学	4999	5890	22968	5537
西南林业大学	2858	4372	15780	3674
南京森林警察学院	—	1476	4367	811
二、其他高等院校(林科)	**7269**	**10787**	**40486**	**9476**

2013～2014学年初普通高等林业院校和其他高等院校林科分专业学生情况(一)

单位:人

专业名称	毕业生数	招生数	在校学生数	毕业班学生数
总　计	**30030**	**38189**	**145921**	**34707**
一、林科专业	**10808**	**15012**	**56456**	**13081**
1. 林业工程类	2451	2870	10947	2693
森林工程	353	333	1461	432
木材科学与工程	1501	1771	6570	1620
林产化工	377	595	1977	397
林业工程类新专业	220	171	939	244
2. 森林资源类	894	1236	4280	1026
森林保护	427	772	2248	515
森林资源保护与游憩	138	—	492	192
野生动物与自然保护区管理	293	374	1361	319
森林资源类新专业	36	90	179	—
3. 环境生态类	2726	6111	20035	3938
园林	1400	4497	13677	2405
水土保持与荒漠化防治	946	1013	4093	984
风景园林	344	521	1902	467
环境生态类新专业	36	80	363	82
4. 农林经济管理类	4737	4795	21194	5424
农林经济管理	4737	4795	21194	5424
二、林业院校非林科专业	**19222**	**23177**	**89465**	**21626**
安全工程	26	—	—	—
包装工程	166	209	746	171
保险学	45	59	169	32
材料成型及控制工程	54	87	244	46
材料化学	131	167	637	154
财务管理	54	83	495	118
草业科学	51	58	246	51
测绘工程	158	212	735	149
测控技术与仪器	57	58	199	46
茶学	—	29	29	—
产品设计	94	247	580	111
朝鲜语	22	28	111	26
车辆工程	319	342	1430	350
城市地下空间工程	—	59	59	—
城市管理	57	—	157	62
城乡规划	255	255	1224	245
地理科学	—	50	50	—
地理信息科学	202	261	1049	246
电气工程及其自动化	192	192	889	244
电子科学与技术	30	55	164	28
电子商务	112	115	411	113

2013～2014学年初普通高等林业院校和其他高等院校林科分专业学生情况(二)

单位:人

专业名称	毕业生数	招生数	在校学生数	毕业班学生数
电子信息工程	424	339	1514	404
电子信息科学与技术	57	129	360	55
电子信息类专业	—	238	238	—
动画	98	90	582	170
动物科学	60	139	449	111
动物医学	54	96	271	41
俄语	100	80	300	67
法学	396	398	1580	368
法语	41	76	365	113
服装与服饰设计	44	—	139	47
高分子材料与工程	264	258	1044	260
给排水科学与工程	57	137	447	55
公安管理学	—	159	159	—
公安学类专业	—	403	968	130
工程管理	281	278	1144	280
工程力学	24	49	129	—
公共管理类专业	—	68	70	—
公共事业管理	147	155	687	173
公共艺术	—	21	21	—
工商管理	364	269	1254	325
工商管理类专业	—	249	249	—
工业工程	58	92	326	74
工业设计	479	318	1646	414
广播电视学	28	37	146	27
广告学	224	188	921	228
国际经济与贸易	371	610	2303	515
国际商务	50	77	257	50
过程装备与控制工程	56	55	194	50
汉语国际教育	—	45	45	—
汉语言	25	—	106	31
汉语言文学	121	186	633	150
行政管理	49	46	182	41
化学	41	62	194	44
化学工程与工艺	283	204	890	254
化学生物学	—	38	72	—
环境工程	236	290	1067	269
环境科学	219	233	753	181
环境科学新专业	34	61	212	49
环境设计	599	708	2735	688
会计学	1089	854	4479	1237
机械电子工程	114	224	719	136
机械类专业	—	170	170	—

2013～2014学年初普通高等林业院校和其他高等院校林科分专业学生情况(三)

单位:人

专业名称	毕业生数	招生数	在校学生数	毕业班学生数
机械设计制造及其自动化	827	592	3232	1054
计算机科学与技术	656	651	2296	497
建筑环境与能源应用工程	83	61	282	60
建筑学	47	158	785	114
交通工程	76	108	372	92
交通运输	288	246	1064	270
教育技术学	—	89	184	—
金融工程	—	67	67	—
金融学	261	316	1333	358
经济统计学	50	59	227	59
经济学	39	74	292	68
警务指挥与战术	—	70	70	—
酒店管理	—	60	60	—
科学教育	—	—	62	—
粮食工程	—	34	34	—
旅游管理	445	446	1829	458
能源与动力工程	149	194	688	148
农村区域发展	34	43	165	45
农学	57	98	427	94
农业机械化及其自动化	43	—	125	44
农业资源与环境	59	73	276	72
汽车服务工程	71	169	452	54
轻化工程	181	180	751	201
人力资源管理	130	117	577	150
人文地理与城乡规划	97	101	397	97
人文教育	—	—	26	—
日语	235	199	842	239
软件工程	105	142	490	96
商务英语	—	50	153	—
社会工作	84	90	330	85
社会体育指导与管理	28	29	121	32
设计学类专业	—	297	297	—
摄影	39	—	142	49
生态学	65	111	446	121
生物工程	138	124	537	128
生物技术	285	354	1297	269
生物科学	150	84	570	185
生物科学类专业	—	150	150	—
生物制药	—	36	36	—
食品科学与工程	350	404	1508	345
食品质量与安全	97	94	365	40
市场营销	301	297	1207	278

2013～2014 学年初普通高等林业院校和其他高等院校林科分专业学生情况(四)

单位:人

专业名称	毕业生数	招生数	在校学生数	毕业班学生数
视觉传达设计	155	258	759	163
数学与应用数学	108	116	417	91
数字媒体艺术	113	32	365	115
泰语	—	51	137	—
体育教育	45	51	199	57
通信工程	168	182	719	159
统计学	74	30	252	69
统计学类专业	—	34	34	—
土地资源管理	21	131	288	—
土木工程	877	873	4383	1348
网络工程	—	34	124	31
文化产业管理	56	58	233	63
物理学	44	64	167	33
物流工程	200	223	756	144
物流管理	108	203	606	148
物业管理	112	59	308	117
消防工程	32	59	205	47
心理学	85	—	69	69
信息工程	—	48	140	—
信息管理与信息系统	318	324	1189	272
信息与计算科学	255	271	1017	240
野生动物与自然保护区管理	146	141	565	125
艺术设计学	321	—	1084	386
音乐表演	46	48	211	43
印刷工程	58	47	224	52
英语	626	568	2349	661
应用化学	141	207	664	161
应用生物科学	—	46	125	—
应用统计学	—	35	35	—
应用物理学	25	40	63	—
应用心理学	—	80	226	—
园艺	236	250	1019	274
越南语	—	41	73	—
侦查学	—	459	1695	402
政治学与行政学	54	58	215	58
植物保护	88	89	408	96
治安学	—	385	1475	279
中药学	57	—	129	66
种子科学与工程	—	29	57	—
专科起点本科	329	—	679	409
自动化	238	294	1135	285
自然地理与资源环境	104	97	459	132

2013～2014 学年初高等林业职业学校教职工基本情况（一）

单位：人

学校名称	教职工数							
	合计	校本部教职工						
		计	专任教师					
			计	正高级	副高级	中级	初级	无职称者
总　计	**6006**	**5929**	**4166**	**199**	**1007**	**1551**	**1080**	**329**
山西林业职业技术学院	313	292	219	4	44	73	71	27
辽宁林业职业技术学院	509	509	283	28	60	94	63	38
黑龙江林业职业技术学院	642	637	292	44	84	83	63	18
黑龙江生态工程职业学院	500	500	239	27	73	107	27	5
安徽林业职业技术学院	130	130	96	2	27	36	31	—
福建林业职业技术学院	413	399	326	2	74	77	120	53
江西环境工程职业学院	673	665	462	22	84	169	175	12
湖北生态工程职业技术学院	521	521	386	5	52	97	159	73
湖南环境生物职业技术学院	932	932	753	35	235	360	123	—
广西生态工程职业技术学院	383	354	258	13	68	108	32	37
云南林业职业技术学院	541	541	472	4	98	200	135	35
甘肃林业职业技术学院	449	449	380	13	108	147	81	31

2013～2014 学年初高等林业职业学校教职工基本情况（二）

单位：人

学校名称	教职工数						另有其他人员			
	校本部教职工			科研机构人员	校办企业职工	其他附设机构人员	聘请校外教师	离退休人员	附属中小学幼儿园教职工	集体所有制人员
	行政人员	教辅人员	工勤人员							
总　计	**716**	**514**	**533**	**1**	**13**	**63**	**1661**	**2034**	**—**	**—**
山西林业职业技术学院	31	19	23	—	—	21	116	72	—	—
辽宁林业职业技术学院	107	22	97	—	—	—	69	207	—	—
黑龙江林业职业技术学院	169	87	89	—	—	5	188	492	—	—
黑龙江生态工程职业学院	77	90	94	—	—	—	175	210	—	—
安徽林业职业技术学院	9	8	17	—	—	—	90	62	—	—
福建林业职业技术学院	22	39	12	1	13	—	161	83	—	—
江西环境工程职业学院	53	67	83	—	—	8	151	107	—	—
湖南环境生物职业技术学院	82	76	21	—	—	—	180	323	—	—
湖北生态工程职业技术学院	73	35	27	—	—	—	210	87	—	—
广西生态工程职业技术学院	54	17	25	—	—	29	110	227	—	—
云南林业职业技术学院	24	16	29	—	—	—	95	108	—	—
甘肃林业职业技术学院	15	38	16	—	—	—	116	56	—	—

注：宁夏防沙治沙职业技术学院数据暂缺。

2013～2014学年初高等林业职业教育及普通专科分学校基本情况(一)

单位:人

学校名称	毕业生数	招生数	在校学生数	毕业班学生数
总　计	**36190**	**39035**	**116059**	**38244**
(一)普通林业学校专科	1394	582	2716	1288
中南林业科技大学	733	582	2066	775
南京森林警察学院	661	—	650	513
(二)高等林业职业学校	22884	26331	76172	24524
山西林业职业技术学院	1705	1709	5430	1652
辽宁林业职业技术学院	1464	1915	5661	1599
黑龙江林业职业技术学院	1912	2054	6383	2000
黑龙江生态工程职业学院	1690	2040	5143	1791
河南林业职业学院	—	113	113	—
安徽林业职业技术学院	1049	1051	3090	1069
福建林业职业技术学院	1601	2333	6286	1761
江西环境工程职业学院	2009	1820	6007	2072
湖北生态工程职业技术学院	2045	3629	8740	2420
湖南环境生物职业技术学院	2857	2768	8531	2979
广西生态工程职业技术学院	1922	2132	5526	1972
云南林业职业技术学院	1959	1825	6157	2166
甘肃林业职业技术学院	2671	2739	8483	2833
宁夏防沙治沙职业技术学院	—	203	622	210
(三)其他高等学校(林科)	11912	12122	37171	12432
北京农学院	56	57	170	58
北京联合大学	13	11	34	13
北京城市学院	22	21	74	26
北京农业职业学院	38	70	152	39
天津农学院	107	69	200	61
天津滨海职业学院	26	57	144	42
河北农业大学	120	—	357	182
河北北方学院	66	58	157	66
衡水学院	27	46	85	39
沧州师范学院	56	12	36	22
河北科技师范学院	62	—	54	54
河北政法职业学院	140	76	225	95
沧州职业技术学院	50	136	330	74

2013～2014 学年初高等林业职业教育及普通专科分学校基本情况(二)

单位:人

学校名称	毕业生数	招生数	在校学生数	毕业班学生数
保定职业技术学院	75	40	164	70
石家庄工程职业学院	—	102	181	—
唐山职业技术学院	131	163	425	158
衡水职业技术学院	32	39	193	76
河北旅游职业学院	84	102	338	83
河北美术学院	—	29	45	—
廊坊职业技术学院	50	94	197	27
河北女子职业技术学院	—	—	20	20
廊坊东方职业技术学院	57	10	35	18
宣化科技职业学院	—	3	3	—
吕梁学院	37	137	342	46
太原学院	—	30	74	20
长治职业技术学院	43	17	57	24
山西运城农业职业技术学院	53	—	—	—
内蒙古农业大学	24	35	95	29
锡林郭勒职业学院	—	17	35	—
乌兰察布职业学院	85	63	163	28
辽宁农业职业技术学院	127	144	460	154
沈阳大学	31	—	30	30
阜新高等专科学校	23	20	80	27
辽东学院	75	24	127	68
辽宁职业学院	46	79	157	37
辽宁水利职业学院	43	49	138	50
长春科技学院	26	19	64	17
松原职业技术学院	7	—	16	11
伊春职业学院	52	120	275	30
黑龙江职业学院	25	45	90	24
黑龙江建筑职业技术学院	56	74	184	54
黑龙江农业职业技术学院	24	7	38	18
黑龙江农业工程职业学院	57	36	131	57
齐齐哈尔工程学院	16	17	17	—
大兴安岭职业学院	35	27	98	23
黑龙江农业经济职业学院	66	29	90	36

2013～2014学年初高等林业职业教育及普通专科分学校基本情况(三)

单位:人

学校名称	毕业生数	招生数	在校学生数	毕业班学生数
黑龙江生物科技职业学院	74	25	82	33
黑龙江农垦科技职业学院	—	22	36	—
黑龙江民族职业学院	—	3	3	—
上海城市管理职业技术学院	105	115	354	122
上海农林职业技术学院	116	121	336	122
连云港职业技术学院	—	83	138	—
三江学院	18	—	—	—
扬州市职业大学	—	76	76	—
硅湖职业技术学院	8	27	51	12
江苏联合职业技术学院	300	—	458	274
扬州环境资源职业技术学院	72	—	68	68
南通农业职业技术学院	83	141	372	114
江苏农牧科技职业学院	58	56	275	90
苏州农业职业技术学院	132	156	594	212
江苏农林职业技术学院	431	485	1405	331
无锡城市职业技术学院	31	—	73	44
江苏城市职业学院	32	60	194	79
南京旅游职业学院	23	26	65	23
徐州生物工程职业技术学院	—	21	53	—
丽水学院	39	—	—	—
金华职业技术学院	41	189	519	176
宁波城市职业技术学院	45	147	385	92
嘉兴职业技术学院	150	147	436	143
丽水职业技术学院	116	91	342	100
台州科技职业学院	41	45	125	36
温州科技职业学院	173	182	562	184
芜湖职业技术学院	56	54	164	53
宿州职业技术学院	97	81	198	78
六安职业技术学院	51	137	358	70
合肥职业技术学院	36	17	94	53
滁州职业技术学院	78	39	152	64
池州职业技术学院	146	82	384	159
宣城职业技术学院	73	74	199	78

2013～2014学年初高等林业职业教育及普通专科分学校基本情况(四)

单位:人

学校名称	毕业生数	招生数	在校学生数	毕业班学生数
安徽城市管理职业学院	86	142	379	111
安庆职业技术学院	122	157	342	94
黄山职业技术学院	—	21	52	—
漳州职业技术学院	56	73	243	69
闽西职业技术学院	48	32	131	53
福建农业职业技术学院	290	116	549	177
福州黎明职业技术学院	50	38	84	26
宁德职业技术学院	28	15	51	14
漳州城市职业学院	53	46	138	41
武夷山职业学院	14	2	54	40
江西农业大学	33	—	36	36
景德镇学院	52	45	142	59
江西科技师范大学	99	—	104	104
南昌工程学院	26	—	—	—
江西渝州科技职业学院	—	—	—	—
南昌工学院	30	15	50	28
江西生物科技职业学院	114	100	241	64
临沂大学	21	51	80	12
济宁职业技术学院	25	9	64	31
潍坊职业学院	76	67	155	55
东营职业学院	24	31	91	32
聊城职业技术学院	25	15	38	9
滨州职业学院	30	36	86	20
潍坊科技学院	50	37	139	52
山东英才学院	20	22	50	16
山东大王职业学院	1	8	10	—
淄博职业学院	27	8	41	10
青岛求实职业技术学院	21	24	84	33
山东现代职业学院	20	12	57	19
泰山职业技术学院	38	35	70	21
枣庄职业学院	—	13	21	—
潍坊工程职业学院	—	5	10	—
山东农业工程学院	65	100	196	43
河南科技大学	64	—	356	291

2013～2014学年初高等林业职业教育及普通专科分学校基本情况(五)

单位:人

学校名称	毕业生数	招生数	在校学生数	毕业班学生数
河南农业大学	—	60	221	62
河南科技学院	44	99	256	87
三门峡职业技术学院	78	47	153	60
新乡学院	119	32	188	77
信阳农林学院	197	72	342	170
濮阳职业技术学院	78	26	148	84
许昌职业技术学院	51	49	180	64
商丘职业技术学院	133	71	267	90
河南农业职业学院	260	313	977	345
商丘学院	—	36	68	—
许昌陶瓷职业学院	—	—	3	—
长江大学	22	—	—	—
黄冈职业技术学院	39	112	259	65
江汉大学	16	—	23	—
荆楚理工学院	86	68	170	47
武昌理工学院	—	—	—	—
恩施职业技术学院	32	2	35	21
武汉生物工程学院	236	180	519	199
武汉工贸职业学院	—	—	45	32
荆州职业技术学院	31	36	137	40
仙桃职业学院	25	93	152	25
武汉软件工程职业学院	36	—	134	56
湖北三峡职业技术学院	31	63	174	58
湖北生物科技职业学院	114	111	363	133
咸宁职业技术学院	73	86	207	72
武汉民政职业学院	66	24	131	67
三峡旅游职业技术学院	23	19	133	84
永州职业技术学院	28	51	92	33
湖南生物机电职业技术学院	225	280	698	213
娄底职业技术学院	52	83	291	73
长沙职业技术学院	19	20	54	19
岳阳职业技术学院	40	59	155	43
常德职业技术学院	46	30	112	30
湘西民族职业技术学院	10	9	24	—

2013～2014学年初高等林业职业教育及普通专科分学校基本情况（六）

单位：人

学校名称	毕业生数	招生数	在校学生数	毕业班学生数
湖南同德职业学院	—	95	235	53
湖南都市职业学院	—	17	37	—
韶关学院	22	—	—	—
嘉应学院	24	—	—	—
顺德职业技术学院	81	87	198	81
深圳职业技术学院	127	161	436	117
私立华联学院	47	89	226	39
广东农工商职业技术学院	51	157	484	163
阳江职业技术学院	66	84	213	61
河源职业技术学院	—	45	147	51
广州城市职业学院	—	57	202	51
东莞职业技术学院	—	81	224	69
玉林师范学院	29	—	13	13
桂林师范高等专科学校	—	27	50	—
贺州学院	12	—	21	13
广西交通职业技术学院	—	85	148	—
广西农业职业技术学院	133	76	285	83
广西城市职业学院	25	38	106	27
广西英华国际职业学院	9	2	48	26
广西工程职业学院	—	11	19	—
海南职业技术学院	76	101	211	59
琼台师范高等专科学校	23	79	173	47
重庆三峡职业学院	320	327	955	296
重庆工贸职业技术学院	114	109	360	157
重庆城市管理职业学院	164	139	486	168
重庆旅游职业学院	—	40	166	71
西南科技大学	54	41	112	29
四川农业大学	168	—	—	—
西昌学院	34	38	132	22
西华师范大学	64	46	146	39
绵阳师范学院	—	26	71	22
南充职业技术学院	95	33	196	87
内江职业技术学院	45	58	158	52
成都农业科技职业学院	177	122	413	153

2013～2014学年初高等林业职业教育及普通专科分学校基本情况(七)

单位:人

学校名称	毕业生数	招生数	在校学生数	毕业班学生数
广安职业技术学院	25	61	115	23
铜仁学院	28	—	—	—
安顺职业技术学院	19	17	65	17
黔东南民族职业技术学院	18	—	44	20
黔南民族职业技术学院	28	5	30	7
黔西南民族职业技术学院	13	14	97	46
贵阳职业技术学院	102	59	281	115
普洱学院	33	23	95	36
昆明学院	36	—	67	39
云南农业职业技术学院	138	74	473	245
西双版纳职业技术学院	17	31	89	32
玉溪农业职业技术学院	137	70	284	128
云南热带作物职业学院	100	38	173	70
云南国防工业职业技术学院	59	38	145	61
大理农林职业技术学院	—	71	83	—
西藏大学农牧学院	76	35	148	78
西藏职业技术学院	100	100	261	57
杨凌职业技术学院	30	333	860	242
榆林学院	23	—	19	19
安康学院	22	29	69	12
西安东方亚太职业技术学院	16	—	—	—
咸阳职业技术学院	66	35	123	45
西安职业技术学院	11	—	40	9
汉中职业技术学院	21	31	51	12
延安职业技术学院	15	—	14	—
河西学院	35	—	44	44
兰州职业技术学院	—	190	271	35
甘肃农业职业技术学院	43	61	215	102
青海畜牧兽医职业技术学院	21	70	138	36
宁夏职业技术学院	39	67	183	73
伊犁职业技术学院	14	27	65	5
巴音郭楞职业技术学院	35	41	96	29
新疆应用职业技术学院	26	39	76	21

2013～2014学年初高等林业职业教育及普通专科分专业基本情况(一)

单位:人

专业名称	毕业生数	招生数	在校学生数	毕业班学生数
总　计	**36190**	**39035**	**116059**	**38244**
(一)林科专业	17469	18165	54888	18145
城市园林	670	1293	3174	740
高尔夫场地管理	43	96	225	50
家具卖场设计与管理	45	161	367	99
经济林培育与利用	75	24	84	29
林产化工技术	75	—	21	21
林业技术	1519	1603	5003	1720
林业技术类专业	151	—	13	13
林业信息技术	—	29	112	46
木材工业机械应用技术	66	29	100	24
木材加工技术	195	114	434	175
人造板自动化生产技术	—	—	78	44
森林防火指挥与通讯	—	58	96	—
森林工程技术	—	16	24	8
森林生态旅游	457	229	893	339
森林资源保护	190	250	740	235
商品花卉	530	544	1679	497
野生动物保护	—	13	58	20
野生植物资源开发与利用	104	106	476	235
园林技术	13182	13412	40888	13760
园林建筑	167	166	311	45
自然保护区建设与管理	—	22	112	45
(二)非林科专业	18721	20870	61171	20099
包装技术与设计	54	56	112	18
财务管理	71	147	257	35
茶艺	—	20	49	—
城镇规划	150	147	475	212
畜牧兽医	76	60	168	66
传媒策划与管理	—	38	38	—
导游	25	38	110	40
道路桥梁工程技术	412	432	1397	505
地理信息系统与地图制图技术	159	111	390	149
电脑艺术设计	83	77	291	114
电气自动化技术	16	57	128	21
电子商务	252	281	777	236
雕刻艺术与家具设计	92	66	228	46
动漫设计与制作	37	110	296	118

2013～2014学年初高等林业职业教育及普通专科分专业基本情况(二)

单位:人

专业名称	毕业生数	招生数	在校学生数	毕业班学生数
都市园艺	—	15	15	—
房地产经营与估价	42	15	66	37
防沙治沙工程	—	20	86	35
服装设计	30	11	51	22
给排水工程技术	81	32	143	68
工程测量技术	282	310	918	264
工程测量与监理	45	169	366	52
工程机械运用与维护	—	—	24	15
工程监理	330	223	783	364
工程造价	650	1110	2782	780
工商企业管理	19	40	82	18
工业分析与检验	—	22	22	—
工业设计	—	11	11	—
广告设计与制作	54	139	354	104
广告与会展	5	16	39	7
国际贸易实务	9	—	13	—
国际商务	71	39	222	85
焊接技术及自动化	20	19	56	14
护理	1370	1379	4515	1541
环境工程技术	38	73	134	42
环境监测与评价	204	145	548	214
环境监测与治理技术	248	222	693	227
环境艺术设计	530	430	1462	521
会计	788	862	2078	656
会计电算化	1193	1376	4118	1178
会计与审计	319	409	1226	394
会展策划与管理	45	51	159	48
机电一体化技术	205	579	1343	398
机械制造与自动化	58	91	311	98
计算机多媒体技术	20	14	33	7
计算机网络技术	436	222	931	443
计算机系统维护	28	5	34	20
计算机信息管理	99	91	264	89
计算机应用技术	392	342	974	276
家具设计与制造	207	327	1070	337
家政服务	62	40	191	43
建筑工程管理	—	79	125	—
建筑工程技术	1340	2147	5363	1613

2013～2014学年初高等林业职业教育及普通专科分专业基本情况(三)

单位:人

专业名称	毕业生数	招生数	在校学生数	毕业班学生数
建筑设计类专业	—	—	20	—
建筑装饰工程技术	140	80	317	89
金融与证券	41	150	340	82
经济管理	79	123	359	132
景观设计	—	116	183	5
景区开发与管理	32	27	80	26
酒店管理	692	522	1575	541
口腔医学技术	—	58	58	—
连锁经营管理	10	21	115	50
楼宇智能化工程技术	—	27	97	35
旅游管理	186	138	737	364
旅游英语	30	27	89	26
绿色食品生产与检验	—	40	88	—
模具设计与制造	37	40	107	17
葡萄与葡萄酒工程	—	81	81	—
汽车电子技术	71	81	243	73
汽车技术服务与营销	152	258	645	189
汽车检测与维修技术	86	232	521	113
汽车运用技术	107	90	325	81
汽车运用与维修	—	41	41	—
汽车制造与装配技术	—	45	45	—
软件技术	79	87	262	88
商务管理	22	—	69	37
商务英语	197	58	240	108
社区管理与服务	—	48	48	—
设施农业技术	—	11	86	51
涉外护理	168	71	304	155
涉外旅游	10	2	10	6
生物技术及应用	173	164	635	294
生物制药技术	174	71	264	90
食品加工技术	—	8	8	—
食品生物技术	28	5	33	18
食品营养与检测	197	157	515	170
市场开发与营销	62	78	201	75
市场营销	338	372	1050	325
视觉传达艺术设计	30	19	77	13
室内检测与控制技术	13	4	29	25
室内设计技术	1376	1498	4455	1583
市政工程技术	73	29	208	94

2013～2014 学年初高等林业职业教育及普通专科分专业基本情况(四)

单位:人

专业名称	毕业生数	招生数	在校学生数	毕业班学生数
数控技术	72	57	250	72
数控设备应用与维护	43	28	97	42
水利工程	—	70	240	72
通信技术	—	57	240	—
投资与理财	78	45	171	96
图形图像制作	165	160	476	154
微电子技术	—	18	18	—
文秘	141	70	300	127
物联网应用技术	—	36	83	—
物流管理	426	459	1409	459
物业管理	14	6	18	11
西餐工艺	—	42	42	—
新闻采编与制作	8	16	62	17
新闻与传播	17	—	14	11
休闲服务与管理	—	16	20	—
学前教育	65	225	586	130
药学	213	181	571	218
医学检验技术	133	124	416	132
医药营销	—	18	26	—
艺术设计	131	158	378	110
印刷图文信息处理	—	—	—	—
营销与策划	107	131	407	141
影视动画	33	31	65	16
应用电子技术	74	85	331	123
应用俄语	32	5	27	12
应用化工技术	—	16	132	58
应用日语	13	—	—	—
应用英语	17	—	—	—
园艺技术	415	411	1256	409
侦查	280	—	180	180
治安管理	381	—	470	333
中草药栽培技术	—	25	50	—
中药	74	53	181	76
中药制药技术	31	16	87	43
助产	177	175	542	203
装潢艺术设计	82	52	159	64
装饰艺术设计	28	274	296	19
资产评估与管理	93	62	272	123
资源环境与城市管理	128	154	418	123

2013~2014 学年初主要涉林高等院校及科研单位分学科专业学生情况(一)

单位:人

学校名称	学科、专业名称	毕业生数	招生数	在校学生数	毕业班学生数
北京林业大学	**学生总数**	**4595**	**5078**	**17903**	**5145**
	其中: 林业学科、专业学生	1632	1685	5967	1996
	占学生总数的比例	35.52%	33.18%	33.33%	38.79%
	一、研究生合计	1400	1637	4621	1851
	(一)博士小计	217	266	1090	564
	1. 林业学科	175	228	941	483
	林产化学加工工程	9	8	30	10
	林木遗传育种	15	14	55	25
	林业经济管理	17	22	128	81
	木材科学与技术	7	22	69	28
	森林保护学	6	9	37	18
	森林工程	9	17	58	27
	森林经理学	10	9	57	34
	森林培育	18	16	67	37
	水土保持与荒漠化防治	30	35	143	70
	土壤学	2	3	15	7
	野生动植物保护与利用	12	15	70	41
	园林植物与观赏园艺	12	15	65	33
	植物学	8	17	65	35
	林业经济管理	13	14	43	19
	生态学学科	7	12	39	18
	2. 其他学科	42	38	149	81
	(二)硕士小计	1183	1371	3531	1287
	1. 林业学科	567	687	1669	606
	林产化学加工工程	19	28	65	14
	林木遗传育种	24	23	67	24
	林业经济管理	10	11	30	9
	木材科学与技术	38	38	111	32
	森林保护学	23	29	73	20
	森林工程	7	9	24	8
	森林经理学	27	22	70	27
	森林培育	33	28	85	30
	水土保持与荒漠化防治	64	69	184	60
	土壤学	6	11	28	9
	野生动植物保护与利用	37	44	129	43
	园林植物与观赏园艺	62	47	161	65
	植物学	15	24	72	25
	生态学	28	29	79	24
	林业(专业学位)	34	73	133	60
	风景园林(专业学位)	79	112	196	84
	林业工程(专业学位)	61	90	162	72
	2. 其他学科	616	684	1862	681
	二、本专科生合计	3195	3441	13282	3294
	1. 林科专业	890	770	3357	907
	风景园林	139	133	578	156
	林产化工	83	89	323	79
	木材科学与工程	139	174	614	141
	农林经济管理	77	51	305	84

2013～2014学年初主要涉林高等院校及科研单位分学科专业学生情况(二)

单位:人

学校名称	学科、专业名称	毕业生数	招生数	在校学生数	毕业班学生数
	森林资源保护与游憩	25	—	52	28
	水土保持与荒漠化防治	94	103	395	100
	野生动物与自然保护区管理	28	45	138	26
	园林	201	175	739	183
	林学	104	—	213	110
	2. 其他专业	2305	2671	9925	2387
东北林业大学	**学生总数**	**5942**	**6097**	**22989**	**6178**
	其中：林业学科、专业学生	1350	1416	5474	1589
	占学生总数的比例	22.72%	23.22%	23.81%	25.72%
	一、研究生合计	1220	1421	4143	1676
	(一)博士小计	150	195	924	532
	1. 林业学科	113	137	666	387
	林产化学加工工程	4	5	29	20
	林木遗传育种	8	14	47	21
	林学学科	9	12	58	34
	林业工程学科	12	18	89	51
	林业经济管理	13	11	76	58
	木材科学与技术	14	15	66	33
	森林保护学	14	9	39	22
	森林工程	8	8	45	28
	森林经理学	4	5	26	15
	森林培育	—	4	26	14
	水土保持与荒漠化防治	1	7	27	14
	野生动植物保护与利用	10	12	57	33
	园林植物与观赏园艺	1	3	14	9
	植物学	10	10	35	15
	生态学	5	4	32	20
	2. 其他学科	37	58	258	145
	(二)硕士小计	1070	1226	3219	1144
	1. 林业学科	387	430	1213	382
	林产化学加工工程	9	11	32	10
	林木遗传育种	12	30	82	19
	林学学科	31	32	84	24
	林业工程学科	23	16	46	14
	林业经济管理	7	8	17	2
	木材科学与技术	19	29	83	24
	森林保护学	15	28	63	15
	森林工程	13	22	55	13
	森林经理学	22	19	58	20
	森林培育	6	13	34	7
	水土保持与荒漠化防治	12	12	37	14
	野生动植物保护与利用	16	18	45	8
	园林植物与观赏园艺	28	20	63	23
	土壤学	1	4	13	4
	植物学	13	20	59	19
	生态学	28	20	50	13
	林业(专业学位)	19	27	44	17
	农业推广(林业,专业学位)	88	71	254	96
	工程(林业工程,专业学位)	13	8	43	11

2013～2014 学年初主要涉林高等院校及科研单位分学科专业学生情况(三)

单位:人

学校名称	学科、专业名称	毕业生数	招生数	在校学生数	毕业班学生数
	风景园林(专业学位)	12	22	51	29
	2. 其他学科	683	796	2006	762
	二、本专科生合计	4722	4676	18846	4502
	(一)本科小计	4722	4676	18846	4502
	1. 林科专业	850	849	3595	820
	风景园林	71	104	447	123
	林产化工	51	59	201	47
	木材科学与工程	145	109	523	140
	农林经济管理	85	59	284	72
	森林保护	49	53	214	46
	森林工程	108	93	383	96
	野生动物与自然保护区管理	87	65	291	62
	风景园林	28	87	264	27
	农林经济管理	26	94	311	27
	林学	110	62	327	89
	园林	90	64	350	91
	2. 其他专业	3872	3827	15251	3682
南京林业大学	**学生总数**	**4722**	**5187**	**19409**	**5356**
	其中：林业学科、专业学生	987	1163	4250	1314
	占学生总数的比例	20.90%	22.42%	21.90%	24.53%
	一、研究生合计	1053	1140	3230	1398
	(一)博士小计	114	125	668	417
	1. 林业学科	87	90	489	315
	林产化学加工工程	7	11	36	15
	林木遗传育种	8	9	34	18
	林学学科	—	1	3	2
	林业工程学科	7	8	44	28
	林业经济管理	12	10	69	48
	木材科学与技术	12	10	61	43
	森林保护学	7	4	35	28
	森林工程	4	9	46	32
	森林经理学	—	3	22	17
	森林培育	14	7	40	23
	水土保持与荒漠化防治	3	6	30	16
	野生动植物保护与利用	2	2	5	2
	园林植物与观赏园艺	7	4	31	23
	植物学	4	6	33	20
	2. 其他学科	27	35	179	102
	(二)硕士小计	939	1015	2562	981
	1. 林业学科	362	342	899	326
	林产化学加工工程	16	17	50	16
	林木遗传育种	11	19	53	13
	林学学科	—	1	5	3
	林业工程学科	23	22	71	26
	林业经济管理	10	11	30	8
	木材科学与技术	41	34	102	32
	森林保护学	18	21	59	18
	森林工程	8	5	25	11
	森林经理学	10	13	37	14

2013～2014学年初主要涉林高等院校及科研单位分学科专业学生情况(四)

单位:人

学校名称	学科、专业名称	毕业生数	招生数	在校学生数	毕业班学生数
	森林培育	21	27	70	20
	水土保持与荒漠化防治	14	14	42	14
	野生动植物保护与利用	1	3	6	2
	园林植物与观赏园艺	30	20	63	23
	土壤学	5	—	6	6
	植物学	29	24	74	26
	生态学	3	—	5	4
	林业(专业学位)	32	40	67	27
	风景园林(专业学位)	90	71	134	63
	2. 其他学科	577	673	1663	655
	二、本专科生合计	3669	4047	16179	3958
	(一)本科小计	3669	4047	16179	3958
	1. 林科专业	538	731	2862	673
	风景园林	166	177	729	170
	林产化工	32	50	168	26
	农林经济管理	31	55	167	31
	森林保护	—	21	21	—
	森林工程	25	20	93	27
	木材科学与工程	57	155	557	137
	林学	144	169	662	176
	园林	83	84	465	106
	2. 其他专业	3131	3316	13317	3285
中南林业科技大学	**学生总数**	**6353**	**7214**	**27084**	**7134**
	其中：林业学科、专业学生	818	971	3307	837
	占学生总数的比例	12.88%	13.46%	12.21%	11.73%
	一、研究生合计	621	742	2050	822
	(一)博士小计	43	53	243	138
	1. 林业学科	32	41	160	87
	林产化学加工工程	1	2	4	—
	林木遗传育种	7	4	25	16
	林业工程学科	2	7	23	9
	木材科学与技术	4	8	28	16
	森林保护学	1	4	8	3
	森林工程	8	12	40	17
	森林经理学	—	3	6	2
	森林培育	5	1	13	11
	水土保持与荒漠化防治	—	—	1	1
	野生动植物保护与利用	1	—	7	7
	园林植物与观赏园艺	3	—	5	5
	2. 其他学科	11	12	83	51
	(二)硕士小计	578	689	1807	684
	1. 林业学科	184	160	500	195
	林产化学加工工程	11	—	8	5
	林木遗传育种	—	3	4	—
	林业(专业学位)	12	7	17	10
	林业工程学科	12	29	49	11
	林业经济管理	4	2	9	3
	木材科学与技术	12	—	24	13
	森林保护学	25	28	89	27

2013～2014学年初主要涉林高等院校及科研单位分学科专业学生情况(五)

单位:人

学校名称	学科、专业名称	毕业生数	招生数	在校学生数	毕业班学生数
	森林工程	8	—	18	12
	森林经理学	4	23	61	16
	森林培育	25	32	89	32
	水土保持与荒漠化防治	24	9	26	10
	野生动植物保护与利用	20	2	8	4
	园林植物与观赏园艺	22	10	63	42
	植物学	5	8	21	5
	生态学	—	7	14	5
	2. 其他学科	394	529	1307	489
	二、本专科生合计	5732	6472	25034	6312
	(一)本科小计	4999	5890	22968	5537
	1. 林科专业	566	709	2498	533
	风景园林	—	112	112	—
	林产化工	37	52	172	33
	木材科学与工程	90	127	445	82
	农林经济管理	54	91	291	56
	森林保护	34	35	144	31
	森林工程	42	87	281	39
	林学	150	142	574	142
	园林	159	63	479	150
	2. 其他专业	4433	5181	20470	5004
	(二)高职小计	733	582	2066	775
	商品花卉	36	61	149	22
西南林业大学	**学生总数**	**3279**	**4828**	**17000**	**4156**
	其中：林业学科、专业学生	850	1237	3900	1022
	占学生总数的比例	25.92%	25.62%	22.94%	24.59%
	一、研究生合计	421	456	1220	482
	(一)博士小计	—	—	—	—
	(二)硕士小计	421	456	1220	482
	1. 林业学科	256	287	734	304
	林产化学加工工程	3	2	5	1
	林木遗传育种	10	10	24	6
	林学学科	—	4	4	—
	林业工程学科	—	3	3	—
	林业经济管理	8	4	19	10
	木材科学与技术	11	7	25	10
	森林保护学	12	11	36	12
	森林工程	10	7	24	11
	森林经理学	14	13	49	24
	森林培育	13	12	39	11
	水土保持与荒漠化防治	11	8	29	13
	野生动植物保护与利用	12	13	45	21
	园林植物与观赏园艺	22	8	35	17
	植物学	24	14	48	19
	生态学	32	33	91	30
	林业(专业学位)	12	26	49	22
	工程(林业工程,专业学位)	9	27	47	20
	风景园林(专业学位)	53	85	162	77
	2. 其他学科	165	169	486	178

2013～2014学年初主要涉林高等院校及科研单位分学科专业学生情况(六)

单位:人

学校名称	学科、专业名称	毕业生数	招生数	在校学生数	毕业班学生数
	二、本专科生合计	2858	4372	15780	3674
	(一)本科小计	2858	4372	15780	3674
	1. 林科专业	594	950	3166	718
	林产化工	39	70	201	39
	木材科学与工程	77	204	483	94
	农林经济管理	40	53	206	45
	森林保护	85	38	314	100
	森林工程	55	65	275	64
	水土保持与荒漠化防治	35	64	217	47
	野生动物与自然保护区管理	31	31	136	37
	林学	99	190	589	111
	园林	133	235	745	181
	2. 其他专业	2264	3422	12614	2956
西北农林科技大学	**学生总数**	**7521**	**8004**	**29146**	**8411**
	其中：林业学科、专业学生	829	909	3046	856
	占学生总数的比例	11.02%	11.36%	10.45%	10.18%
	一、研究生合计	2079	2481	7251	3078
	(一)博士小计	260	385	1883	1132
	1. 林业学科	19	51	194	108
	林木遗传育种	—	—	9	6
	林学学科	—	2	3	—
	林业经济管理	—	1	12	9
	森林保护学	2	6	19	10
	森林经理学	—	3	5	1
	森林培育	5	3	19	13
	水土保持与荒漠化防治	3	22	67	35
	野生动植物保护与利用	1	2	11	6
	园林植物与观赏园艺	2	—	12	12
	植物学	6	12	37	16
	2. 其他学科	241	334	1689	1024
	(二)硕士小计	1819	2096	5368	1946
	1. 林业学科	278	258	693	249
	林产化学加工工程	7	6	20	8
	林木遗传育种	10	6	23	11
	林学学科	—	21	42	—
	林业经济管理	3	2	6	2
	木材科学与技术	3	4	13	5
	森林保护学	11	15	46	16
	森林经理学	6	8	24	7
	森林培育	11	10	25	6
	水土保持与荒漠化防治	41	39	111	36
	野生动植物保护与利用	8	9	28	9
	园林植物与观赏园艺	41	—	28	28
	林业(专业学位)	2	25	50	25
	风景园林(专业学位)	68	32	62	30
	其他林业学科	67	81	215	66
	二、本专科生合计	5442	5523	21895	5333
	林科专业	532	600	2159	499
	林产化工	55	61	207	54

2013～2014学年初主要涉林高等院校及科研单位分学科专业学生情况(七)

单位:人

学校名称	学科、专业名称	毕业生数	招生数	在校学生数	毕业班学生数
	木材科学与工程	158	120	395	97
	森林保护	—	60	213	50
	水土保持与荒漠化防治	120	90	438	120
	林学	102	119	408	82
	园林	97	150	498	96
浙江农林大学	**学生总数**	**3751**	**3986**	**15256**	**3934**
	其中：林业学科、专业学生	718	533	2283	687
	占学生总数的比例	19.14%	13.37%	14.96%	17.46%
	一、研究生合计	433	486	1243	479
	(一)博士小计	—	3	3	—
	林学学科	—	3	3	—
	(二)硕士小计	433	483	1240	479
	1. 林业学科	205	118	422	179
	林产化学加工工程	7	—	3	—
	林木遗传育种	13	14	45	18
	林学学科	—	7	13	—
	林业工程学科	4	6	27	16
	林业经济管理	7	—	12	11
	木材科学与技术	8	15	30	—
	森林保护学	19	8	33	16
	森林工程	1	2	5	—
	森林经理学	15	15	45	15
	森林培育	26	16	64	31
	水土保持与荒漠化防治	—	1	2	—
	野生动植物保护与利用	—	3	7	—
	园林植物与观赏园艺	55	13	65	40
	林业经济管理	7	—	12	11
	植物学	—	4	9	—
	生态学学科	31	14	50	21
	2. 其他学科	228	365	818	300
	二、本专科生合计	3318	3500	14013	3455
	(一)本科小计	3318	3500	14013	3455
	1. 林科专业	513	415	1861	508
	风景园林	64	66	390	119
	木材科学与工程	159	148	575	143
	农林经济管理	62	56	253	74
	木材科学与工程	—	—	99	53
	林学	101	85	313	58
	园林	127	60	231	61
	2. 其他专业	2805	3085	12152	2947
中国林业科学研究院	**学生总数**	**263**	**318**	**932**	**355**
	其中：林业学科、专业学生	229	266	792	316
	占学生总数的比例	87.07%	83.65%	84.98%	89.01%
	一、研究生合计	263	318	932	355
	(一)博士小计	106	119	390	158
	1. 林业学科	87	93	314	132
	林产化学加工工程	8	11	23	11
	林木遗传育种	18	17	60	22
	林业工程学科	9	6	32	17

2013～2014学年初主要涉林高等院校及科研单位分学科专业学生情况（八）

单位：人

学校名称	学科、专业名称	毕业生数	招生数	在校学生数	毕业班学生数
	木材科学与技术	5	12	30	13
	森林保护学	9	10	37	17
	森林经理学	10	8	35	15
	森林培育	14	13	43	17
	水土保持与荒漠化防治	5	7	17	5
	野生动植物保护与利用	—	1	5	2
	园林植物与观赏园艺	3	6	20	7
	林业环境与能源工程	1	—	—	—
	木基复合材料科学与工程	5	2	12	6
	2. 其他学科	19	26	76	26
	（二）硕士小计	157	199	542	197
	1. 林业学科	142	173	478	184
	风景园林（专业学位）	33	54	114	60
	林产化学加工工程	6	7	20	7
	林木遗传育种	6	10	32	9
	林业工程学科	7	9	27	9
	林业经济管理	3	6	20	7
	木材科学与技术	9	8	30	11
	森林保护学	11	7	23	7
	森林工程	1	2	5	2
	森林经理学	9	4	18	10
	森林培育	18	22	58	17
	生态学学科	19	25	63	21
	水土保持与荒漠化防治	5	3	14	6
	土壤学	2	3	9	2
	野生动植物保护与利用	2	1	6	1
	园林植物与观赏园艺	4	2	7	3
	植物学	—	1	5	3
	林业环境与能源工程	4	3	12	6
	木基复合材料科学与工程	3	6	15	3
	2. 其他学科	15	26	64	13
内蒙农业大学	**学生总数**	**7269**	**7764**	**30532**	**7998**
	其中：林业学科、专业学生	719	681	2858	860
	占学生总数的比例	9.89%	8.77%	9.36%	10.75%
	一、研究生合计	639	884	2437	929
	（一）博士小计	95	109	429	216
	1. 林业学科	17	16	83	46
	林木遗传育种	—	—	1	—
	林业经济管理	—	1	2	—
	木材科学与技术	1	2	8	3
	森林保护学	1	—	3	2
	森林工程	—	1	5	3
	森林经理学	1	2	8	4
	森林培育	1	—	6	6
	水土保持与荒漠化防治	3	4	16	7
	土壤学	1	2	9	5
	野生动植物保护与利用	2	2	8	4
	园林植物与观赏园艺	—	—	1	—
	植物学	7	2	16	12

2013～2014 学年初主要涉林高等院校及科研单位分学科专业学生情况(九)

单位:人

学校名称	学科、专业名称	毕业生数	招生数	在校学生数	毕业班学生数
	2. 其他学科	78	93	346	170
	(二)硕士小计	544	775	2008	713
	1. 林业学科	78	83	237	93
	林木遗传育种	1	5	10	2
	森林培育	7	4	14	6
	森林经理学	8	5	16	6
	森林保护学	1	2	4	1
	水土保持与荒漠化防治	12	13	45	14
	野生动植物保护与利用	5	3	11	6
	园林植物与观赏园艺	10	5	18	9
	森林工程	4	6	25	10
	木材科学与技术	3	7	20	5
	林产化学加工工程	—	1	5	—
	林业经济管理	2	4	9	2
	林业(专业学位)	4	6	12	6
	风景园林(专业学位)	21	22	48	26
	2. 其他学科	466	692	1771	620
	二、本专科生合计	6630	6880	28095	7069
	本科小计	6630	6880	28095	7069
	林科专业	624	582	2538	721
	林学	57	124	456	106
	森林保护	36	90	179	—
	水土保持与荒漠化防治	107	87	384	106
	园林	253	191	891	259
	森林工程	87	29	284	172
	木材科学与工程	84	61	344	78
安徽农业大学	**学生总数**	**5197**	**5242**	**21258**	**5489**
	其中:林业学科、专业学生	282	227	848	241
	占学生总数的比例	5.43%	4.33%	3.99%	4.39%
	一、研究生合计	701	909	2632	867
	(一)博士小计	30	47	222	127
	1. 林业学科	3	12	49	27
	木材科学与技术	—	—	3	2
	森林保护学	—	2	9	5
	森林培育	3	6	17	9
	森林保护学	—	1	8	6
	木材科学与技术	—	3	12	5
	2. 其他学科	27	35	173	100
	(二)硕士小计	671	862	2410	740
	1. 林业学科	106	102	306	102
	林木遗传育种	—	—	1	—
	林业经济管理	—	—	1	1
	木材科学与技术	4	8	17	2
	森林保护学	8	2	8	3
	森林经理学	3	2	9	4
	土壤学	11	14	34	11
	园林植物与观赏园艺	30	56	154	41
	植物学	4	2	10	4
	林业(专业学位)	46	18	72	36

2013～2014 学年初主要涉林高等院校及科研单位分学科专业学生情况(十)

单位:人

学校名称	学科、专业名称	毕业生数	招生数	在校学生数	毕业班学生数
	2. 其他学科	565	760	2104	638
	二、本专科生合计	4496	4333	18626	4622
	(一)本科小计	4496	4333	18626	4622
	林科专业	173	113	493	112
	木材科学与工程	45	54	219	59
	农林经济管理	60	59	274	53
	园林	68	—	—	—
福建农林大学	**学生总数**	**7072**	**7159**	**26375**	**7229**
	其中：林业学科、专业学生	685	617	2374	727
	占学生总数的比例	9.69%	8.62%	9.00%	10.06%
	一、研究生合计	1030	1193	3335	1371
	(一)博士小计	86	122	499	262
	1. 林业学科	21	22	89	43
	林木遗传育种	—	1	3	—
	林学学科	2	1	4	1
	林业工程学科	—	7	15	—
	林业经济管理	5	5	18	10
	木材科学与技术	6	—	5	5
	森林保护学	2	1	3	1
	森林经理学	2	3	10	5
	森林培育	—	—	12	10
	水土保持与荒漠化防治	2	3	6	1
	野生动植物保护与利用	—	—	3	2
	园林植物与观赏园艺	2	—	5	5
	植物学	—	1	5	3
	2. 其他学科	65	100	410	219
	(二)硕士小计	944	1071	2836	1109
	1. 林业学科	166	87	326	158
	林产化学加工工程	5	3	10	4
	林木遗传育种	—	1	6	3
	林学学科	4	3	3	—
	林业(专业学位)	12	19	37	18
	林业工程学科	—	2	2	—
	林业经济管理	4	6	13	2
	木材科学与技术	8	5	20	9
	森林保护学	4	1	4	2
	森林工程	4	5	10	3
	森林经理学	8	10	33	13
	森林培育	13	7	27	8
	水土保持与荒漠化防治	5	12	29	7
	土壤学	9	—	29	18
	野生动植物保护与利用	1	—	1	1
	园林植物与观赏园艺	79	8	88	65
	植物学	10	5	14	5
	2. 其他学科	778	984	2510	951
	二、本专科生合计	6042	5966	23040	5858
	(一)本科小计	6042	5966	23040	5858
	1. 林科专业	498	508	1959	526
	风景园林	—	58	133	—

2013～2014 学年初主要涉林高等院校及科研单位分学科专业学生情况(十一)

单位:人

学校名称	学科、专业名称	毕业生数	招生数	在校学生数	毕业班学生数
	家具工程方向	112	88	364	110
	农林经济管理	39	40	148	37
	森林保护	—	47	47	—
	森林工程	36	39	145	34
	水土保持与荒漠化防治	43	58	215	51
	园林	132	58	449	170
	林学	136	120	458	124
	2. 其他专业	5544	5458	21081	5332
山东农业大学	**学生总数**	**7648**	**9092**	**33246**	**8190**
	其中：林业学科、专业学生	502	766	2386	540
	占学生总数的比例	6.56%	8.42%	7.18%	6.59%
	一、研究生合计	964	1121	3029	1134
	(一)博士小计	102	113	398	175
	森林培育	3	3	12	5
	土壤学	4	6	15	7
	(二)硕士小计	862	1008	2631	959
	1. 林业学科	102	87	257	109
	林木遗传育种	8	5	15	6
	森林培育	10	6	20	8
	森林保护学	6	8	22	7
	森林经理学	—	6	15	4
	园林植物与观赏园艺	30	2	29	27
	水土保持与荒漠化防治	11	9	29	12
	植物学	12	20	53	14
	土壤学	13	12	37	13
	林业	12	19	37	18
	二、本专科生合计	6684	7971	30217	7056
	(一)本科小计	6684	7971	30217	7056
	林学	53	74	262	62
	园林	155	104	527	155
	风景园林	—	60	197	—
	木材科学与工程	40	57	194	37
	农林经济管理	44	78	240	58
	森林保护	61	168	371	57
	水土保持与荒漠化防治	40	73	255	50
	生态学	—	56	56	—
河南农业大学	**学生总数**	**5600**	**6982**	**26454**	**6662**
	其中：林业学科、专业学生	160	186	611	180
	占学生总数的比例	2.86%	2.66%	2.31%	2.70%
	一、研究生合计	559	642	1891	755
	(一)博士小计	19	47	155	63
	1. 林业学科	1	3	12	6
	森林培育	1	—	9	6
	林学学科	—	3	3	—
	2. 其他学科	18	44	143	57
	(二)硕士小计	540	595	1736	692
	1. 林业学科	46	59	139	62
	园林植物与观赏园艺	19	12	44	21
	森林培育	5	8	19	6

2013～2014 学年初主要涉林高等院校及科研单位分学科专业学生情况(十二)

单位:人

学校名称	学科、专业名称	毕业生数	招生数	在校学生数	毕业班学生数
	森林经理学	3	5	12	5
	林木遗传育种	1	2	3	1
	风景园林(专业学位)	18	32	61	29
	2. 其他学科	494	536	1597	630
	二、本专科生合计	5041	6340	24563	5907
	(一)本科小计	5041	6340	24563	5907
	1. 林科专业	113	124	460	112
	林学	56	61	219	53
	园林	57	63	241	59
	2. 其他专业	4928	6216	24103	5795
河北农业大学	**学生总数**	**5101**	**5537**	**20751**	**5570**
	其中：林业学科、专业学生	436	582	2077	593
	占学生总数的比例	8.55%	10.51%	10.01%	10.65%
	一、研究生合计	685	795	2241	937
	(一)博士小计	27	54	262	155
	1. 林业学科	8	13	58	32
	林木遗传育种	3	1	5	3
	林业经济管理	—	2	5	2
	森林保护学	—	2	3	—
	森林经理学	—	1	2	—
	森林培育	3	1	11	8
	土壤学	1	3	17	9
	园林植物与观赏园艺	—	1	1	—
	植物学	1	2	14	10
	2. 其他学科	19	41	204	123
	(二)硕士小计	658	741	1979	782
	1. 林业学科	67	56	176	75
	林木遗传育种	4	6	19	7
	林业经济管理	3	1	6	3
	森林保护学	3	8	25	8
	森林经理学	4	6	21	9
	森林培育	4	8	25	8
	水土保持与荒漠化防治	4	2	4	1
	园林植物与观赏园艺	21	5	22	17
	植物学	16	13	38	13
	风景园林(专业学位)	8	7	16	9
	2. 其他学科	591	685	1803	707
	二、本专科生合计	4416	4742	18510	4633
	(一)本科小计	4416	4742	18510	4633
	1. 林科专业	342	472	1639	363
	林学	73	115	400	79
	森林保护	26	30	72	—
	园林	122	97	289	62
	风景园林	68	149	631	172
	木材科学与工程	53	81	247	50
	2. 其他专业	4074	4270	16871	4270

2013～2014学年初主要涉林高等院校及科研单位分学科专业学生情况(十三)

单位:人

学校名称	学科、专业名称	毕业生数	招生数	在校学生数	毕业班学生数
山西林业职业技术学院	**学生总数**	**1705**	**1709**	**5430**	**1652**
	其中:林业类专业学生	477	511	1529	423
	占学生总数的比例	27.98%	29.90%	28.16%	25.61%
	林业技术	99	94	364	126
	园林技术	183	181	525	138
	商品花卉	120	102	333	90
	林业信息工程与管理	42	81	199	43
	森林生态旅游	33	53	108	26
辽宁林业职业技术学院	**学生总数**	**1464**	**1915**	**5661**	**1599**
	其中:林业类专业学生	270	362	1452	270
	占学生总数的比例	18.44%	18.90%	25.65%	16.89%
	林业技术	83	111	378	83
	园林技术	49	137	540	49
	商品花卉	37	34	100	37
	森林生态旅游	34	29	102	34
	木材加工技术	45	26	216	45
	木工机械方向	22	—	31	22
	人造板自动化生产技术	—	2	62	—
	家具卖场设计与管理	—	23	23	—
黑龙江林业职业技术学院	**学生总数**	**1912**	**2054**	**6383**	**2000**
	其中:林业类专业学生	180	308	775	195
	占学生总数的比例	9.41%	15.00%	12.14%	9.75%
	林业技术	18	16	44	14
	园林技术	101	89	302	78
	野生植物资源开发与利用	—	12	12	—
	木材加工技术	16	7	35	12
	家具卖场设计与管理	45	136	334	91
	森林防火指挥与通讯	—	48	48	—
黑龙江生态职业技术学院	**学生总数**	**1690**	**2040**	**5143**	**1791**
	其中:林业类专业学生	191	264	738	272
	占学生总数的比例	11.30%	12.94%	14.35%	15.19%
	林业技术	—	10	42	20
	园林技术	50	76	183	71
	园林工程技术	108	140	370	121
	旅游管理(生态旅游方向)	15	15	60	19
	家具设计与制造	18	23	83	41
安徽林业职业技术学院	**学生总数**	**1049**	**1051**	**3090**	**1069**
	其中:林业类专业学生	351	339	865	327
	占学生总数的比例	33.46%	32.25%	27.99%	30.59%
	林业技术	72	77	227	72
	园林技术	223	229	606	223
	森林生态旅游	24	—	—	—
	资产评估(森林资源方向)	32	33	32	32
福建林业职业技术学院	**学生总数**	**1601**	**2333**	**6286**	**1761**
	其中:林业类专业学生	179	173	541	176
	占学生总数的比例	11.18%	7.42%	8.61%	9.99%
	林业技术	71	42	145	46

2013～2014学年初主要涉林高等院校及科研单位分学科专业学生情况(十四)

单位:人

学校名称	学科、专业名称	毕业生数	招生数	在校学生数	毕业班学生数
	木材加工技术	5	10	48	20
	森林资源保护	29	—	—	—
	园林技术	74	108	335	97
	城市园林	—	13	13	13
江西环境工程职业技术学院	**学生总数**	**2009**	**1820**	**6007**	**2072**
	其中：林业类专业学生	380	504	1312	380
	占学生总数的比例	18.91%	27.69%	21.84%	18.34%
	林业技术	58	127	306	58
	园林技术	300	317	856	300
	雕刻艺术与家具设计	22	60	150	22
河南林业职业技术学院	**学生总数**	**1254**	**1771**	**5033**	**1856**
	其中：林业类专业学生	413	872	1500	835
	占学生总数的比例	32.93%	49.24%	29.80%	44.99%
	一、高职林业类专业学生小计	281	252	712	259
	林业技术	33	23	93	34
	森林生态旅游	46	20	101	59
	园林技术	167	171	469	166
	园林工程	35	38	49	—
	二、中职林业类专业学生小计	132	620	788	576
	现代林业技术	78	276	347	343
	森林生态旅游	4	15	48	2
	园林技术	50	329	393	231
湖北生态工程职业技术学院	**学生总数**	**2045**	**3629**	**8740**	**2420**
	其中：林业类专业学生	586	596	1982	625
	占学生总数的比例	28.66%	16.42%	22.68%	25.83%
	林业技术	26	106	225	23
	园林技术	462	468	1573	515
	木材加工技术	—	—	9	9
	森林生态旅游	98	22	175	78
湖南生物环境职业技术学院	**学生总数**	**2857**	**2768**	**8531**	**2979**
	其中：林业类专业学生	194	176	494	176
	占学生总数的比例	6.79%	6.36%	5.79%	5.91%
	林业技术	25	42	106	48
	森林生态旅游	4	3	9	—
	园林技术	165	131	379	128
广西生态工程职业技术学院	**学生总数**	**1922**	**2132**	**5526**	**1972**
	其中：林业类专业学生	615	583	1664	726
	占学生总数的比例	32.00%	27.35%	30.11%	36.82%
	一、高职林业类专业学生小计	586	553	1594	650
	林业技术	199	239	584	230
	林业技术(林政资源管理方向)	96	58	207	82
	林业技术(生态项目管理方向)	27	24	102	47
	园林工程技术	213	178	511	193
	野生植物资源开发与利用	—	—	24	24
	木材加工技术	9	16	40	15
	人造板自动化生产技术	—	—	17	12
	家具设计与制造	23	22	49	20
	林业信息工程与管理	19	16	60	27

2013～2014学年初主要涉林高等院校及科研单位分学科专业学生情况(十五)

单位:人

学校名称	学科、专业名称	毕业生数	招生数	在校学生数	毕业班学生数
	二、中职林业类专业学生小计	29	70	137	76
	现代林业技术	29	30	70	40
	园林技术	—	31	58	27
	木材加工	—	9	9	9
云南林业职业技术学院	**学生总数**	**1959**	**1825**	**6157**	**2166**
	其中：林业类专业学生	807	777	2194	857
	占学生总数的比例	41.19%	42.58%	35.63%	39.57%
	林业技术	146	169	461	146
	森林资源保护	44	83	273	91
	经济林培育与利用	82	28	82	29
	自然保护区建设与管理	36	26	107	41
	野生动物保护	23	16	57	19
	野生植物资源开发与利用	32	67	231	82
	园林技术	149	150	322	178
	商品花卉	53	51	94	69
	木材加工技术	58	66	185	56
	林产化工技术	73	—	20	20
	森林生态旅游	50	28	111	54
	林业信息技术	—	36	93	29
	林业经济信息管理	61	57	158	43
甘肃林业职业技术学院	**学生总数**	**2671**	**2739**	**8483**	**2833**
	其中：林业类专业学生	509	664	1646	496
	占学生总数的比例	19.06%	24.24%	19.40%	17.51%
	林业技术	228	221	679	208
	森林资源保护	62	116	229	38
	园林技术	131	200	467	126
	森林生态旅游	88	81	225	78
	林业信息技术	—	46	46	46
宁夏防沙治沙职业技术学院	**学生总数**	**—**	**203**	**622**	**210**
	其中：林业类专业学生	—	48	172	92
	占学生总数的比例	—	23.65%	27.65%	43.81%
	林业技术	—	10	10	10
	森林资源保护	—	—	59	40
	园林技术	—	38	103	42
上海农林职业技术学院	**学生总数**	**1322**	**1417**	**3869**	**1295**
	其中：林业类专业学生	150	121	398	184
	占学生总数的比例	11.35%	8.54%	10.29%	14.21%
	园林技术	116	121	336	122
	都市林业资源与林政管理	34	—	62	62
江苏农林职业技术学院	**学生总数**	**3540**	**3322**	**11028**	**3724**
	其中：林业类专业学生	492	615	1710	393
	占学生总数的比例	13.90%	18.51%	15.51%	10.55%
	林业技术	39	86	228	41
	园林技术	344	362	1035	216
	园林建筑	39	90	200	41
	高尔夫场地管理	19	37	91	23
	木材加工技术	29	—	51	51
	家具设计与制造	22	40	105	21

2013～2014学年初普通中等林业(园林)职业学校教职工基本情况(一)

单位:人

学校名称	教职工数总计	校本部职工数						
		合　计	专任教师					
			计	正高级	副高级	讲师	助理讲师
合　计	**2918**	**2653**	**1699**	**3**	**614**	**625**	**364**
北京市园林学校	104	104	60	1	16	26	14
天津市园林学校	63	53	33	—	12	15	6
涿鹿县宝峰寺林业中学	31	31	28	—	10	16	2
内蒙古扎兰屯林业学校	159	122	101	—	58	23	14
内蒙古大兴安岭林业学校	194	194	106	—	58	35	12
沈阳市园林学校	41	40	35	—	10	20	5
黑龙江省林业卫生学校	204	199	125	—	25	24	32
朗乡林业局职业中学	37	37	26	—	5	15	6
黑龙江省伊春林业学校	139	139	78	—	47	9	22
黑龙江省齐齐哈尔林业学校	193	193	115	—	51	23	41
福建三明林业学校	261	160	127	1	39	40	41
河南省林业学校	325	288	193	1	58	67	67
广东省林业职业技术学校	265	265	150	—	55	62	23
广西壮族自治区桂林林业学校	106	106	83	—	13	49	21
贵州省林业学校	209	157	84	—	30	40	11
普洱林业学校	68	63	44	—	18	19	7
陕西省榆林林业学校	196	186	109	—	46	52	11
甘肃省庆阳林业学校	130	123	89	—	27	43	13
新疆林业学校	193	193	113	—	36	47	16

2013～2014 学年初中等林业(园林)职业学校教职工基本情况(二)

单位:人

学校名称	校本部职工数				校办厂(场)职工	附设机构人员	兼任教师(不在教职工数中)
	专任教师 教员	教辅人员	行政人员	工勤人员			
合 计	**93**	**355**	**244**	**349**	**1**	**5**	**259**
北京市园林学校	3	19	7	18	—	—	—
天津市园林学校	—	5	3	12	—	—	10
涿鹿县宝峰寺林业中学	—	3	—	—	—	—	—
内蒙古扎兰屯林业学校	6	—	7	14	—	—	37
内蒙古大兴安岭林业学校	1	11	23	54	—	—	—
沈阳市园林学校	—	4	—	1	—	—	1
黑龙江省林业卫生学校	44	28	30	16	—	—	5
朗乡林业局职业中学	—	4	4	3	—	—	—
黑龙江省伊春林业学校	—	20	22	19	—	—	—
黑龙江省齐齐哈尔林业学校	—	22	9	47	—	—	—
福建三明林业学校	6	11	13	9	—	—	101
河南省林业学校	—	36	30	28	1	—	36
广东省林业职业技术学校	10	69	25	21	—	—	—
广西壮族自治区桂林林业学校	—	11	9	3	—	—	—
贵州省林业学校	3	36	12	25	—	—	52
普洱林业学校	—	6	—	8	—	5	—
陕西省榆林林业学校	—	28	33	16	—	—	10
甘肃省庆阳林业学校	6	19	4	11	—	—	7
新疆林业学校	14	23	13	44	—	—	—

2013～2014学年初中等林业(园林)职业学校和其他中等职业学校林科分学校基本情况

单位:人

学校名称	毕业生数	招生数	在校学生数	毕业班学生数
总　计	**80739**	**60310**	**191069**	**73948**
(一)中等林业(园林)职业学校	16822	18410	48618	14467
北京市园林学校	290	144	590	247
天津市园林学校	135	96	1167	759
涿鹿县宝峰寺林业中学	96	114	564	274
内蒙古扎兰屯林业学校	2660	678	2906	1592
内蒙古大兴安岭林业学校	703	200	2418	1441
沈阳市园林学校	70	40	117	46
白山市林业职业高级中学	—	45	97	—
黑龙江省林业卫生学校	2633	2010	6397	410
朗乡林业局职业中学	20	15	62	16
黑龙江省伊春林业学校	1913	2116	4072	1701
黑龙江省齐齐哈尔林业学校	547	870	2196	1053
福建三明林业学校	1755	2311	6812	1822
河南省林业学校	462	877	2784	1255
广东省林业职业技术学校	1506	1780	4717	—
广西壮族自治区桂林林业学校	1036	762	2026	686
贵州省林业学校	798	4381	5911	767
普洱林业学校	136	170	399	184
陕西省榆林林业学校	561	870	1521	946
甘肃省庆阳林业学校	1259	618	2582	540
新疆林业学校	242	313	1280	728
(二)高职院校及其他中等专业学校(林科)	63917	41900	142451	59481

2013～2014 学年初普通中等林业(园林)职业学校和其他中等职业学校林科分专业基本情况(一)

单位:人

专业名称	毕业生数	招生数	在校学生数	毕业班学生数
总　计	**80739**	**60310**	**191069**	**73948**
(一)林科专业	72335	47441	163113	67861
现代林业技术	10654	5340	19654	8599
园林技术	34091	26465	88521	32467
园林绿化	11350	6088	25807	12035
林产化工	—	30	135	—
木材加工	4083	5026	11105	6132
森林资源保护与管理	4421	1424	5645	3715
生态环境保护	411	243	608	137
其他林业类专业	7325	2825	11638	4776
(二)非林科专业	8404	12869	27956	6087
采矿技术	16	—	—	—
茶叶生产与加工	83	—	—	—
宠物养护与经营	—	16	33	7
道路与桥梁工程施工	76	30	178	88
电气运行与控制	46	100	260	4
电子电器应用与维修	—	—	71	24
电子技术应用	37	62	62	—
电子商务	341	322	623	129
电子与信息技术	17	—	59	27
动漫游戏	25	31	31	—
服装设计与工艺	74	79	159	6
工程测量	—	51	51	—
工程机械运用与维修	28	87	87	—
工程造价	25	78	148	28
果蔬花卉生产技术	12	12	53	10
焊接技术应用	9	10	37	14
护理	2605	4423	8805	435
化学工艺	189	397	446	331
会计	285	662	1274	411
会计电算化	524	515	1504	251
机电技术应用	33	78	110	5
机电设备安装与维修	166	57	225	100
机械加工技术	19	3	13	7
机械制造技术	—	8	8	—
计算机动漫与游戏制作	—	108	236	30
计算机平面设计	94	135	578	231
计算机速录	14	—	10	10
计算机网络技术	52	170	347	100
计算机应用	1267	1391	3428	1621
家具设计与制作	169	401	631	157
建筑工程施工	97	131	167	19
建筑装饰	—	—	2	2

2013～2014 学年初普通中等林业(园林)职业学校和其他中等职业学校林科分专业基本情况(二)

单位:人

专业名称	毕业生数	招生数	在校学生数	毕业班学生数
景区服务与管理	—	11	11	—
酒店服务与管理	42	—	90	63
康复技术	—	22	46	—
客户信息服务	—	—	31	8
口腔修复工艺	233	61	321	110
旅游服务类专业	—	36	59	—
旅游服务与管理	99	217	673	255
美发与形象设计	23	53	112	44
美术设计与制作	40	49	132	—
民族民居装饰	—	40	40	—
农村电气技术	64	—	44	34
农村经济综合管理	126	2	620	228
农村医学	46	829	905	25
农业机械使用与维护	91	14	373	188
农业与农村用水	—	—	164	37
汽车电子技术应用	—	—	29	25
汽车美容与装潢	—	31	70	26
汽车运用与维修	267	843	1470	277
汽车整车与配件营销	—	26	73	12
汽车制造与检修	—	—	2	2
商务英语	—	—	7	7
石油天然气开采	—	—	34	34
市场营销	28	26	122	48
市政工程施工	40	110	339	118
数控技术应用	125	153	302	67
水利水电工程施工	—	43	43	—
体育与健身类专业	—	—	—	—
通信技术	—	34	34	—
通信运营服务	—	—	1	1
文化艺术类专业	—	30	30	—
文秘	319	46	129	83
物流服务与管理	12	—	—	—
物业管理	15	—	—	—
现代农艺技术	79	20	116	81
橡胶工艺	—	20	20	—
学前教育	110	251	806	77
眼视光与配镜	45	43	130	35
药剂	38	65	115	26
药品食品检验	—	29	29	—
医药卫生类专业	—	44	44	—
中草药种植	37	113	365	16
中药制药	47	89	108	16
其他类专业	175	162	281	97

附录一

国有林区135个木材采运企业和20个重点营林局主要统计指标

ANNEX Ⅰ

国有林区营林

指标名称	计量单位	合　计
一、造林面积	公顷	**49809**
1. 人工造林	公顷	28001
2. 飞播造林	公顷	—
3. 无林地和疏林地新封	公顷	21808
二、有林地造林面积	公顷	**115967**
1. 林冠下造林	公顷	99381
2. 飞播营林	公顷	—
3. 有林地和灌木林地新封	公顷	16586
三、更新造林面积	公顷	**27541**
四、森林管护面积	公顷	**40997440**
五、低产低效林改造面积	公顷	**22030**
六、未成林抚育作业面积	公顷次	**586955**
七、中、幼龄林抚育面积	公顷	**1359483**
八、年末实有育苗面积	公顷	**3726**
其中：本年新育	公顷	371

生产情况

135 个木材采运企业	20 个重点营林局
39093	**10716**
22284	5717
—	—
16809	4999
108691	**7276**
95772	3609
—	—
12919	3667
27407	**134**
34509225	**6488215**
19026	**3004**
560666	**26289**
1188202	**171281**
2540	**1186**
211	160

国有林区分企业的

企业名称	造林面积				有林地造林面积			
	合计	人工造林	飞播造林	无林地和疏林地新封	合计	林冠下造林	飞播营林	有林地和灌木林地新封
全国合计	**49809**	**28001**	**—**	**21808**	**115967**	**99381**	**—**	**16586**
135 个木材采运企业小计	39093	22284	—	16809	108691	95772	—	12919
20 个重点营林局小计	10716	5717	—	4999	7276	3609	—	3667
内蒙古	**7905**	**3572**	**—**	**4333**	**14734**	**14734**	**—**	**—**
内蒙古集团林管局	**1127**	**1127**	**—**	**—**	**13870**	**13870**	**—**	**—**
阿尔山	153	153	—	—	1207	1207	—	—
绰尔	—	—	—	—	667	667	—	—
绰源	150	150	—	—	670	670	—	—
乌尔旗汉	—	—	—	—	915	915	—	—
库都尔	205	205	—	—	913	913	—	—
图里河	—	—	—	—	1333	1333	—	—
伊图里河	44	44	—	—	667	667	—	—
克一河	—	—	—	—	747	747	—	—
甘河	—	—	—	—	675	675	—	—
吉文	134	134	—	—	685	685	—	—
阿里河	—	—	—	—	672	672	—	—
根河	441	441	—	—	1046	1046	—	—
金河	—	—	—	—	667	667	—	—
阿龙山	—	—	—	—	668	668	—	—
满归	—	—	—	—	667	667	—	—
得耳布尔	—	—	—	—	802	802	—	—
莫尔道嘎	—	—	—	—	869	869	—	—
内蒙古集团营林局	**312**	**312**	**—**	**—**	**864**	**864**	**—**	**—**
大杨树	312	312	—	—	731	731	—	—
毕拉河	—	—	—	—	133	133	—	—
内蒙古林业厅营林局	**6466**	**2133**	**—**	**4333**	**—**	**—**	**—**	**—**
免渡河	—	—	—	—	—	—	—	—
乌奴尔	—	—	—	—	—	—	—	—
巴林	—	—	—	—	—	—	—	—
南木	—	—	—	—	—	—	—	—
红花尔基	2133	2133	—	—	—	—	—	—
柴河	—	—	—	—	—	—	—	—
五岔沟	3000	—	—	3000	—	—	—	—
白狼	1333	—	—	1333	—	—	—	—
吉林	**13031**	**13031**	**—**	**—**	**31944**	**31944**	**—**	**—**
吉林集团林管局	**2669**	**2669**	**—**	**—**	**18948**	**18948**	**—**	**—**
临江	—	—	—	—	1313	1313	—	—
三岔子	—	—	—	—	3267	3267	—	—
湾沟	—	—	—	—	1500	1500	—	—
松江河	—	—	—	—	3702	3702	—	—
泉阳	—	—	—	—	1733	1733	—	—
露水河	—	—	—	—	2683	2683	—	—
白石山	—	—	—	—	1971	1971	—	—
红石	2669	2669	—	—	2779	2779	—	—
延边林管局	**10092**	**10092**	**—**	**—**	**10251**	**10251**	**—**	**—**
黄泥河	1625	1625	—	—	1693	1693	—	—
敦化	1141	1141	—	—	1153	1153	—	—
大石头	750	750	—	—	569	569	—	—

营林生产情况(一)

单位:公顷

更新造林面积	森林管护面积	低产低效林改造面积	未成林抚育作业面积(公顷次)	中、幼龄林抚育面积	年末实有育苗面积	
					合 计	其中:本年新育
27541	**40997440**	**22030**	**586955**	**1359483**	**3726**	**371**
27407	34509225	19026	560666	1188202	2540	211
134	6488215	3004	26289	171281	1186	160
5	**10705302**	**—**	**12358**	**451908**	**1122**	**150**
—	**7113855**	**—**	**9733**	**348633**	**91**	**22**
—	482676	—	1800	3667	2	1
—	422014	—	—	22133	23	1
—	299786	—	—	20000	4	1
—	577020	—	220	23133	3	—
—	483600	—	3847	20333	5	2
—	356234	—	—	21600	2	—
—	356234	—	—	21347	2	2
—	363301	—	401	23000	2	1
—	357191	—	—	22467	2	2
—	362438	—	2664	21747	10	—
—	451958	—	—	22333	7	4
—	627770	—	801	26133	19	5
—	516319	—	—	21333	1	1
—	357427	—	—	21467	1	—
—	390295	—	—	18667	1	—
—	254367	—	—	16673	5	1
—	455225	—	—	22600	2	1
—	**847402**	**—**	**400**	**2667**	**3**	**3**
—	793033	—	400	1334	3	3
—	54369	—	—	1333	—	—
5	**2744045**	**—**	**2225**	**100608**	**1028**	**125**
5	278733	—	1399	20000	—	—
—	215200	—	826	13333	2	1
—	288000	—	—	12000	11	1
—	330200	—	—	12974	—	—
—	598067	—	—	9333	29	10
—	369867	—	—	12968	—	—
—	584275	—	—	13333	873	100
—	79703	—	—	6667	113	13
1074	**3963353**	**1952**	**310283**	**125019**	**1318**	**62**
836	**1344448**	**550**	**187433**	**37522**	**1204**	**32**
102	174773	—	134	5187	1089	4
—	239157	12	58778	6682	23	5
155	101474	—	7016	3334	3	2
78	161000	267	35590	6224	26	8
32	106638	—	10728	4003	5	1
31	124178	—	11584	6679	17	6
—	137538	—	12658	4668	24	2
438	299690	271	50945	745	17	4
109	**2224695**	**1265**	**112859**	**75131**	**106**	**30**
3	209111	—	13908	7335	8	3
—	236683	430	14900	6115	11	4
—	264206	134	7627	10482	6	2

国有林区分企业的

企业名称	造林面积				有林地造林面积			
	合计	人工造林	飞播造林	无林地和疏林地新封	合计	林冠下造林	飞播营林	有林地和灌木林地新封
八家子	1025	1025	—	—	1067	1067	—	—
和龙	1397	1397	—	—	1455	1455	—	—
汪清	751	751	—	—	782	782	—	—
大兴沟	825	825	—	—	859	859	—	—
天桥岭	314	314	—	—	328	328	—	—
白河	1794	1794	—	—	1855	1855	—	—
珲春	470	470	—	—	490	490	—	—
吉林省林业厅营林局	**270**	**270**	**—**	**—**	**2745**	**2745**	**—**	**—**
上营	—	—	—	—	1946	1946	—	—
辉南	—	—	—	—	534	534	—	—
长白	16	16	—	—	—	—	—	—
安图	254	254	—	—	265	265	—	—
长白山 *	—	—	—	—	—	—	—	—
龙江集团	**—**	**—**	**—**	**—**	**54193**	**52658**	**—**	**1535**
牡丹江林业管理局	**—**	**—**	**—**	**—**	**22595**	**22595**	**—**	**—**
大海林	—	—	—	—	3160	3160	—	—
柴河	—	—	—	—	2733	2733	—	—
东京城	—	—	—	—	4058	4058	—	—
穆棱	—	—	—	—	2800	2800	—	—
绥阳	—	—	—	—	4442	4442	—	—
海林	—	—	—	—	2389	2389	—	—
林口	—	—	—	—	1337	1337	—	—
八面通	—	—	—	—	1676	1676	—	—
合江林业管理局	**—**	**—**	**—**	**—**	**5738**	**5738**	**—**	**—**
桦南	—	—	—	—	—	—	—	—
双鸭山	—	—	—	—	—	—	—	—
鹤立	—	—	—	—	1720	1720	—	—
鹤北	—	—	—	—	—	—	—	—
东方红	—	—	—	—	—	—	—	—
迎春	—	—	—	—	2013	2013	—	—
清河	—	—	—	—	2005	2005	—	—
伊春林业管理局	**—**	**—**	**—**	**—**	**14488**	**14488**	**—**	**—**
双丰	—	—	—	—	1867	1867	—	—
铁力	—	—	—	—	—	—	—	—
桃山	—	—	—	—	1533	1533	—	—
朗乡	—	—	—	—	3261	3261	—	—
南岔	—	—	—	—	—	—	—	—
金山屯	—	—	—	—	1867	1867	—	—
美溪	—	—	—	—	—	—	—	—
乌马河	—	—	—	—	1800	1800	—	—
翠峦	—	—	—	—	1493	1493	—	—
友好	—	—	—	—	2667	2667	—	—
上甘岭	—	—	—	—	—	—	—	—
五营	—	—	—	—	—	—	—	—
红星	—	—	—	—	—	—	—	—
新青	—	—	—	—	—	—	—	—
汤旺河	—	—	—	—	—	—	—	—
乌伊岭	—	—	—	—	—	—	—	—

营林生产情况(二)

单位:公顷

更新造林面积	森林管护面积	低产低效林改造面积	未成林抚育作业面积(公顷次)	中、幼龄林抚育面积	年末实有育苗面积	
					合　计	其中:本年新育
39	154718	67	11159	8018	7	2
—	174435	—	22614	7334	12	6
6	313833	468	9207	7334	29	2
1	122604	—	361	11486	—	—
—	193506	32	9465	7420	15	2
—	190470	134	16510	2273	7	7
60	365129	—	7108	7334	11	2
129	**394210**	**137**	**9991**	**12366**	**8**	**—**
—	127855	—	—	1333	2	—
24	65394	137	2641	1667	2	—
105	89400	—	2705	2903	2	—
—	111561	—	4645	6463	2	—
—	—	—	—	—	—	—
25569	**8965060**	**2145**	**250241**	**492997**	**583**	**70**
12	2268924	—	71317	107120	102	12
—	259774	—	14742	13333	13	2
—	318193	—	10713	13333	7	1
12	376583	—	13018	16000	15	2
—	254235	—	12795	15333	33	1
—	487352	—	—	16000	7	1
—	150200	—	6434	10667	13	1
—	271544	—	7608	15787	5	1
—	151043	—	6007	6667	9	3
13	**1461983**	**1801**	**72937**	**72676**	**102**	**15**
13	225475	—	11993	13333	10	2
—	134311	—	9075	9333	17	—
—	70827	800	9843	6000	20	4
—	381427	—	7827	13333	20	1
—	353666	—	13740	14667	14	6
—	153347	667	12184	9334	8	2
—	142930	334	8275	6676	13	—
19311	**2727629**	**344**	**81923**	**194522**	**288**	**29**
—	115124	—	—	9000	119	—
2416	183592	—	4950	13340	15	7
934	140139	—	2467	10667	3	—
206	257325	—	—	16667	24	4
1573	—	—	7765	14667	14	—
34	178362	—	8287	13833	12	2
1932	214573	—	—	10667	6	1
53	117154	—	4280	10000	9	2
1560	—	—	3965	7333	7	1
—	267193	—	11261	13333	6	1
133	121772	—	3827	9333	7	1
1558	117068	—	—	8000	7	1
2200	266526	344	10133	14682	10	3
1371	271852	—	7868	14667	22	2
2553	200206	—	5993	12000	9	2
2788	276743	—	11127	16333	18	2

国有林区分企业的

企业名称	造林面积				有林地造林面积			
	合计	人工造林	飞播造林	无林地和疏林地新封	合计	林冠下造林	飞播营林	有林地和灌木林地新封
松花江林业管理局	**—**	**—**	**—**	**—**	**11372**	**9837**	**—**	**1535**
山河屯	—	—	—	—	—	—	—	—
苇河	—	—	—	—	—	—	—	—
亚布力	—	—	—	—	1535	—	—	1535
方正	—	—	—	—	1702	1702	—	—
兴隆	—	—	—	—	2133	2133	—	—
绥棱	—	—	—	—	2161	2161	—	—
通北	—	—	—	—	—	—	—	—
沾河	—	—	—	—	3841	3841	—	—
总局直属单位	**—**	**—**	**—**	**—**	**—**	**—**	**—**	**—**
带岭实验局	—	—	—	—	—	—	—	—
大兴安岭	**—**	**—**	**—**	**—**	**—**	**—**	**—**	**—**
大兴安岭林管局	**—**	**—**	**—**	**—**	**—**	**—**	**—**	**—**
松岭	—	—	—	—	—	—	—	—
新林	—	—	—	—	—	—	—	—
塔河	—	—	—	—	—	—	—	—
呼中	—	—	—	—	—	—	—	—
阿木尔	—	—	—	—	—	—	—	—
图强	—	—	—	—	—	—	—	—
西林吉	—	—	—	—	—	—	—	—
十八站	—	—	—	—	—	—	—	—
韩家园	—	—	—	—	—	—	—	—
大兴安岭营林局	**—**	**—**	**—**	**—**	**—**	**—**	**—**	**—**
加格达奇	—	—	—	—	—	—	—	—
四川	**12431**	**2465**	**—**	**9966**	**—**	**—**	**—**	**—**
阿坝州林管局	**1333**	**333**	**—**	**1000**	**—**	**—**	**—**	**—**
川西	—	—	—	—	—	—	—	—
黑水	—	—	—	—	—	—	—	—
马尔康	—	—	—	—	—	—	—	—
小金	667	—	—	667	—	—	—	—
观音桥	—	—	—	—	—	—	—	—
松潘	133	133	—	—	—	—	—	—
南坪	133	133	—	—	—	—	—	—
壤塘	400	67	—	333	—	—	—	—
甘孜州林管局	**899**	**333**	**—**	**566**	**—**	**—**	**—**	**—**
道孚	—	—	—	—	—	—	—	—
新龙	266	133	—	133	—	—	—	—
丹巴	—	—	—	—	—	—	—	—
炉霍	—	—	—	—	—	—	—	—
白玉	367	67	—	300	—	—	—	—
力邱河	266	133	—	133	—	—	—	—
翁达	—	—	—	—	—	—	—	—
其他地、州林管局	**10199**	**1799**	**—**	**8400**	**—**	**—**	**—**	**—**
川南	7067	—	—	7067	—	—	—	—
雷波	1533	1133	—	400	—	—	—	—
凉北	1066	666	—	400	—	—	—	—
夹金山	—	—	—	—	—	—	—	—
木里	533	—	—	533	—	—	—	—

营林生产情况(三)

单位:公顷

更新造林面积	森林管护面积	低产低效林改造面积	未成林抚育作业面积(公顷次)	中、幼龄林抚育面积	年末实有育苗面积	
					合 计	其中:本年新育
5349	**2412202**	**—**	**21189**	**112679**	**81**	**12**
258	202706	—	—	11333	16	—
1667	186290	—	—	14667	10	2
458	279662	—	—	15333	9	2
—	199502	—	2371	15333	12	3
—	304427	—	12813	14000	13	—
206	179300	—	6005	12679	7	2
2133	309032	—	—	12667	3	—
627	751283	—	—	16667	11	3
884	**94322**	**—**	**2875**	**6000**	**10**	**2**
884	94322	—	2875	6000	10	2
60	**7385065**	**17333**	**—**	**178360**	**66**	**47**
60	**6435362**	**14466**	**—**	**157720**	**56**	**41**
—	674118	1333	—	16080	1	1
—	859205	1333	—	19734	4	3
—	909480	1333	—	22646	6	5
60	761188	1333	—	14740	9	5
—	546612	1333	—	14193	14	7
—	500587	1333	—	16867	5	4
—	717818	2667	—	19433	5	5
—	672502	1867	—	14213	7	7
—	793852	1934	—	19814	5	4
—	**949703**	**2867**	**—**	**20640**	**10**	**6**
—	949703	2867	—	20640	10	6
—	**3296799**	**600**	**400**	**27271**	**12**	**5**
—	**1382683**	**—**	**400**	**9606**	**3**	**2**
—	114642	—	—	1000	—	—
—	255881	—	—	—	—	—
—	223612	—	—	1200	—	—
—	119070	—	—	2000	1	1
—	227254	—	—	1740	—	—
—	110768	—	—	1000	—	—
—	191538	—	400	1333	2	1
—	139918	—	—	1333	—	—
—	**1157729**	**600**	**—**	**7999**	**9**	**3**
—	210817	333	—	1333	2	1
—	270537	—	—	1333	3	1
—	135304	—	—	1333	—	—
—	78198	—	—	1000	1	1
—	310897	267	—	1333	2	—
—	96385	—	—	1000	1	—
—	55591	—	—	667	—	—
—	**756387**	**—**	**—**	**9666**	**—**	**—**
—	73559	—	—	2000	—	—
—	123439	—	—	1333	—	—
—	51246	—	—	2000	—	—
—	160170	—	—	—	—	—
—	242042	—	—	2000	—	—

国有林区分企业的

企业名称	造林面积				有林地造林面积			
	合计	人工造林	飞播造林	无林地和疏林地新封	合计	林冠下造林	飞播营林	有林地和灌木林地新封
普威	—	—	—	—	—	—	—	—
盐边	—	—	—	—	—	—	—	—
云　南	**2823**	**1646**	**—**	**1177**	**4516**	**—**	**—**	**4516**
云南省林管局	**2823**	**1646**	**—**	**1177**	**4516**	**—**	**—**	**4516**
华坪	—	—	—	—	333	—	—	333
碧泉	273	246	—	27	1266	—	—	1266
黑白水	—	—	—	—	333	—	—	333
中甸 *	—	—	—	—	—	—	—	—
巨甸	—	—	—	—	333	—	—	333
红旗	—	—	—	—	—	—	—	—
云台山	1750	600	—	1150	584	—	—	584
漾江	—	—	—	—	—	—	—	—
景东	—	—	—	—	—	—	—	—
墨江	200	200	—	—	—	—	—	—
卫国	—	—	—	—	667	—	—	667
江边 *	—	—	—	—	—	—	—	—
清水江 *	—	—	—	—	—	—	—	—
南盘江 *	—	—	—	—	—	—	—	—
新平	—	—	—	—	—	—	—	—
宁蒗	600	600	—	—	1000	—	—	1000
陕西	**666**	**—**	**—**	**666**	**6868**	**—**	**—**	**6868**
陕西省林管局	**—**	**—**	**—**	**—**	**6868**	**—**	**—**	**6868**
宁西	—	—	—	—	667	—	—	667
太白	—	—	—	—	1400	—	—	1400
长青	—	—	—	—	1067	—	—	1067
宁东	—	—	—	—	2267	—	—	2267
汉西	—	—	—	—	667	—	—	667
龙草坪	—	—	—	—	800	—	—	800
陕西省营林局	**666**	**—**	**—**	**666**	**—**	**—**	**—**	**—**
马头滩	333	—	—	333	—	—	—	—
辛家山	333	—	—	333	—	—	—	—
甘肃	**12868**	**7202**	**—**	**5666**	**3667**	**—**	**—**	**3667**
甘肃省林管局	**9866**	**4200**	**—**	**5666**	**—**	**—**	**—**	**—**
舟曲	1200	533	—	667	—	—	—	—
迭部	4733	2067	—	2666	—	—	—	—
洮河	2533	1200	—	1333	—	—	—	—
白水江	1400	400	—	1000	—	—	—	—
甘肃省营林局	**3002**	**3002**	**—**	**—**	**3667**	**—**	**—**	**3667**
小陇山	3002	3002	—	—	3667	—	—	3667
青海	**—**	**—**	**—**	**—**	**—**	**—**	**—**	**—**
青海省林管局	**—**	**—**	**—**	**—**	**—**	**—**	**—**	**—**
玛可河 *	—	—	—	—	—	—	—	—
新疆	**85**	**85**	**—**	**—**	**45**	**45**	**—**	**—**
新疆维吾尔自治区林管局	**85**	**85**	**—**	**—**	**45**	**45**	**—**	**—**
天山西部	85	85	—	—	—	—	—	—
阿尔泰山	—	—	—	—	45	45	—	—
新疆维吾尔自治区营林局	**—**	**—**	**—**	**—**	**—**	**—**	**—**	**—**
天山中东部	—	—	—	—	—	—	—	—

注:标 * 的单位已改为从事管护工作的事业性质单位或划归地方管理,因此没有数据。

营林生产情况(四)

单位:公顷

更新造林面积	森林管护面积	低产低效林改造面积	未成林抚育作业面积(公顷次)	中、幼龄林抚育面积	年末实有育苗面积	
					合　计	其中:本年新育
—	59704	—	—	1333	—	—
—	46227	—	—	1000	—	—
167	**1864005**	**—**	**—**	**5999**	**3**	**1**
167	**1864005**	**—**	**—**	**5999**	**3**	**1**
—	54792	—	—	—	—	—
—	204299	—	—	—	—	—
—	80355	—	—	—	—	—
—	—	—	—	—	—	—
—	150857	—	—	—	3	1
—	102376	—	—	1999	—	—
—	308201	—	—	2000	—	—
—	150930	—	—	—	—	—
—	185627	—	—	—	—	—
—	72000	—	—	—	—	—
167	273427	—	—	1333	—	—
—	—	—	—	—	—	—
—	—	—	—	—	—	—
—	—	—	—	—	—	—
—	65067	—	—	—	—	—
—	216074	—	—	667	—	—
—	**534708**	**—**	**—**	**19334**	**240**	**3**
—	**475268**	**—**	**—**	**16000**	**233**	**1**
—	117160	—	—	3333	21	1
—	146927	—	—	3667	—	—
—	34020	—	—	667	—	—
—	103647	—	—	4333	—	—
—	38847	—	—	2667	212	—
—	34667	—	—	1333	—	—
—	**59440**	**—**	**—**	**3334**	**7**	**2**
—	34380	—	—	1667	4	2
—	25060	—	—	1667	3	—
—	**1417074**	**—**	**12340**	**34600**	**245**	**23**
—	**772207**	**—**	**—**	**17933**	**193**	**8**
—	104053	—	—	3333	21	2
—	277960	—	—	5267	70	2
—	317080	—	—	5333	79	3
—	73114	—	—	4000	23	1
—	**644867**	**—**	**12340**	**16667**	**52**	**15**
—	644867	—	12340	16667	52	15
—	**—**	**—**	**—**	**—**	**—**	**—**
—	**—**	**—**	**—**	**—**	**—**	**—**
—	—	—	—	—	—	—
666	**2866074**	**—**	**1333**	**23995**	**137**	**10**
666	**2017526**	**—**	**—**	**8996**	**59**	**1**
400	769187	—	—	1665	59	1
266	1248339	—	—	7331	—	—
—	**848548**	**—**	**1333**	**14999**	**78**	**9**
—	848548	—	1333	14999	78	9

国有林区企业总产值

（按现行价

指标名称	计量单位	合　计
一、企业总产值	**万元**	**7586626**
1. 第一产业	万元	3279297
（1）涉林产业	万元	2170016
①林木育种和育苗	万元	49315
②造林和更新	万元	54101
③森林经营和管护	万元	500379
④木材和竹材采运	万元	518172
⑤经济林产品的种植与采集	万元	897675
⑥花卉及其他观赏植物种植	万元	2473
⑦陆生野生动物繁育与利用	万元	111821
⑧林业生产服务	万元	36080
（2）非林产业	万元	1109281
2. 第二产业	万元	2632510
（1）涉林产业	万元	1135385
①木材加工和木、竹、藤、棕、苇制品制造	万元	769379
②木、竹、藤家具制造	万元	119191
③木、竹、苇浆造纸和纸制品	万元	4479
④林产化学产品制造	万元	52806
⑤木质工艺品和木质文教体育用品制造	万元	21618
⑥非木质林产品加工制造业	万元	77346
⑦其他	万元	90566
（2）非林产业	万元	1497125
3. 第三产业	万元	1674819
其中：林业旅游与休闲服务	万元	542205
林业公共管理及其他组织服务	万元	144971
二、企业销售产值	**万元**	**3891357**

和销售产值

格计算）

135 个木材采运企业	20 个重点营林局
7346130	**240496**
3108796	170501
2028939	141077
35269	14046
49892	4209
425706	74673
489484	28688
887321	10354
2393	80
106188	5633
32686	3394
1079857	29424
2598897	33613
1122939	12446
756933	12446
119191	—
4479	—
52806	—
21618	—
77346	—
90566	—
1475958	21167
1638437	36382
532464	9741
141593	3378
3844178	47179

国有林区分企业的

（按现行价

企业名称	企业总				
	总计	第一			
		合计	涉林		
			小计	林木育种和育苗	造林和更新
全国合计	**7586626**	**3279297**	**2170016**	**49315**	**54101**
135 个木材采运企业小计	7346130	3108796	2028939	35269	49892
20 个重点营林局小计	240496	170501	141077	14046	4209
内蒙古	**559202**	**370639**	**335944**	**3297**	**6789**
内蒙古集团林管局	**465942**	**297432**	**286014**	**684**	**5331**
阿尔山	28550	7740	5980	—	149
绰尔	39995	18644	14575	—	—
绰源	18230	12455	12455	—	340
乌尔旗汉	38950	19907	18937	—	6
库都尔	23561	14503	13915	165	108
图里河	18491	12608	12401	—	—
伊图里河	13640	10551	9864	—	7
克一河	24987	16261	13964	—	6
甘河	23735	15963	15963	—	4500
吉文	15300	7811	7811	—	—
阿里河	38324	30380	29610	226	200
根河	37689	23648	23580	—	—
金河	31102	26287	26287	—	—
阿龙山	25019	17671	17671	293	15
满归	26052	21776	21776	—	—
得耳布尔	23667	14426	14424	—	—
莫尔道嘎	38650	26801	26801	—	—
内蒙古集团营林局	**20069**	**13770**	**9087**	**60**	**—**
大杨树	9203	8001	3318	—	—
毕拉河	10866	5769	5769	60	—
内蒙古林业厅营林局	**73191**	**59437**	**40843**	**2553**	**1458**
免渡河	11555	10364	7908	—	—
乌奴尔	7562	7314	5783	—	—
巴林	5963	5583	4578	35	—
南木	5920	5237	4517	—	—
红花尔基	12215	9781	7729	111	1425
柴河	7577	6967	5904	—	33
五岔沟	18048	11892	3094	2407	—
白狼	4351	2299	1330	—	—
吉林	**1133389**	**475546**	**452768**	**26090**	**10331**
吉林集团林管局	**681196**	**277859**	**258140**	**9542**	**3587**
临江	90264	36666	36666	99	130
三岔子	89555	42660	41559	2547	256
湾沟	76700	12660	12660	30	201

企业总产值和销售产值(一)

格计算)　　　　单位:万元

产　值						
产　业						
产　业						非林产业
森林经营和管护	木材和竹材采运	经济林产品的种植与采集	花卉及其他观赏植物种植	陆生野生动物繁殖与利用	林业生产服务	
500379	**518172**	**897675**	**2473**	**111821**	**36080**	**1109281**
425706	489484	887321	2393	106188	32686	1079857
74673	28688	10354	80	5633	3394	29424
161816	**92642**	**37597**	**—**	**32773**	**1030**	**34695**
128017	**85334**	**35239**	**—**	**31409**	**—**	**11418**
5222	1	608	—	—	—	1760
9015	5480	80	—	—	—	4069
3105	3330	890	—	4790	—	—
10846	7966	119	—	—	—	970
9435	4003	204	—	—	—	588
8571	3352	113	—	365	—	207
6600	2215	363	—	679	—	687
8283	3624	1690	—	361	—	2297
5804	5196	115	—	348	—	—
3701	2940	1170	—	—	—	—
8434	4959	4595	—	11196	—	770
13106	9900	574	—	—	—	68
5896	7651	2900	—	9840	—	—
8597	4967	3719	—	80	—	—
3360	6178	11978	—	260	—	—
9109	4261	324	—	730	—	2
8933	9311	5797	—	2760	—	—
6411	**1073**	**551**	**—**	**992**	**—**	**4683**
2755	517	46	—	—	—	4683
3656	556	505	—	992	—	—
27388	**6235**	**1807**	**—**	**372**	**1030**	**18594**
6396	1437	25	—	—	50	2456
4079	1518	154	—	—	32	1531
3912	540	24	—	44	23	1005
3240	539	168	—	—	570	720
5172	592	169	—	—	260	2052
4139	1609	28	—	—	95	1063
—	—	497	—	190	—	8798
450	—	742	—	138	—	969
37289	**201851**	**119491**	**1465**	**43011**	**13240**	**22778**
17181	**88539**	**97429**	**1385**	**33774**	**6703**	**19719**
554	10414	13235	—	10529	1705	—
5696	15447	14714	—	2850	49	1101
1166	4461	—	—	6502	300	—

国有林区分企业的

(按现行价

企业名称	企业总				
	总计	第一			
		合计	涉林		
			小计	林木育种和育苗	造林和更新
松江河	134803	37919	36880	1160	454
泉阳	26266	10550	9190	1396	160
露水河	91046	47452	47452	1905	416
白石山	84663	51556	36556	600	950
红石	87899	38396	37177	1805	1020
延边林管局	**371721**	**155267**	**154878**	**12319**	**6366**
黄泥河	54661	12647	12647	1723	541
敦化	49940	15063	15063	62	831
大石头	32586	14861	14861	3490	145
八家子	16977	11368	11368	318	281
和龙	29256	23114	22793	1564	—
汪清	69716	22962	22962	795	160
大兴沟	11339	7261	7261	1530	597
天桥岭	18228	8144	8144	101	217
白河	62543	25269	25201	2200	3492
珲春	26475	14578	14578	536	102
吉林省林业厅营林局	**80472**	**42420**	**39750**	**4229**	**378**
上营	38709	17569	16327	1670	120
辉南	7274	4266	3792	170	33
长白	6886	4333	4333	52	167
安图	27603	16252	15298	2337	58
长白山 *	—	—	—	—	—
龙江集团	**4727999**	**1823102**	**833487**	**3812**	**27599**
牡丹江林业管理局	**953111**	**340934**	**234729**	**1101**	**6886**
大海林	138430	26105	19697	312	554
柴河	167408	34756	25309	74	285
东京城	189110	74156	56942	11	743
穆棱	140765	51343	28283	173	159
绥阳	130343	75731	66055	—	1098
海林	89164	25887	19687	531	2672
林口	52321	30616	14846	—	827
八面通	45570	22340	3910	—	548
合江林业管理局	**628648**	**283372**	**115396**	**318**	**4409**
桦南	85343	45456	6357	81	792
双鸭山	76527	27961	4456	6	157
鹤立	39840	23135	4682	18	568
鹤北	96989	37931	19156	49	49
东方红	113695	53180	31987	153	1227
迎春	53154	24946	5175	2	1024

企业总产值和销售产值（二）

格计算）　　单位：万元

产　值						
产　业						
产　业						非林产业
森林经营和管护	木材和竹材采运	经济林产品的种植与采集	花卉及其他观赏植物种植	陆生野生动物繁殖与利用	林业生产服务	
4002	13868	10791	1385	4713	507	1039
1904	4670	650	—	—	410	1360
3222	10342	27570	—	1282	2715	—
—	7906	23600	—	3000	500	15000
637	21431	6869	—	4898	517	1219
16554	**93403**	**17043**	**—**	**4968**	**4225**	**389**
1876	8087	—	—	—	420	—
1614	12252	—	—	—	304	—
1650	9558	—	—	18	—	—
2676	7742	—	—	—	351	—
1975	12152	4697	—	2405	—	321
805	10299	8618	—	2285	—	—
1760	3304	—	—	—	70	—
1633	6193	—	—	—	—	—
1605	15054	2540	—	260	50	68
960	8762	1188	—	—	3030	—
3554	**19909**	**5019**	**80**	**4269**	**2312**	**2670**
388	8586	1843	—	2579	1141	1242
504	1855	486	—	640	104	474
974	3140	—	—	—	—	—
1688	6328	2690	80	1050	1067	954
—	—	—	—	—	—	—
118413	**87295**	**576800**	**268**	**12253**	**7047**	**989615**
32415	**26901**	**165552**	**—**	**915**	**959**	**106205**
4330	4334	10167	—	—	—	6408
4809	7055	12991	—	45	50	9447
5614	4943	45631	—	—	—	17214
4417	3954	19580	—	—	—	23060
5696	4110	55138	—	—	13	9676
3397	2021	9300	—	870	896	6200
2842	184	10993	—	—	—	15770
1310	300	1752	—	—	—	18430
18705	**16870**	**65184**	**—**	**9034**	**876**	**167976**
3330	300	1854	—	—	—	39099
2136	466	1418	—	—	273	23505
1280	547	2269	—	—	—	18453
4068	4334	10453	—	—	203	18775
3155	7742	10676	—	9034	—	21193
2054	1201	894	—	—	—	19771

国有林区分企业的

（按现行价

企业名称	企业总				
	总　计	第一			
		合　计	涉林		
			小计	林木育种和育苗	造林和更新
清河	163100	70763	43583	9	592
伊春林业管理局	**2182079**	**778522**	**316874**	**1382**	**10175**
双丰	94942	42943	13280	45	84
铁力	189411	70996	32480	117	153
桃山	85743	56076	5332	39	828
朗乡	205344	50976	32579	280	93
南岔	85467	36986	10839	88	708
金山屯	173595	51605	8080	46	575
美溪	136718	21410	11015	418	1840
乌马河	141921	34481	1190	3	87
翠峦	147096	28500	8372	25	823
友好	249987	127532	56502	114	970
上甘岭	71253	31821	17780	30	330
五营	150482	39727	27065	42	280
红星	89316	45335	9215	10	330
新青	146232	63682	32423	22	1367
汤旺河	161370	49880	29797	48	—
乌伊岭	53202	26572	20925	55	1707
松花江林业管理局	**806244**	**389562**	**156401**	**810**	**5917**
山河屯	86500	32992	13233	92	337
苇河	102486	65273	12089	61	416
亚布力	132200	56133	40091	49	691
方正	100415	44941	24184	171	237
兴隆	101305	53712	20530	77	601
绥棱	109222	38126	15754	180	1645
通北	83729	51576	6456	90	1440
沾河	90387	46809	24064	90	550
总局直属单位	**157917**	**30712**	**10087**	**201**	**212**
带岭实验局	157917	30712	10087	201	212
大兴安岭	**965948**	**482617**	**425893**	**4954**	**753**
大兴安岭林管局	**948063**	**465264**	**411493**	**4934**	**753**
松岭	118071	38799	33110	22	—
新林	160950	84829	78065	155	—
塔河	125358	73748	63413	125	—
呼中	92436	58161	50927	614	753
阿木尔	50249	30659	27354	67	—
图强	67085	40270	37174	1000	—
西林吉	169931	54298	43172	2533	—
十八站	82209	28402	25453	96	—

企业总产值和销售产值(三)

格计算)

单位:万元

产　　值						
产　业						
产　业						非林产业
森林经营和管护	木材和竹材采运	经济林产品的种植与采集	花卉及其他观赏植物种植	陆生野生动物繁殖与利用	林业生产服务	
2682	2280	37620	—	—	400	27180
41139	**14744**	**244478**	**268**	**—**	**4688**	**461648**
1146	—	12005	—	—	—	29663
—	1723	28126	—	—	2361	38516
1990	403	2072	—	—	—	50744
3000	3292	25914	—	—	—	18397
3649	322	6072	—	—	—	26147
2490	2	4952	15	—	—	43525
8126	631	—	—	—	—	10395
—	365	—	253	—	482	33291
2218	—	5306	—	—	—	20128
3547	2574	48987	—	—	310	71030
1680	—	15740	—	—	—	14041
1586	182	23597	—	—	1378	12662
1013	979	6883	—	—	—	36120
5867	1381	23629	—	—	157	31259
2404	1973	25372	—	—	—	20083
2423	917	15823	—	—	—	5647
25244	**27625**	**94114**	**—**	**2304**	**387**	**233161**
1000	3366	8438	—	—	—	19759
5040	4236	2045	—	291	—	53184
4841	4910	29600	—	—	—	16042
2760	2812	17817	—	—	387	20757
2520	5720	11612	—	—	—	33182
2282	3238	6396	—	2013	—	22372
3486	1016	424	—	—	—	45120
3315	2327	17782	—	—	—	22745
910	**1155**	**7472**	**—**	**—**	**137**	**20625**
910	1155	7472	—	—	137	20625
96188	**132658**	**162638**	**239**	**23784**	**4679**	**56724**
85109	**132095**	**159900**	**239**	**23784**	**4679**	**53771**
8755	9531	10930	—	1372	2500	5689
10722	21949	44989	—	250	—	6764
11306	31941	19863	—	178	—	10335
9413	10133	29112	118	784	—	7234
7004	8787	9793	—	1703	—	3305
7365	8396	9993	—	10420	—	3096
10001	7240	17064	20	6235	79	11126
8186	5264	11857	50	—	—	2949

国有林区分企业的

（按现行价

企业名称	总计	合计	小计	林木育种和育苗	造林和更新
	企业总				
		第一			
			涉林		
韩家园	81774	56098	52825	322	—
大兴安岭营林局	**17885**	**17353**	**14400**	**20**	**—**
加格达奇	17885	17353	14400	20	—
四川	**46565**	**43011**	**40792**	**919**	**2149**
阿坝州林管局	**18904**	**16777**	**15721**	**30**	**461**
川西	1717	1376	1376	—	—
黑水	2365	2270	2270	—	—
马尔康	3868	3568	3568	—	78
小金	1960	1835	1835	—	233
观音桥	2832	2666	2666	—	—
松潘	1634	1634	1404	—	60
南坪	3125	2025	2025	30	60
壤塘	1403	1403	577	—	30
甘孜州林管局	**13556**	**12641**	**11478**	**889**	**210**
道孚	2116	2116	2044	92	—
新龙	1918	1918	1918	102	74
丹巴	2500	1960	1960	—	—
炉霍	2019	2019	2019	360	—
白玉	2300	2300	1560	147	62
力邱河	1601	1226	1226	85	74
翁达	1102	1102	751	103	—
其他地、州林管局	**14105**	**13593**	**13593**	**—**	**1478**
川南	3771	3463	3463	—	742
雷波	1399	1395	1395	—	418
凉北	1107	1107	1107	—	262
夹金山	2032	1832	1832	—	—
木里	2802	2802	2802	—	56
普威	1997	1997	1997	—	—
盐边	997	997	997	—	—
云南	**18109**	**8538**	**8475**	**35**	**644**
云南省林管局	**18109**	**8538**	**8475**	**35**	**644**
华坪	50	50	50	35	—
碧泉	—	—	—	—	—
黑白水	—	—	—	—	—
中甸 *	—	—	—	—	—
巨甸	63	63	—	—	—
红旗	—	—	—	—	—
云台山	1331	1331	1331	—	425
漾江	2334	2334	2334	—	—

企业总产值和销售产值(四)

格计算) 单位:万元

产值						
产业						
产业						非林产业
森林经营和管护	木材和竹材采运	经济林产品的种植与采集	花卉及其他观赏植物种植	陆生野生动物繁殖与利用	林业生产服务	
12357	28854	6299	51	2842	2100	3273
11079	**563**	**2738**	**—**	**—**	**—**	**2953**
11079	563	2738	—	—	—	2953
32557	**—**	**385**	**123**	**—**	**4659**	**2219**
10615	**—**	**150**	**—**	**—**	**4465**	**1056**
1061	—	—	—	—	315	—
1732	—	5	—	—	533	—
1550	—	105	—	—	1835	—
1369	—	—	—	—	233	—
2028	—	—	—	—	638	—
772	—	30	—	—	542	230
1556	—	10	—	—	369	—
547	—	—	—	—	—	826
9827	**—**	**235**	**123**	**—**	**194**	**1163**
1811	—	15	123	—	3	72
1662	—	—	—	—	80	—
1860	—	100	—	—	—	—
1586	—	—	—	—	73	—
1231	—	120	—	—	—	740
1067	—	—	—	—	—	—
610	—	—	—	—	38	351
12115	**—**	**—**	**—**	**—**	**—**	**—**
2721	—	—	—	—	—	—
977	—	—	—	—	—	—
845	—	—	—	—	—	—
1832	—	—	—	—	—	—
2746	—	—	—	—	—	—
1997	—	—	—	—	—	—
997	—	—	—	—	—	—
5100	**2696**	**—**	**—**	**—**	**—**	**63**
5100	**2696**	**—**	**—**	**—**	**—**	**63**
—	15	—	—	—	—	—
—	—	—	—	—	—	—
—	—	—	—	—	—	—
—	—	—	—	—	—	—
—	—	—	—	—	—	63
—	—	—	—	—	—	—
906	—	—	—	—	—	—
2334	—	—	—	—	—	—

国有林区分企业的

(按现行价

企业名称	企业总				
	总计	第一			
		合计	涉林		
			小计	林木育种和育苗	造林和更新
景东	1573	1573	1573	—	—
墨江	1597	1369	1369	—	196
卫国	11156	1818	1818	—	23
江边 *	—	—	—	—	—
清水江 *	—	—	—	—	—
南盘江 *	—	—	—	—	—
新平	5	—	—	—	—
宁蒗	—	—	—	—	—
陕西	**33056**	**5511**	**5411**	**365**	**1389**
陕西省林管局	**27287**	**4413**	**4313**	**205**	**721**
宁西	5538	709	709	59	70
太白	9659	885	885	101	147
长青	3932	451	451	45	112
宁东	5122	1376	1376	—	238
汉西	1773	668	568	—	70
龙草坪	1263	324	324	—	84
陕西省营林局	**5769**	**1098**	**1098**	**160**	**668**
马头滩	3579	793	793	160	633
辛家山	2190	305	305	—	35
甘肃	**74823**	**46811**	**46767**	**8114**	**4182**
甘肃省林管局	**44003**	**21257**	**21255**	**1729**	**2495**
舟曲	7407	3501	3499	261	350
迭部	16892	7300	7300	181	1200
洮河	14568	8273	8273	1247	660
白水江	5136	2183	2183	40	285
甘肃省营林局	**30820**	**25554**	**25512**	**6385**	**1687**
小陇山	30820	25554	25512	6385	1687
青海	**—**	**—**	**—**	**—**	**—**
青海省林管局	**—**	**—**	**—**	**—**	**—**
玛可河 *	—	—	—	—	—
新疆	**27535**	**23522**	**20479**	**1729**	**265**
新疆维吾尔自治区林管局	**15245**	**12653**	**10092**	**1090**	**247**
天山西部	13318	11233	9002	—	247
阿尔泰山	1927	1420	1090	1090	—
新疆维吾尔自治区营林局	**12290**	**10869**	**10387**	**639**	**18**
天山中东部	12290	10869	10387	639	18

企业总产值和销售产值(五)

格计算)　　　　单位:万元

产　值						
产　业						
产　业						非林产业
森林经营和管护	木材和竹材采运	经济林产品的种植与采集	花卉及其他观赏植物种植	陆生野生动物繁殖与利用	林业生产服务	
1137	436	—	—	—	—	—
723	450	—	—	—	—	—
—	1795	—	—	—	—	—
—	—	—	—	—	—	—
—	—	—	—	—	—	—
—	—	—	—	—	—	—
—	—	—	—	—	—	—
—	—	—	—	—	—	—
3050	**78**	**151**	**378**	**—**	**—**	**100**
2780	**78**	**151**	**378**	**—**	**—**	**100**
580	—	—	—	—	—	—
630	—	7	—	—	—	—
120	—	144	30	—	—	—
750	40	—	348	—	—	—
460	38	—	—	—	—	100
240	—	—	—	—	—	—
270	**—**	**—**	**—**	**—**	**—**	**—**
—	—	—	—	—	—	—
270	—	—	—	—	—	—
33107	**908**	**411**	**—**	**—**	**45**	**44**
16814	**—**	**172**	**—**	**—**	**45**	**2**
2716	—	172	—	—	—	2
5899	—	—	—	—	20	—
6341	—	—	—	—	25	—
1858	—	—	—	—	—	—
16293	**908**	**239**	**—**	**—**	**—**	**42**
16293	908	239	—	—	—	42
—	**—**	**—**	**—**	**—**	**—**	**—**
—	**—**	**—**	**—**	**—**	**—**	**—**
—	—	—	—	—	—	—
12859	**44**	**202**	**—**	**—**	**5380**	**3043**
3181	**44**	**202**	**—**	**—**	**5328**	**2561**
3181	44	202	—	—	5328	2231
—	—	—	—	—	—	330
9678	**—**	**—**	**—**	**—**	**52**	**482**
9678	—	—	—	—	52	482

国有林区分企业的

（按现行价

企业名称	企业总					
	第二					
	合计	涉林				
		小计	木材加工和木、竹、藤、棕、苇制品制造	木、竹、藤家具制造	木、竹、苇浆造纸和纸制品	林产化学产品制造
全国合计	**2632510**	**1135385**	**769379**	**119191**	**4479**	**52806**
135个木材采运企业小计	2598897	1122939	756933	119191	4479	52806
20个重点营林局小计	33613	12446	12446	—	—	—
内蒙古	**72189**	**784**	**784**	**—**	**—**	**—**
内蒙古集团林管局	**69534**	**159**	**159**	**—**	**—**	**—**
阿尔山	1603	—	—	—	—	—
绰尔	16089	—	—	—	—	—
绰源	3068	—	—	—	—	—
乌尔旗汉	14168	—	—	—	—	—
库都尔	4852	—	—	—	—	—
图里河	2631	159	159	—	—	—
伊图里河	978	—	—	—	—	—
克一河	3362	—	—	—	—	—
甘河	3507	—	—	—	—	—
吉文	905	—	—	—	—	—
阿里河	601	—	—	—	—	—
根河	4007	—	—	—	—	—
金河	1100	—	—	—	—	—
阿龙山	3819	—	—	—	—	—
满归	2333	—	—	—	—	—
得耳布尔	6441	—	—	—	—	—
莫尔道嘎	70	—	—	—	—	—
内蒙古集团营林局	**1990**	**—**	**—**	**—**	**—**	**—**
大杨树	—	—	—	—	—	—
毕拉河	1990	—	—	—	—	—
内蒙古林业厅营林局	**665**	**625**	**625**	**—**	**—**	**—**
免渡河	340	300	300	—	—	—
乌奴尔	175	175	175	—	—	—
巴林	150	150	150	—	—	—
南木	—	—	—	—	—	—
红花尔基	—	—	—	—	—	—
柴河	—	—	—	—	—	—
五岔沟	—	—	—	—	—	—
白狼	—	—	—	—	—	—
吉林	**374770**	**174037**	**76161**	**29427**	**4217**	**2800**
吉林集团林管局	**221727**	**102705**	**29003**	**29350**	**—**	**100**
临江	38348	19334	10706	3050	—	—
三岔子	13812	8160	560	7600	—	—
湾沟	60360	2020	1820	—	—	—

企业总产值和销售产值(六)

格计算) 单位:万元

产　值							
产业				第三产业			企业销售产值
产业			非林产业	合　计	其中:林业旅游与休闲服务	其中:林业公共管理及其他组织服务	
木质工艺品和木质文教体育用品制造	非木质林产品加工制造业	其他					
21618	**77346**	**90566**	**1497125**	**1674819**	**542205**	**144971**	**3891357**
21618	77346	90566	1475958	1638437	532464	141593	3844178
—	—	—	21167	36382	9741	3378	47179
—	**—**	**—**	**71405**	**116374**	**33772**	**1909**	**98907**
—	**—**	**—**	**69375**	**98976**	**30053**	**—**	**90425**
—	—	—	1603	19207	9500	—	1772
—	—	—	16089	5262	1250	—	5480
—	—	—	3068	2707	1107	—	3590
—	—	—	14168	4875	646	—	8628
—	—	—	4852	4206	—	—	4003
—	—	—	2472	3252	131	—	3589
—	—	—	978	2111	—	—	2053
—	—	—	3362	5364	1250	—	4218
—	—	—	3507	4265	—	—	3799
—	—	—	905	6584	—	—	3145
—	—	—	601	7343	2540	—	5315
—	—	—	4007	10034	3743	—	11023
—	—	—	1100	3715	64	—	8645
—	—	—	3819	3529	264	—	4803
—	—	—	2333	1943	1731	—	6529
—	—	—	6441	2800	79	—	4677
—	—	—	70	11779	7748	—	9156
—	**—**	**—**	**1990**	**4309**	**1564**	**—**	**1021**
—	—	—	—	1202	56	—	517
—	—	—	1990	3107	1508	—	504
—	**—**	**—**	**40**	**13089**	**2155**	**1909**	**7461**
—	—	—	40	851	—	150	1554
—	—	—	—	73	—	73	1774
—	—	—	—	230	76	120	647
—	—	—	—	683	—	629	892
—	—	—	—	2434	269	370	592
—	—	—	—	610	—	567	2002
—	—	—	—	6156	790	—	—
—	—	—	—	2052	1020	—	—
798	**6198**	**54436**	**200733**	**283073**	**18032**	**21813**	**778388**
—	**5508**	**38744**	**119022**	**181610**	**8596**	**8760**	**478035**
—	3658	1920	19014	15250	3920	—	40226
—	—	—	5652	33083	770	1267	77095
—	200	—	58340	3680	60	3620	9736

国有林区分企业的

（按现行价

企业名称	企业总					
	第二					
		涉林				
	合　计	小　计	木材加工和木、竹、藤、棕、苇制品制造	木、竹、藤家具制造	木、竹、苇浆造纸和纸制品	林产化学产品制造
松江河	29080	29080	—	—	—	—
泉阳	14336	—	—	—	—	—
露水河	24629	24629	135	18100	—	—
白石山	12607	9607	5907	600	—	100
红石	28555	9875	9875	—	—	—
延边林管局	**124907**	**59518**	**35344**	**77**	**4217**	**2700**
黄泥河	25678	729	39	—	—	—
敦化	18552	2230	2153	77	—	—
大石头	8270	1168	51	—	—	—
八家子	4356	455	—	—	—	—
和龙	4930	3000	3000	—	—	—
汪清	37554	37554	25703	—	—	2700
大兴沟	3718	3718	1993	—	—	—
天桥岭	7275	4538	321	—	4217	—
白河	8690	2218	1768	—	—	—
珲春	5884	3908	316	—	—	—
吉林省林业厅营林局	**28136**	**11814**	**11814**	**—**	**—**	**—**
上营	19278	10300	10300	—	—	—
辉南	1315	—	—	—	—	—
长白	2447	365	365	—	—	—
安图	5096	1149	1149	—	—	—
长白山 *	—	—	—	—	—	—
龙江集团	**1804222**	**649091**	**487248**	**85866**	**262**	**4613**
牡丹江林业管理局	**373559**	**133858**	**123697**	**—**	**—**	**—**
大海林	72623	13732	13732	—	—	—
柴河	81980	42579	32418	—	—	—
东京城	67964	13148	13148	—	—	—
穆棱	44949	22802	22802	—	—	—
绥阳	38991	13527	13527	—	—	—
海林	42406	16900	16900	—	—	—
林口	11126	4440	4440	—	—	—
八面通	13520	6730	6730	—	—	—
合江林业管理局	**255718**	**78406**	**38265**	**2164**	**—**	**—**
桦南	28081	4400	4400	—	—	—
双鸭山	34981	1710	1230	—	—	—
鹤立	12125	6786	2302	—	—	—
鹤北	39925	17106	7766	390	—	—
东方红	48377	17098	12408	—	—	—
迎春	20334	2302	2302	—	—	—

企业总产值和销售产值(七)

格计算)　　　　单位:万元

产　值							
产业				第三产业			企业销售产值
产业			非林产业	合　计	其中:林业旅游与休闲服务	其中:林业公共管理及其他组织服务	
木质工艺品和木质文教体育用品制造	非木质林产品加工制造业	其他					
—	—	29080	—	67804	1513	—	135967
—	—	—	14336	1380	740	—	23899
—	1150	5244	—	18965	570	—	63106
—	500	2500	3000	20500	1000	1500	52532
—	—	—	18680	20948	23	2373	75474
798	**690**	**15692**	**65389**	**91547**	**6918**	**12069**	**268255**
—	690	—	24949	16336	—	980	52475
—	—	—	16322	16325	435	1694	49880
—	—	1117	7102	9455	106	2024	33521
—	—	455	3901	1253	—	1030	8848
—	—	—	1930	1212	—	1212	14027
—	—	9151	—	9200	—	—	38187
798	—	927	—	360	—	360	9977
—	—	—	2737	2809	—	2809	12094
—	—	450	6472	28584	6100	960	37526
—	—	3592	1976	6013	277	1000	11720
—	**—**	**—**	**16322**	**9916**	**2518**	**984**	**32098**
—	—	—	8978	1862	1424	438	13901
—	—	—	1315	1693	1094	—	4627
—	—	—	2082	106	—	—	6093
—	—	—	3947	6255	—	546	7477
—	—	—	—	—	—	—	—
20590	**15020**	**35492**	**1155131**	**1100675**	**384768**	**91410**	**2381385**
865	**—**	**9296**	**239701**	**238618**	**41816**	**1980**	**294683**
—	—	—	58891	39702	16150	—	96901
865	—	9296	39401	50672	5886	—	6049
—	—	—	54816	46990	9900	1980	7920
—	—	—	22147	44473	2600	—	41873
—	—	—	25464	15621	2000	—	2787
—	—	—	25506	20871	1000	—	63000
—	—	—	6686	10579	2500	—	39241
—	—	—	6790	9710	1780	—	36912
7290	**13283**	**17404**	**177312**	**89558**	**21020**	**—**	**257319**
—	—	—	23681	11806	2060	—	5706
—	—	480	33271	13585	3000	—	49742
—	—	4484	5339	4580	2080	—	22000
—	—	8950	22819	19133	3413	—	68843
—	1200	3490	31279	12138	3912	—	76005
—	—	—	18032	7874	1305	—	14908

国有林区分企业的

（按现行价

企业名称	企业总					
		第二				
		涉林				
	合计	小计	木材加工和木、竹、藤、棕、苇制品制造	木、竹、藤家具制造	木、竹、苇浆造纸和纸制品	林产化学产品制造
清河	71895	29004	7857	1774	—	—
伊春林业管理局	**864356**	**321567**	**223355**	**80528**	**262**	**4000**
双丰	42219	34502	5960	28478	64	—
铁力	73225	16100	13890	2210	—	—
桃山	23318	9500	9500	—	—	—
朗乡	105602	80551	65051	8000	—	4000
南岔	29489	12745	681	12064	—	—
金山屯	72158	10402	1710	7220	—	—
美溪	59186	17313	16365	948	—	—
乌马河	47915	17054	13813	3241	—	—
翠峦	88178	14507	12934	1573	—	—
友好	100432	21830	7096	7458	36	—
上甘岭	24742	12706	11205	1501	—	—
五营	44543	1516	1139	155	162	—
红星	26706	10880	10880	—	—	—
新青	61684	22342	13592	7600	—	—
汤旺河	46321	37273	37273	—	—	—
乌伊岭	18638	2346	2266	80	—	—
松花江林业管理局	**221091**	**82652**	**70431**	**2516**	**—**	**613**
山河屯	15528	2000	1000	1000	—	—
苇河	19425	9423	9423	—	—	—
亚布力	32521	9006	9006	—	—	—
方正	30332	8005	4799	—	—	613
兴隆	36576	14208	9440	700	—	—
绥棱	46283	20807	19600	—	—	—
通北	14740	10803	10803	—	—	—
沾河	25686	8400	6360	816	—	—
总局直属单位	**89498**	**32608**	**31500**	**658**	**—**	**—**
带岭实验局	89498	32608	31500	658	—	—
大兴安岭	**342521**	**301339**	**195690**	**3898**	**—**	**45393**
大兴安岭林管局	**342514**	**301332**	**195683**	**3898**	**—**	**45393**
松岭	63757	63757	14230	—	—	15565
新林	56698	46632	44152	—	—	2480
塔河	45787	45390	24730	3880	—	5660
呼中	21758	21670	21652	18	—	—
阿木尔	14742	14742	8574	—	—	806
图强	19814	19478	9918	—	—	6144
西林吉	47703	42810	31776	—	—	10184
十八站	49205	23803	19605	—	—	4198

企业总产值和销售产值(八)

格计算) 单位:万元

产值							
产业				第三产业			企业销售产值
产业			非林产业	合计	其中:林业旅游与休闲服务	其中:林业公共管理及其他组织服务	
木质工艺品和木质文教体育用品制造	非木质林产品加工制造业	其他					
7290	12083	—	42891	20442	5250	—	20115
9842	**80**	**3500**	**542789**	**539201**	**235263**	**69550**	**1473831**
—	—	—	7717	9780	5030	4750	94942
—	—	—	57125	45190	28080	—	160999
—	—	—	13818	6349	3866	—	71645
—	—	3500	25051	48766	10478	—	131527
—	—	—	16744	18992	876	—	403175
1392	80	—	61756	49832	32000	—	—
—	—	—	41873	56122	31200	—	40129
—	—	—	30861	59525	2875	56650	120632
—	—	—	73671	30418	7602	—	—
7240	—	—	78602	22023	5467	8150	237488
—	—	—	12036	14690	11010	—	—
60	—	—	43027	66212	58527	—	—
—	—	—	15826	17275	—	—	—
1150	—	—	39342	20866	8200	—	74771
—	—	—	9048	65169	29808	—	137164
—	—	—	16292	7992	244	—	1359
2593	**1207**	**5292**	**138439**	**195591**	**66664**	**2178**	**213427**
—	—	—	13528	37980	26000	—	85071
—	—	—	10002	17788	4108	2178	5123
—	—	—	23515	43546	22750	—	6050
2593	—	—	22327	25142	4056	—	35944
—	—	4068	22368	11017	2800	—	40822
—	1207	—	25476	24813	2340	—	23122
—	—	—	3937	17413	1965	—	12602
—	—	1224	17286	17892	2645	—	4693
—	**450**	**—**	**56890**	**37707**	**20005**	**17702**	**142125**
—	450	—	56890	37707	20005	17702	142125
230	**56128**	**—**	**41182**	**140810**	**99505**	**13630**	**627445**
230	**56128**	**—**	**41182**	**140285**	**99275**	**13335**	**621757**
—	33962	—	—	15515	12600	926	87455
—	—	—	10066	19423	6882	6576	111680
230	10890	—	397	5823	5805	—	83549
—	—	—	88	12517	9208	620	65193
—	5362	—	—	4848	—	856	32437
—	3416	—	336	7001	1800	1149	50170
—	850	—	4893	67930	60630	1698	81906
—	—	—	25402	4602	1500	833	67115

国有林区分企业的

（按现行价

企业名称	企业总					
	第二					
	合计	涉林				
		小计	木材加工和木、竹、藤、棕、苇制品制造	木、竹、藤家具制造	木、竹、苇浆造纸和纸制品	林产化学产品制造
韩家园	23050	23050	21046	—	—	356
大兴安岭营林局	**7**	**7**	**7**	**—**	**—**	**—**
加格达奇	7	7	7	—	—	—
四川	**251**	**—**	**—**	**—**	**—**	**—**
阿坝州林管局	**251**	**—**	**—**	**—**	**—**	**—**
川西	251	—	—	—	—	—
黑水	—	—	—	—	—	—
马尔康	—	—	—	—	—	—
小金	—	—	—	—	—	—
观音桥	—	—	—	—	—	—
松潘	—	—	—	—	—	—
南坪	—	—	—	—	—	—
壤塘	—	—	—	—	—	—
甘孜州林管局	**—**	**—**	**—**	**—**	**—**	**—**
道孚	—	—	—	—	—	—
新龙	—	—	—	—	—	—
丹巴	—	—	—	—	—	—
炉霍	—	—	—	—	—	—
白玉	—	—	—	—	—	—
力邱河	—	—	—	—	—	—
翁达	—	—	—	—	—	—
其他地、州林管局	**—**	**—**	**—**	**—**	**—**	**—**
川南	—	—	—	—	—	—
雷波	—	—	—	—	—	—
凉北	—	—	—	—	—	—
夹金山	—	—	—	—	—	—
木里	—	—	—	—	—	—
普威	—	—	—	—	—	—
盐边	—	—	—	—	—	—
云南	**9561**	**9561**	**9428**	**—**	**—**	**—**
云南省林管局	**9561**	**9561**	**9428**	**—**	**—**	**—**
华坪	—	—	—	—	—	—
碧泉	—	—	—	—	—	—
黑白水	—	—	—	—	—	—
中甸 *	—	—	—	—	—	—
巨甸	—	—	—	—	—	—
红旗	—	—	—	—	—	—
云台山	—	—	—	—	—	—
漾江	—	—	—	—	—	—

企业总产值和销售产值(九)

格计算）　　单位:万元

产值							
产业				第三产业			企业销售产值
木质工艺品和木质文教体育用品制造	非木质林产品加工制造业	其他	非林产业	合计	其中:林业旅游与休闲服务	其中:林业公共管理及其他组织服务	
—	1648	—	—	2626	850	677	42252
—	**—**	**—**	**—**	**525**	**230**	**295**	**5688**
—	—	—	—	525	230	295	5688
—	**—**	**—**	**251**	**3303**	**540**	**4**	**—**
—	**—**	**—**	**251**	**1876**	**400**	**—**	**—**
—	—	—	251	90	—	—	—
—	—	—	—	95	—	—	—
—	—	—	—	300	300	—	—
—	—	—	—	125	—	—	—
—	—	—	—	166	—	—	—
—	—	—	—	—	—	—	—
—	—	—	—	1100	100	—	—
—	—	—	—	—	—	—	—
—	**—**	**—**	**—**	**915**	**60**	**—**	**—**
—	—	—	—	—	—	—	—
—	—	—	—	—	—	—	—
—	—	—	—	540	—	—	—
—	—	—	—	—	—	—	—
—	—	—	—	—	—	—	—
—	—	—	—	375	60	—	—
—	—	—	—	—	—	—	—
—	**—**	**—**	**—**	**512**	**80**	**4**	**—**
—	—	—	—	308	—	—	—
—	—	—	—	4	—	4	—
—	—	—	—	—	—	—	—
—	—	—	—	200	80	—	—
—	—	—	—	—	—	—	—
—	—	—	—	—	—	—	—
—	—	—	—	—	—	—	—
—	**—**	**133**	**—**	**10**	**5**	**—**	**564**
—	**—**	**133**	**—**	**10**	**5**	**—**	**564**
—	—	—	—	—	—	—	15
—	—	—	—	—	—	—	143
—	—	—	—	—	—	—	—
—	—	—	—	—	—	—	—
—	—	—	—	—	—	—	—
—	—	—	—	—	—	—	—
—	—	—	—	—	—	—	—
—	—	—	—	—	—	—	—

国有林区分企业的

（按现行价

企业名称	企业总					
	第二					
	合计	涉林				
		小计	木材加工和木、竹、藤、棕、苇制品制造	木、竹、藤家具制造	木、竹、苇浆造纸和纸制品	林产化学产品制造
景东	—	—	—	—	—	—
墨江	228	228	95	—	—	—
卫国	9333	9333	9333	—	—	—
江边 *	—	—	—	—	—	—
清水江 *	—	—	—	—	—	—
南盘江 *	—	—	—	—	—	—
新平	—	—	—	—	—	—
宁蒗	—	—	—	—	—	—
陕西	**18875**	**505**	**—**	**—**	**—**	**—**
陕西省林管局	**16060**	**505**	**—**	**—**	**—**	**—**
宁西	3462	—	—	—	—	—
太白	7341	—	—	—	—	—
长青	1685	—	—	—	—	—
宁东	2462	—	—	—	—	—
汉西	755	150	—	—	—	—
龙草坪	355	355	—	—	—	—
陕西省营林局	**2815**	**—**	**—**	**—**	**—**	**—**
马头滩	1610	—	—	—	—	—
辛家山	1205	—	—	—	—	—
甘肃	**10121**	**68**	**68**	**—**	**—**	**—**
甘肃省林管局	**10121**	**68**	**68**	**—**	**—**	**—**
舟曲	1231	68	68	—	—	—
迭部	5886	—	—	—	—	—
洮河	1421	—	—	—	—	—
白水江	1583	—	—	—	—	—
甘肃省营林局	**—**	**—**	**—**	**—**	**—**	**—**
小陇山	—	—	—	—	—	—
青海	**—**	**—**	**—**	**—**	**—**	**—**
青海省林管局	**—**	**—**	**—**	**—**	**—**	**—**
玛可河 *	—	—	—	—	—	—
新疆	**—**	**—**	**—**	**—**	**—**	**—**
新疆维吾尔自治区林管局	**—**	**—**	**—**	**—**	**—**	**—**
天山西部	—	—	—	—	—	—
阿尔泰山	—	—	—	—	—	—
新疆维吾尔自治区营林局	**—**	**—**	**—**	**—**	**—**	**—**
天山中东部	—	—	—	—	—	—

企业总产值和销售产值（十）

格计算）　　　　单位:万元

产　　值							企业销售产值
产业				第三产业			
产业			非林产业	合　计	其中:林业旅游与休闲服务	其中:林业公共管理及其他组织服务	
木质工艺品和木质文教体育用品制造	非木质林产品加工制造业	其他					
—	—	—	—	—	—	—	406
—	—	133	—	—	—	—	—
—	—	—	—	5	5	—	—
—	—	—	—	—	—	—	—
—	—	—	—	—	—	—	—
—	—	—	—	—	—	—	—
—	—	—	—	5	—	—	—
—	—	—	—	—	—	—	—
—	**—**	**505**	**18370**	**8670**	**1797**	**4803**	**2599**
—	**—**	**505**	**15555**	**6814**	**131**	**4613**	**2599**
—	—	—	3462	1367	—	1077	1691
—	—	—	7341	1433	—	1393	101
—	—	—	1685	1796	—	407	—
—	—	—	2462	1284	81	954	469
—	—	150	605	350	—	350	288
—	—	355	—	584	50	432	50
—	**—**	**—**	**2815**	**1856**	**1666**	**190**	**—**
—	—	—	1610	1176	1166	10	—
—	—	—	1205	680	500	180	—
—	**—**	**—**	**10053**	**17891**	**2401**	**9722**	**—**
—	**—**	**—**	**10053**	**12625**	**1550**	**9722**	**—**
—	—	—	1163	2675	25	1920	—
—	—	—	5886	3706	16	3382	—
—	—	—	1421	4874	1368	3268	—
—	—	—	1583	1370	141	1152	—
—	**—**	**—**	**—**	**5266**	**851**	**—**	**—**
—	—	—	—	5266	851	—	—
—	**—**	**—**	**—**	**—**	**—**	**—**	**—**
—	**—**	**—**	**—**	**—**	**—**	**—**	**—**
—	—	—	—	—	—	—	—
—	**—**	**—**	**—**	**4013**	**1385**	**1680**	**2069**
—	**—**	**—**	**—**	**2592**	**628**	**1680**	**1158**
—	—	—	—	2085	270	1659	1158
—	—	—	—	507	358	21	—
—	**—**	**—**	**—**	**1421**	**757**	**—**	**911**
—	—	—	—	1421	757	—	911

国有林区主

指标名称	计量单位	合　计
一、商品材产量	**立方米**	**4214796**
1．原木	立方米	4137287
2．薪材	立方米	77509
按用途分：		
1．直接用原木	立方米	850559
2．加工用材	立方米	2208164
3．造纸用材	立方米	101684
4．其他	立方米	1054389
二、木材销售量	**立方米**	**4917620**
三、木材实际库存量	**立方米**	**1522675**
四、锯材产量	**立方米**	**679093**
五、人造板产量	**立方米**	**920003**
其中：胶合板	立方米	63912
纤维板	立方米	401930
刨花板	立方米	220748
六、木片、木粒加工产品产量	**实积立方米**	**329850**
七、木地板	**平方米**	**3641037**
八、卫生筷子	**标准箱**	**1849785**

要产品产量

135 个木材采运企业	20 个重点营林局
3913659	**301137**
3836820	300467
76839	670
699957	150602
2073530	134634
101684	—
1038488	15901
4561362	**356258**
1353694	**168981**
644161	**34932**
917756	**2247**
63165	747
401930	—
219248	1500
325788	**4062**
3641037	**—**
1849785	**—**

国有林区分企业

企业名称	商品材产量			按用途分			
	合　计	原　木	薪　材	直接用原木	加工用材	造纸用材	其他
全国合计	**4214796**	**4137287**	**77509**	**850559**	**2208164**	**101684**	**1054389**
135 个木材采运企业小计	3913659	3836820	76839	699957	2073530	101684	1038488
20 个重点营林局小计	301137	300467	670	150602	134634	—	15901
内蒙古	**1193328**	**1159478**	**33850**	**261550**	**337818**	**47285**	**546675**
内蒙古集团林管局	**1082865**	**1049015**	**33850**	**175545**	**323730**	**47285**	**536305**
阿尔山	19	19	—	—	—	—	19
绰尔	72173	72173	—	32346	—	585	39242
绰源	39259	39259	—	—	37498	216	1545
乌尔旗汉	100042	95349	4693	39440	54307	2677	3618
库都尔	49398	49398	—	9748	17655	1997	19998
图里河	43991	43991	—	25899	7127	1246	9719
伊图里河	24893	24390	503	—	6480	503	17910
克一河	46162	45158	1004	567	1573	1004	43018
甘河	60197	56189	4008	7220	12609	4008	36360
吉文	41490	41490	—	—	8029	6991	26470
阿里河	65794	65393	401	—	15240	—	50554
根河	113435	113435	—	26914	17090	4856	64575
金河	99153	99153	—	27231	32786	7739	31397
阿龙山	64257	62053	2204	5625	10826	—	47806
满归	81612	77728	3884	—	4830	3884	72898
得耳布尔	57424	57424	—	555	19452	2148	35269
莫尔道嘎	123566	106413	17153	—	78228	9431	35907
内蒙古集团营林局	**10132**	**10132**	**—**	**297**	**—**	**—**	**9835**
大杨树	5380	5380	—	—	—	—	5380
毕拉河	4752	4752	—	297	—	—	4455
内蒙古林业厅营林局	**100331**	**100331**	**—**	**85708**	**14088**	**—**	**535**
免渡河	25436	25436	—	16190	8711	—	535
乌奴尔	22000	22000	—	22000	—	—	—
巴林	9000	9000	—	9000	—	—	—
南木	8990	8990	—	3613	5377	—	—
红花尔基	8907	8907	—	8907	—	—	—
柴河	25998	25998	—	25998	—	—	—
五岔沟	—	—	—	—	—	—	—
白狼	—	—	—	—	—	—	—
吉林	**1485853**	**1481418**	**4435**	**164204**	**1221265**	**1598**	**98786**
吉林集团林管局	**574471**	**570168**	**4303**	**42146**	**485466**	**—**	**46859**
临江	74066	70953	3113	14673	56280	—	3113
三岔子	95189	94645	544	14975	73080	—	7134
湾沟	26700	26700	—	958	17258	—	8484

的主要产品产量(一)

单位:立方米

木材销售量	木材实际库存量	锯材产量	人造板产量				木片、木粒加工产品产量(实积立方米)	木地板(平方米)	卫生筷子(标准箱)
			合计	其中					
				胶合板	纤维板	刨花板			
4917620	**1522675**	**679093**	**920003**	**63912**	**401930**	**220748**	**329850**	**3641037**	**1849785**
4561362	1353694	644161	917756	63165	401930	219248	325788	3641037	1849785
356258	168981	34932	2247	747	—	1500	4062	—	—
1297438	**442365**	**1202**	**1500**	**—**	**—**	**1500**	**1500**	**—**	**—**
1166862	**368635**	**—**	**—**	**—**	**—**	**—**	**—**	**—**	**—**
24618	4554	—	—	—	—	—	—	—	—
69128	32787	—	—	—	—	—	—	—	—
41846	4707	—	—	—	—	—	—	—	—
106334	30304	—	—	—	—	—	—	—	—
59394	15079	—	—	—	—	—	—	—	—
47113	16947	—	—	—	—	—	—	—	—
28501	7049	—	—	—	—	—	—	—	—
53752	10295	—	—	—	—	—	—	—	—
42525	31808	—	—	—	—	—	—	—	—
44385	15231	—	—	—	—	—	—	—	—
70514	23022	—	—	—	—	—	—	—	—
133955	25529	—	—	—	—	—	—	—	—
112561	51560	—	—	—	—	—	—	—	—
62106	16598	—	—	—	—	—	—	—	—
86268	33860	—	—	—	—	—	—	—	—
62353	10242	—	—	—	—	—	—	—	—
121509	39063	—	—	—	—	—	—	—	—
14507	**675**	**—**	**—**	**—**	**—**	**—**	**—**	**—**	**—**
8329	—	—	—	—	—	—	—	—	—
6178	675	—	—	—	—	—	—	—	—
116069	**73055**	**1202**	**1500**	**—**	**—**	**1500**	**1500**	**—**	**—**
27494	14353	—	—	—	—	—	1500	—	—
23859	22000	1202	—	—	—	—	—	—	—
13263	9522	—	1500	—	—	1500	—	—	—
14305	6675	—	—	—	—	—	—	—	—
8907	—	—	—	—	—	—	—	—	—
28241	20505	—	—	—	—	—	—	—	—
—	—	—	—	—	—	—	—	—	—
—	—	—	—	—	—	—	—	—	—
1560422	**448145**	**56459**	**100388**	**747**	**95635**	**—**	**—**	**1500000**	**—**
613224	**84518**	**5865**	**90994**	**—**	**90994**	**—**	**—**	**—**	**—**
78518	8756	—	—	—	—	—	—	—	—
95799	8571	1808	—	—	—	—	—	—	—
23706	13226	—	—	—	—	—	—	—	—

国有林区分企业

企业名称	商品材产量			按用途分			
	合 计	原 木	薪 材	直接用原木	加工用材	造纸用材	其他
松江河	87787	87214	573	—	76633	—	11154
泉阳	42275	42202	73	6189	36086	—	—
露水河	67450	67450	—	266	56663	—	10521
白石山	58304	58304	—	3857	54447	—	—
红石	122700	122700	—	1228	115019	—	6453
延边林管局	**724248**	**724116**	**132**	**58027**	**615253**	**1598**	**49370**
黄泥河	56499	56499	—	—	17976	—	38523
敦化	80850	80850	—	—	80850	—	—
大石头	72589	72458	131	6126	64180	—	2283
八家子	60168	60168	—	3959	52308	1598	2303
和龙	88378	88378	—	—	88378	—	—
汪清	93159	93159	—	19861	69963	—	3335
大兴沟	28659	28659	—	9480	19179	—	—
天桥岭	57541	57541	—	8353	46263	—	2925
白河	117164	117163	1	1471	115692	—	1
珲春	69241	69241	—	8777	60464	—	—
吉林省林业厅营林局	**187134**	**187134**	**—**	**64031**	**120546**	**—**	**2557**
上营	62168	62168	—	62168	—	—	—
辉南	26854	26854	—	1863	24991	—	—
长白	46444	46444	—	—	46444	—	—
安图	51668	51668	—	—	49111	—	2557
长白山 *	—	—	—	—	—	—	—
龙江集团	**774313**	**735759**	**38554**	**203557**	**338807**	**10621**	**221328**
牡丹江林业管理局	**195667**	**188024**	**7643**	**46867**	**111448**	**—**	**37352**
大海林	34456	34456	—	33610	—	—	846
柴河	38594	38594	—	—	38594	—	—
东京城	42000	38993	3007	2789	34802	—	4409
穆棱	27698	27698	—	2670	13870	—	11158
绥阳	24439	23510	929	—	13166	—	11273
海林	19277	19277	—	4354	9654	—	5269
林口	4806	1362	3444	3444	1362	—	—
八面通	4397	4134	263	—	—	—	4397
合江林业管理局	**142729**	**142729**	**—**	**27904**	**61258**	**—**	**53567**
桦南	3415	3415	—	2118	—	—	1297
双鸭山	4911	4911	—	1696	2054	—	1161
鹤立	5000	5000	—	—	5000	—	—
鹤北	38996	38996	—	21902	15496	—	1598
东方红	55593	55593	—	—	26337	—	29256
迎春	14998	14998	—	2188	3521	—	9289

的主要产品产量(二)

单位:立方米

木材销售量	木材实际库存量	锯材产量	人造板产量				木片、木粒加工产品产量(实积立方米)	木地板(平方米)	卫生筷子(标准箱)
			合计	其中					
				胶合板	纤维板	刨花板			
95155	9016	—	—	—	—	—	—	—	—
46460	9687	—	—	—	—	—	—	—	—
70608	14090	854	—	—	—	—	—	—	—
67692	4384	—	42305	—	42305	—	—	—	—
135286	16788	3203	48689	—	48689	—	—	—	—
737329	**270030**	**16864**	**8647**	**—**	**4641**	**—**	**—**	**1500000**	**—**
68301	20107	—	—	—	—	—	—	—	—
105287	24845	2074	—	—	—	—	—	—	—
86650	30177	313	—	—	—	—	—	—	—
63175	8192	—	—	—	—	—	—	—	—
91843	12980	—	—	—	—	—	—	—	—
92908	48188	—	4641	—	4641	—	—	1500000	—
31300	27631	6197	2928	—	—	—	—	—	—
47167	20278	1525	—	—	—	—	—	—	—
89747	40494	6755	1078	—	—	—	—	—	—
60951	37138	—	—	—	—	—	—	—	—
209869	**93597**	**33730**	**747**	**747**	**—**	**—**	**—**	**—**	**—**
78096	—	30000	—	—	—	—	—	—	—
25940	11017	—	—	—	—	—	—	—	—
52863	38795	—	—	—	—	—	—	—	—
52970	43785	3730	747	747	—	—	—	—	—
—	—	—	—	—	—	—	—	—	—
1108389	**243691**	**496219**	**562561**	**37960**	**156840**	**209908**	**145999**	**1952359**	**1154585**
272328	**90131**	**123953**	**77445**	**6636**	**—**	**53280**	**48000**	**10000**	**703895**
60972	7374	28460	600	600	—	—	48000	—	81295
33811	4783	26903	19565	3036	—	—	—	—	—
67276	42000	9000	4000	3000	—	—	—	—	90000
13563	14135	29660	53280	—	—	53280	—	—	172600
24074	5146	15930	—	—	—	—	—	—	360000
28235	11966	—	—	—	—	—	—	—	—
31592	2860	14000	—	—	—	—	—	10000	—
12805	1867	—	—	—	—	—	—	—	—
191397	**82783**	**81135**	**8297**	**5258**	**—**	**—**	**14190**	**84400**	**192245**
14839	—	17500	—	—	—	—	—	—	40215
4911	4	8200	—	—	—	—	—	—	—
3630	4997	2000	1000	1000	—	—	1100	—	—
54601	10399	13500	—	—	—	—	350	—	102000
65253	22746	25525	2767	2158	—	—	10123	—	50030
20273	3041	6000	—	—	—	—	2617	—	—

国有林区分企业

企业名称	商品材产量			按用途分			
	合 计	原 木	薪 材	直接用原木	加工用材	造纸用材	其他
清河	19816	19816	—	—	8850	—	10966
伊春林业管理局	**194557**	**165927**	**28630**	**81915**	**32395**	**10621**	**69626**
双丰	907	907	—	907	—	—	—
铁力	16814	12757	4057	6360	3551	736	6167
桃山	5623	5218	405	1648	3570	—	405
朗乡	41154	25466	15688	4601	—	6249	30304
南岔	3776	3270	506	2131	1139	—	506
金山屯	28	28	—	28	—	—	—
美溪	4071	4071	—	4071	—	—	—
乌马河	3840	3840	—	2369	659	—	812
翠峦	—	—	—	—	—	—	—
友好	34550	32866	1684	14279	9647	1443	9181
上甘岭	—	—	—	—	—	—	—
五营	2431	2431	—	2431	—	—	—
红星	10744	10744	—	10744	—	—	—
新青	23324	23324	—	14561	1952	—	6811
汤旺河	30095	27554	2541	13924	2287	2193	11691
乌伊岭	17200	13451	3749	3861	9590	—	3749
松花江林业管理局	**224036**	**223259**	**777**	**36938**	**127254**	**—**	**59844**
山河屯	28164	27387	777	2484	24235	—	1445
苇河	33894	33894	—	2049	22408	—	9437
亚布力	34530	34530	—	5274	12272	—	16984
方正	26970	26970	—	3904	21997	—	1069
兴隆	42133	42133	—	—	14958	—	27175
绥棱	26987	26987	—	—	26987	—	—
通北	8131	8131	—	—	4397	—	3734
沾河	23227	23227	—	23227	—	—	—
总局直属单位	**17324**	**15820**	**1504**	**9933**	**6452**	**—**	**939**
带岭实验局	17324	15820	1504	9933	6452	—	939
大兴安岭	**719170**	**719170**	**—**	**200884**	**291480**	**42180**	**184626**
大兴安岭林管局	**718604**	**718604**	**—**	**200318**	**291480**	**42180**	**184626**
松岭	54292	54292	—	16331	34651	3310	—
新林	79290	79290	—	38379	30777	10134	—
塔河	70900	70900	—	31583	33987	5330	—
呼中	217393	217393	—	11890	40014	6662	158827
阿木尔	41365	41365	—	14170	24108	2563	524
图强	46798	46798	—	15240	31275	283	—
西林吉	79388	79388	—	31148	46789	1451	—
十八站	52699	52699	—	4426	38039	6039	4195

的主要产品产量(三)

单位:立方米

木材销售量	木材实际库存量	锯材产量	人造板产量				木片、木粒加工产品产量(实积立方米)	木地板(平方米)	卫生筷子(标准箱)
			合计	其中					
				胶合板	纤维板	刨花板			
27890	41596	8410	4530	2100	—	—	—	84400	—
319441	**4836**	**92213**	**372880**	**24159**	**86015**	**156628**	**40485**	**1850959**	**21000**
4996	—	23000	4600	2100	—	—	—	—	—
38325	—	7500	2800	2800	—	—	—	631082	—
8715	1155	—	6791	2805	—	—	—	71076	—
60380	1185	—	169560	—	85100	84460	—	1145390	—
5902	153	—	3410	3410	—	—	—	—	—
—	789	5003	5002	—	—	—	—	—	—
4071	—	6120	11576	—	—	—	—	3411	—
5840	—	—	30620	—	—	30620	—	—	—
2968	—	—	7014	7014	—	—	16110	—	—
48798	809	—	4905	2350	915	—	—	—	—
4444	—	5640	7040	3680	—	—	—	—	—
4999	—	2750	—	—	—	—	—	—	—
19095	745	—	8452	—	—	—	—	—	—
33791	—	26300	33510	—	—	4400	—	—	—
51643	—	9800	75983	—	—	37148	15000	—	21000
25474	—	6100	1617	—	—	—	9375	—	—
308787	**60878**	**128918**	**84939**	**1907**	**70825**	**—**	**17324**	**—**	**202445**
28164	—	2000	—	—	—	—	—	—	—
31224	9531	21456	326	326	—	—	—	—	—
43016	—	8588	373	373	—	—	—	—	76253
34478	7089	27116	2518	1208	—	—	5504	—	55192
81515	23469	35860	8025	—	8025	—	1713	—	—
29150	13509	—	71697	—	62800	—	4357	—	—
14390	—	2000	—	—	—	—	—	—	—
46850	7280	31898	2000	—	—	—	5750	—	71000
16436	**5063**	**70000**	**19000**	**—**	**—**	**—**	**26000**	**7000**	**35000**
16436	5063	70000	19000	—	—	—	26000	7000	35000
911955	**366677**	**124477**	**192172**	**901**	**113306**	**9340**	**182351**	**188678**	**695200**
899757	**365264**	**124477**	**192172**	**901**	**113306**	**9340**	**179789**	**188678**	**695200**
83616	27050	7998	1935	—	—	—	39088	88125	24000
118522	20548	12166	60443	—	60443	—	—	—	303767
105786	50716	3643	52388	—	46143	—	91722	—	12170
178788	144233	206	49682	200	6720	9340	279	—	27400
52933	30426	43	—	—	—	—	20000	100553	6773
97901	11949	8021	294	—	—	—	12980	—	5380
106942	21735	14062	297	185	—	—	14700	—	3300
60786	26416	72615	6940	516	—	—	—	—	198828

企业名称	商品材产量			按用途分			
	合计	原木	薪材	直接用原木	加工用材	造纸用材	其他
韩家园	76479	76479	—	37151	11840	6408	21080
大兴安岭营林局	**566**	**566**	**—**	**566**	**—**	**—**	**—**
加格达奇	566	566	—	566	—	—	—
四川	**—**	**—**	**—**	**—**	**—**	**—**	**—**
阿坝州林管局	**—**	**—**	**—**	**—**	**—**	**—**	**—**
川西	—	—	—	—	—	—	—
黑水	—	—	—	—	—	—	—
马尔康	—	—	—	—	—	—	—
小金	—	—	—	—	—	—	—
观音桥	—	—	—	—	—	—	—
松潘	—	—	—	—	—	—	—
南坪	—	—	—	—	—	—	—
壤塘	—	—	—	—	—	—	—
甘孜州林管局	**—**	**—**	**—**	**—**	**—**	**—**	**—**
道孚	—	—	—	—	—	—	—
新龙	—	—	—	—	—	—	—
丹巴	—	—	—	—	—	—	—
炉霍	—	—	—	—	—	—	—
白玉	—	—	—	—	—	—	—
力邱河	—	—	—	—	—	—	—
翁达	—	—	—	—	—	—	—
其他地、州林管局	**—**	**—**	**—**	**—**	**—**	**—**	**—**
川南	—	—	—	—	—	—	—
雷波	—	—	—	—	—	—	—
凉北	—	—	—	—	—	—	—
夹金山	—	—	—	—	—	—	—
木里	—	—	—	—	—	—	—
普威	—	—	—	—	—	—	—
盐边	—	—	—	—	—	—	—
云南	**38778**	**38778**	**—**	**19984**	**18794**	**—**	**—**
云南省林管局	**38778**	**38778**	**—**	**19984**	**18794**	**—**	**—**
华坪	358	358	—	358	—	—	—
碧泉	—	—	—	—	—	—	—
黑白水	—	—	—	—	—	—	—
中甸＊	—	—	—	—	—	—	—
巨甸	—	—	—	—	—	—	—
红旗	—	—	—	—	—	—	—
云台山	—	—	—	—	—	—	—
漾江	—	—	—	—	—	—	—

的主要产品产量(四)

单位:立方米

木材销售量	木材实际库存量	锯材产量	人造板产量				木片、木粒加工产品产量(实积立方米)	木地板(平方米)	卫生筷子(标准箱)
			合计	其中					
				胶合板	纤维板	刨花板			
94483	32191	5723	20193	—	—	—	1020	—	113582
12198	**1413**	—	—	—	—	—	**2562**	—	—
12198	1413	—	—	—	—	—	2562	—	—
—	—	—	—	—	—	—	—	—	—
—	—	—	—	—	—	—	—	—	—
—	—	—	—	—	—	—	—	—	—
—	—	—	—	—	—	—	—	—	—
—	—	—	—	—	—	—	—	—	—
—	—	—	—	—	—	—	—	—	—
—	—	—	—	—	—	—	—	—	—
—	—	—	—	—	—	—	—	—	—
—	—	—	—	—	—	—	—	—	—
—	—	—	—	—	—	—	—	—	—
—	—	—	—	—	—	—	—	—	—
—	—	—	—	—	—	—	—	—	—
—	—	—	—	—	—	—	—	—	—
—	—	—	—	—	—	—	—	—	—
—	—	—	—	—	—	—	—	—	—
—	—	—	—	—	—	—	—	—	—
—	—	—	—	—	—	—	—	—	—
—	—	—	—	—	—	—	—	—	—
—	—	—	—	—	—	—	—	—	—
—	—	—	—	—	—	—	—	—	—
—	—	—	—	—	—	—	—	—	—
—	—	—	—	—	—	—	—	—	—
—	—	—	—	—	—	—	—	—	—
—	—	—	—	—	—	—	—	—	—
—	—	—	—	—	—	—	—	—	—
—	—	—	—	—	—	—	—	—	—
—	—	—	—	—	—	—	—	—	—
35330	**21556**	**736**	**63382**	**24304**	**36149**	—	—	—	—
35330	**21556**	**736**	**63382**	**24304**	**36149**	—	—	—	—
358	—	—	—	—	—	—	—	—	—
—	2571	—	—	—	—	—	—	—	—
—	—	—	—	—	—	—	—	—	—
—	—	—	—	—	—	—	—	—	—
—	—	—	—	—	—	—	—	—	—
—	—	—	—	—	—	—	—	—	—
—	—	—	—	—	—	—	—	—	—
—	—	—	—	—	—	—	—	—	—

国有林区分企业

企业名称	商品材产量			按用途分			
	合　计	原　木	薪　材	直接用原木	加工用材	造纸用材	其他
景东	8711	8711	—	8711	—	—	—
墨江	5991	5991	—	5991	—	—	—
卫国	23718	23718	—	4924	18794	—	—
江边 *	—	—	—	—	—	—	—
清水江 *	—	—	—	—	—	—	—
南盘江 *	—	—	—	—	—	—	—
新平	—	—	—	—	—	—	—
宁蒗	—	—	—	—	—	—	—
陕西	**—**	**—**	**—**	**—**	**—**	**—**	**—**
陕西省林管局	**—**	**—**	**—**	**—**	**—**	**—**	**—**
宁西	—	—	—	—	—	—	—
太白	—	—	—	—	—	—	—
长青	—	—	—	—	—	—	—
宁东	—	—	—	—	—	—	—
汉西	—	—	—	—	—	—	—
龙草坪	—	—	—	—	—	—	—
陕西省营林局	**—**	**—**	**—**	**—**	**—**	**—**	**—**
马头滩	—	—	—	—	—	—	—
辛家山	—	—	—	—	—	—	—
甘肃	**2974**	**2304**	**670**	**—**	**—**	**—**	**2974**
甘肃省林管局	**—**	**—**	**—**	**—**	**—**	**—**	**—**
舟曲	—	—	—	—	—	—	—
迭部	—	—	—	—	—	—	—
洮河	—	—	—	—	—	—	—
白水江	—	—	—	—	—	—	—
甘肃省营林局	**2974**	**2304**	**670**	**—**	**—**	**—**	**2974**
小陇山	2974	2304	670	—	—	—	2974
青海	**—**	**—**	**—**	**—**	**—**	**—**	**—**
青海省林管局	**—**	**—**	**—**	**—**	**—**	**—**	**—**
玛可河 *	—	—	—	—	—	—	—
新疆	**380**	**380**	**—**	**380**	**—**	**—**	**—**
新疆维吾尔自治区林管局	**380**	**380**	**—**	**380**	**—**	**—**	**—**
天山西部	380	380	—	380	—	—	—
阿尔泰山	—	—	—	—	—	—	—
新疆维吾尔自治区营林局	**—**	**—**	**—**	**—**	**—**	**—**	**—**
天山中东部	—	—	—	—	—	—	—

的主要产品产量（五）

单位：立方米

木材销售量	木材实际库存量	锯材产量	人造板产量				木片、木粒加工产品产量（实积立方米）	木地板（平方米）	卫生筷子（标准箱）
			合计	其中					
				胶合板	纤维板	刨花板			
8121	8507	—	—	—	—	—	—	—	—
—	—	736	665	—	—	—	—	—	—
26851	10478	—	62717	24304	36149	—	—	—	—
—	—	—	—	—	—	—	—	—	—
—	—	—	—	—	—	—	—	—	—
—	—	—	—	—	—	—	—	—	—
—	—	—	—	—	—	—	—	—	—
—	—	—	—	—	—	—	—	—	—
—	—	—	—	—	—	—	—	—	—
—	—	—	—	—	—	—	—	—	—
—	—	—	—	—	—	—	—	—	—
—	—	—	—	—	—	—	—	—	—
—	—	—	—	—	—	—	—	—	—
—	—	—	—	—	—	—	—	—	—
—	—	—	—	—	—	—	—	—	—
—	—	—	—	—	—	—	—	—	—
—	—	—	—	—	—	—	—	—	—
—	—	—	—	—	—	—	—	—	—
—	—	—	—	—	—	—	—	—	—
3615	**241**	—	—	—	—	—	—	—	—
—	—	—	—	—	—	—	—	—	—
—	—	—	—	—	—	—	—	—	—
—	—	—	—	—	—	—	—	—	—
—	—	—	—	—	—	—	—	—	—
—	—	—	—	—	—	—	—	—	—
3615	**241**	—	—	—	—	—	—	—	—
3615	241	—	—	—	—	—	—	—	—
—	—	—	—	—	—	—	—	—	—
—	—	—	—	—	—	—	—	—	—
—	—	—	—	—	—	—	—	—	—
471	—	—	—	—	—	—	—	—	—
471	—	—	—	—	—	—	—	—	—
471	—	—	—	—	—	—	—	—	—
—	—	—	—	—	—	—	—	—	—
—	—	—	—	—	—	—	—	—	—
—	—	—	—	—	—	—	—	—	—

国有林区非木材产品产量

指标名称	计量单位	合　计	135 个木材采运企业	20 个重点营林局
一、各类经济林产品产量合计	吨	208421	196354	12067
二、中药材	吨	45024	44823	201
三、食用菌	吨	108772	107864	908
四、山野菜	吨	41288	40411	877
五、年末大牲畜存栏数	万只	72	63	10
六、年末家禽存栏数	万只	626	615	11
七、森林旅游人数	万人次	974	922	52

国有林区从业人员和劳动报酬情况

指标名称	计量单位	合　计	135 个木材采运企业	20 个重点营林局
一、年末人数	人	623683	596062	27621
其中:混岗职工人数	人	80813	80287	526
1. 在岗职工	人	419135	395484	23651
其中:混岗职工人数	人	7670	7429	241
非全日制	人	606	118	488
2. 其他从业人员	人	1128	839	289
3. 离开本单位仍保留劳动关系人员	人	203420	199739	3681
二、年末参加基本养老保险人数	人	679844	653651	26193
三、年末参加基本医疗保险人数	人	921802	888565	33237
四、在岗职工平均人数	人	396011	372177	23834
五、在岗职工工资总额	千元	9468080	8746537	721543
六、年末离退休人员人数	人	513936	496505	17431
七、离退休人员年生活费	千元	10924696	10570406	354290

国有林区分企业的非木材产品产量(一)

企业名称	各类经济林产品产量合计（吨）	中药材（吨）	食用菌（吨）	山野菜（吨）	年末大牲畜存栏数（万只）	年末家禽存栏数（万只）	森林旅游人数（万人次）
全国合计	**208421**	**45024**	**108772**	**41288**	**72**	**626**	**974**
135 个木材采运企业小计	196354	44823	107864	40411	63	615	922
20 个重点营林局小计	12067	201	908	877	10	11	52
内蒙古	**35340**	**1013**	**1225**	**672**	**19**	**32**	**74**
内蒙古集团林管局	**24406**	**1008**	**1067**	**493**	**10**	**26**	**65**
阿尔山	7212	—	11	51	—	—	40
绰尔	—	1	—	—	1	—	1
绰源	4	40	101	40	1	8	1
乌尔旗汉	803	23	29	1	—	—	1
库都尔	—	46	38	—	—	1	—
图里河	34	4	7	—	—	—	1
伊图里河	820	5	5	—	—	3	—
克一河	2605	47	200	—	—	1	1
甘河	—	581	13	—	—	—	—
吉文	—	15	110	300	—	—	—
阿里河	3886	5	410	16	4	2	1
根河	360	42	—	85	—	—	7
金河	2050	—	2	—	1	1	—
阿龙山	510	—	29	—	—	4	—
满归	4762	2	8	—	—	—	2
得耳布尔	75	53	4	—	—	1	—
莫尔道嘎	1285	144	100	—	1	6	10
内蒙古集团营林局	**10846**	**—**	**41**	**23**	**—**	**—**	**2**
大杨树	10664	—	—	—	—	—	—
毕拉河	182	—	41	23	—	—	2
内蒙古林业厅营林局	**88**	**5**	**117**	**156**	**9**	**6**	**7**
免渡河	—	—	5	9	—	—	—
乌奴尔	—	—	2	28	—	1	—
巴林	—	—	6	—	—	—	2
南木	88	—	4	8	—	—	—
红花尔基	—	5	9	2	1	—	2
柴河	—	—	—	4	2	—	—
五岔沟	—	—	34	44	5	5	1
白狼	—	—	57	61	—	—	2
吉林	**22955**	**2150**	**14591**	**2903**	**5**	**30**	**59**
吉林集团林管局	**8972**	**1470**	**3608**	**1309**	**1**	**4**	**13**
临江	1190	—	165	291	1	1	1
三岔子	494	7	56	88	—	—	1
湾沟	152	—	—	152	—	—	—

国有林区分企业的非木材产品产量(二)

企业名称	各类经济林产品产量合计（吨）	中药材（吨）	食用菌（吨）	山野菜（吨）	年末大牲畜存栏数（万只）	年末家禽存栏数（万只）	森林旅游人数（万人次）
松江河	1114	134	226	105	—	—	5
泉阳	760	321	30	80	—	2	1
露水河	635	848	225	335	—	—	4
白石山	2820	—	2800	20	—	—	1
红石	1807	160	106	238	—	—	1
延边林管局	**12944**	**524**	**10381**	**1240**	**3**	**22**	**36**
黄泥河	2291	36	1785	458	—	2	—
敦化	800	—	520	280	—	5	1
大石头	1771	111	1600	30	1	11	—
八家子	200	—	124	76	1	1	—
和龙	748	56	517	85	—	—	—
汪清	776	25	719	30	—	1	—
大兴沟	1820	124	1535	88	—	—	—
天桥岭	2076	15	1894	167	—	—	—
白河	2064	154	1601	17	—	—	32
珲春	398	3	86	9	—	2	2
吉林省林业厅营林局	**1039**	**156**	**602**	**354**	**—**	**4**	**11**
上营	—	100	150	300	—	—	3
辉南	220	6	7	7	—	1	8
长白	—	—	—	—	—	—	—
安图	819	50	445	47	—	3	—
长白山 *	—	—	—	—	—	—	—
龙江集团	**144876**	**39624**	**82616**	**35218**	**46**	**519**	**661**
牡丹江林业管理局	**32717**	**1656**	**26091**	**3598**	**4**	**41**	**104**
大海林	3299	216	2242	712	2	11	25
柴河	2748	2	2350	350	—	1	19
东京城	8113	—	6600	450	—	7	22
穆棱	3135	1280	2300	380	—	8	17
绥阳	11043	38	9650	582	1	11	1
海林	1943	100	947	700	—	1	6
林口	1760	20	1500	250	—	—	7
八面通	676	—	502	174	—	2	7
合江林业管理局	**16843**	**4989**	**5722**	**3390**	**9**	**60**	**101**
桦南	643	65	140	256	1	25	7
双鸭山	3285	15	143	220	1	4	24
鹤立	594	298	309	190	1	2	9
鹤北	4326	161	1340	1324	2	4	15
东方红	2320	190	970	700	1	18	18
迎春	275	60	20	200	1	5	7

国有林区分企业的非木材产品产量(三)

企业名称	各类经济林产品产量合计（吨）	中药材（吨）	食用菌（吨）	山野菜（吨）	年末大牲畜存栏数（万只）	年末家禽存栏数（万只）	森林旅游人数（万人次）
清河	5400	4200	2800	500	1	3	21
伊春林业管理局	**54259**	**22717**	**27758**	**14374**	**17**	**283**	**298**
双丰	2160	940	360	460	2	15	7
铁力	2849	10655	627	515	1	2	33
桃山	1385	885	365	600	2	10	7
朗乡	7515	2170	4822	145	2	14	18
南岔	3783	930	2632	1151	—	5	19
金山屯	4235	45	2820	660	1	30	33
美溪	2480	—	1800	680	1	14	38
乌马河	1804	—	1085	658	2	8	3
翠峦	2018	35	980	750	2	35	10
友好	6430	—	2460	1870	1	104	7
上甘岭	1008	120	455	350	2	13	14
五营	6580	748	3060	2393	—	7	61
红星	2345	—	1235	927	—	—	1
新青	4491	609	2206	1055	1	8	17
汤旺河	3146	3500	1671	1475	—	15	30
乌伊岭	2030	2080	1180	685	—	3	—
松花江林业管理局	**38116**	**9581**	**22403**	**12756**	**13**	**68**	**139**
山河屯	4261	1500	1961	300	1	16	20
苇河	7671	—	7584	34	—	1	15
亚布力	7052	—	6000	1000	—	6	45
方正	3586	22	2425	685	4	22	22
兴隆	2815	122	1911	528	4	8	12
绥棱	977	5	822	155	2	10	9
通北	498	7787	28	470	—	6	7
沾河	11256	145	1672	9584	1	—	10
总局直属单位	**2941**	**681**	**642**	**1100**	**4**	**66**	**20**
带岭实验局	2941	681	642	1100	4	66	20
大兴安岭	**4958**	**2237**	**10322**	**2171**	**2**	**44**	**114**
大兴安岭林管局	**4933**	**2197**	**10174**	**1831**	**1**	**43**	**112**
松岭	205	206	300	400	—	9	14
新林	1115	—	3416	—	—	3	7
塔河	612	1102	1286	20	1	13	8
呼中	375	26	2945	275	—	4	14
阿木尔	650	78	291	20	—	3	—
图强	912	40	291	11	—	2	2
西林吉	937	14	96	400	—	5	66
十八站	107	375	985	245	—	3	—

国有林区分企业的非木材产品产量(四)

企业名称	各类经济林产品产量合计(吨)	中药材(吨)	食用菌(吨)	山野菜(吨)	年末大牲畜存栏数(万只)	年末家禽存栏数(万只)	森林旅游人数(万人次)
韩家园	20	356	564	460	—	—	1
大兴安岭营林局	**25**	**40**	**148**	**340**	**—**	**1**	**2**
加格达奇	25	40	148	340	—	1	2
四川	**—**	**—**	**6**	**—**	**—**	**1**	**2**
阿坝州林管局	**—**	**—**	**1**	**—**	**—**	**—**	**2**
川西	—	—	—	—	—	—	—
黑水	—	—	—	—	—	—	—
马尔康	—	—	1	—	—	—	2
小金	—	—	—	—	—	—	—
观音桥	—	—	—	—	—	—	—
松潘	—	—	—	—	—	—	—
南坪	—	—	—	—	—	—	—
壤塘	—	—	—	—	—	—	—
甘孜州林管局	**—**	**—**	**5**	**—**	**—**	**—**	**—**
道孚	—	—	1	—	—	—	—
新龙	—	—	—	—	—	—	—
丹巴	—	—	2	—	—	—	—
炉霍	—	—	—	—	—	—	—
白玉	—	—	2	—	—	—	—
力邱河	—	—	—	—	—	—	—
翁达	—	—	—	—	—	—	—
其他地、州林管局	**—**	**—**	**—**	**—**	**—**	**—**	**—**
川南	—	—	—	—	—	—	—
雷波	—	—	—	—	—	—	—
凉北	—	—	—	—	—	—	—
夹金山	—	—	—	—	—	—	—
木里	—	—	—	—	—	—	—
普威	—	—	—	—	—	—	—
盐边	—	—	—	—	—	—	—
云南	**—**	**—**	**—**	**—**	**—**	**—**	**15**
云南省林管局	**—**	**—**	**—**	**—**	**—**	**—**	**15**
华坪	—	—	—	—	—	—	—
碧泉	—	—	—	—	—	—	—
黑白水	—	—	—	—	—	—	—
中甸 *	—	—	—	—	—	—	—
巨甸	—	—	—	—	—	—	—
红旗	—	—	—	—	—	—	—
云台山	—	—	—	—	—	—	—
漾江	—	—	—	—	—	—	—

国有林区分企业的非木材产品产量(五)

企业名称	各类经济林产品产量合计(吨)	中药材(吨)	食用菌(吨)	山野菜(吨)	年末大牲畜存栏数(万只)	年末家禽存栏数(万只)	森林旅游人数(万人次)
景东	—	—	—	—	—	—	—
墨江	—	—	—	—	—	—	—
卫国	—	—	—	—	—	—	15
江边＊	—	—	—	—	—	—	—
清水江＊	—	—	—	—	—	—	—
南盘江＊	—	—	—	—	—	—	—
新平	—	—	—	—	—	—	—
宁蒗	—	—	—	—	—	—	—
陕西	**3**	**—**	**12**	**—**	**—**	**—**	**8**
陕西省林管局	**3**	**—**	**12**	**—**	**—**	**—**	**1**
宁西	—	—	—	—	—	—	—
太白	3	—	—	—	—	—	—
长青	—	—	12	—	—	—	—
宁东	—	—	—	—	—	—	—
汉西	—	—	—	—	—	—	—
龙草坪	—	—	—	—	—	—	1
陕西省营林局	**—**	**—**	**—**	**—**	**—**	**—**	**7**
马头滩	—	—	—	—	—	—	—
辛家山	—	—	—	—	—	—	7
甘肃	**69**	**—**	**—**	**324**	**—**	**—**	**18**
甘肃省林管局	**—**	**—**	**—**	**320**	**—**	**—**	**7**
舟曲	—	—	—	320	—	—	—
迭部	—	—	—	—	—	—	—
洮河	—	—	—	—	—	—	7
白水江	—	—	—	—	—	—	—
甘肃省营林局	**69**	**—**	**—**	**4**	**—**	**—**	**11**
小陇山	69	—	—	4	—	—	11
青海	**—**	**—**	**—**	**—**	**—**	**—**	**—**
青海省林管局	**—**	**—**	**—**	**—**	**—**	**—**	**—**
玛可河＊	—	—	—	—	—	—	—
新疆	**220**	**—**	**—**	**—**	**1**	**—**	**22**
新疆维吾尔自治区林管局	**220**	**—**	**—**	**—**	**1**	**—**	**9**
天山西部	220	—	—	—	—	—	5
阿尔泰山	—	—	—	—	1	—	4
新疆维吾尔自治区营林局	**—**	**—**	**—**	**—**	**—**	**—**	**13**
天山中东部	—	—	—	—	—	—	13

国有林区分企业的从业人员

企业名称	年末人数					
	总计	其中：混岗职工人数	在岗职工			其他从业人员
			合计	其中		
				混岗职工人数	非全日制	
全国合计	**623683**	**80813**	**419135**	**7670**	**606**	**1128**
135 个木材采运企业小计	596062	80287	395484	7429	118	839
20 个重点营林局小计	27621	526	23651	241	488	289
内蒙古	**125711**	**34931**	**59079**	**241**	**452**	**241**
内蒙古集团林管局	**114181**	**34405**	**49321**	**—**	**—**	**—**
阿尔山	6055	2234	2867	—	—	—
绰尔	4248	—	3183	—	—	—
绰源	4180	1445	1696	—	—	—
乌尔旗汉	7698	2584	3143	—	—	—
库都尔	7296	1637	3293	—	—	—
图里河	6663	2499	2753	—	—	—
伊图里河	5841	2168	2227	—	—	—
克一河	6620	2145	2738	—	—	—
甘河	7942	2184	3396	—	—	—
吉文	7164	2852	2486	—	—	—
阿里河	7765	2954	3084	—	—	—
根河	9424	3317	3670	—	—	—
金河	7386	2309	3121	—	—	—
阿龙山	4940	510	2508	—	—	—
满归	7483	2831	2892	—	—	—
得耳布尔	6832	2337	2452	—	—	—
莫尔道嘎	6644	399	3812	—	—	—
内蒙古集团营林局	**3004**	**285**	**1649**	**—**	**—**	**—**
大杨树	1347	40	834	—	—	—
毕拉河	1657	245	815	—	—	—
内蒙古林业厅营林局	**8526**	**241**	**8109**	**241**	**452**	**241**
免渡河	1415	196	1219	196	—	196
乌奴尔	871	—	804	—	—	—
巴林	651	—	623	—	128	—
南木	574	—	574	—	—	—
红花尔基	1158	—	1077	—	—	—
柴河	952	45	907	45	—	45
五岔沟	1762	—	1762	—	—	—
白狼	1143	—	1143	—	324	—
吉林	**94721**	**2872**	**57117**	**1192**	**—**	**—**
吉林集团林管局	**37151**	**1090**	**25899**	**1075**	**—**	**—**
临江	4100	—	1986	—	—	—
三岔子	6681	303	6042	288	—	—
湾沟	2626	—	806	—	—	—

和劳动报酬情况(一)

单位:人

离开本单位仍保留劳动关系人员	年末参加基本养老保险人数	年末参加基本医疗保险人数	在岗职工		年末离退休人员人数	离退休人员年生活费(千元)
			平均人数	工资总额(千元)		
203420	**679844**	**921802**	**396011**	**9468080**	**513936**	**10924696**
199739	653651	888565	372177	8746537	496505	10570406
3681	26193	33237	23834	721543	17431	354290
66391	**90780**	**93346**	**59773**	**1933880**	**75935**	**1845209**
64860	**79776**	**79776**	**49907**	**1587398**	**67669**	**1660091**
3188	3821	3821	2842	85965	3721	91380
1065	4248	4248	3183	97196	2529	70967
2484	2735	2735	1699	51240	1658	41492
4555	5114	5114	3317	98986	4250	117056
4003	5659	5659	3329	100619	5379	144235
3910	4164	4164	2594	80862	3514	100644
3614	3673	3673	2334	70520	3200	91344
3882	4475	4475	2605	79143	4147	95532
4546	5758	5758	3606	109196	6945	161762
4678	4312	4312	2482	74797	3443	89022
4681	4811	4811	3009	90644	5154	121035
5754	6107	6107	3839	134257	7193	188294
4265	5077	5077	3198	108675	3964	107819
2432	4430	4430	2541	85362	3159	77743
4591	4652	4652	2947	105517	3462	82771
4380	4495	4495	2570	77887	2566	71922
2832	6245	6245	3812	136532	3385	7073
1355	**2719**	**2719**	**1708**	**54557**	**2555**	**64487**
513	1307	1307	893	29774	2054	51247
842	1412	1412	815	24783	501	13240
176	**8285**	**10851**	**8158**	**291925**	**5711**	**120631**
—	1219	2354	1219	48568	1135	31258
67	871	1719	852	38680	848	24422
28	651	651	598	24632	642	15023
—	574	1157	600	21660	583	11900
81	1158	1158	1077	42775	442	12872
—	907	907	907	40018	312	8152
—	1762	1762	1762	59819	1335	3338
—	1143	1143	1143	15773	414	13666
37604	**96960**	**108934**	**57922**	**1576580**	**76070**	**1289948**
11252	**39002**	**52704**	**26904**	**748407**	**35609**	**583024**
2114	4100	4100	1951	68604	7149	9116
639	6681	6681	6210	195507	7218	164760
1820	5259	5259	1049	42819	2633	44136

国有林区分企业的从业人员

企业名称	年末人数					
	总计	其中：混岗职工人数	在岗职工			其他从业人员
			合计	其中		
				混岗职工人数	非全日制	
松江河	5347	239	4853	239	—	—
泉阳	3661	—	1582	—	—	—
露水河	4474	548	2595	548	—	—
白石山	4455	—	3259	—	—	—
红石	5807	—	4776	—	—	—
延边林管局	**50370**	**1782**	**26167**	**117**	**—**	**—**
黄泥河	4790	—	2897	—	—	—
敦化	8006	975	4586	—	—	—
大石头	5598	—	3161	—	—	—
八家子	3207	525	1971	—	—	—
和龙	6327	118	2343	117	—	—
汪清	5313	—	2916	—	—	—
大兴沟	3468	164	1630	—	—	—
天桥岭	4327	—	1775	—	—	—
白河	5913	—	2791	—	—	—
珲春	3421	—	2097	—	—	—
吉林省林业厅营林局	**7200**	**—**	**5051**	**—**	**—**	**—**
上营	2387	—	2175	—	—	—
辉南	926	—	926	—	—	—
长白	1598	—	914	—	—	—
安图	2289	—	1036	—	—	—
长白山＊	—	—	—	—	—	—
龙江集团	**322317**	**40950**	**223468**	**4225**	**—**	**203**
牡丹江林业管理局	**43713**	**—**	**38717**	**—**	**—**	**21**
大海林	5570	—	5269	—	—	—
柴河	5820	—	5742	—	—	—
东京城	7483	—	6901	—	—	—
穆棱	5996	—	4874	—	—	—
绥阳	5044	—	5023	—	—	21
海林	4395	—	4104	—	—	—
林口	4517	—	3484	—	—	—
八面通	4888	—	3320	—	—	—
合江林业管理局	**33270**	**200**	**26694**	**44**	**—**	**182**
桦南	6367	—	3007	—	—	—
双鸭山	3822	133	3291	5	—	174
鹤立	3548	—	3386	—	—	—
鹤北	6438	8	5848	—	—	8
东方红	7199	59	5266	39	—	—
迎春	3095	—	3095	—	—	—

和劳动报酬情况（二）

单位：人

离开本单位仍保留劳动关系人员	年末参加基本养老保险人数	年末参加基本医疗保险人数	在岗职工		年末离退休人员人数	离退休人员年生活费（千元）
			平均人数	工资总额（千元）		
494	5347	11672	5457	119388	6325	119743
2079	3661	7101	1582	47959	3440	68784
1879	4474	8112	2632	77201	3638	78276
1196	3673	3972	3247	73642	2848	54682
1031	5807	5807	4776	123288	2358	43528
24203	**51592**	**47465**	**25879**	**693631**	**36708**	**662718**
1893	4538	4790	2732	65809	3927	85203
3420	7031	7031	4354	115979	6633	141471
2437	5335	5598	3223	86543	5466	8857
1236	2372	2564	1970	60727	3008	67648
3984	6280	6235	2335	70954	3059	63924
2397	9004	4877	3043	70219	4566	97036
1838	4765	3256	1460	30196	1677	30360
2552	4106	4757	1785	43021	3132	63203
3122	5913	5913	2840	80884	4214	84414
1324	2248	2444	2137	69300	1026	20601
2149	**6366**	**8765**	**5139**	**134542**	**3753**	**44206**
212	2387	3966	2199	55545	1549	27585
—	864	1596	958	24283	738	14712
684	914	914	914	22856	664	1060
1253	2201	2289	1068	31858	802	849
—	—	—	—	—	—	—
98646	**383441**	**537498**	**203668**	**3952118**	**248221**	**5260810**
4975	**76720**	**140540**	**33953**	**769625**	**49374**	**1056452**
301	15350	31018	5162	80636	7717	163825
78	13597	31678	4418	146745	8889	192191
582	16357	31754	4627	122139	9082	192883
1122	4345	8852	4370	105450	6671	139752
—	10276	14125	4707	102960	5699	126967
291	6604	9697	3962	75061	4391	97611
1033	6166	6301	3421	63335	3802	77144
1568	4025	7115	3286	73299	3123	66079
6394	**56460**	**72123**	**24630**	**534311**	**28647**	**635407**
3360	9911	12686	3161	73352	4620	100839
357	6806	8704	3267	58648	3423	75821
162	5298	6279	3540	48000	2298	55966
582	9466	11671	5708	118033	3816	83422
1933	13137	17413	4136	105965	7795	177698
—	4955	6632	2651	78210	2408	56837

国有林区分企业的从业人员

企业名称	年末人数					
	总计	其中：混岗职工人数	在岗职工			其他从业人员
			合计	其中		
				混岗职工人数	非全日制	
清河	2801	—	2801	—	—	—
伊春林业管理局	**181879**	**36064**	**105203**	**2104**	**—**	**—**
双丰	15063	6183	6911	—	—	—
铁力	10831	2079	5671	—	—	—
桃山	21381	11992	4582	—	—	—
朗乡	11250	—	9596	—	—	—
南岔	11787	2078	9316	241	—	—
金山屯	15062	1037	8358	—	—	—
美溪	10445	798	6073	525	—	—
乌马河	15101	7652	5562	—	—	—
翠峦	11342	1233	6547	1233	—	—
友好	12961	220	10703	—	—	—
上甘岭	6152	96	4202	96	—	—
五营	8219	—	5587	—	—	—
红星	6879	1245	5807	—	—	—
新青	9817	551	6195	—	—	—
汤旺河	8548	900	5536	9	—	—
乌伊岭	7041	—	4557	—	—	—
松花江林业管理局	**55303**	**981**	**47278**	**809**	**—**	**—**
山河屯	6583	—	4320	—	—	—
苇河	8297	—	7171	—	—	—
亚布力	6781	46	5524	—	—	—
方正	7302	—	5994	—	—	—
兴隆	6919	126	5786	—	—	—
绥棱	6965	809	6864	809	—	—
通北	6211	—	6211	—	—	—
沾河	6245	—	5408	—	—	—
总局直属单位	**8152**	**3705**	**5576**	**1268**	**—**	**—**
带岭实验局	8152	3705	5576	1268	—	—
大兴安岭	**50266**	**2012**	**50266**	**2012**	**—**	**—**
大兴安岭林管局	**48101**	**2012**	**48101**	**2012**	**—**	**—**
松岭	5044	598	5044	598	—	—
新林	6877	850	6877	850	—	—
塔河	7645	—	7645	—	—	—
呼中	6905	—	6905	—	—	—
阿木尔	4594	564	4594	564	—	—
图强	4320	—	4320	—	—	—
西林吉	6844	—	6844	—	—	—
十八站	3275	—	3275	—	—	—

和劳动报酬情况(三)

单位:人

离开本单位仍保留劳动关系人员	年末参加基本养老保险人数	年末参加基本医疗保险人数	在岗职工		年末离退休人员人数	离退休人员年生活费(千元)
			平均人数	工资总额(千元)		
—	6887	8738	2167	52104	4287	84825
76676	**156936**	**194781**	**97325**	**1726265**	**121628**	**2501983**
8152	5644	5644	5644	69261	8371	153842
5160	21454	14204	5339	119344	9523	199842
16799	9389	9389	4582	84825	8440	188503
1654	8808	21692	9600	167881	11250	229184
2471	11787	15629	9418	136195	7520	174839
6704	12795	16124	8468	100432	9414	181651
4372	9647	9647	5935	120169	4428	91712
9539	7449	12681	5560	104344	6574	153484
4795	10109	17025	6544	120929	12843	249852
2258	8194	7826	6235	146930	7412	156315
1950	5573	8400	2485	59084	4244	92264
2632	8695	15076	5582	101390	5939	121389
1072	5226	5984	5807	90842	7401	111704
3622	14725	14687	6281	113510	8329	188085
3012	11040	15059	5488	99709	5268	111379
2484	6401	5714	4357	91419	4672	97938
8025	**84339**	**109250**	**42184**	**829226**	**44037**	**968348**
2263	12952	13317	3804	85868	5852	125061
1126	17986	21645	6178	140830	6557	121892
1257	5669	5699	4712	98249	5467	125822
1308	10989	10262	5765	97140	4399	97664
1133	12062	25099	5026	86567	6457	143350
101	4973	4973	5349	83708	6511	157800
—	9495	14189	6234	89619	5203	116300
837	10213	14066	5116	147245	3591	80459
2576	**8986**	**20804**	**5576**	**92691**	**4535**	**98620**
2576	8986	20804	5576	92691	4535	98620
—	**48839**	**83664**	**46810**	**1205400**	**50502**	**1111670**
—	**46742**	**80193**	**44673**	**1145000**	**47883**	**1060520**
—	4831	8786	4762	103370	7511	139980
—	6591	14966	6124	175790	10331	248310
—	7645	12037	6844	172570	6711	193630
—	6905	13406	6065	158420	7099	150420
—	4140	7279	4875	114100	2872	59030
—	4320	7086	3945	86150	3941	86070
—	6844	7125	6239	159190	5623	100550
—	3060	6230	3222	93310	3008	66420

国有林区分企业的从业人员

企业名称	年末人数					
	总计	其中：混岗职工人数	在岗职工			其他从业人员
			合计	其中		
				混岗职工人数	非全日制	
韩家园	2597	—	2597	—	—	—
大兴安岭营林局	**2165**	**—**	**2165**	**—**	**—**	**—**
加格达奇	2165	—	2165	—	—	—
四川	**6755**	**—**	**6328**	**—**	**118**	**74**
阿坝州林管局	**2056**	**—**	**1925**	**—**	**118**	**41**
川西	269	—	164	—	—	41
黑水	272	—	272	—	—	—
马尔康	423	—	423	—	—	—
小金	183	—	183	—	—	—
观音桥	230	—	230	—	—	—
松潘	241	—	215	—	—	—
南坪	320	—	320	—	—	—
壤塘	118	—	118	—	118	—
甘孜州林管局	**1257**	**—**	**1234**	**—**	**—**	**—**
道孚	273	—	251	—	—	—
新龙	194	—	194	—	—	—
丹巴	274	—	274	—	—	—
炉霍	190	—	189	—	—	—
白玉	123	—	123	—	—	—
力邱河	141	—	141	—	—	—
翁达	62	—	62	—	—	—
其他地、州林管局	**3442**	**—**	**3169**	**—**	**—**	**33**
川南	1425	—	1425	—	—	—
雷波	283	—	157	—	—	33
凉北	237	—	159	—	—	—
夹金山	489	—	489	—	—	—
木里	574	—	574	—	—	—
普威	305	—	236	—	—	—
盐边	129	—	129	—	—	—
云南	**3876**	**—**	**3500**	**—**	**—**	**339**
云南省林管局	**3876**	**—**	**3500**	**—**	**—**	**339**
华坪	279	—	276	—	—	—
碧泉	241	—	241	—	—	—
黑白水	119	—	119	—	—	—
中甸 *	—	—	—	—	—	—
巨甸	117	—	117	—	—	—
红旗	166	—	166	—	—	—
云台山	532	—	517	—	—	9
漾江	599	—	269	—	—	330

和劳动报酬情况(四)

单位:人

离开本单位仍保留劳动关系人员	年末参加基本养老保险人数	年末参加基本医疗保险人数	在岗职工		年末离退休人员人数	离退休人员年生活费(千元)
			平均人数	工资总额(千元)		
—	2406	3278	2597	82100	787	16110
—	**2097**	**3471**	**2137**	**60400**	**2619**	**51150**
—	2097	3471	2137	60400	2619	51150
353	**17542**	**48114**	**6550**	**217538**	**42577**	**967272**
90	**2015**	**23424**	**1988**	**70299**	**21409**	**526145**
64	228	1699	170	6640	1471	38510
—	272	4804	276	8820	4532	92800
—	423	4886	435	12995	4463	117119
—	183	1977	189	8644	1794	46842
—	230	4134	243	8550	3904	99552
26	241	1723	215	8490	1482	36480
—	320	2675	338	12040	2355	61050
—	118	1526	122	4120	1408	33792
23	**5980**	**9048**	**1252**	**58895**	**7788**	**184383**
22	273	1909	259	11880	1636	35790
—	1956	1956	194	9340	1762	39360
—	274	1706	281	10328	1432	34368
1	1584	1584	190	10100	1394	35659
—	912	912	123	6359	789	17831
—	625	625	143	6378	484	11363
—	356	356	62	4510	291	10012
240	**9547**	**15642**	**3310**	**88343**	**13380**	**256744**
—	1425	5183	1469	32647	3758	74408
93	240	2045	157	6273	1805	46153
78	1710	1710	159	4193	1473	34198
—	488	1020	494	12488	533	12152
—	4413	4413	659	20600	3839	89833
69	305	305	242	8112	1135	—
—	966	966	130	4030	837	—
37	**5831**	**7131**	**3583**	**92540**	**6589**	**127420**
37	**5831**	**7131**	**3583**	**92540**	**6589**	**127420**
3	770	770	288	9260	491	9300
—	903	903	241	7163	662	14438
—	554	554	121	3830	435	11278
—	—	—	—	—	—	—
—	293	293	117	3040	176	4311
—	166	—	166	3195	317	6777
6	829	1243	531	8987	1320	15076
—	269	269	269	5383	403	7381

国有林区分企业的从业人员

企业名称	年末人数					
	总计	其中：混岗职工人数	在岗职工			其他从业人员
			合计	其中		
				混岗职工人数	非全日制	
景东	294	—	266	—	—	—
墨江	217	—	217	—	—	—
卫国	753	—	753	—	—	—
江边 *	—	—	—	—	—	—
清水江 *	—	—	—	—	—	—
南盘江 *	—	—	—	—	—	—
新平	81	—	81	—	—	—
宁蒗	478	—	478	—	—	—
陕西	**4300**	**48**	**3698**	**—**	**—**	**222**
陕西省林管局	**3786**	**48**	**3230**	**—**	**—**	**176**
宁西	1082	48	1082	—	—	—
太白	1289	—	1144	—	—	43
长青	223	—	99	—	—	124
宁东	632	—	579	—	—	—
汉西	291	—	193	—	—	9
龙草坪	269	—	133	—	—	—
陕西省营林局	**514**	**—**	**468**	**—**	**—**	**46**
马头滩	248	—	248	—	—	—
辛家山	266	—	220	—	—	46
甘肃	**13144**	**—**	**13144**	**—**	**—**	**—**
甘肃省林管局	**7741**	**—**	**7741**	**—**	**—**	**—**
舟曲	1369	—	1369	—	—	—
迭部	2750	—	2750	—	—	—
洮河	2752	—	2752	—	—	—
白水江	870	—	870	—	—	—
甘肃省营林局	**5403**	**—**	**5403**	**—**	**—**	**—**
小陇山	5403	—	5403	—	—	—
青海	**—**	**—**	**—**	**—**	**—**	**—**
青海省林管局	**—**	**—**	**—**	**—**	**—**	**—**
玛可河 *	—	—	—	—	—	—
新疆	**2593**	**—**	**2535**	**—**	**36**	**49**
新疆维吾尔自治区林管局	**1784**	**—**	**1729**	**—**	**—**	**47**
天山西部	1020	—	1011	—	—	2
阿尔泰山	764	—	718	—	—	45
新疆维吾尔自治区营林局	**809**	**—**	**806**	**—**	**36**	**2**
天山中东部	809	—	806	—	36	2

和劳动报酬情况(五)

单位:人

离开本单位仍保留劳动关系人员	年末参加基本养老保险人数	年末参加基本医疗保险人数	在岗职工		年末离退休人员人数	离退休人员年生活费(千元)
			平均人数	工资总额(千元)		
28	294	1020	297	7971	726	15890
—	217	—	223	5816	517	10821
—	753	753	769	20918	775	16541
—	—	—	—	—	—	—
—	—	—	—	—	—	—
—	—	—	—	—	—	—
—	305	305	83	4836	224	4570
—	478	1021	478	12140	543	11038
380	**4164**	**8712**	**3698**	**89221**	**4627**	**83380**
380	**3650**	**8198**	**3230**	**81107**	**4412**	**78770**
—	1082	2396	1082	24919	1314	2036
102	1289	2815	1144	26831	1526	38590
—	223	746	99	3545	523	10187
53	632	1081	579	15372	449	11986
89	291	554	193	5720	263	7032
136	133	606	133	4719	337	8940
—	**514**	**514**	**468**	**8115**	**215**	**4610**
—	248	248	248	3891	125	2520
—	266	266	220	4224	90	2090
—	**29824**	**29824**	**11449**	**285322**	**7040**	**176782**
—	**24421**	**24421**	**6036**	**149959**	**5495**	**132331**
—	14046	14046	1164	24540	1492	37261
—	5015	5015	2243	53746	2265	52706
—	3930	3930	2034	56504	1178	28303
—	1430	1430	595	15170	560	14061
—	**5403**	**5403**	**5413**	**135363**	**1545**	**44451**
—	5403	5403	5413	135363	1545	44451
—	**—**	**—**	**—**	**—**	**—**	**—**
—	**—**	**—**	**—**	**—**	**—**	**—**
—	—	—	—	—	—	—
9	**2463**	**4579**	**2558**	**115482**	**2375**	**62206**
8	**1654**	**3065**	**1747**	**78840**	**1342**	**37450**
7	934	1771	1023	40765	767	24775
1	720	1294	724	38075	575	12675
1	**809**	**1514**	**811**	**36642**	**1033**	**24755**
1	809	1514	811	36642	1033	24755

国有林区林业投资完成情况(一)

指标名称	计量单位	合　计	135 个木材采运企业	20 个重点营林局
一、本年计划投资	**万元**	**2312177**	**2063525**	**248652**
二、自年初累计完成投资	**万元**	**2234768**	**1971759**	**263009**
其中:国家投资	万元	1790886	1616182	174704
1. 生态建设与保护	万元	1181779	1059173	122606
(1)造林	万元	16746	11996	4750
(2)更新	万元	3027	1886	1141
(3)森林抚育	万元	260333	233011	27322
(4)野生动植物保护及自然保护区	万元	5214	4853	361
(5)湿地恢复与保护	万元	2536	2385	151
(6)森林生态效益补偿	万元	21453	13069	8384
(7)其他(含生态工程补助资金)	万元	872470	791973	80497
2. 林业支撑与保障	万元	165887	147708	18179
(1)林木种苗	万元	5850	5247	603
(2)森林防火与森林公安	万元	29843	25159	4684
(3)林业有害生物防治	万元	1623	1092	531
(4)科技教育	万元	32	20	12
(5)林业信息化	万元	214	87	127
(6)其他	万元	128325	116103	12222
3. 林业产业发展	万元	23372	17274	6098
(1)工业原料林	万元	—	—	—
(2)特色经济林(不含木本油料)	万元	162	102	60
(3)木本油料	万元	180	180	—
(4)花卉	万元	—	—	—

国有林区林业投资完成情况(二)

指标名称	计量单位	合　计	135 个木材采运企业	20 个重点营林局
(5)林下经济	万元	258	118	140
(6)其他	万元	22772	16874	5898
4. 林业民生工程	万元	765852	664590	101262
(1)棚户区(危旧房)改造	万元	472551	384661	87890
(2)社会性基础设施	万元	263907	251283	12624
(3)其他	万元	29394	28646	748
5. 其他投资	万元	97878	83014	14864
其中:财政事业费	万元	11333	6882	4451
三、本年房屋竣工面积	**平方米**	**3637811**	**3203177**	**434634**
本年房屋竣工价值	万元	361681	301413	60268
四、本年新增公路里程	**千米**	**329**	**287**	**42**
五、本年实际到位资金合计	**万元**	**2328238**	**2058846**	**269392**
1. 上年末结余资金	万元	110418	91856	18562
2. 本年实际到位资金小计	万元	2217820	1966990	250830
(1)国家预算资金	万元	1850397	1653301	197096
①中央资金	万元	1791100	1619687	171413
②地方资金	万元	59297	33614	25683
(2)国内贷款	万元	2100	—	2100
(3)债券	万元	—	—	—
(4)利用外资	万元	10060	9587	473
(5)自筹资金	万元	315866	265665	50201
(6)其他资金	万元	39397	38437	960

国有林区分企业的

企业名称	本年计划投资	自年初累计							
		总计	其中：国家投资	生态建设与保护					
				合计	造林	更新	森林抚育	野生动植物保护及自然保护区	湿地恢复与保护
全国合计	**2312177**	**2234768**	**1790886**	**1181779**	**16746**	**3027**	**260333**	**5214**	**2536**
135 个木材采运企业小计	2063525	1971759	1616182	1059173	11996	1886	233011	4853	2385
20 个重点营林局小计	248652	263009	174704	122606	4750	1141	27322	361	151
内蒙古	**415302**	**393292**	**345535**	**254771**	**2031**	**1141**	**72764**	**361**	**—**
内蒙古集团林管局	**326024**	**274993**	**258811**	**193709**	**—**	**—**	**59190**	**—**	**—**
阿尔山	10799	14287	12752	8018	—	—	622	—	—
绰尔	17784	16028	15051	11768	—	—	4101	—	—
绰源	13012	10895	10285	8104	—	—	3439	—	—
乌尔旗汉	32423	25626	25039	13383	—	—	4038	—	—
库都尔	22266	18484	16877	13395	—	—	3469	—	—
图里河	16366	14819	11954	10338	—	—	3694	—	—
伊图里河	13204	11565	10740	9389	—	—	3480	—	—
克一河	18947	14896	13974	10123	—	—	3989	—	—
甘河	24366	20678	19770	14000	—	—	4013	—	—
吉文	15991	18388	16736	9695	—	—	3625	—	—
阿里河	14170	13529	12851	11988	—	—	3939	—	—
根河	36600	23373	22713	18180	—	—	4326	—	—
金河	14503	13419	13298	11946	—	—	3392	—	—
阿龙山	19848	14197	13749	10367	—	—	3502	—	—
满归	15663	12059	11360	9938	—	—	3039	—	—
得耳布尔	20179	13534	13472	10283	—	—	2831	—	—
莫尔道嘎	19903	19216	18190	12794	—	—	3691	—	—
内蒙古集团营林局	**9692**	**10645**	**10126**	**6033**	**—**	**—**	**436**	**—**	**—**
大杨树	6418	6602	6310	3405	—	—	218	—	—
毕拉河	3274	4043	3816	2628	—	—	218	—	—
内蒙古林业厅营林局	**79586**	**107654**	**76598**	**55029**	**2031**	**1141**	**13138**	**361**	**—**
免渡河	11115	7865	7863	7034	60	—	3435	—	—
乌奴尔	7886	20973	10771	5411	—	—	1401	—	—
巴林	8086	6021	6021	5717	—	—	1752	—	—
南木	8164	11972	9219	7181	—	—	2084	—	—
红花尔基	11056	30746	14293	10323	1285	—	1921	361	—
柴河	9497	6295	4649	4172	33	—	194	—	—
五岔沟	17446	17446	17446	10874	350	—	2351	—	—
白狼	6336	6336	6336	4317	303	1141	—	—	—
吉林	**422257**	**359470**	**232106**	**155043**	**5682**	**1549**	**42962**	**211**	**520**
吉林集团林管局	**142171**	**141355**	**91994**	**65017**	**2896**	**1549**	**29311**	**—**	**—**
临江	20493	19014	12945	8202	131	—	4809	—	—
三岔子	18362	16408	14292	9376	—	541	4167	—	—
湾沟	17105	13386	7601	5204	500	—	1651	—	—

林业投资完成情况(一)

单位:万元

完成投资															
		林业支撑与保障							林业产业发展						
森林生态效益补偿	其他	合计	林木种苗	森林防火与森林公安	林业有害生物防治	科技教育	林业信息化	其他	合计	工业原料林	特色经济林	木本油料	花卉	林下经济	其他
21453	**872470**	**165887**	**5850**	**29843**	**1623**	**32**	**214**	**128325**	**23372**	**—**	**162**	**180**	**—**	**258**	**22772**
13069	791973	147708	5247	25159	1092	20	87	116103	17274	—	102	180	—	118	16874
8384	80497	18179	603	4684	531	12	127	12222	6098	—	60	—	—	140	5898
119	**178355**	**21907**	**385**	**4580**	**89**	**—**	**—**	**16853**	**1558**	**—**	**40**	**—**	**—**	**—**	**1518**
—	**134519**	**10484**	**—**	**2966**	**—**	**—**	**—**	**7518**	**—**	**—**	**—**	**—**	**—**	**—**	**—**
—	7396	—	—	—	—	—	—	—	—	—	—	—	—	—	—
—	7667	838	—	150	—	—	—	688	—	—	—	—	—	—	—
—	4665	223	—	—	—	—	—	223	—	—	—	—	—	—	—
—	9345	2450	—	—	—	—	—	2450	—	—	—	—	—	—	—
—	9926	208	—	—	—	—	—	208	—	—	—	—	—	—	—
—	6644	440	—	—	—	—	—	440	—	—	—	—	—	—	—
—	5909	396	—	—	—	—	—	396	—	—	—	—	—	—	—
—	6134	—	—	—	—	—	—	—	—	—	—	—	—	—	—
—	9987	—	—	—	—	—	—	—	—	—	—	—	—	—	—
—	6070	735	—	—	—	—	—	735	—	—	—	—	—	—	—
—	8049	262	—	—	—	—	—	262	—	—	—	—	—	—	—
—	13854	—	—	—	—	—	—	—	—	—	—	—	—	—	—
—	8554	1027	—	—	—	—	—	1027	—	—	—	—	—	—	—
—	6865	174	—	—	—	—	—	174	—	—	—	—	—	—	—
—	6899	70	—	70	—	—	—	—	—	—	—	—	—	—	—
—	7452	377	—	—	—	—	—	377	—	—	—	—	—	—	—
—	9103	3284	—	2746	—	—	—	538	—	—	—	—	—	—	—
—	**5597**	**2212**	**—**	**961**	**—**	**—**	**—**	**1251**	**—**	**—**	**—**	**—**	**—**	**—**	**—**
—	3187	1251	—	—	—	—	—	1251	—	—	—	—	—	—	—
—	2410	961	—	961	—	—	—	—	—	—	—	—	—	—	—
119	**38239**	**9211**	**385**	**653**	**89**	**—**	**—**	**8084**	**1558**	**—**	**40**	**—**	**—**	**—**	**1518**
—	3539	12	—	—	—	—	—	12	—	—	—	—	—	—	—
—	4010	—	—	—	—	—	—	—	—	—	—	—	—	—	—
—	3965	—	—	—	—	—	—	—	—	—	—	—	—	—	—
—	5097	34	—	—	—	—	—	34	—	—	—	—	—	—	—
—	6756	569	89	260	70	—	—	150	—	—	—	—	—	—	—
—	3945	95	—	85	10	—	—	—	1518	—	—	—	—	—	1518
89	8084	6522	130	131	6	—	—	6255	—	—	—	—	—	—	—
30	2843	1979	166	177	3	—	—	1633	40	—	40	—	—	—	—
5199	**98920**	**60806**	**4135**	**6400**	**257**	**—**	**—**	**50014**	**11907**	**—**	**68**	**—**	**—**	**130**	**11709**
400	**30861**	**16364**	**1924**	**670**	**88**	**—**	**—**	**13682**	**6470**	**—**	**—**	**—**	**—**	**40**	**6430**
—	3262	2069	159	448	2	—	—	1460	1143	—	—	—	—	—	1143
250	4418	1889	—	18	49	—	—	1822	40	—	—	—	—	40	—
—	3053	1058	200	18	—	—	—	840	—	—	—	—	—	—	—

国有林区分企业的

企业名称	本年计划投资	自年初累计							
		总计	其中：国家投资	生态建设与保护					
				合计	造林	更新	森林抚育	野生动植物保护及自然保护区	湿地恢复与保护
松江河	21208	26883	14925	11159	1131	—	5453	—	—
泉阳	13867	13867	10043	6399	—	—	2518	—	—
露水河	18760	17364	9250	9765	—	—	6361	—	—
白石山	10970	14339	10240	7158	954	—	1535	—	—
红石	21406	20094	12698	7754	180	1008	2817	—	—
延边林管局	**246499**	**180528**	**117046**	**76956**	**2438**	**—**	**9272**	**211**	**369**
黄泥河	38945	29237	9862	7216	586	—	1151	180	—
敦化	19195	27034	17880	8758	500	—	724	—	200
大石头	22767	19345	14308	9304	—	—	—	—	—
八家子	30707	20807	9787	5708	—	—	1307	—	152
和龙	19752	13195	11576	7316	—	—	1168	—	—
汪清	22845	12663	10293	7665	500	—	242	—	—
大兴沟	23105	10614	8467	6390	445	—	1872	—	—
天桥岭	21840	12640	9782	8487	27	—	542	—	17
白河	27297	17678	14864	8978	380	—	820	—	—
珲春	20046	17315	10227	7134	—	—	1446	31	—
吉林省林业厅营林局	**33587**	**37587**	**23066**	**13070**	**348**	**—**	**4379**	**—**	**151**
上营	—	7638	3600	3463	215	—	3248	—	—
辉南	10541	10239	5680	3079	133	—	793	—	151
长白	9658	6457	4640	1939	—	—	338	—	—
安图	13388	13253	9146	4589	—	—	—	—	—
长白山 *	—	—	—	—	—	—	—	—	—
龙江集团	**889271**	**885221**	**812673**	**465239**	**—**	**—**	**88732**	**2360**	**1032**
牡丹江林业管理局	**171421**	**168354**	**155590**	**93065**	**—**	**—**	**19282**	**—**	**—**
大海林	26950	26950	23874	12482	—	—	2400	—	—
柴河	25630	25630	22950	12828	—	—	2400	—	—
东京城	27724	27724	25423	15695	—	—	2880	—	—
穆棱	19516	19516	18414	11272	—	—	2760	—	—
绥阳	22149	19064	19004	13365	—	—	2880	—	—
海林	19724	19742	17523	10204	—	—	1920	—	—
林口	16185	16185	15545	9988	—	—	2842	—	—
八面通	13543	13543	12857	7231	—	—	1200	—	—
合江林业管理局	**117272**	**116849**	**106911**	**66712**	**—**	**—**	**13080**	**—**	**—**
桦南	18581	18581	17225	10529	—	—	2400	—	—
双鸭山	12997	12754	11941	7516	—	—	1680	—	—
鹤立	11145	11145	10561	6774	—	—	1080	—	—
鹤北	19035	19035	18142	12318	—	—	2400	—	—
东方红	22514	22514	21350	13799	—	—	2640	—	—
迎春	15738	15738	14812	7890	—	—	1680	—	—

林业投资完成情况(二)

单位:万元

完成投资															
		林业支撑与保障							林业产业发展						
森林生态效益补偿	其他	合计	林木种苗	森林防火与森林公安	林业有害生物防治	科技教育	林业信息化	其他	合计	工业原料林	特色经济林	木本油料	花卉	林下经济	其他
50	4525	2949	1160	—	—	—	—	1789	1611	—	—	—	—	—	1611
100	3781	977	125	—	—	—	—	852	525	—	—	—	—	—	525
—	3404	2593	230	—	—	—	—	2363	1013	—	—	—	—	—	1013
—	4669	2685	50	186	—	—	—	2449	—	—	—	—	—	—	—
—	3749	2144	—	—	37	—	—	2107	2138	—	—	—	—	—	2138
260	**64406**	**41718**	**2207**	**4885**	**89**	**—**	**—**	**34537**	**1210**	**—**	**68**	**—**	**—**	**50**	**1092**
—	5299	3817	1271	857	—	—	—	1689	76	—	68	—	—	—	8
—	7334	3150	50	376	3	—	—	2721	992	—	—	—	—	—	992
260	9044	2205	—	949	—	—	—	1256	—	—	—	—	—	—	—
—	4249	10514	130	491	—	—	—	9893	42	—	—	—	—	—	42
—	6148	4415	—	299	40	—	—	4076	—	—	—	—	—	—	—
—	6923	2298	150	60	43	—	—	2045	—	—	—	—	—	—	—
—	4073	859	—	36	—	—	—	823	50	—	—	—	—	—	50
—	7901	1169	—	—	—	—	—	1169	—	—	—	—	—	—	—
—	7778	4666	—	384	3	—	—	4279	—	—	—	—	—	—	—
—	5657	8625	606	1433	—	—	—	6586	50	—	—	—	—	50	—
4539	**3653**	**2724**	**4**	**845**	**80**	**—**	**—**	**1795**	**4227**	**—**	**—**	**—**	**—**	**40**	**4187**
—	—	235	—	198	37	—	—	—	—	—	—	—	—	—	—
—	2002	574	4	64	33	—	—	473	40	—	—	—	—	—	40
—	1601	678	—	49	10	—	—	619	40	—	—	—	—	40	—
4539	50	1237	—	534	—	—	—	703	4147	—	—	—	—	—	4147
—	—	—	—	—	—	—	—	—	—	—	—	—	—	—	—
—	**373115**	**58827**	**200**	**10951**	**744**	**—**	**—**	**46932**	**2016**	**—**	**—**	**—**	**—**	**—**	**2016**
—	**73783**	**17152**	**—**	**3770**	**377**	**—**	**—**	**13005**	**—**	**—**	**—**	**—**	**—**	**—**	**—**
—	10082	4704	—	1274	17	—	—	3413	—	—	—	—	—	—	—
—	10428	3727	—	52	10	—	—	3665	—	—	—	—	—	—	—
—	12815	3363	—	1617	17	—	—	1729	—	—	—	—	—	—	—
—	8512	943	—	52	13	—	—	878	—	—	—	—	—	—	—
—	10485	99	—	69	13	—	—	17	—	—	—	—	—	—	—
—	8284	3641	—	620	274	—	—	2747	—	—	—	—	—	—	—
—	7146	468	—	52	16	—	—	400	—	—	—	—	—	—	—
—	6031	207	—	34	17	—	—	156	—	—	—	—	—	—	—
—	**53632**	**5197**	**—**	**3190**	**73**	**—**	**—**	**1934**	**336**	**—**	**—**	**—**	**—**	**—**	**336**
—	8129	1208	—	52	10	—	—	1146	—	—	—	—	—	—	—
—	5836	1176	—	749	10	—	—	417	—	—	—	—	—	—	—
—	5694	525	—	515	10	—	—	—	—	—	—	—	—	—	—
—	9918	776	—	766	10	—	—	—	—	—	—	—	—	—	—
—	11159	1282	—	1022	13	—	—	247	—	—	—	—	—	—	—
—	6210	62	—	52	10	—	—	—	336	—	—	—	—	—	336

国有林区分企业的

企业名称	本年计划投资	自年初累计							
		总计	其中：国家投资	生态建设与保护					
				合计	造林	更新	森林抚育	野生动植物保护及自然保护区	湿地恢复与保护
清河	17262	17082	12880	7886	—	—	1200	—	—
伊春林业管理局	**405641**	**405641**	**379221**	**200031**	**—**	**—**	**35010**	**2360**	**1032**
双丰	22722	22722	20323	8878	—	—	1620	—	—
铁力	28678	28678	27325	13754	—	—	2400	—	—
桃山	22880	22880	20666	11845	—	—	1920	—	—
朗乡	24431	24431	23683	15833	—	—	3000	—	—
南岔	32382	32382	30347	18465	—	—	2640	—	—
金山屯	30758	30758	28047	12732	—	—	2490	—	—
美溪	24291	24291	23565	12484	—	—	1920	—	—
乌马河	21868	21868	20820	10142	—	—	1800	—	—
翠峦	28157	28157	27056	11525	—	—	1320	—	—
友好	26868	26868	26084	15406	—	—	2400	—	—
上甘岭	23383	23383	22165	8667	—	—	1680	—	—
五营	19824	19824	18541	11432	—	—	1440	—	1032
红星	25229	25229	22311	11025	—	—	2640	364	—
新青	27654	27654	25341	15240	—	—	2640	1193	—
汤旺河	22495	22495	21506	10917	—	—	2160	—	—
乌伊岭	24021	24021	21441	11686	—	—	2940	803	—
松花江林业管理局	**178013**	**174790**	**156798**	**96905**	**—**	**—**	**20280**	**—**	**—**
山河屯	26743	26743	20460	10949	—	—	2040	—	—
苇河	21566	21566	20273	12192	—	—	2640	—	—
亚布力	17537	14594	13789	12532	—	—	2760	—	—
方正	22911	20534	19810	12275	—	—	2760	—	—
兴隆	25995	27433	22995	12721	—	—	2520	—	—
绥棱	18753	18753	17664	10681	—	—	2280	—	—
通北	18919	18919	17815	11032	—	—	2280	—	—
沾河	25589	26248	23992	14523	—	—	3000	—	—
总局直属单位	**16924**	**19587**	**14153**	**8526**	**—**	**—**	**1080**	**—**	**—**
带岭实验局	16924	19587	14153	8526	—	—	1080	—	—
大兴安岭	**389849**	**340506**	**218165**	**151475**	**—**	**—**	**33285**	**—**	**562**
大兴安岭林管局	**307364**	**287910**	**188437**	**138392**	**—**	**—**	**29570**	**—**	**562**
松岭	35033	31927	17846	15326	—	—	3178	—	—
新林	37602	37602	27779	18261	—	—	3600	—	—
塔河	68705	62288	34246	21022	—	—	3840	—	—
呼中	28646	28646	22143	17400	—	—	3593	—	—
阿木尔	19383	19084	14645	11775	—	—	2684	—	—
图强	20642	23230	15044	12100	—	—	2867	—	—
西林吉	46170	33809	21302	16665	—	—	3240	—	—
十八站	18760	19041	14671	12273	—	—	2978	—	—

林业投资完成情况(三)

单位:万元

完成投资															
		林业支撑与保障							林业产业发展						
森林生态效益补偿	其他	合计	林木种苗	森林防火与森林公安	林业有害生物防治	科技教育	林业信息化	其他	合计	工业原料林	特色经济林	木本油料	花卉	林下经济	其他
—	6686	168	—	34	10	—	—	124	—	—	—	—	—	—	—
—	**161629**	**29679**	**—**	**3595**	**188**	**—**	**—**	**25896**	**1344**	**—**	**—**	**—**	**—**	**—**	**1344**
—	7258	3624	—	34	10	—	—	3580	—	—	—	—	—	—	—
—	11354	1059	—	34	10	—	—	1015	—	—	—	—	—	—	—
—	9925	3116	—	34	10	—	—	3072	—	—	—	—	—	—	—
—	12833	563	—	52	11	—	—	500	—	—	—	—	—	—	—
—	15825	2393	—	52	13	—	—	2328	—	—	—	—	—	—	—
—	10242	4611	—	648	10	—	—	3953	336	—	—	—	—	—	336
—	10564	62	—	52	10	—	—	—	—	—	—	—	—	—	—
—	8342	44	—	34	10	—	—	—	336	—	—	—	—	—	336
—	10205	811	—	34	10	—	—	767	—	—	—	—	—	—	—
—	13006	65	—	52	13	—	—	—	—	—	—	—	—	—	—
—	6987	1493	—	52	13	—	—	1428	—	—	—	—	—	—	—
—	8960	604	—	34	10	—	—	560	—	—	—	—	—	—	—
—	8021	4078	—	1252	13	—	—	2813	336	—	—	—	—	—	336
—	11407	2557	—	52	13	—	—	2492	—	—	—	—	—	—	—
—	8757	68	—	52	16	—	—	—	336	—	—	—	—	—	336
—	7943	4531	—	1127	16	—	—	3388	—	—	—	—	—	—	—
—	**76625**	**6738**	**200**	**362**	**96**	**—**	**—**	**6080**	**336**	**—**	**—**	**—**	**—**	**—**	**336**
—	8909	2481	—	52	13	—	—	2416	—	—	—	—	—	—	—
—	9552	1467	200	34	13	—	—	1220	—	—	—	—	—	—	—
—	9772	461	—	52	13	—	—	396	336	—	—	—	—	—	336
—	9515	—	—	—	—	—	—	—	—	—	—	—	—	—	—
—	10201	565	—	52	17	—	—	496	—	—	—	—	—	—	—
—	8401	744	—	34	10	—	—	700	—	—	—	—	—	—	—
—	8752	917	—	52	13	—	—	852	—	—	—	—	—	—	—
—	11523	103	—	86	17	—	—	—	—	—	—	—	—	—	—
—	**7446**	**61**	**—**	**34**	**10**	**—**	**—**	**17**	**—**	**—**	**—**	**—**	**—**	**—**	**—**
—	7446	61	—	34	10	—	—	17	—	—	—	—	—	—	—
—	**117628**	**4299**	**—**	**4169**	**—**	**—**	**—**	**130**	**7001**	**—**	**—**	**—**	**—**	**100**	**6901**
—	**108260**	**3490**	**—**	**3360**	**—**	**—**	**—**	**130**	**6901**	**—**	**—**	**—**	**—**	**—**	**6901**
—	12148	—	—	—	—	—	—	—	—	—	—	—	—	—	—
—	14661	1873	—	1873	—	—	—	—	—	—	—	—	—	—	—
—	17182	—	—	—	—	—	—	—	6901	—	—	—	—	—	6901
—	13807	130	—	—	—	—	—	130	—	—	—	—	—	—	—
—	9091	—	—	—	—	—	—	—	—	—	—	—	—	—	—
—	9233	551	—	551	—	—	—	—	—	—	—	—	—	—	—
—	13425	936	—	936	—	—	—	—	—	—	—	—	—	—	—
—	9295	—	—	—	—	—	—	—	—	—	—	—	—	—	—

国有林区分企业的

企业名称	本年计划投资	自年初累计							
		总　计	其中：国家投资	生态建设与保护					
				合计	造林	更新	森林抚育	野生动植物保护及自然保护区	湿地恢复与保护
韩家园	32423	32283	20761	13570	—	—	3590	—	562
大兴安岭营林局	**82485**	**52596**	**29728**	**13083**	**—**	**—**	**3715**	**—**	**—**
加格达奇	82485	52596	29728	13083	—	—	3715	—	—
四川	**60924**	**74582**	**45260**	**44479**	**1989**	**—**	**5384**	**1597**	**—**
阿坝州林管局	**25493**	**27441**	**7618**	**14313**	**461**	**—**	**1604**	**1597**	**—**
川西	1754	1754	1754	1415	—	—	180	860	—
黑水	8481	8481	—	1748	—	—	—	—	—
马尔康	4575	4294	—	4231	78	—	195	—	—
小金	1851	2112	—	1769	233	—	272	—	—
观音桥	3464	3464	2743	2710	—	—	240	—	—
松潘	—	1968	—	556	60	—	237	—	—
南坪	3863	3863	2362	439	60	—	240	—	—
壤塘	1505	1505	759	1445	30	—	240	737	—
甘孜州林管局	**13344**	**15803**	**15803**	**11289**	**210**	**—**	**1440**	**—**	**—**
道孚	2644	3462	3462	2183	—	—	240	—	—
新龙	2397	2907	2907	2056	74	—	240	—	—
丹巴	2662	3309	3309	2279	—	—	240	—	—
炉霍	1707	1954	1954	1422	—	—	180	—	—
白玉	1682	1766	1766	1456	62	—	240	—	—
力邱河	1393	1540	1540	1176	74	—	180	—	—
翁达	859	865	865	717	—	—	120	—	—
其他地、州林管局	**22087**	**31338**	**21839**	**18877**	**1318**	**—**	**2340**	**—**	**—**
川南	7435	13551	8772	7269	742	—	960	—	—
雷波	2905	3469	2737	1991	418	—	240	—	—
凉北	1892	2901	2049	1259	102	—	360	—	—
夹金山	1995	1995	1995	1828	—	—	—	—	—
木里	4867	6428	4289	3991	56	—	360	—	—
普威	1996	1997	1997	1688	—	—	240	—	—
盐边	997	997	—	851	—	—	180	—	—
云南	**13173**	**19838**	**9231**	**12449**	**1581**	**94**	**1359**	**385**	**422**
云南省林管局	**13173**	**19838**	**9231**	**12449**	**1581**	**94**	**1359**	**385**	**422**
华坪	1589	2085	2085	130	130	—	—	—	—
碧泉	2292	2292	—	793	327	—	466	—	—
黑白水	750	1077	—	65	14	—	51	—	—
中甸＊	—	—	—	—	—	—	—	—	—
巨甸	—	819	—	35	35	—	—	—	—
红旗	835	835	835	825	128	—	—	—	—
云台山	2249	2834	—	2281	595	—	355	385	—
漾江	—	441	441	441	—	71	—	—	—

林业投资完成情况(四)

单位:万元

完成投资															
		林业支撑与保障							林业产业发展						
森林生态效益补偿	其他	合计	林木种苗	森林防火与森林公安	林业有害生物防治	科技教育	林业信息化	其他	合计	工业原料林	特色经济林	木本油料	花卉	林下经济	其他
—	9418	—	—	—	—	—	—	—	—	—	—	—	—	—	—
—	**9368**	**809**	**—**	**809**	**—**	**—**	**—**	**—**	**100**	**—**	**—**	**—**	**—**	**100**	**—**
—	9368	809	—	809	—	—	—	—	100	—	—	—	—	100	—
2819	**32690**	**4209**	**650**	**443**	**33**	**—**	**87**	**2996**	**208**	**—**	**—**	**168**	**—**	**28**	**12**
1277	**9374**	**2792**	**—**	**—**	**5**	**—**	**—**	**2787**	**40**	**—**	**—**	**—**	**—**	**28**	**12**
106	269	—	—	—	—	—	—	—	—	—	—	—	—	—	—
96	1652	1401	—	—	—	—	—	1401	—	—	—	—	—	—	—
406	3552	—	—	—	—	—	—	—	—	—	—	—	—	—	—
91	1173	—	—	—	—	—	—	—	—	—	—	—	—	—	—
177	2293	—	—	—	—	—	—	—	40	—	—	—	—	28	12
113	146	1386	—	—	—	—	—	1386	—	—	—	—	—	—	—
139	—	5	—	—	5	—	—	—	—	—	—	—	—	—	—
149	289	—	—	—	—	—	—	—	—	—	—	—	—	—	—
—	**9639**	**654**	**650**	**—**	**4**	**—**	**—**	**—**	**—**	**—**	**—**	**—**	**—**	**—**	**—**
—	1943	130	130	—	—	—	—	—	—	—	—	—	—	—	—
—	1742	80	80	—	—	—	—	—	—	—	—	—	—	—	—
—	2039	84	80	—	4	—	—	—	—	—	—	—	—	—	—
—	1242	100	100	—	—	—	—	—	—	—	—	—	—	—	—
—	1154	80	80	—	—	—	—	—	—	—	—	—	—	—	—
—	922	100	100	—	—	—	—	—	—	—	—	—	—	—	—
—	597	80	80	—	—	—	—	—	—	—	—	—	—	—	—
1542	**13677**	**763**	**—**	**443**	**24**	**—**	**87**	**209**	**168**	**—**	**—**	**168**	**—**	**—**	**—**
239	5328	158	—	20	—	—	—	138	—	—	—	—	—	—	—
188	1145	22	—	20	2	—	—	—	—	—	—	—	—	—	—
118	679	22	—	20	2	—	—	—	168	—	—	168	—	—	—
263	1565	79	—	—	8	—	—	71	—	—	—	—	—	—	—
503	3072	27	—	25	2	—	—	—	—	—	—	—	—	—	—
133	1315	309	—	299	10	—	—	—	—	—	—	—	—	—	—
98	573	146	—	59	—	—	87	—	—	—	—	—	—	—	—
641	**7967**	**373**	**36**	**262**	**33**	**—**	**—**	**42**	**363**	**—**	**—**	**—**	**—**	**—**	**363**
641	**7967**	**373**	**36**	**262**	**33**	**—**	**—**	**42**	**363**	**—**	**—**	**—**	**—**	**—**	**363**
—	—	—	—	—	—	—	—	—	—	—	—	—	—	—	—
—	—	46	36	10	—	—	—	—	—	—	—	—	—	—	—
—	—	39	—	39	—	—	—	—	—	—	—	—	—	—	—
—	—	—	—	—	—	—	—	—	—	—	—	—	—	—	—
—	—	—	—	—	—	—	—	—	—	—	—	—	—	—	—
—	697	10	—	10	—	—	—	—	—	—	—	—	—	—	—
—	946	—	—	—	—	—	—	—	—	—	—	—	—	—	—
370	—	—	—	—	—	—	—	—	—	—	—	—	—	—	—

国有林区分企业的

企业名称	本年计划投资	自年初累计							
		总计	其中：国家投资	生态建设与保护					
				合计	造林	更新	森林抚育	野生动植物保护及自然保护区	湿地恢复与保护
景东	—	1939	1866	1710	66	—	—	—	—
墨江	—	1445	—	749	196	—	131	—	422
卫国	4367	4367	4004	3848	—	23	236	—	—
江边＊	—	—	—	—	—	—	—	—	—
清水江＊	—	—	—	—	—	—	—	—	—
南盘江＊	—	—	—	—	—	—	—	—	—
新平	1091	1091	—	1091	—	—	—	—	—
宁蒗	—	613	—	481	90	—	120	—	—
陕西	**28934**	**39865**	**27979**	**20710**	**791**	**—**	**3319**	**—**	**—**
陕西省林管局	**24318**	**35249**	**26605**	**19184**	**721**	**—**	**2780**	**—**	**—**
宁西	5443	6636	6080	4270	70	—	580	—	—
太白	6476	13571	8863	5438	147	—	630	—	—
长青	2294	2296	2014	1546	112	—	120	—	—
宁东	5266	7525	5100	4257	238	—	750	—	—
汉西	2593	2999	2509	1920	70	—	460	—	—
龙草坪	2246	2222	2039	1753	84	—	240	—	—
陕西省营林局	**4616**	**4616**	**1374**	**1526**	**70**	**—**	**539**	**—**	**—**
马头滩	2474	2474	1374	819	35	—	270	—	—
辛家山	2142	2142	—	707	35	—	269	—	—
甘肃	**74454**	**72523**	**60335**	**40076**	**4269**	**—**	**3694**	**300**	**—**
甘肃省林管局	**40712**	**39405**	**34925**	**19993**	**2125**	**—**	**1956**	**300**	**—**
舟曲	6483	6251	6126	3381	310	—	407	300	—
迭部	16991	16493	12571	7137	1000	—	652	—	—
洮河	12490	12050	11657	7304	590	—	652	—	—
白水江	4748	4611	4571	2171	225	—	245	—	—
甘肃省营林局	**33742**	**33118**	**25410**	**20083**	**2144**	**—**	**1738**	**—**	**—**
小陇山	33742	33118	25410	20083	2144	—	1738	—	—
青海	**—**	**—**	**—**	**—**	**—**	**—**	**—**	**—**	**—**
青海省林管局	**—**	**—**	**—**	**—**	**—**	**—**	**—**	**—**	**—**
玛可河＊	—	—	—	—	—	—	—	—	—
新疆	**18013**	**49471**	**39602**	**37537**	**403**	**243**	**8834**	**—**	**—**
新疆维吾尔自治区林管局	**13069**	**32678**	**31200**	**23755**	**246**	**243**	**5457**	**—**	**—**
天山西部	—	19385	17907	11999	125	122	2586	—	—
阿尔泰山	13069	13293	13293	11756	121	121	2871	—	—
新疆维吾尔自治区营林局	**4944**	**16793**	**8402**	**13782**	**157**	**—**	**3377**	**—**	**—**
天山中东部	4944	16793	8402	13782	157	—	3377	—	—

林业投资完成情况(五)

单位:万元

完成投资															
		林业支撑与保障							林业产业发展						
森林生态效益补偿	其他	合计	林木种苗	森林防火与森林公安	林业有害生物防治	科技教育	林业信息化	其他	合计	工业原料林	特色经济林	木本油料	花卉	林下经济	其他
—	1644	67	—	63	4	—	—	—	—	—	—	—	—	—	—
—	—	55	—	55	—	—	—	—	—	—	—	—	—	—	—
—	3589	156	—	85	29	—	—	42	363	—	—	—	—	—	363
—	—	—	—	—	—	—	—	—	—	—	—	—	—	—	—
—	—	—	—	—	—	—	—	—	—	—	—	—	—	—	—
—	—	—	—	—	—	—	—	—	—	—	—	—	—	—	—
—	1091	—	—	—	—	—	—	—	—	—	—	—	—	—	—
271	—	—	—	—	—	—	—	—	—	—	—	—	—	—	—
4045	**12555**	**652**	**130**	**20**	**70**	**—**	**—**	**432**	**72**	**—**	**—**	**12**	**—**	**—**	**60**
3957	**11726**	**542**	**130**	**—**	**10**	**—**	**—**	**402**	**72**	**—**	**—**	**12**	**—**	**—**	**60**
879	2741	—	—	—	—	—	—	—	—	—	—	—	—	—	—
1102	3559	—	—	—	—	—	—	—	—	—	—	—	—	—	—
448	866	—	—	—	—	—	—	—	—	—	—	—	—	—	—
777	2492	269	130	—	10	—	—	129	—	—	—	—	—	—	—
391	999	273	—	—	—	—	—	273	72	—	—	12	—	—	60
360	1069	—	—	—	—	—	—	—	—	—	—	—	—	—	—
88	**829**	**110**	**—**	**20**	**60**	**—**	**—**	**30**	**—**	**—**	**—**	**—**	**—**	**—**	**—**
49	465	35	—	5	30	—	—	—	—	—	—	—	—	—	—
39	364	75	—	15	30	—	—	30	—	—	—	—	—	—	—
2951	**28862**	**12417**	**225**	**958**	**332**	**4**	**—**	**10898**	**—**	**—**	**—**	**—**	**—**	**—**	**—**
2174	**13438**	**9999**	**100**	**5**	**40**	**—**	**—**	**9854**	**—**	**—**	**—**	**—**	**—**	**—**	**—**
177	2187	1947	—	—	—	—	—	1947	—	—	—	—	—	—	—
700	4785	3504	60	5	15	—	—	3424	—	—	—	—	—	—	—
1049	5013	3455	40	—	25	—	—	3390	—	—	—	—	—	—	—
248	1453	1093	—	—	—	—	—	1093	—	—	—	—	—	—	—
777	**15424**	**2418**	**125**	**953**	**292**	**4**	**—**	**1044**	**—**	**—**	**—**	**—**	**—**	**—**	**—**
777	15424	2418	125	953	292	4	—	1044	—	—	—	—	—	—	—
—	**—**	**—**	**—**	**—**	**—**	**—**	**—**	**—**	**—**	**—**	**—**	**—**	**—**	**—**	**—**
—	**—**	**—**	**—**	**—**	**—**	**—**	**—**	**—**	**—**	**—**	**—**	**—**	**—**	**—**	**—**
—	—	—	—	—	—	—	—	—	—	—	—	—	—	—	—
5679	**22378**	**2397**	**89**	**2060**	**65**	**28**	**127**	**28**	**247**	**—**	**54**	**—**	**—**	**—**	**193**
2818	**14991**	**1702**	**—**	**1617**	**55**	**20**	**—**	**10**	**34**	**—**	**34**	**—**	**—**	**—**	**—**
1323	7843	1679	—	1616	43	20	—	—	34	—	34	—	—	—	—
1495	7148	23	—	1	12	—	—	10	—	—	—	—	—	—	—
2861	**7387**	**695**	**89**	**443**	**10**	**8**	**127**	**18**	**213**	**—**	**20**	**—**	**—**	**—**	**193**
2861	7387	695	89	443	10	8	127	18	213	—	20	—	—	—	193

国有林区分企业的

企业名称	自年初累计完成投资						本年房屋竣工面积（平方米）	本年房屋竣工价值
	林业民生工程				其他投资			
	合计	棚户区（危旧房）改造	社会性基础设施	其他	合计	其中：财政事业费		
全国合计	**765852**	**472551**	**263907**	**29394**	**97878**	**11333**	**3637811**	**361681**
135 个木材采运企业小计	664590	384661	251283	28646	83014	6882	3203177	301413
20 个重点营林局小计	101262	87890	12624	748	14864	4451	434634	60268
内蒙古	**95138**	**94674**	**464**	**—**	**19918**	**297**	**843176**	**95654**
内蒙古集团林管局	**54920**	**54920**	**—**	**—**	**15880**	**—**	**591581**	**54598**
阿尔山	4734	4734	—	—	1535	—	67600	4734
绰尔	2445	2445	—	—	977	—	25000	2445
绰源	1958	1958	—	—	610	—	25650	1958
乌尔旗汉	9506	9506	—	—	287	—	134950	9506
库都尔	3274	3274	—	—	1607	—	55000	3274
图里河	1176	1176	—	—	2865	—	15900	1176
伊图里河	956	956	—	—	824	—	3800	956
克一河	3851	3851	—	—	922	—	22500	3851
甘河	5770	5770	—	—	908	—	50700	5770
吉文	6306	6306	—	—	1652	—	22600	6306
阿里河	601	601	—	—	678	—	—	—
根河	4533	4533	—	—	660	—	76350	4533
金河	325	325	—	—	121	—	6500	325
阿龙山	3208	3208	—	—	448	—	23150	3208
满归	1353	1353	—	—	698	—	11950	1353
得耳布尔	2812	2812	—	—	62	—	48000	2812
莫尔道嘎	2112	2112	—	—	1026	—	1931	2391
内蒙古集团营林局	**1881**	**1881**	**—**	**—**	**519**	**—**	**12100**	**1881**
大杨树	1654	1654	—	—	292	—	8850	1654
毕拉河	227	227	—	—	227	—	3250	227
内蒙古林业厅营林局	**38337**	**37873**	**464**	**—**	**3519**	**297**	**239495**	**39175**
免渡河	—	—	—	—	819	55	—	—
乌奴尔	14828	14364	464	—	734	45	128234	14364
巴林	—	—	—	—	304	58	—	—
南木	4224	4224	—	—	533	52	18909	4303
红花尔基	19235	19235	—	—	619	51	87165	19235
柴河	—	—	—	—	510	36	5187	1273
五岔沟	50	50	—	—	—	—	—	—
白狼	—	—	—	—	—	—	—	—
吉林	**102894**	**83559**	**14862**	**4473**	**28820**	**256**	**566545**	**66981**
吉林集团林管局	**51864**	**40816**	**9660**	**1388**	**1640**	**256**	**183992**	**24576**
临江	7600	4000	3600	—	—	—	10348	837
三岔子	4695	3727	419	549	408	—	—	—
湾沟	6148	4987	1161	—	976	—	47841	6033

林业投资完成情况(六)

单位:万元

本年新增公路里程(千米)	本年实际到位资金合计										
	总计	上年末结余资金	本年实际到位资金小计								
			合计	国家预算资金			国内贷款	债券	利用外资	自筹资金	其他
				小计	中央资金	地方资金					
329	**2328238**	**110418**	**2217820**	**1850397**	**1791100**	**59297**	**2100**	**—**	**10060**	**315866**	**39397**
287	2058846	91856	1966990	1653301	1619687	33614	—	—	9587	265665	38437
42	269392	18562	250830	197096	171413	25683	2100	—	473	50201	960
—	**358038**	**—**	**358038**	**325405**	**310774**	**14631**	**—**	**—**	**—**	**32633**	**—**
—	**258611**	**—**	**258611**	**242731**	**242731**	**—**	**—**	**—**	**—**	**15880**	**—**
—	11319	—	11319	9784	9784	—	—	—	—	1535	—
—	14405	—	14405	13428	13428	—	—	—	—	977	—
—	11217	—	11217	10607	10607	—	—	—	—	610	—
—	25057	—	25057	24770	24770	—	—	—	—	287	—
—	19668	—	19668	18061	18061	—	—	—	—	1607	—
—	14078	—	14078	11213	11213	—	—	—	—	2865	—
—	11207	—	11207	10383	10383	—	—	—	—	824	—
—	13563	—	13563	12641	12641	—	—	—	—	922	—
—	20038	—	20038	19130	19130	—	—	—	—	908	—
—	13457	—	13457	11805	11805	—	—	—	—	1652	—
—	13124	—	13124	12446	12446	—	—	—	—	678	—
—	22417	—	22417	21757	21757	—	—	—	—	660	—
—	13073	—	13073	12952	12952	—	—	—	—	121	—
—	14020	—	14020	13572	13572	—	—	—	—	448	—
—	11740	—	11740	11042	11042	—	—	—	—	698	—
—	13526	—	13526	13464	13464	—	—	—	—	62	—
—	16702	—	16702	15676	15676	—	—	—	—	1026	—
—	**10590**	**—**	**10590**	**10071**	**10071**	**—**	**—**	**—**	**—**	**519**	**—**
—	6418	—	6418	6126	6126	—	—	—	—	292	—
—	4172	—	4172	3945	3945	—	—	—	—	227	—
—	**88837**	**—**	**88837**	**72603**	**57972**	**14631**	**—**	**—**	**—**	**16234**	**—**
—	8855	—	8855	8852	8524	328	—	—	—	3	—
—	18276	—	18276	7610	7342	268	—	—	—	10666	—
—	7407	—	7407	7407	6521	886	—	—	—	—	—
—	10800	—	10800	8002	7076	926	—	—	—	2798	—
—	10395	—	10395	9274	8756	518	—	—	—	1121	—
—	9322	—	9322	7676	7337	339	—	—	—	1646	—
—	17446	—	17446	17446	9099	8347	—	—	—	—	—
—	6336	—	6336	6336	3317	3019	—	—	—	—	—
61	**407983**	**52569**	**355414**	**245047**	**230142**	**14905**	**2100**	**—**	**473**	**73784**	**34010**
—	**159913**	**15956**	**143957**	**107274**	**99397**	**7877**	**—**	**—**	**—**	**16240**	**20443**
—	20459	2465	17994	15525	14405	1120	—	—	—	715	1754
—	17939	—	17939	15823	14946	877	—	—	—	907	1209
—	19241	1422	17819	11844	11084	760	—	—	—	4751	1224

国有林区分企业的

企业名称	自年初累计完成投资						本年房屋竣工面积（平方米）	本年房屋竣工价值
	林业民生工程				其他投资			
	合计	棚户区（危旧房）改造	社会性基础设施	其他	合计	其中：财政事业费		
松江河	11164	10375	—	789	—	—	35786	10375
泉阳	5966	5544	422	—	—	—	29973	4946
露水河	3993	3943	—	50	—	—	—	—
白石山	4496	4196	300	—	—	—	24044	2385
红石	7802	4044	3758	—	256	256	36000	—
延边林管局	**38070**	**33619**	**1922**	**2529**	**22574**	**—**	**337563**	**35859**
黄泥河	786	786	—	—	17342	—	—	—
敦化	14134	13292	842	—	—	—	230030	24900
大石头	5995	5060	—	935	1841	—	—	—
八家子	4533	4404	129	—	10	—	—	—
和龙	—	—	—	—	1464	—	—	—
汪清	2700	2700	—	—	—	—	14363	2700
大兴沟	3315	1721	—	1594	—	—	60400	1721
天桥岭	2152	2152	—	—	832	—	31508	3214
白河	2972	2972	—	—	1062	—	3	3094
珲春	1483	532	951	—	23	—	1259	230
吉林省林业厅营林局	**12960**	**9124**	**3280**	**556**	**4606**	**—**	**44990**	**6546**
上营	3134	2578	—	556	806	—	—	—
辉南	6546	6546	—	—	—	—	44990	6546
长白	—	—	—	—	3800	—	—	—
安图	3280	—	3280	—	—	—	—	—
长白山 *	—	—	—	—	—	—	—	—
龙江集团	**356539**	**102909**	**234456**	**19174**	**2600**	**—**	**1158820**	**95927**
牡丹江林业管理局	**58137**	**8447**	**49690**	**—**	**—**	**—**	**2100**	**455**
大海林	9764	1352	8412	—	—	—	2100	455
柴河	9075	1186	7889	—	—	—	—	—
东京城	8666	1040	7626	—	—	—	—	—
穆棱	7301	949	6352	—	—	—	—	—
绥阳	5600	1200	4400	—	—	—	—	—
海林	5897	2181	3716	—	—	—	—	—
林口	5729	365	5364	—	—	—	—	—
八面通	6105	174	5931	—	—	—	—	—
合江林业管理局	**44604**	**2793**	**37054**	**4757**	**—**	**—**	**—**	**—**
桦南	6844	236	6608	—	—	—	—	—
双鸭山	4062	253	3809	—	—	—	—	—
鹤立	3846	195	3651	—	—	—	—	—
鹤北	5941	275	5666	—	—	—	—	—
东方红	7433	1072	6361	—	—	—	—	—
迎春	7450	762	6688	—	—	—	—	—

林业投资完成情况(七)

单位:万元

本年新增公路里程(千米)	本年实际到位资金合计										
	总计	上年末结余资金	本年实际到位资金小计								
			合计	国家预算资金			国内贷款	债券	利用外资	自筹资金	其他
				小计	中央资金	地方资金					
—	28746	8860	19886	16018	13978	2040	—	—	—	287	3581
—	14901	—	14901	10715	10043	672	—	—	—	2425	1761
—	23566	2874	20692	14746	13903	843	—	—	—	1290	4656
—	14339	335	14004	9905	9115	790	—	—	—	2280	1819
—	20722	—	20722	12698	11923	775	—	—	—	3585	4439
61	**202106**	**26427**	**175679**	**113398**	**107519**	**5879**	**—**	**—**	**—**	**49472**	**12809**
—	31224	333	30891	11516	11004	512	—	—	—	18729	646
—	27086	2301	24785	13136	11397	1739	—	—	—	6229	5420
—	23559	5170	18389	13372	12725	647	—	—	—	5004	13
—	23225	2066	21159	10139	9391	748	—	—	—	9789	1231
—	2156	—	2156	2156	2156	—	—	—	—	—	—
—	18197	2674	15523	13153	12724	429	—	—	—	438	1932
—	14097	3688	10409	8567	8262	305	—	—	—	512	1330
—	18256	1093	17163	14305	13902	403	—	—	—	939	1919
—	21932	5528	16404	15342	15089	253	—	—	—	1037	25
61	22374	3574	18800	11712	10869	843	—	—	—	6795	293
—	**45964**	**10186**	**35778**	**24375**	**23226**	**1149**	**2100**	**—**	**473**	**8072**	**758**
—	7638	2554	5084	3600	3500	100	—	—	—	1484	—
—	15187	7403	7784	4191	3505	686	500	—	473	2620	—
—	9886	229	9657	7438	7276	162	1600	—	—	619	—
—	13253	—	13253	9146	8945	201	—	—	—	3349	758
—	—	—	—	—	—	—	—	—	—	—	—
154	**905669**	**—**	**905669**	**822177**	**822177**	**—**	**—**	**—**	**9587**	**72850**	**1055**
—	**171439**	**—**	**171439**	**157927**	**157927**	**—**	**—**	**—**	**—**	**13295**	**217**
—	26950	—	26950	23874	23874	—	—	—	—	3076	—
—	25630	—	25630	22950	22950	—	—	—	—	2636	44
—	27724	—	27724	25423	25423	—	—	—	—	2301	—
—	19516	—	19516	18414	18414	—	—	—	—	1064	38
—	22149	—	22149	21341	21341	—	—	—	—	808	—
—	19742	—	19742	17523	17523	—	—	—	—	2146	73
—	16185	—	16185	15545	15545	—	—	—	—	640	—
—	13543	—	13543	12857	12857	—	—	—	—	624	62
—	**117272**	**—**	**117272**	**107037**	**107037**	**—**	**—**	**—**	**—**	**10113**	**122**
—	18581	—	18581	17225	17225	—	—	—	—	1332	24
—	12997	—	12997	11941	11941	—	—	—	—	1056	—
—	11145	—	11145	10561	10561	—	—	—	—	584	—
—	19035	—	19035	18142	18142	—	—	—	—	893	—
—	22514	—	22514	21350	21350	—	—	—	—	1150	14
—	15738	—	15738	14812	14812	—	—	—	—	878	48

国有林区分企业的

企业名称	自年初累计完成投资						本年房屋竣工面积（平方米）	本年房屋竣工价值
	林业民生工程				其他投资			
	合计	棚户区（危旧房）改造	社会性基础设施	其他	合计	其中：财政事业费		
清河	9028	—	4271	4757	—	—	—	—
伊春林业管理局	**174587**	**72815**	**101772**	**—**	**—**	**—**	**1116343**	**88664**
双丰	10220	5751	4469	—	—	—	123070	13478
铁力	13865	5845	8020	—	—	—	—	—
桃山	7919	3049	4870	—	—	—	—	—
朗乡	8035	2461	5574	—	—	—	—	—
南岔	11524	3568	7956	—	—	—	104523	3568
金山屯	13079	5205	7874	—	—	—	374250	44910
美溪	11745	4899	6846	—	—	—	—	—
乌马河	11346	3298	8048	—	—	—	—	—
翠峦	15821	7754	8067	—	—	—	—	—
友好	11397	3981	7416	—	—	—	—	—
上甘岭	13223	8509	4714	—	—	—	275000	8250
五营	7788	4227	3561	—	—	—	135000	7611
红星	9790	4068	5722	—	—	—	—	—
新青	9857	3157	6700	—	—	—	95000	9707
汤旺河	11174	3443	7731	—	—	—	—	—
乌伊岭	7804	3600	4204	—	—	—	9500	1140
松花江林业管理局	**70811**	**18854**	**45940**	**6017**	**—**	**—**	**40377**	**6808**
山河屯	13313	571	6886	5856	—	—	—	571
苇河	7907	726	7181	—	—	—	—	—
亚布力	1265	65	1200	—	—	—	—	—
方正	8259	1012	7247	—	—	—	—	—
兴隆	14147	9936	4211	—	—	—	—	—
绥棱	7328	307	7021	—	—	—	—	—
通北	6970	642	6328	—	—	—	—	642
沾河	11622	5595	5866	161	—	—	40377	5595
总局直属单位	**8400**	**—**	**—**	**8400**	**2600**	**—**	**—**	**—**
带岭实验局	8400	—	—	8400	2600	—	—	—
大兴安岭	**151874**	**151009**	**865**	**—**	**25857**	**—**	**905068**	**86391**
大兴安岭林管局	**114588**	**113723**	**865**	**—**	**24539**	**—**	**771284**	**74721**
松岭	7140	7140	—	—	9461	—	84000	7140
新林	15043	14699	344	—	2425	—	102200	8687
塔河	31569	31569	—	—	2796	—	100000	16000
呼中	10166	10166	—	—	950	—	88000	7480
阿木尔	5624	5344	280	—	1685	—	41300	3510
图强	9671	9430	241	—	908	—	47200	4012
西林吉	14499	14499	—	—	1709	—	142098	13580
十八站	4641	4641	—	—	2127	—	32000	2720

林业投资完成情况(八)

单位:万元

本年新增公路里程(千米)	本年实际到位资金合计										
	总计	上年末结余资金	本年实际到位资金小计								
			合计	国家预算资金			国内贷款	债券	利用外资	自筹资金	其他
				小计	中央资金	地方资金					
—	17262	—	17262	13006	13006	—	—	—	—	4220	36
154	**405641**	**—**	**405641**	**379221**	**379221**	**—**	**—**	**—**	**—**	**26228**	**192**
—	22722	—	22722	20323	20323	—	—	—	—	2399	—
—	28678	—	28678	27325	27325	—	—	—	—	1353	—
—	22880	—	22880	20666	20666	—	—	—	—	2214	—
—	24431	—	24431	23683	23683	—	—	—	—	748	—
67	32382	—	32382	30347	30347	—	—	—	—	2035	—
—	30758	—	30758	28047	28047	—	—	—	—	2663	48
—	24291	—	24291	23565	23565	—	—	—	—	726	—
—	21868	—	21868	20820	20820	—	—	—	—	1000	48
—	28157	—	28157	27056	27056	—	—	—	—	1101	—
—	26868	—	26868	26084	26084	—	—	—	—	784	—
—	23383	—	23383	22165	22165	—	—	—	—	1218	—
16	19824	—	19824	18541	18541	—	—	—	—	1283	—
—	25229	—	25229	22311	22311	—	—	—	—	2870	48
71	27654	—	27654	25341	25341	—	—	—	—	2313	—
—	22495	—	22495	21506	21506	—	—	—	—	941	48
—	24021	—	24021	21441	21441	—	—	—	—	2580	—
—	**186653**	**—**	**186653**	**162915**	**162915**	**—**	**—**	**—**	**—**	**23214**	**524**
—	26743	—	26743	20460	20460	—	—	—	—	6283	—
—	21566	—	21566	20273	20273	—	—	—	—	1195	98
—	17537	—	17537	16684	16684	—	—	—	—	805	48
—	22911	—	22911	21107	21107	—	—	—	—	1682	122
—	31191	—	31191	24920	24920	—	—	—	—	6165	106
—	18753	—	18753	17664	17664	—	—	—	—	1089	—
—	18919	—	18919	17815	17815	—	—	—	—	1071	33
—	29033	—	29033	23992	23992	—	—	—	—	4924	117
—	**24664**	**—**	**24664**	**15077**	**15077**	**—**	**—**	**—**	**9587**	**—**	**—**
—	24664	—	24664	15077	15077	—	—	—	9587	—	—
—	**377062**	**12160**	**364902**	**242561**	**242561**	**—**	**—**	**—**	**—**	**122341**	**—**
—	**315899**	**12160**	**303739**	**204266**	**204266**	**—**	**—**	**—**	**—**	**99473**	**—**
—	34291	—	34291	20210	20210	—	—	—	—	14081	—
—	37602	—	37602	27779	27779	—	—	—	—	9823	—
—	69664	5000	64664	36622	36622	—	—	—	—	28042	—
—	28646	—	28646	22143	22143	—	—	—	—	6503	—
—	19084	—	19084	14645	14645	—	—	—	—	4439	—
—	28012	3600	24412	16226	16226	—	—	—	—	8186	—
—	45897	3200	42697	30190	30190	—	—	—	—	12507	—
—	19401	360	19041	14671	14671	—	—	—	—	4370	—

国有林区分企业的

企业名称	自年初累计完成投资						本年房屋竣工面积（平方米）	本年房屋竣工价值
	林业民生工程				其他投资			
	合计	棚户区（危旧房）改造	社会性基础设施	其他	合计	其中：财政事业费		
韩家园	16235	16235	—	—	2478	—	134486	11592
大兴安岭营林局	**37286**	**37286**	**—**	**—**	**1318**	**—**	**133784**	**11670**
加格达奇	37286	37286	—	—	1318	—	133784	11670
四川	**20336**	**15769**	**119**	**4448**	**5350**	**1919**	**82226**	**5983**
阿坝州林管局	**6991**	**6991**	**—**	**—**	**3305**	**1919**	**9818**	**1650**
川西	47	47	—	—	292	—	9818	1650
黑水	5332	5332	—	—	—	—	—	—
马尔康	63	63	—	—	—	—	—	—
小金	—	—	—	—	343	—	—	—
观音桥	33	33	—	—	681	—	—	—
松潘	26	26	—	—	—	—	—	—
南坪	1430	1430	—	—	1989	1919	—	—
壤塘	60	60	—	—	—	—	—	—
甘孜州林管局	**3484**	**371**	**119**	**2994**	**376**	**—**	**—**	**—**
道孚	1092	85	—	1007	57	—	—	—
新龙	715	115	119	481	56	—	—	—
丹巴	889	171	—	718	57	—	—	—
炉霍	375	—	—	375	57	—	—	—
白玉	173	—	—	173	57	—	—	—
力邱河	218	—	—	218	46	—	—	—
翁达	22	—	—	22	46	—	—	—
其他地、州林管局	**9861**	**8407**	**—**	**1454**	**1669**	**—**	**72408**	**4333**
川南	6124	6124	—	—	—	—	—	—
雷波	737	330	—	407	719	—	20714	173
凉北	1225	803	—	422	227	—	24853	803
夹金山	88	88	—	—	—	—	15300	2295
木里	1687	1062	—	625	723	—	11541	1062
普威	—	—	—	—	—	—	—	—
盐边	—	—	—	—	—	—	—	—
云南	**2624**	**1895**	**189**	**540**	**4029**	**3585**	**30961**	**5886**
云南省林管局	**2624**	**1895**	**189**	**540**	**4029**	**3585**	**30961**	**5886**
华坪	556	556	—	—	1399	987	1680	220
碧泉	580	40	—	540	873	873	—	—
黑白水	—	—	—	—	973	941	—	—
中甸 *	—	—	—	—	—	—	—	—
巨甸	—	—	—	—	784	784	—	—
红旗	—	—	—	—	—	—	142	25
云台山	553	553	—	—	—	—	24981	5189

林业投资完成情况(九)

单位:万元

本年新增公路里程(千米)	本年实际到位资金合计										
	总计	上年末结余资金	本年实际到位资金小计								
			合计	国家预算资金			国内贷款	债券	利用外资	自筹资金	其他
				小计	中央资金	地方资金					
—	33302	—	33302	21780	21780	—	—	—	—	11522	—
—	**61163**	**—**	**61163**	**38295**	**38295**	**—**	**—**	**—**	**—**	**22868**	**—**
—	61163	—	61163	38295	38295	—	—	—	—	22868	—
—	**66493**	**4870**	**61623**	**53001**	**45251**	**7750**	**—**	**—**	**—**	**6803**	**1819**
—	**30351**	**3106**	**27245**	**20382**	**16838**	**3544**	**—**	**—**	**—**	**6182**	**681**
—	1703	—	1703	1703	1306	397	—	—	—	—	—
—	8481	—	8481	3885	2776	1109	—	—	—	4596	—
—	6232	1755	4477	4477	3591	886	—	—	—	—	—
—	1999	148	1851	1851	1501	350	—	—	—	—	—
—	4667	1203	3464	2743	2652	91	—	—	—	40	681
—	1968	—	1968	1822	1592	230	—	—	—	146	—
—	3863	—	3863	2463	1982	481	—	—	—	1400	—
—	1438	—	1438	1438	1438	—	—	—	—	—	—
—	**13344**	**—**	**13344**	**13344**	**11435**	**1909**	**—**	**—**	**—**	**—**	**—**
—	2644	—	2644	2644	2160	484	—	—	—	—	—
—	2397	—	2397	2397	2095	302	—	—	—	—	—
—	2662	—	2662	2662	2273	389	—	—	—	—	—
—	1707	—	1707	1707	1431	276	—	—	—	—	—
—	1682	—	1682	1682	1521	161	—	—	—	—	—
—	1393	—	1393	1393	1220	173	—	—	—	—	—
—	859	—	859	859	735	124	—	—	—	—	—
—	**22798**	**1764**	**21034**	**19275**	**16978**	**2297**	**—**	**—**	**—**	**621**	**1138**
—	6997	—	6997	6997	5365	1632	—	—	—	—	—
—	3078	—	3078	2714	2603	111	—	—	—	—	364
—	1279	1063	216	216	216	—	—	—	—	—	—
—	1995	—	1995	1995	1969	26	—	—	—	—	—
—	6456	701	5755	4360	4143	217	—	—	—	621	774
—	1996	—	1996	1996	1685	311	—	—	—	—	—
—	997	—	997	997	997	—	—	—	—	—	—
72	**34592**	**8505**	**26087**	**25230**	**22617**	**2613**	**—**	**—**	**—**	**563**	**294**
72	**34592**	**8505**	**26087**	**25230**	**22617**	**2613**	**—**	**—**	**—**	**563**	**294**
—	2085	—	2085	2085	2085	—	—	—	—	—	—
—	2292	—	2292	2246	2206	40	—	—	—	—	46
—	1191	—	1191	1191	1191	—	—	—	—	—	—
—	—	—	—	—	—	—	—	—	—	—	—
—	819	—	819	819	819	—	—	—	—	—	—
—	1182	—	1182	1182	1182	—	—	—	—	—	—
—	4367	1596	2771	2771	2674	97	—	—	—	—	—

国有林区分企业的

企业名称	自年初累计完成投资						本年房屋竣工面积（平方米）	本年房屋竣工价值
	林业民生工程				其他投资			
	合计	棚户区（危旧房）改造	社会性基础设施	其他	合计	其中：财政事业费		
漾江	—	—	—	—	—	—	—	—
景东	162	162	—	—	—	—	—	—
墨江	641	452	189	—	—	—	4158	452
卫国	—	—	—	—	—	—	—	—
江边 *	—	—	—	—	—	—	—	—
清水江 *	—	—	—	—	—	—	—	—
南盘江 *	—	—	—	—	—	—	—	—
新平	—	—	—	—	—	—	—	—
宁蒗	132	132	—	—	—	—	—	—
陕西	**15894**	**13597**	**2227**	**70**	**2537**	**—**	**39969**	**2653**
陕西省林管局	**13189**	**13097**	**52**	**40**	**2262**	**—**	**39969**	**2653**
宁西	1771	1771	—	—	595	—	17780	1011
太白	7341	7341	—	—	792	—	—	—
长青	642	642	—	—	108	—	—	—
宁东	2475	2435	—	40	524	—	—	—
汉西	605	553	52	—	129	—	—	—
龙草坪	355	355	—	—	114	—	22189	1642
陕西省营林局	**2705**	**500**	**2175**	**30**	**275**	**—**	**—**	**—**
马头滩	1500	300	1170	30	120	—	—	—
辛家山	1205	200	1005	—	155	—	—	—
甘肃	**14572**	**3522**	**10361**	**689**	**5458**	**4114**	**10976**	**2183**
甘肃省林管局	**8069**	**3522**	**4020**	**527**	**1344**	**—**	**6781**	**1210**
舟曲	618	—	420	198	305	—	—	—
迭部	5335	3522	1600	213	517	—	3517	586
洮河	916	—	800	116	375	—	3264	624
白水江	1200	—	1200	—	147	—	—	—
甘肃省营林局	**6503**	**—**	**6341**	**162**	**4114**	**4114**	**4195**	**973**
小陇山	6503	—	6341	162	4114	4114	4195	973
青海	**—**	**—**	**—**	**—**	**—**	**—**	**—**	**—**
青海省林管局	**—**	**—**	**—**	**—**	**—**	**—**	**—**	**—**
玛可河 *	—	—	—	—	—	—	—	—
新疆	**5981**	**5617**	**364**	**—**	**3309**	**1162**	**70**	**23**
新疆维吾尔自治区林管局	**4391**	**4391**	**—**	**—**	**2796**	**1122**	**—**	**—**
天山西部	3280	3280	—	—	2393	1122	—	—
阿尔泰山	1111	1111	—	—	403	—	—	—
新疆维吾尔自治区营林局	**1590**	**1226**	**364**	**—**	**513**	**40**	**70**	**23**
天山中东部	1590	1226	364	—	513	40	70	23

林业投资完成情况(十)

单位:万元

本年新增公路里程(千米)	本年实际到位资金合计										
	总计	上年末结余资金	本年实际到位资金小计								
			合计	国家预算资金			国内贷款	债券	利用外资	自筹资金	其他
				小计	中央资金	地方资金					
—	3334	1117	2217	2217	2217	—	—	—	—	—	—
—	1939	—	1939	1866	1866	—	—	—	—	—	73
—	5496	3653	1843	1643	1589	54	—	—	—	200	—
72	5952	2139	3813	3450	3450	—	—	—	—	363	—
—	—	—	—	—	—	—	—	—	—	—	—
—	—	—	—	—	—	—	—	—	—	—	—
—	—	—	—	—	—	—	—	—	—	—	—
—	1091	—	1091	916	916	—	—	—	—	—	175
—	4844	—	4844	4844	2422	2422	—	—	—	—	—
19	**31839**	**4955**	**26884**	**25784**	**22737**	**3047**	**—**	**—**	**—**	**900**	**200**
—	**27086**	**4955**	**22131**	**22131**	**19490**	**2641**	**—**	**—**	**—**	**—**	**—**
—	7321	2161	5160	5160	4642	518	—	—	—	—	—
—	6362	322	6040	6040	5692	348	—	—	—	—	—
—	2934	756	2178	2178	1552	626	—	—	—	—	—
—	5590	900	4690	4690	4014	676	—	—	—	—	—
—	2972	816	2156	2156	1866	290	—	—	—	—	—
—	1907	—	1907	1907	1724	183	—	—	—	—	—
19	**4753**	**—**	**4753**	**3653**	**3247**	**406**	**—**	**—**	**—**	**900**	**200**
19	2611	—	2611	1511	1299	212	—	—	—	900	200
—	2142	—	2142	2142	1948	194	—	—	—	—	—
23	**72523**	**—**	**72523**	**68043**	**55853**	**12190**	**—**	**—**	**—**	**3653**	**827**
—	**39405**	**—**	**39405**	**34925**	**30443**	**4482**	**—**	**—**	**—**	**3653**	**827**
—	6251	—	6251	6126	5391	735	—	—	—	125	—
—	16493	—	16493	12571	10952	1619	—	—	—	3528	394
—	12050	—	12050	11657	9931	1726	—	—	—	—	393
—	4611	—	4611	4571	4169	402	—	—	—	—	40
23	**33118**	**—**	**33118**	**33118**	**25410**	**7708**	**—**	**—**	**—**	**—**	**—**
23	33118	—	33118	33118	25410	7708	—	—	—	—	—
—	**—**	**—**	**—**	**—**	**—**	**—**	**—**	**—**	**—**	**—**	**—**
—	**—**	**—**	**—**	**—**	**—**	**—**	**—**	**—**	**—**	**—**	**—**
—	—	—	—	—	—	—	—	—	—	—	—
—	**74039**	**27359**	**46680**	**43149**	**38988**	**4161**	**—**	**—**	**—**	**2339**	**1192**
—	**49072**	**18983**	**30089**	**28168**	**25796**	**2372**	**—**	**—**	**—**	**731**	**1190**
—	27842	12138	15704	14112	12484	1628	—	—	—	731	861
—	21230	6845	14385	14056	13312	744	—	—	—	—	329
—	**24967**	**8376**	**16591**	**14981**	**13192**	**1789**	**—**	**—**	**—**	**1608**	**2**
—	24967	8376	16591	14981	13192	1789	—	—	—	1608	2

附录二

林业工作站和乡村林场基本情况

ANNEX Ⅱ

各地区乡镇林业

<table>
<tr><th rowspan="4">地 区</th><th colspan="6">年末实有工作站个数</th><th rowspan="4">本年新建站数</th><th rowspan="4">已加挂野保站牌子站数</th><th rowspan="4">已加挂科技推广站牌子站数</th></tr>
<tr><th colspan="3">总站数</th><th rowspan="3">派出机构</th><th rowspan="3">双重领导</th><th rowspan="3">乡镇管理</th></tr>
<tr><th rowspan="2">计</th><th colspan="2">片站</th></tr>
<tr><th>计</th><th>管理乡镇数</th></tr>
<tr><td>**全国总计**</td><td>**27835**</td><td>**3119**</td><td>**8666**</td><td>**8634**</td><td>**6778**</td><td>**12423**</td><td>**321**</td><td>**9386**</td><td>**4250**</td></tr>
<tr><td>北 京</td><td>186</td><td>—</td><td>—</td><td>29</td><td>67</td><td>90</td><td>4</td><td>2</td><td>2</td></tr>
<tr><td>天 津</td><td>139</td><td>—</td><td>—</td><td>14</td><td>—</td><td>125</td><td>—</td><td>—</td><td>—</td></tr>
<tr><td>河 北</td><td>1047</td><td>647</td><td>1446</td><td>601</td><td>200</td><td>246</td><td>18</td><td>97</td><td>134</td></tr>
<tr><td>山 西</td><td>1187</td><td>77</td><td>156</td><td>132</td><td>662</td><td>393</td><td>10</td><td>286</td><td>91</td></tr>
<tr><td>内蒙古</td><td>714</td><td>20</td><td>39</td><td>552</td><td>62</td><td>100</td><td>30</td><td>56</td><td>145</td></tr>
<tr><td>辽 宁</td><td>1060</td><td>—</td><td>—</td><td>8</td><td>587</td><td>465</td><td>11</td><td>452</td><td>158</td></tr>
<tr><td>吉 林</td><td>682</td><td>—</td><td>—</td><td>353</td><td>320</td><td>9</td><td>—</td><td>298</td><td>23</td></tr>
<tr><td>黑龙江</td><td>864</td><td>17</td><td>43</td><td>361</td><td>136</td><td>367</td><td>1</td><td>157</td><td>127</td></tr>
<tr><td>上 海</td><td>106</td><td>—</td><td>—</td><td>—</td><td>50</td><td>56</td><td>—</td><td>—</td><td>—</td></tr>
<tr><td>江 苏</td><td>882</td><td>10</td><td>30</td><td>4</td><td>102</td><td>776</td><td>1</td><td>1</td><td>140</td></tr>
<tr><td>浙 江</td><td>1116</td><td>66</td><td>187</td><td>86</td><td>246</td><td>784</td><td>—</td><td>100</td><td>507</td></tr>
<tr><td>安 徽</td><td>872</td><td>213</td><td>489</td><td>541</td><td>179</td><td>152</td><td>97</td><td>282</td><td>119</td></tr>
<tr><td>福 建</td><td>931</td><td>22</td><td>42</td><td>795</td><td>92</td><td>44</td><td>3</td><td>779</td><td>315</td></tr>
<tr><td>江 西</td><td>913</td><td>294</td><td>758</td><td>810</td><td>61</td><td>42</td><td>8</td><td>761</td><td>131</td></tr>
<tr><td>山 东</td><td>1555</td><td>—</td><td>—</td><td>15</td><td>254</td><td>1286</td><td>1</td><td>110</td><td>146</td></tr>
<tr><td>河 南</td><td>1941</td><td>128</td><td>385</td><td>153</td><td>342</td><td>1446</td><td>8</td><td>194</td><td>104</td></tr>
<tr><td>湖 北</td><td>871</td><td>123</td><td>348</td><td>715</td><td>101</td><td>55</td><td>6</td><td>393</td><td>264</td></tr>
<tr><td>湖 南</td><td>1996</td><td>161</td><td>499</td><td>1092</td><td>459</td><td>445</td><td>23</td><td>1468</td><td>904</td></tr>
<tr><td>广 东</td><td>1069</td><td>43</td><td>114</td><td>280</td><td>140</td><td>649</td><td>6</td><td>144</td><td>128</td></tr>
<tr><td>广 西</td><td>1098</td><td>16</td><td>47</td><td>244</td><td>351</td><td>503</td><td>4</td><td>3</td><td>16</td></tr>
<tr><td>海 南</td><td>201</td><td>3</td><td>6</td><td>14</td><td>—</td><td>187</td><td>—</td><td>—</td><td>—</td></tr>
<tr><td>重 庆</td><td>907</td><td>9</td><td>26</td><td>9</td><td>50</td><td>848</td><td>23</td><td>473</td><td>—</td></tr>
<tr><td>四 川</td><td>1445</td><td>635</td><td>2504</td><td>1069</td><td>329</td><td>47</td><td>—</td><td>1103</td><td>241</td></tr>
<tr><td>贵 州</td><td>1448</td><td>125</td><td>326</td><td>30</td><td>142</td><td>1276</td><td>9</td><td>919</td><td>182</td></tr>
<tr><td>云 南</td><td>1361</td><td>1</td><td>2</td><td>20</td><td>343</td><td>998</td><td>18</td><td>495</td><td>76</td></tr>
<tr><td>西 藏</td><td>—</td><td>—</td><td>—</td><td>—</td><td>—</td><td>—</td><td>—</td><td>—</td><td>—</td></tr>
<tr><td>陕 西</td><td>954</td><td>265</td><td>647</td><td>217</td><td>530</td><td>207</td><td>—</td><td>401</td><td>—</td></tr>
<tr><td>甘 肃</td><td>980</td><td>161</td><td>412</td><td>172</td><td>330</td><td>478</td><td>22</td><td>127</td><td>161</td></tr>
<tr><td>青 海</td><td>262</td><td>25</td><td>22</td><td>23</td><td>138</td><td>101</td><td>—</td><td>16</td><td>11</td></tr>
<tr><td>宁 夏</td><td>107</td><td>56</td><td>134</td><td>2</td><td>101</td><td>4</td><td>—</td><td>33</td><td>21</td></tr>
<tr><td>新 疆</td><td>796</td><td>2</td><td>4</td><td>293</td><td>404</td><td>99</td><td>16</td><td>227</td><td>94</td></tr>
<tr><td>新疆兵团</td><td>145</td><td>—</td><td>—</td><td>—</td><td>—</td><td>145</td><td>2</td><td>9</td><td>10</td></tr>
</table>

注:1. 总站数中的“片站”是指管理两个以上乡镇林业工作的林业站。

2. 人、财、物三权属县林业主管部门的站为派出机构;三权属乡镇的为乡镇管理;介于二者之间的为双重领导。三者

3. 已加挂野保站牌子站数指截至本年底加挂“野生动植物保护管理站”牌子的林业站总数。

4. 已加挂仲裁委员会牌子站数指截至本年底加挂“林业承包合同仲裁委员会”牌子的林业站总数。

5. 林业站“在岗职工”是指在林业站工作并在林业站开支的人员,不包括林业站临时聘用的后勤服务人员及其所办经及新分配的大中专毕业生。

工作站基本情况

单位:个、人

已加挂公益林管护站牌子站数	已加挂病虫害防治站牌子站数	已加挂仲裁委员会牌子站数	至本年底已核定编制数	年末在岗职工总数		经费渠道(人)				至本年底自有办公用房站数	
				计	长期职工	财政全额	财政差额	林业经费	自收自支	计	本年新建
5092	**3823**	**1435**	**108730**	**124911**	**121984**	**96680**	**8442**	**10789**	**9000**	**16946**	**642**
—	2	—	783	1080	1059	638	175	16	251	90	4
—	—	—	436	379	337	293	37	—	49	64	—
52	53	27	3284	3836	3798	2463	528	108	737	823	21
174	95	39	2447	2711	2599	2268	188	35	220	837	—
71	57	49	2865	2748	2736	2522	28	140	58	517	8
334	135	53	4223	4466	3913	3344	646	237	239	440	16
63	40	4	3583	4204	4204	2972	335	398	499	415	42
27	82	36	2466	2636	2634	1797	140	400	299	204	5
—	—	—	330	309	309	167	109	—	33	101	—
158	157	134	1629	2302	2243	1594	472	45	191	450	18
860	522	410	3635	3187	3081	2695	461	9	22	571	2
101	146	60	3199	3294	3294	2674	230	67	323	505	22
89	86	91	3767	3873	3838	3122	271	273	207	735	20
377	431	22	4351	4849	4849	3656	220	338	635	565	27
64	100	50	3968	5533	5502	4663	805	12	53	970	12
106	72	27	5095	5700	5577	5066	102	155	377	1137	7
326	210	64	4192	5388	5388	2993	785	527	1083	594	31
1126	776	73	11422	12653	12613	10350	1197	738	368	1105	32
71	21	21	5140	5997	5659	4507	633	384	473	446	18
41	16	34	3971	4238	4142	3232	132	512	362	1105	118
—	—	—	—	237	237	187	—	50	—	15	—
—	—	—	2793	2934	2934	2885	49	—	—	626	—
404	278	138	8189	9737	9737	7292	590	1413	442	1016	31
180	142	15	6163	5139	4944	4672	100	127	240	1190	7
89	65	1	8674	7701	7404	7462	23	189	27	852	15
—	—	—	—	—	—	—	—	—	—	—	—
—	—	44	3626	4761	4665	4071	131	505	54	556	—
148	90	30	3106	3709	3525	3306	2	262	139	394	7
19	2	—	522	682	682	670	—	12	—	93	5
9	15	—	713	664	664	658	1	—	5	7	1
107	195	12	3454	4020	3958	3778	52	179	11	493	170
96	35	1	704	5944	5459	683	—	3658	1603	30	3

之和为总站数。

济实体中聘用的人员。“长期职工”是指“在岗职工”中用工期限在一年(含一年)以上的职工,包括正式职工和合同制职工以

地区	地(市)								
	林业站个数	管理人员							
		文化程度				专业技术人员			
		合计	大专以上学历	中专学历	高中以下文化	合计	高级	中级	初级
全国总计	**242**	**2533**	**2172**	**262**	**99**	**1913**	**559**	**809**	**545**
北京	—	—	—	—	—	—	—	—	—
天津	—	—	—	—	—	—	—	—	—
河北	11	121	105	13	3	97	54	27	16
山西	11	108	97	11	—	93	20	47	26
内蒙古	13	248	203	27	18	177	54	69	54
辽宁	16	107	100	4	3	96	23	47	26
吉林	9	77	59	10	8	44	15	21	8
黑龙江	11	51	48	3	—	38	5	25	8
上海	—	—	—	—	—	—	—	—	—
江苏	13	144	137	2	5	108	40	49	19
浙江	11	56	54	1	1	50	16	27	7
安徽	15	75	70	5	—	65	23	28	14
福建	2	30	29	1	—	21	5	13	3
江西	8	54	51	3	—	39	11	11	17
山东	16	137	132	5	—	115	39	61	15
河南	18	287	209	72	6	222	59	98	65
湖北	4	29	20	4	5	14	1	12	1
湖南	7	28	28	—	—	19	10	7	2
广东	—	54	48	6	—	49	12	9	28
广西	12	51	46	3	2	41	5	22	14
海南	—	—	—	—	—	—	—	—	—
重庆	—	—	—	—	—	—	—	—	—
四川	9	56	53	3	—	36	13	19	4
贵州	—	25	25	—	—	18	5	11	2
云南	—	48	48	—	—	—	—	—	—
西藏	—	—	—	—	—	—	—	—	—
陕西	10	277	221	35	21	221	59	79	83
甘肃	11	100	89	7	4	80	16	35	29
青海	8	87	70	8	9	76	25	30	21
宁夏	5	99	66	27	6	41	17	9	15
新疆	9	99	88	4	7	82	16	26	40
新疆兵团	13	85	76	8	1	71	16	27	28

注:1.“管理人员”指从事林业站管理工作的专兼职人员。

2. 有林业站的既统计站数又统计管理人员,无林业站的只统计相关管理人员。

工作站及管理人员情况

单位:个、人

县(市、区)								
林业站个数	管理人员							
	文化程度				专业技术人员			
	合计	大专以上学历	中专学历	高中以下文化	合计	高级	中级	初级
2042	**22923**	**16094**	**4442**	**2387**	**17510**	**2086**	**7622**	**7802**
13	228	205	16	7	155	14	79	62
12	132	114	9	9	114	22	39	53
152	1323	1008	266	49	1129	245	542	342
115	1533	838	417	278	1162	35	427	700
99	1289	938	200	151	760	144	311	305
145	614	476	126	12	575	60	312	203
64	700	463	196	41	593	114	274	205
95	624	496	118	10	529	87	292	150
9	202	165	15	22	175	28	78	69
85	927	726	133	68	840	215	364	261
78	654	548	93	13	509	125	268	116
92	678	497	153	28	606	86	294	226
1	77	59	15	3	60	8	30	22
79	435	250	110	75	324	16	145	163
140	1149	983	118	48	999	194	428	377
155	2242	1278	619	345	1501	109	584	808
—	—	—	—	—	—	—	—	—
146	442	328	94	20	319	39	186	94
2	345	222	106	17	271	—	89	182
90	534	403	83	48	412	29	225	158
—	18	3	15	—	18	2	1	15
—	40	40	—	—	40	1	36	3
99	931	600	196	135	614	56	269	289
44	639	480	102	57	373	6	167	200
—	1058	913	91	54	1058	31	449	578
—	—	—	—	—	—	—	—	—
99	2104	1259	532	313	1411	150	565	696
85	1844	1317	264	263	1266	83	508	675
39	543	380	89	74	446	52	212	182
22	499	431	27	41	386	79	187	120
82	1119	674	239	206	865	56	261	548
—	—	—	—	—	—	—	—	—

各地区乡镇林业工作站

地区	林业站长期职工总数	文化程度情况				专业技术人员			林业大专班		
		大专以上学历人数	中专学历人数	高中文化人数	初中以下文化人数	高级	中级	初级	本年毕业生数	在校生人数	本年入学人数
全国总计	**121984**	**62567**	**28247**	**21104**	**10066**	**3094**	**26476**	**42341**	**1010**	**1509**	**488**
北　京	1059	764	109	150	36	33	99	176	3	1	—
天　津	337	196	92	43	6	59	95	101	6	1	3
河　北	3798	2351	870	521	56	318	1252	1132	27	17	5
山　西	2599	817	957	697	128	93	395	878	8	3	1
内蒙古	2736	1863	479	353	41	170	804	914	20	15	1
辽　宁	3913	2807	689	303	114	82	1400	1347	29	6	—
吉　林	4204	1576	1553	718	357	98	887	1564	—	—	—
黑龙江	2634	1581	840	170	43	200	864	1053	7	16	13
上　海	309	153	73	43	40	9	92	131	1	—	—
江　苏	2243	1120	543	377	203	101	782	790	34	41	17
浙　江	3081	1921	564	443	153	30	1576	1186	35	8	1
安　徽	3294	1976	952	275	91	149	1123	1438	11	25	13
福　建	3838	2156	856	593	233	189	1176	1493	45	107	30
江　西	4849	1683	1159	1499	508	118	670	1450	50	93	26
山　东	5502	3161	1602	531	208	189	1351	2661	39	38	15
河　南	5577	2294	1930	1067	286	78	599	1355	15	21	4
湖　北	5388	2435	1474	940	539	83	1480	1579	23	40	26
湖　南	12613	4961	3246	3403	1003	160	1739	3440	232	326	111
广　东	5659	2177	1287	1326	869	54	307	1833	10	7	—
广　西	4142	2537	887	553	165	16	739	1604	14	51	2
海　南	237	64	104	69	—	8	10	64	—	—	—
重　庆	2934	1369	628	378	559	34	276	872	1	25	—
四　川	9737	5240	1760	1830	907	362	2004	2861	57	70	26
贵　州	4944	3441	899	424	180	5	735	2315	64	117	1
云　南	7404	5504	1079	402	419	160	3176	4068	186	263	66
西　藏	—	—	—	—	—	—	—	—	—	—	—
陕　西	4665	2345	1316	782	222	111	931	1736	31	103	35
甘　肃	3525	1945	736	632	212	28	747	1361	22	23	18
青　海	682	453	96	101	32	45	176	252	18	1	—
宁　夏	664	454	143	67	—	30	226	246	—	65	65
新　疆	3958	2210	1160	499	89	40	535	1992	16	11	4
新疆兵团	5459	1013	164	1915	2367	42	230	449	6	15	5

注:1. 林业中专班指在林业学校学习的,不包括在农广校参加学习的林业中专人数。

2. 正在接受学历教育的人员按原学历统计。

人员素质和培训情况

单位:人

学历教育情况			年龄结构情况			年度培训情况			
中专班			35岁以下	36至50岁	51岁以上	站长			站员
本年毕业生数	在校生总数	本年入学人数				计	初任培训人次数	能力提升培训人次数	
142	**97**	**48**	**28590**	**75433**	**17961**	**48238**	**7538**	**40700**	**82517**
—	—	—	281	478	300	1287	122	1165	807
—	—	—	93	160	84	124	62	62	56
10	5	5	1416	2046	336	1206	270	936	1715
—	—	—	534	1469	596	1632	632	1000	1096
7	1	—	922	1571	243	500	76	424	4496
6	—	—	853	2461	599	1733	259	1474	4445
—	—	—	674	2688	842	575	206	369	2042
1	3	2	438	1724	472	1341	130	1211	1951
—	—	—	63	137	109	62	3	59	140
13	8	4	252	1439	552	1599	206	1393	1579
—	1	—	580	1386	1115	888	107	781	778
—	—	—	559	2267	468	723	97	626	2279
2	—	—	578	2453	807	815	214	601	2080
22	—	—	964	3149	736	1093	150	943	3361
10	12	10	1130	3639	733	1841	400	1441	1959
8	8	1	1704	2951	922	1357	529	828	3089
—	—	—	754	3796	838	1139	274	865	3345
20	19	1	2685	8014	1914	3199	723	2476	8676
2	—	—	1282	3587	790	956	151	805	2494
—	5	—	572	3011	559	1920	303	1617	3790
—	—	—	112	73	52	28	28	—	22
16	4	—	488	1722	724	941	70	871	2775
—	—	13	2246	6088	1403	1713	322	1391	3344
—	—	—	1340	3081	523	1093	291	802	2124
9	4	8	2522	4172	710	17981	1374	16607	15076
—	—	—	—	—	—	—	—	—	—
4	25	3	1259	2939	467	273	—	273	—
4	2	1	1531	1641	353	871	269	602	1574
2	—	—	178	413	91	62	6	56	72
	—	—	258	339	67	133	—	133	598
—	—	—	1247	2397	314	857	196	661	2750
6	—	—	1075	4142	242	296	68	228	4004

地区	至本年年底累计完成投资						
	合计	国家投资			地方投资		
		计	国家林业局投资	其他	计	省(区、市)	地(市)、县、乡
全国总计	**79842**	**10425**	**8383**	**2042**	**69417**	**11983**	**57434**
北京	514	235	235	—	279	—	279
天津	73	70	70	—	3	—	3
河北	1120	290	290	—	830	644	186
山西	518	200	200	—	318	—	318
内蒙古	2355	1268	840	428	1087	70	1017
辽宁	2101	524	494	30	1577	68	1509
吉林	2241	346	346	—	1895	708	1187
黑龙江	854	305	280	25	549	—	549
上海	103	40	—	40	63	—	63
江苏	1050	130	130	—	920	25	895
浙江	2081	240	240	—	1841	53	1788
安徽	8055	240	240	—	7815	524	7291
福建	4358	344	304	40	4014	313	3700
江西	9022	242	232	10	8780	344	8436
山东	2851	213	213	—	2638	57	2581
河南	838	290	290	—	548	120	428
湖北	5290	320	280	40	4970	141	4829
湖南	6953	673	548	125	6280	334	5946
广东	2357	190	140	50	2167	—	2167
广西	4479	380	380	—	4099	1010	3089
海南	40	40	40	—	—	—	—
重庆	165	120	120	—	45	—	45
四川	2361	1050	340	710	1311	364	947
贵州	1536	512	502	10	1024	190	834
云南	5279	260	260	—	5019	778	4242
西藏	—	—	—	—	—	—	—
陕西	413	230	230	—	183	60	123
甘肃	2033	993	459	534	1040	60	980
青海	155	140	140	—	15	—	15
宁夏	205	140	140	—	65	—	65
新疆	8344	300	300	—	8044	5610	2434
新疆兵团	2099	100	100	—	1999	510	1489

注：1. 有交通工具的站数指配备机动交通工具的站数，该栏目下“本年新增”指本年新增加机动交通工具的站数。
2. 有通讯设备的站数指配备电话或无线通讯设备的站数，本栏“本年新增”与第1条“本年新增”意思相同。
3. 有电脑的站数指配备台式或便携式计算机设备的站数，本栏“本年新增”与第1条“本年新增”意思相同。

站建设完成投资情况

单位:万元、个、台、套

至本年底工作器械和办公设备配置情况					
有交通工具站数		有通讯设备站数		有计算机站数	
计	本年新增	计	本年新增	计	本年新增
12055	**684**	**18327**	**855**	**18726**	**2135**
148	1	202	44	192	24
60	—	76	—	70	—
348	34	653	28	647	51
615	84	590	108	487	186
339	13	400	15	584	49
391	111	713	166	789	208
308	19	487	12	657	36
157	7	356	56	484	9
9	—	106	—	106	—
171	11	591	27	626	57
572	3	593	42	616	26
451	74	530	13	556	119
524	19	665	13	687	43
400	15	533	18	763	72
494	16	949	81	1033	69
649	8	1317	16	698	56
407	14	661	27	723	80
354	24	1435	18	1615	146
1069	—	1069	—	510	16
345	51	557	47	766	119
140	—	170	—	201	—
564	—	868	5	807	10
736	70	1509	23	996	101
1154	42	792	25	1184	32
752	16	1159	46	1220	222
—	—	—	—	—	—
194	—	436	—	574	115
87	2	331	4	303	166
177	5	71	—	152	5
70	15	46	7	86	14
251	22	317	14	449	78
119	8	145	—	145	26

各地区乡镇林业工作站

地区	营林情况						森林病虫鼠害防治面积
	本年新造林面积		本年新封山育林面积	本年育苗面积	本年抚育作业面积	四旁植树株数（万株）	
	计	林业重点工程造林面积					
全国	**3022931**	**2114646**	**1196977**	**409477**	**6527038**	**182411**	**6758317**
北京	29855	29386	14942	4451	84619	223	40328
天津	5792	4657	—	3600	95661	362	49956
河北	167686	120054	52810	24259	343264	10914	528610
山西	156641	105862	40319	23859	55879	4602	78418
内蒙古	374978	336098	314790	27813	226840	3333	307106
辽宁	1860	—	102998	18791	200130	6646	650527
吉林	36154	30462	14639	2934	92037	1008	162762
黑龙江	79071	44238	31139	5591	109997	895	93235
上海	862	678	—	3178	29214	57	4402
江苏	64925	26191	333	43919	120419	10696	120380
浙江	30310	23271	12052	12297	219931	1649	69784
安徽	162488	96121	9598	15718	271206	9676	401639
福建	100185	33159	—	947	738111	2846	176926
江西	110064	51582	12327	12343	219993	6618	166894
山东	194080	43960	1344	76186	421178	19145	553206
河南	29251	13954	2675	6545	11413	3348	18207
湖北	165652	117504	81206	16954	530562	10380	354667
湖南	188680	171253	161092	1677	484990	12915	261030
广东	119083	85383	19975	8324	484135	9361	306634
广西	134310	121892	19433	6655	494616	5725	359413
海南	8706	7131	—	424	6168	735	2159
重庆	2278	660	790	25	1333	9450	1382
四川	67992	25973	41496	6801	131865	14625	469052
贵州	184807	153701	64134	3808	81283	4352	149343
云南	281060	169308	56676	2134	154622	9589	314369
西藏	—	—	—	—	—	—	—
陕西	11702	9574	12750	1106	5317	6573	2073
甘肃	108377	103470	25900	33230	121236	11964	207314
青海	32165	32068	48501	805	9973	1191	86217
宁夏	58166	56681	22161	11821	68750	1659	145662
新疆	99659	91288	31899	31279	700155	1733	573995
新疆兵团	16093	9088	1000	2005	12143	142	102627

注：1. 本表只统计本年基层林业工作站所单独或参与完成的主要工作。

2. 林业重点工程造林面积指林业站当年所完成的各项国家级林业重点工程面积的总和。

3. 本年抚育作业面积指幼林抚育作业面积与成林抚育作业面积之和。

4. 本年推广面积指林业站当年所完成的林业科技推广面积总和，不包括站办科技推广示范基地的面积。

5. 受委托行使林业行政执法权站数指截止到本年底的总站数。

职能作用主要指标情况

单位:公顷

受委托行使林业行政执法权站数(个)	具有林业行政执法证人数(个)	受理林政案件(件)	参与调处林权纠纷(件)	受理林业承包合同纠纷(件)	指导、扶持的林业经济合作组织个数(户)		培训林农(人次)	科技推广	
					计	带动农户		站办示范基地面积	本年推广面积
12255	**48342**	**71730**	**51746**	**17586**	**130465**	**2616974**	**7898711**	**509162**	**1591359**
16	352	27	56	5	1053	22422	49866	2286	2071
46	99	266	—	—	61		18800	724	252
229	739	1728	1421	197	963	99194	641321	12892	164858
209	240	227	187	193	664	35703	113828	2088	11437
332	660	681	1074	2846	147	8364	181337	39595	327010
759	1835	2056	1975	808	1389	72946	67144	37227	130058
515	1979	8288	886	1356	945	6947	29945	5698	2927
332	728	661	394	174	982	4327	31066	270	5286
4	77	1	—	—	115	6445	720	45	1333
191	527	482	435	664	800	64284	113886	13142	44703
153	826	521	491	175	7042	86370	90192	19596	54625
377	1608	4492	2906	364	1292	125444	111474	13969	54156
838	2110	5857	1400	601	4648	38913	67827	35086	39814
786	3291	3935	3797	654	3969	137613	57451	10629	15684
169	1002	667	420	256	33690	320651	503859	24110	111493
227	765	2594	908	440	1405	37429	82141	747	2790
715	3883	7360	3384	634	7255	176466	450258	56180	50286
1496	6902	9109	6879	1616	3350	141353	918453	26821	72095
270	1372	1018	2465	1002	1520	23535	9659	10599	38099
363	1897	2406	4548	477	6870	55962	144327	674	5559
14	50	196	29	—	—	—	—	—	—
—	2129	—	654	273	1229	44385	4610	65	90
1251	5094	4954	3547	615	4532	388926	851651	20795	88935
1018	3511	2611	5123	1152	18133	164688	170277	4093	9524
1109	4948	9231	6941	1249	19404	365747	2051892	14909	90637
—	—	—	—	—	—	—	—	—	—
344	—	761	803	1483	—	—	—	1734	3239
193	673	509	323	249	5989	108970	409834	22089	91066
44	116	155	20	3	56	465	664	1613	380
—	117	220	162	5	2606	11859	120824	1033	21367
166	543	607	482	86	290	47030	454167	124656	140064
89	269	110	36	9	66	20536	151238	5795	11522

各地区乡村

地区	林场个数				经营	
	合计	按经营形式分			合计	公益林
		集体林场	联办林场	户办林场		
全国总计	**46656**	**22383**	**9114**	**15159**	**8049041**	**3397527**
北京	15	15	—	—	7635	4339
天津	13	12	—	1	387	332
河北	437	81	84	272	29829	13782
山西	327	120	54	153	87479	66251
内蒙古	84	3	79	2	23681	21313
辽宁	300	38	39	223	597469	254366
吉林	29	19	2	8	86449	10933
黑龙江	247	10	—	237	35809	20511
上海	—	—	—	—	—	—
江苏	408	220	53	135	101991	63664
浙江	1312	281	138	893	120228	62320
安徽	6630	2748	1593	2289	293854	126534
福建	723	442	266	15	365863	110380
江西	3109	1707	673	729	378174	67208
山东	1289	821	62	406	536757	299044
河南	3449	638	766	2045	54227	31666
湖北	5329	2340	514	2475	467001	199666
湖南	10225	5874	1818	2533	1079024	479076
广东	1836	1234	283	319	2150058	651312
广西	1446	939	219	288	335506	75490
海南	—	—	—	—	—	—
重庆	376	309	38	29	29533	23123
四川	1472	936	530	6	104370	51507
贵州	4646	1981	1467	1198	710204	395371
云南	961	457	57	447	69935	32683
西藏	—	—	—	—	—	—
陕西	629	333	273	23	166326	135317
甘肃	1146	608	106	432	77093	61480
青海	141	140	—	1	99480	99477
宁夏	77	77	—	—	40683	40380
新疆	—	—	—	—	—	—
新疆兵团	—	—	—	—	—	—

林场基本情况

单位:公顷、百立方米、百根、万元

面积		本年林业生产				年末实有从业人员	年经营收入
商品林	其他	造林面积	育苗面积	木材产量	毛竹产量		
4178182	**473329**	**699807**	**57768**	**384201**	**388317**	**376214**	**528622**
1429	1867	—	—	—	—	291	342
55	—	1301	1003	677	—	2000	2846
13138	2910	11291	1265	981	—	5276	10145
6751	14476	7698	1567	152	—	3163	1759
698	1670	1649	163	—	—	262	78
329439	13664	28953	1058	12671	—	5455	7621
40422	35094	1590	17	815	—	94	1335
9709	5589	911	32	1163	—	347	57
—	—	—	—	—	—	—	—
34473	3854	3982	13885	36432	4791	10150	79975
55542	2366	3407	641	22814	38833	5458	12661
161485	5835	17603	1298	43	442	29829	44793
237465	18018	7951	21	9865	119470	8059	18206
285626	25339	30200	7742	11449	27403	38678	25587
216499	21214	40227	7554	49491	—	34323	144146
22360	200	9737	4500	16962	409	12168	17038
198064	69270	43280	7706	18767	53461	30837	49397
522659	77289	74887	771	111773	91207	113960	61199
1375621	123125	120910	605	44156	24373	10129	12943
252648	7368	9855	1313	19573	16747	29554	14363
—	—	—	—	—	—	—	—
6409	—	239	18	66	529	990	481
46586	6277	6433	1107	13871	665	3945	5222
299123	15710	20826	215	8907	243	8030	4625
22629	14623	215290	318	1912	6833	17375	4907
—	—	—	—	—	—	—	—
31009	—	14793	1984	279	2910	1824	2767
8342	7272	23127	2985	1382	—	3376	5228
—	—	—	2	—	—	420	—
—	303	3667	—	—	—	221	900
—	—	—	—	—	—	—	—
—	—	—	—	—	—	—	—

各地区乡村

地区	合计	人员类别		文化程度		
		专职	兼职	大专以上	中专高中	初中以下
全国总计	**716821**	**310151**	**406670**	**14688**	**158071**	**544062**
北京	51388	45121	6267	1089	10510	39789
天津	2249	406	1843	121	466	1662
河北	53354	18664	34690	914	13373	39067
山西	28701	11655	17046	461	11058	17182
内蒙古	26190	18336	7854	480	9647	16063
辽宁	17742	15950	1792	789	4165	12788
吉林	4640	2260	2380	170	1494	2976
黑龙江	3637	813	2824	157	1338	2142
上海	—	—	—	—	—	—
江苏	11564	3753	7811	489	3193	7882
浙江	18316	12237	6079	437	3241	14638
安徽	21463	3999	17464	401	3046	18016
福建	17975	9472	8503	306	5956	11713
江西	20743	9891	10852	283	6009	14451
山东	50687	27888	22799	563	12675	37449
河南	20939	7166	13773	774	5679	14486
湖北	33066	6783	26283	1156	8196	23714
湖南	41328	12631	28697	1589	10835	28904
广东	19535	10193	9342	575	7477	11483
广西	9235	2143	7092	225	2412	6598
海南	1749	1749	—	23	687	1039
重庆	14615	—	14615	—	—	14615
四川	27893	5479	22414	961	6416	20516
贵州	29847	11424	18423	663	4839	24345
云南	61231	41688	19543	520	6244	54467
西藏	84279	10788	73491	—	5617	78662
陕西	13665	4493	9172	809	5121	7735
甘肃	12596	7125	5471	370	2839	9387
青海	4059	1818	2241	19	1078	2962
宁夏	2801	236	2565	73	200	2528
新疆	7136	2945	4191	271	2553	4312
新疆兵团	4198	3045	1153	—	1707	2491

护林员情况

单位:人

年龄结构			报酬来源		
45岁以下	46至60岁	61岁以上	财政补助	林业经费	村组自筹
266443	**372502**	**77876**	**379723**	**169526**	**167572**
20489	27627	3272	48046	663	2679
678	1445	126	125	226	1898
15352	32134	5868	30702	4378	18274
10232	15095	3374	11517	9487	7697
8496	11913	5781	15811	9536	843
10712	6966	64	9025	8511	206
2635	1925	80	1317	946	2377
2162	1440	35	203	352	3082
—	—	—	—	—	—
2440	6646	2478	3561	2376	5627
2393	11366	4557	5822	9052	3442
3644	12977	4842	2768	1633	17062
7502	9529	944	12363	2974	2638
7604	11290	1849	8582	6200	5961
11522	29966	9199	28324	8711	13652
7203	8656	5080	8426	3520	8993
7659	18623	6784	4422	3826	24818
9237	22780	9311	23282	3514	14532
10839	8131	565	10185	2827	6523
2939	5792	504	3851	3849	1535
1749	—	—	—	1749	—
—	14615	—	14615	—	—
10297	16080	1516	10322	9852	7719
14909	12494	2444	14697	13002	2148
34319	25438	1474	11166	42851	7214
40225	38994	5060	84279	—	—
6183	6863	619	10726	1491	1448
5823	6036	737	4430	6227	1939
1448	1969	642	475	3368	216
1032	1592	177	164	2525	112
4067	2575	494	517	3440	3179
2653	1545	—	—	2440	1758

附录三
森林主要灾害情况
ANNEX Ⅲ

全国森林主要灾害情况(一)

指 标 名 称	单 位	2013 年	2012 年	2013 年比 2012 年增减%
一、森林火灾				
1. 火灾次数	次	3929	3966	-0.93
其中:重大火灾	次	—	1	-100.00
特大火灾	次	—	—	—
2. 火场总面积	公顷	42890	43171	-0.65
其中:受害森林面积	公顷	13724	13948	-1.61
3. 扑火经费	万元	9128.94	34177.74	-73.29
4. 出动扑火人工数	工日	795921	621054	28.16
5. 伤亡人数				
(1)受伤人数	人	17	8	112.50
(2)死亡人数	人	38	13	192.31
二、林业有害生物				
1. 发生面积	千公顷	12230	11769	3.92
2. 防治面积	千公顷	7668	7826	-2.01
3. 防治率	%	62.70	66.50	-5.71

全国森林主要灾害情况(二)

指 标 名 称	单 位	2013 年	2012 年	2013 年比 2012 年增减%
(一)森林病害				
1. 发生面积	千公顷	1392	1312	6.11
2. 防治面积	千公顷	899	843	6.67
3. 防治率	%	64.58	64.24	0.54
(二)森林虫害				
1. 发生面积	千公顷	8475	8463	0.14
2. 防治面积	千公顷	5896	5729	2.90
3. 防治率	%	69.57	67.70	2.76
(三)森林鼠害				
1. 发生面积	千公顷	2243	1994	12.44
2. 防治面积	千公顷	830	1254	-33.84
3. 防治率	%	37.00	62.88	-41.16
(四)有害植物				
1. 发生面积	千公顷	122	—	—
2. 防治面积	千公顷	44	—	—
3. 防治率	%	36.41	—	—

地区	森林火灾次数(次)					火场总面积(公顷)	受害森林面积(公顷)		
	合计	一般火灾	较大火灾	重大火灾	特大火灾		合计	其中	
								天然林	人工林
全国合计	**3929**	**2347**	**1582**	**—**	**—**	**42890**	**13724**	**820**	**11178**
北京	1	—	1	—	—	6	6	—	6
天津	4	1	3	—	—	31	31	—	31
河北	52	43	9	—	—	422	31	—	31
山西	32	15	17	—	—	2145	422	—	422
内蒙古	78	34	44	—	—	826	287	—	242
辽宁	25	19	6	—	—	143	31	20	11
吉林	11	9	2	—	—	63	7	—	1
黑龙江	14	13	1	—	—	106	11	10	1
上海	—	—	—	—	—	—	—	—	—
江苏	33	32	1	—	—	52	14	—	14
浙江	206	34	172	—	—	2540	1271	—	741
安徽	67	38	29	—	—	314	158	1	157
福建	132	13	119	—	—	2224	1373	118	1255
江西	82	20	62	—	—	2039	751	72	679
山东	19	12	7	—	—	139	109	—	109
河南	693	533	160	—	—	3048	619	—	619
湖北	286	247	39	—	—	1024	215	9	200
湖南	493	214	279	—	—	5019	2824	14	2810
广东	158	71	87	—	—	1965	679	36	624
广西	261	146	115	—	—	2806	594	16	578
海南	42	21	21	—	—	166	116	2	114
重庆	34	21	13	—	—	249	84	4	79
四川	447	370	77	—	—	2674	811	233	577
贵州	208	156	52	—	—	1721	411	66	345
云南	264	73	191	—	—	11634	2401	124	1345
西藏	1	1	—	—	—	1	—	—	—
陕西	187	118	69	—	—	1013	374	80	167
甘肃	16	13	3	—	—	32	9	1	4
青海	7	6	1	—	—	116	65	11	—
宁夏	45	45	—	—	—	307	7	—	7
新疆	31	29	2	—	—	65	13	3	9

火灾情况(一)

损失林木		人员伤亡(人)				其他损失折款(万元)	出动扑火人工(工日)	出动车辆(台)		出动飞机(架次)	扑火经费(万元)
成林蓄积(立方米)	幼林株数(万株)	合计	轻伤	重伤	死亡			合计	其中:汽车		
312490	**1064**	**55**	**10**	**7**	**38**	**6061.63**	**795921**	**57438**	**45951**	**255**	**9128.94**
2	—	—	—	—	—	—	100	15	10	—	1.50
403	1	—	—	—	—	—	3320	137	137	—	32.20
—	—	2	—	—	2	4.51	12046	801	801	—	50.12
8430	8	3	—	1	2	439.03	144618	5150	3820	—	1201.89
36	26	—	—	—	—	250.26	217	555	244	—	20.29
375	6	—	—	—	—	1.10	4031	535	476	—	32.80
—	—	—	—	—	—	1.85	841	113	113	—	12.44
—	—	—	—	—	—	—	3483	329	329	10	15.73
—	—	—	—	—	—	—	—	—	—	—	—
512	1	—	—	—	—	5.08	3771	494	494	—	28.09
35688	51	2	—	1	1	—	41892	3632	2799	—	841.32
4423	5	—	—	—	—	52.91	7552	702	693	—	83.81
43437	126	2	—	—	2	83.63	19946	2338	1318	—	224.32
8780	35	1	—	—	1	678.52	28307	759	740	8	366.33
5172	4	—	—	—	—	0.60	9945	981	975	1	68.39
74	15	—	—	—	—	92.27	48096	5431	5221	9	434.93
907	26	2	—	—	2	0.31	15082	1488	1467	—	136.05
52297	199	5	4	—	1	1180.49	70039	4875	4671	—	905.61
9162	31	—	—	—	—	231.00	21760	2085	1243	21	141.93
13823	38	2	—	—	2	152.71	13627	1745	1109	3	179.36
295	11	1	1	—	—	21.05	3433	683	290	—	18.44
4404	2	2	—	—	2	109.16	14727	1128	1002	7	229.17
8600	34	12	5	1	6	543.55	79807	5470	3982	67	976.79
5659	34	2	—	—	2	175.03	32531	2449	2001	—	156.83
108543	377	—	—	—	—	1851.58	166979	12521	9307	129	2677.31
—	—	—	—	—	—	—	800	—	—	—	—
1419	17	19	—	4	15	65.40	38232	2126	1856	—	241.68
4	—	—	—	—	—	—	4428	255	244	—	5.46
—	13	—	—	—	—	91.20	3061	206	206	—	31.50
2	1	—	—	—	—	22.28	1024	235	235	—	—
44	4	—	—	—	—	8.12	2226	200	168	—	14.65

各地区森林

地区	合计	生产性火源										已查明火		
		计	烧荒烧炭	炼山造林	烧牧场	烧窑	烧隔离带	火车喷漏	火车甩瓦	机车喷火	其他	计	野外吸烟	取暖做饭
全国合计	**3234**	**1505**	**1135**	**141**	**2**	**1**	**3**	**—**	**—**	**3**	**220**	**1571**	**206**	**39**
北　京	1	1	1	—	—	—	—	—	—	—	—	—	—	—
天　津	3	—	—	—	—	—	—	—	—	—	—	3	—	—
河　北	46	20	20	—	—	—	—	—	—	—	—	23	4	—
山　西	28	—	—	—	—	—	—	—	—	—	—	11	2	—
内蒙古	50	10	5	—	—	—	—	—	—	—	5	40	8	—
辽　宁	25	13	12	1	—	—	—	—	—	—	—	10	—	—
吉　林	11	4	4	—	—	—	—	—	—	—	—	7	3	2
黑龙江	13	5	5	—	—	—	—	—	—	—	—	1	—	—
上　海	—	—	—	—	—	—	—	—	—	—	—	—	—	—
江　苏	33	2	2	—	—	—	—	—	—	—	—	31	12	—
浙　江	200	115	98	17	—	—	—	—	—	—	—	66	24	1
安　徽	60	30	18	7	—	—	—	—	—	—	5	25	3	—
福　建	116	62	41	7	—	—	—	—	—	—	14	50	5	—
江　西	80	31	25	4	—	—	—	—	—	—	2	42	8	—
山　东	15	2	2	—	—	—	—	—	—	—	—	12	2	2
河　南	493	281	262	8	—	—	—	—	—	—	11	204	15	4
湖　北	286	21	20	1	—	—	—	—	—	—	—	265	16	1
湖　南	461	267	177	49	—	—	1	—	—	1	39	170	25	1
广　东	102	52	23	15	—	—	—	—	—	—	14	48	14	1
广　西	233	144	101	11	2	1	—	—	—	—	29	82	1	2
海　南	25	9	4	2	—	—	—	—	—	—	3	16	1	—
重　庆	30	6	4	—	—	—	—	—	—	—	2	16	1	—
四　川	348	135	102	7	—	—	—	—	—	1	25	199	25	9
贵　州	158	105	72	9	—	—	2	—	—	—	22	48	5	1
云　南	232	121	82	3	—	—	—	—	—	—	36	96	15	10
西　藏	—	—	—	—	—	—	—	—	—	—	—	—	—	—
陕　西	107	44	33	—	—	—	—	—	—	1	10	60	10	4
甘　肃	12	4	4	—	—	—	—	—	—	—	—	8	3	—
青　海	7	—	—	—	—	—	—	—	—	—	—	7	—	1
宁　夏	34	9	7	—	—	—	—	—	—	—	2	25	1	—
新　疆	25	12	11	—	—	—	—	—	—	—	1	6	3	—

火灾情况（二）

源 次 数（次）												未查明火源次数（次）	火案处理情况（人）		
非生产性用火							故意放火	外省（区）烧入	外国烧入	雷击火	其他自然火		已处理起数（起）	已处理人数	其中刑事处罚人数
上坟烧纸	烧山驱兽	小孩玩火	痴呆弄火	家火上山	电线引起	其他									
583	**8**	**104**	**113**	**7**	**100**	**411**	**25**	**39**	**1**	**65**	**28**	**695**	**2395**	**2314**	**667**
—	—	—	—	—	—	—	—	—	—	—	—	—	1	1	—
1	—	—	—	—	2	—	—	—	—	—	—	1	1	1	1
2	—	—	2	—	3	12	2	1	—	—	—	6	38	42	10
1	—	—	1	—	—	7	1	—	—	—	16	4	28	29	29
18	—	—	—	—	6	8	—	—	—	—	—	28	28	27	2
7	—	—	—	1	1	1	2	—	—	—	—	—	23	18	9
1	—	—	—	—	—	1	—	—	—	—	—	—	11	46	1
—	—	—	—	1	—	—	—	—	—	7	—	1	6	17	—
—	—	—	—	—	—	—	—	—	—	—	—	—	—	—	—
11	—	3	—	—	—	5	—	—	—	—	—	—	13	11	—
11	—	3	7	—	7	13	3	1	—	11	4	6	101	102	28
9	—	2	3	—	1	7	2	1	—	2	—	7	48	52	17
7	1	1	5	1	3	27	—	—	—	2	2	16	77	72	54
4	1	3	4	—	3	19	—	4	—	3	—	2	77	43	15
1	—	—	1	1	2	3	1	—	—	—	—	4	6	12	4
95	—	7	7	—	7	69	—	8	—	—	—	200	405	387	43
195	2	39	4	—	—	8	—	—	—	—	—	—	189	185	31
27	2	5	25	—	23	62	—	13	—	9	2	32	356	348	195
5	—	3	9	—	3	13	1	—	—	1	—	56	63	51	18
39	2	4	4	—	4	26	3	1	—	—	3	28	193	191	20
5	—	1	—	—	—	9	—	—	—	—	—	17	9	10	5
3	—	1	5	—	1	5	—	—	—	8	—	4	12	13	7
71	—	13	11	—	14	56	4	1	—	9	—	99	299	268	29
2	—	10	2	1	5	22	1	4	—	—	—	50	99	84	28
30	—	6	17	—	9	9	5	5	1	3	1	32	229	208	101
—	—	—	—	—	—	—	—	—	—	—	—	1	—	—	—
12	—	2	6	2	5	19	—	—	—	3	—	80	72	98	33
4	—	—	—	—	—	1	—	—	—	—	—	4	2	1	1
6	—	—	—	—	—	—	—	—	—	—	—	—	1	1	1
16	—	—	—	—	1	7	—	—	—	—	—	11	25	12	—
—	—	1	—	—	—	2	—	—	—	7	—	6	4	4	1

各地区林业有害

地　　区	发生面积				寄主树种面积	发生率（%）
	总计	轻度	中度	重度		
全国合计	**12230452**	**8703751**	**2639581**	**887119**	**260400837**	**4.70**
北　京	40329	40302	27	—	880863	4.58
天　津	49957	43433	5966	558	221964	22.51
河　北	542926	433652	81500	27774	4933333	11.01
山　西	240937	199935	37036	3966	4618000	5.22
内蒙古	1206678	681107	386307	139264	33165561	3.64
辽　宁	650527	398687	183594	68246	5472000	11.89
吉　林	245900	159366	56879	29655	8257000	2.98
黑龙江	515466	189652	258589	67225	15479667	3.33
上　海	4402	4165	195	42	80000	5.50
江　苏	120380	82866	20708	16806	1815333	6.63
浙　江	69785	61276	6293	2216	6590248	1.06
安　徽	401639	298349	75362	27928	4309460	9.32
福　建	248328	201596	33483	13249	7666667	3.24
江　西	270782	236779	25065	8939	9533333	2.84
山　东	553207	516784	30712	5710	4062693	13.62
河　南	594720	492480	83655	18585	5254032	11.32
湖　北	354668	273603	64682	16382	8498500	4.17
湖　南	347350	297578	35325	14447	10036000	3.46
广　东	306635	274250	31951	434	10007464	3.06
广　西	359413	298616	44456	16341	12129704	2.96
海　南	23701	16471	6200	1030	1693229	1.40
重　庆	286013	234667	44780	6567	3823333	7.48
四　川	765998	496517	186121	83360	22727130	3.37
贵　州	235633	199840	31433	4360	7531587	3.13
云　南	314369	200252	84320	29797	21566880	1.46
西　藏	274377	112803	103600	57973	14715600	1.86
陕　西	437560	317040	91013	29507	10680663	4.10
甘　肃	314847	243367	57333	14147	6534993	4.82
宁　夏	304711	231510	65930	7271	1227260	24.83
青　海	257353	158688	75274	23391	4440769	5.80
新　疆	1759812	1231454	376845	151513	6013578	29.26
大兴安岭	132050	76667	54946	437	6433993	2.05

生物发生防治情况

单位:公顷

防治面积						防治率(%)	无公害防治率(%)
总计	化学防治	生物化学	人工物理	生物防治	其他		
7668309	**866546**	**1997017**	**1959710**	**1442261**	**1402775**	**62.70**	**88.70**
40329	—	21159	40	15920	3210	100.00	100.00
49956	1880	34837	577	730	11932	100.00	96.24
443912	64623	284680	49801	13095	31712	81.76	85.44
129357	31852	19371	34629	15885	27620	53.69	75.38
596010	64515	145254	112312	129680	144250	49.39	89.18
582023	13625	58311	106054	303670	100363	89.47	97.66
191968	59557	46474	42822	18344	24771	78.07	68.98
410198	50295	35182	113795	30607	180319	79.58	87.74
4301	419	2393	489	200	800	97.71	90.26
103348	26944	40818	11734	12574	11278	85.85	73.93
66364	8113	14116	23670	16615	3849	95.10	87.77
312727	38622	29678	167293	55936	21198	77.86	87.65
229671	602	8824	74108	131974	14163	92.49	99.74
178300	9846	11787	74384	52811	29473	65.85	94.48
529521	32558	294456	41940	45837	114730	95.72	93.85
501758	76429	306517	44447	7409	66955	84.37	84.77
223718	11554	66152	71136	37505	37371	63.08	94.84
292667	24000	60000	54667	82667	71333	84.26	91.80
101631	8504	38817	24332	21946	8032	33.14	91.63
66892	307	885	4991	53313	7396	18.61	99.54
4685	1342	73	408	2839	23	19.77	71.36
154374	4233	21643	48137	41980	38381	53.97	97.26
317934	19325	73411	122548	35486	67164	41.51	93.92
184567	5667	40267	111680	8573	18380	78.33	96.93
288250	78477	35041	82008	59711	33012	91.69	72.77
233059	95993	54826	—	82240	—	84.94	58.81
309593	30213	17193	190360	8913	62913	70.75	90.24
202147	43407	28613	68153	13280	48693	64.20	78.53
92755	17514	20	74994	—	227	30.44	81.12
136296	3398	17907	79132	11782	24078	52.96	97.51
679627	42733	178058	129017	130739	199080	38.62	93.71
10373	—	10255	51	—	67	7.86	100.00

各地区森林病害

地　区	发生面积				寄主树种面积	发生率（%）
	总计	轻度	中度	重度		
全国合计	**1391719**	**970571**	**298831**	**122317**	**255928176**	**0.54**
北　京	1623	1623	—	—	84020	1.93
天　津	7241	6003	979	260	119466	6.06
河　北	30313	27515	2364	433	4933333	0.61
山　西	6683	5484	1035	164	4618000	0.14
内蒙古	198166	68352	73881	55933	33165561	0.60
辽　宁	62455	33816	22938	5701	5472000	1.14
吉　林	26944	19110	4624	3210	8257000	0.33
黑龙江	37302	22832	13436	1034	15479667	0.24
上　海	523	432	69	22	80000	0.65
江　苏	10738	7363	146	3229	1815333	0.59
浙　江	12367	11328	474	565	6590248	0.19
安　徽	38786	33754	4464	568	4309460	0.90
福　建	11994	10322	786	886	7666667	0.16
江　西	51583	48741	1666	1175	9533333	0.54
山　东	97901	89898	7169	834	4062693	2.41
河　南	113813	93382	17077	3354	5254032	2.17
湖　北	29137	24247	4080	810	8498500	0.34
湖　南	43356	42701	507	148	8818000	0.49
广　东	13320	11981	1259	79	10007464	0.13
广　西	36869	24706	8079	4084	12129704	0.30
海　南	363	297	66	—	1693229	0.02
重　庆	20353	18040	2187	127	1468013	1.39
四　川	92511	68104	18375	6032	22727130	0.41
贵　州	12700	10033	1147	1520	7531587	0.17
云　南	45838	35627	8166	2045	21566880	0.21
西　藏	82473	35800	30400	16273	14715600	0.56
陕　西	32133	23207	6227	2700	10680663	0.30
甘　肃	82367	52373	25393	4600	6534993	1.26
宁　夏	340	340	—	—	1227260	0.03
青　海	27378	17582	8040	1756	4440769	0.62
新　疆	140191	108470	26947	4773	6013578	2.33
大兴安岭	23959	17108	6851	—	6433993	0.37

发生防治情况

单位:公顷

防治面积						防治率(%)	无公害防治率(%)
总计	化学防治	生物化学	人工物理	生物防治	其他		
898787	**218127**	**93945**	**227863**	**110942**	**247909**	**64.58**	**75.73**
1623	—	—	—	—	1623	100.00	100.00
7241	—	867	—	—	6375	100.00	100.00
27086	14252	7510	2215	729	2380	89.36	47.38
5954	4356	546	502	546	4	89.09	26.84
42214	8218	1610	4437	3546	24403	21.30	80.53
55718	3046	1462	20312	12917	17981	89.21	94.53
14750	8259	—	2155	2118	2218	54.74	44.01
30853	5199	794	2367	183	22310	82.71	83.15
519	171	3	77	47	221	99.24	67.05
10128	268	187	8562	818	293	94.32	97.35
11116	926	2289	7368	266	267	89.89	91.67
29782	6817	1177	18278	1013	2497	76.79	77.11
11219	34	—	8194	2991	—	93.54	99.70
36486	2131	624	19715	7075	6941	70.73	94.16
92011	18869	19072	5575	2854	45641	93.98	79.49
99374	40473	1958	20703	1216	35024	87.31	59.27
24324	5325	1200	8842	4321	4636	83.48	78.11
34000	2667	4000	9333	16000	2000	78.42	92.16
10446	3374	1271	5112	557	132	78.42	67.70
3739	99	—	1676	414	1551	10.14	97.36
2	2	—	—	—	—	0.55	—
16109	—	240	789	1500	13580	79.15	100.00
23384	1700	—	16960	1637	3087	25.28	92.73
10680	1247	1007	5607	1420	1400	84.10	88.32
44031	16749	5855	14113	2275	5039	96.06	61.96
69773	28740	16413	—	24620	—	84.60	58.81
25287	3553	133	7520	2233	11847	78.69	85.95
65987	28587	2827	23747	893	9933	80.11	56.68
3	3	—	—	—	—	0.88	—
12854	3152	871	4115	1332	3384	46.95	75.48
81644	9910	21579	9590	17422	23143	58.24	87.86
450	—	450	—	—	—	1.88	100.00

各地区森林虫害

地　　区	发生面积				寄主树种面积	发生率（%）
	总计	轻度	中度	重度		
全国合计	**8474600**	**6225114**	**1674722**	**574764**	**260400837**	**3.25**
北　京	38706	38680	27	—	880863	4.39
天　津	42715	37430	4987	298	221964	19.24
河　北	488480	394663	73653	20163	4933333	9.90
山　西	191242	161225	27332	2685	4618000	4.14
内蒙古	737957	464298	218130	55529	33165561	2.23
辽　宁	584109	361712	159943	62454	5472000	10.67
吉　林	192695	116844	49977	25874	8257000	2.33
黑龙江	274296	110970	111756	51570	15479667	1.77
上　海	3879	3733	126	20	80000	4.85
江　苏	109642	75503	20562	13577	1815333	6.04
浙　江	57418	49948	5819	1651	6590248	0.87
安　徽	362853	264595	70898	27360	4309460	8.42
福　建	236334	191274	32697	12363	7666667	3.08
江　西	219196	188034	23398	7763	9533333	2.30
山　东	455306	426886	23544	4876	4062693	11.21
河　南	480907	399098	66578	15231	5254032	9.15
湖　北	258821	199078	48064	11679	8498500	3.05
湖　南	303994	254877	34818	14299	10036000	3.03
广　东	269729	243579	25962	189	10007464	2.70
广　西	322189	273601	36331	12256	12129704	2.66
海　南	7426	6385	894	147	1693229	0.44
重　庆	206073	161360	38980	5733	3823333	5.39
四　川	621964	392303	158744	70917	22727130	2.74
贵　州	216100	182993	30267	2840	7531587	2.87
云　南	252629	151040	73923	27667	21566880	1.17
西　藏	132643	50003	50000	32640	14715600	0.90
陕　西	308426	222186	64660	21580	10680663	2.89
甘　肃	118093	95980	14967	7147	6534993	1.81
宁　夏	96997	77890	15381	3726	1227260	7.90
青　海	98995	68640	25018	5337	4440769	2.23
新　疆	750008	537937	155277	56793	6013578	12.47
大兴安岭	34776	22368	12008	400	6433993	0.54

发生防治情况

单位:公顷

防治面积						防治率(%)	无公害防治率(%)
总计	化学防治	生物化学	人工物理	生物防治	其他		
5895589	**555063**	**1812469**	**1278302**	**1228648**	**1021107**	**69.57**	**90.59**
38706	—	21159	40	15920	1587	100.00	100.00
42715	1880	33970	577	730	5557	100.00	95.60
396017	47618	274987	38907	12233	22272	81.07	87.98
106731	27223	16438	23014	13186	26870	55.81	74.49
395503	52482	125844	49971	66274	100933	53.59	86.73
522886	9373	56849	83964	290420	82280	89.52	98.21
155493	40557	44677	40017	15234	15008	80.69	73.92
205142	12904	15366	44288	23043	109542	74.79	93.71
3782	248	2390	412	153	579	97.50	93.44
93220	26676	40631	3172	11756	10985	85.02	71.38
55248	7187	11827	16302	16349	3582	96.22	86.99
282945	31805	28501	149015	54923	18701	77.98	88.76
218452	568	8824	65914	128983	14163	92.43	99.74
141811	7714	11163	54669	45736	22529	64.70	94.56
437510	13689	275384	36365	42983	69089	96.09	96.87
402384	35956	304559	23744	6193	31931	83.67	91.06
174019	6147	64732	40027	31997	31116	67.24	96.47
258667	21333	56000	45333	66667	69333	85.09	91.75
78900	1117	34270	17361	21384	4768	29.25	98.58
62798	208	885	3308	52899	5498	19.49	99.67
3955	1013	73	7	2839	23	53.26	74.39
121712	4233	20590	40015	37847	19027	59.06	96.52
282911	17558	72651	97416	33849	61437	45.49	93.79
167980	4420	39260	101007	7086	16207	77.73	97.37
237388	60621	29185	62333	57423	27825	93.97	74.46
112786	46453	26533	—	39800	—	85.03	58.81
209546	25107	15733	115747	6413	46547	67.94	88.02
66447	9513	23073	10260	9113	14487	56.27	85.68
15199	12984	—	2215	—	—	15.67	14.57
63168	246	16777	23786	6250	16109	63.81	99.61
538012	28231	136646	89116	110964	173055	71.73	94.75
3559	—	3492	—	—	67	10.23	100.00

各地区森林鼠害

地　区	发生面积				寄主树种面积	发生率（%）
	总计	轻度	中度	重度		
全国合计	**2242530**	**1417077**	**640600**	**184853**	**158513413**	**1.41**
北　京	—	—	—	—	—	—
天　津	—	—	—	—	—	—
河　北	24134	11473	5483	7177	2239333	1.08
山　西	41912	32459	8336	1117	4618000	0.91
内蒙古	270555	148457	94296	27802	33165561	0.82
辽　宁	3963	3159	713	91	170077	2.33
吉　林	26261	23412	2278	571	8257000	0.32
黑龙江	203869	55850	133397	14621	15479667	1.32
上　海	—	—	—	—	—	—
江　苏	—	—	—	—	—	—
浙　江	—	—	—	—	—	—
安　徽	—	—	—	—	—	—
福　建	—	—	—	—	—	—
江　西	—	—	—	—	—	—
山　东	—	—	—	—	—	—
河　南	—	—	—	—	—	—
湖　北	3753	3325	427	—	8498500	0.04
湖　南	—	—	—	—	—	—
广　东	—	—	—	—	—	—
广　西	—	—	—	—	—	—
海　南	—	—	—	—	—	—
重　庆	59587	55267	3613	707	589633	10.11
四　川	51523	36110	9002	6411	22727130	0.23
贵　州	6833	6813	20	—	1390173	0.49
云　南	1510	1034	407	69	21566880	0.01
西　藏	59260	27000	23200	9060	14715600	0.40
陕　西	97000	71647	20127	5227	1000000	9.70
甘　肃	114387	95013	16973	2400	6534993	1.75
宁　夏	207374	153280	50549	3545	820926	25.26
青　海	127682	70539	41071	16072	4440769	2.88
新　疆	869613	585047	194620	89947	5865178	14.83
大兴安岭	73315	37191	36087	37	6433993	1.14

发生防治情况

单位:公顷

防治面积						防治率(%)	无公害防治率(%)
总计	化学防治	生物化学	人工物理	生物防治	其他		
829662	**87955**	**86907**	**424700**	**101672**	**128428**	**37.00**	**89.40**
—	—	—	—	—	—	—	—
—	—	—	—	—	—	—	—
20809	2753	2183	8680	133	7060	86.22	86.77
16052	260	2387	10593	2153	659	38.30	98.38
158294	3815	17801	57904	59860	18914	58.51	97.59
3419	1206	—	1778	333	102	86.27	64.73
21725	10741	1797	650	992	7545	82.73	50.56
174203	32192	19022	67141	7381	48467	85.45	81.52
—	—	—	—	—	—	—	—
—	—	—	—	—	—	—	—
—	—	—	—	—	—	—	—
—	—	—	—	—	—	—	—
—	—	—	—	—	—	—	—
—	—	—	—	—	—	—	—
—	—	—	—	—	—	—	—
—	—	—	—	—	—	—	—
3216	28	—	2875	193	120	85.70	99.13
—	—	—	—	—	—	—	—
—	—	—	—	—	—	—	—
—	—	—	—	—	—	—	—
—	—	—	—	—	—	—	—
16553	—	813	7333	2633	5774	27.78	100.00
11639	67	760	8172	—	2640	22.59	99.42
5907	—	—	5067	67	773	86.44	100.00
1444	114	—	1283	13	34	95.63	92.11
50500	20800	11880	—	17820	—	85.22	58.81
74760	1553	1327	67093	267	4520	77.07	97.92
69713	5307	2713	34147	3273	24273	60.95	92.39
77553	4527	20	72779	—	227	37.40	94.16
57541	—	59	48844	4200	4438	45.07	100.00
59971	4592	19833	30311	2354	2882	6.90	92.34
6364	—	6313	51	—	—	8.68	100.00

各地区林业有害

地　　区	发生面积				寄主树种面积	发生率（%）
	总计	轻度	中度	重度		
全国合计	**121603**	**90989**	**25428**	**5185**	**55212891**	**0.22**
北　京	—	—	—	—	—	—
天　津	—	—	—	—	—	—
河　北	—	—	—	—	—	—
山　西	1100	767	333	—	1148000	0.10
内蒙古	—	—	—	—	—	—
辽　宁	—	—	—	—	—	—
吉　林	—	—	—	—	—	—
黑龙江	—	—	—	—	—	—
上　海	—	—	—	—	—	—
江　苏	—	—	—	—	—	—
浙　江	—	—	—	—	—	—
安　徽	—	—	—	—	—	—
福　建	—	—	—	—	—	—
江　西	3	3	—	—	—	—
山　东	—	—	—	—	—	—
河　南	—	—	—	—	—	—
湖　北	62957	46953	12111	3893	8498500	0.74
湖　南	—	—	—	—	—	—
广　东	23586	18690	4730	166	10007464	0.24
广　西	356	309	46	1	12129704	—
海　南	15912	9789	5240	883	1693229	0.94
重　庆	—	—	—	—	—	—
四　川	—	—	—	—	—	—
贵　州	—	—	—	—	—	—
云　南	14392	12552	1824	16	21566880	0.07
西　藏	—	—	—	—	—	—
陕　西	—	—	—	—	—	—
甘　肃	—	—	—	—	—	—
宁　夏	—	—	—	—	—	—
青　海	3298	1927	1145	226	169114	1.95
新　疆	—	—	—	—	—	—
大兴安岭	—	—	—	—	—	—

植物发生防治情况

单位:公顷

防治面积						防治率(%)	无公害防治率(%)
总计	化学防治	生物化学	人工物理	生物防治	其他		
44271	**5401**	**3696**	**28844**	**999**	**5331**	**36.41**	**87.80**
—	—	—	—	—	—	—	—
—	—	—	—	—	—	—	—
—	—	—	—	—	—	—	—
620	13	—	520	—	87	56.36	97.90
—	—	—	—	—	—	—	—
—	—	—	—	—	—	—	—
—	—	—	—	—	—	—	—
—	—	—	—	—	—	—	—
—	—	—	—	—	—	—	—
—	—	—	—	—	—	—	—
—	—	—	—	—	—	—	—
—	—	—	—	—	—	—	—
—	—	—	—	—	—	—	—
3	—	—	—	—	3	100.00	100.00
—	—	—	—	—	—	—	—
—	—	—	—	—	—	—	—
22159	54	220	19392	993	1500	35.20	99.76
—	—	—	—	—	—	—	—
12286	4013	3276	1859	6	3132	52.09	67.33
355	—	—	7	—	348	99.83	100.00
728	327	—	401	—	—	4.58	55.08
—	—	—	—	—	—	—	—
—	—	—	—	—	—	—	—
—	—	—	—	—	—	—	—
5387	993	—	4279	—	114	37.43	81.56
—	—	—	—	—	—	—	—
—	—	—	—	—	—	—	—
—	—	—	—	—	—	—	—
—	—	—	—	—	—	—	—
2733	—	200	2387	—	147	82.88	100.00
—	—	—	—	—	—	—	—
—	—	—	—	—	—	—	—

各地区林业有害生物

地　区	林业有害生物防治机构						林业植物检疫检查站					
	省级		地级		县级		检疫检查站			检疫员		
	站数	人数	站数	人数	站数	人数	合计	固定	临时	合计	专职	兼职
全国合计	**35**	**675**	**392**	**2952**	**2659**	**17202**	**1551**	**1210**	**347**	**41789**	**19579**	**22210**
北　京	1	31	—	—	16	186	13	13	—	633	256	377
天　津	1	10	—	—	12	137	2	2	—	165	104	61
河　北	1	17	15	176	156	910	3	3	—	1572	783	789
山　西	1	19	20	138	115	636	—	—	—	1579	730	879
内蒙古	2	31	13	242	123	1345	91	91	—	2013	1212	801
辽　宁	1	32	14	100	69	508	35	—	35	1686	432	1254
吉　林	1	12	9	75	75	534	259	259	—	1528	450	1078
黑龙江	2	14	17	112	127	648	175	175	—	1493	495	998
上　海	1	18	—	—	9	216	—	—	—	294	130	164
江　苏	1	15	13	58	85	340	35	35	—	1878	778	1100
浙　江	1	17	11	78	82	439	72	60	12	1719	765	954
安　徽	1	36	16	108	90	505	122	122	—	2396	1190	1206
福　建	1	20	9	39	76	307	—	—	—	1302	694	608
江　西	1	45	11	83	100	466	80	—	80	2130	942	1188
山　东	1	21	17	137	163	993	61	51	10	1801	1032	769
河　南	1	23	28	256	122	906	5	—	5	1449	695	754
湖　北	1	18	17	145	82	594	45	16	29	935	437	498
湖　南	1	7	14	59	110	612	79	79	—	1748	558	1190
广　东	1	25	21	107	87	401	1	1	—	834	609	225
广　西	1	15	14	119	109	552	—	—	—	1070	798	272
海　南	1	17	2	13	17	85	40	17	23	213	149	111
重　庆	1	54	—	—	38	283	186	116	70	860	580	280
四　川	1	17	20	105	171	1159	3	—	3	3039	879	1723
贵　州	1	11	9	50	91	368	58	36	26	1767	615	1152
云　南	1	23	16	127	131	681	2	—	2	2383	1049	1334
西　藏	1	5	7	28	—	—	7	7	—	97	97	—
陕　西	1	22	12	113	113	1510	77	61	18	1338	871	467
甘　肃	1	29	24	208	86	820	—	—	—	1746	703	1043
宁　夏	1	18	5	53	15	124	2	2	—	242	171	71
青　海	1	6	8	40	30	195	17	17	—	445	295	150
新　疆	2	29	30	183	144	638	12	2	10	1033	555	478
大兴安岭	1	18	—	—	15	104	69	45	24	283	101	182

防治机构情况

单位:个、人

林业有害生物基层测报站点										
基层测报站、点				测报员			社会化防治组织			
合计	国家级	省级	一级	合计	专职	兼职	防治公司	防治专业队	森林医院	防治员
29153	**1000**	**1034**	**25734**	**72122**	**11382**	**61741**	**493**	**15541**	**250**	**137394**
2341	11	15	1350	2051	121	1930	7	383	—	4392
142	9	3	130	242	82	160	12	311	—	1730
2783	37	42	2704	6777	935	5842	22	1088	58	6360
431	34	23	374	1247	257	990	—	83	2	497
942	44	30	868	3697	694	3003	—	20	—	320
347	44	37	266	2878	219	2659	1	579	4	7585
1022	33	10	979	1037	225	812	—	877	1	10871
960	48	74	838	1905	530	1375	3	84	1	1940
131	7	23	101	214	127	87	30	43	1	1105
462	31	11	420	955	105	850	—	650	1	3200
796	42	15	739	3583	334	3249	15	79	3	341
549	37	10	502	1451	366	1085	8	184	—	1647
1117	40	36	1041	3710	521	3189	15	102	4	411
2447	36	67	2344	3205	532	3674	53	100	1	4300
1924	43	37	1844	3900	640	3260	16	7985	2	69104
1025	38	12	975	3250	741	2509	5	127	27	3278
989	36	33	920	1343	283	1060	4	80	16	845
1436	40	18	1349	2795	430	2365	8	52	5	405
552	43	13	496	1402	293	1109	220	20	—	482
438	39	11	388	3715	553	3162	—	—	11	65
224	10	50	164	583	51	532	4	4	—	74
1113	24	14	1075	1508	283	1225	42	1075	38	1508
1863	40	50	1773	7320	720	6600	—	203	1	—
806	35	45	726	1724	261	1463	1	14	1	334
1650	35	2	1615	4429	564	3865	2	32	—	—
3	3	—	—	265	65	200	3	3	5	100
809	35	45	729	2087	390	1697	2	381	66	2700
693	35	42	616	2472	397	2075	—	335	—	2654
160	16	9	135	295	85	210	2	35	1	380
210	29	—	181	413	101	312	8	58	—	367
773	38	257	85	1476	456	1020	10	554	1	10399
15	8	—	7	193	21	172	—	—	—	—

各地区林业有害生物

地区	资金投入情况						
	全国合计				省级		
	合计	财政资金	预算内资金	社会投入	财政资金	预算内资金	社会投入
全国合计	**341419**	**168098**	**49918**	**123404**	**38235**	**15040**	**850**
北京	14333	7167	7167	—	1767	1767	—
天津	5133	1309	1000	2824	500	1000	—
河北	18971	6146	3448	9377	1655	600	—
山西	3686	1580	853	1253	700	810	—
内蒙古	4592	2003	1263	1327	750	180	—
辽宁	11731	3063	2052	6616	800	800	—
吉林	8514	3246	761	4507	2360	150	—
黑龙江	5492	794	2548	2150	500	—	—
上海	2888	1400	1400	88	489	489	—
江苏	13118	6949	1287	4882	3000	—	—
浙江	17252	13011	412	3828	830	—	—
安徽	22205	11102	3226	7877	400	400	—
福建	16093	8146	4510	3437	3000	1000	—
江西	6781	3410	179	3192	1000	—	—
山东	57305	36045	201	21059	3000	—	—
河南	13408	7055	—	6352	1200	—	—
湖北	6642	2044	793	3805	400	205	—
湖南	11044	4155	2225	4664	1200	1100	—
广东	19774	9344	9344	1086	2500	2500	—
广西	2370	1379	—	991	530	—	—
海南	1639	1371	—	268	280	—	—
重庆	22562	16628	1086	4848	2000	700	850
四川	9297	4271	212	4814	2184	135	—
贵州	2389	1643	347	399	515	71	—
云南	2507	2289	106	112	700	—	—
西藏	2400	1200	1200	—	1200	1200	—
陕西	6070	3094	1509	1467	1000	1000	—
甘肃	11469	100	1086	10283	100	400	—
宁夏	530	250	250	30	180	180	—
青海	709	635	—	74	300	—	—
新疆	19548	6652	1100	11795	3160	—	—
大兴安岭	966	613	353	—	35	353	—

防治资金投入和农药使用情况

单位：万元、千克、亿头

(万元)						农药使用情况(千克)			
地(市)级			县(市、区)级			微生物农药	天敌生物(亿头)	生物化学农药	化学农药
财政资金	预算内资金	社会投入	财政资金	预算内资金	社会投入				
26547	**8949**	**3579**	**103315**	**25929**	**118974**	**5339895**	**181829**	**37600072**	**4056247**
—	—	—	5400	5400	—	11003	28	317040	—
—	—	—	809	—	2824	110	1	292278	81617
883	961	—	3608	1887	9377	647	16	683860	177544
43	19	—	837	24	1253	9980	93	144328	85036
272	—	—	981	1083	1327	46126	150	1082636	164660
1349	896	1330	915	356	5286	38000	73	407200	37900
150	369	37	736	242	4470	6192	7	97630	9444
89	6	276	205	2542	1874	27680	3	136358	426006
—	—	—	911	911	88	23615	—	6885	3425
756	187	255	3193	1100	4627	7885	10	298896	241030
1955	130	—	10226	282	3828	43596	100025	149304	45992
1361	822	539	9342	2004	7338	42600	1	422000	205620
1013	873	—	4133	2637	3437	1445180	—	262203	31578
296	150	7	2114	29	3185	136107	—	51808	64874
7739	28	74	25306	173	20986	148146	281	2424963	199588
2393	—	—	3463	—	6352	5165	7	571195	106920
269	214	806	1376	374	2999	118010	2	171551	63151
461	320	30	2494	805	4634	114465	61056	173175	27878
3471	3471	7	3373	3373	1079	5050	—	15000	14640
418	—	169	431	—	822	296	—	82	20
486	—	—	605	—	268	405	6	18134	2619
—	—	—	14628	386	3998	132230	20022	394346	10874
620	—	—	1467	77	4814	1879400	—	8615000	1425000
451	55	—	677	221	399	34316	—	50801	8502
599	20	—	990	86	112	431	30	413	106
—	—	—	—	—	—	16	—	34	—
282	90	—	1812	419	1467	33790	2	68194	80405
—	55	41	—	631	10242	6498	—	79135	21461
40	40	10	30	30	20	8000	—	—	15000
103	—	—	232	—	74	7288	—	38067	11620
488	243	—	3004	857	11795	1007668	15	19674657	493737
562	—	—	16	—	—	—	—	952900	—

附录四

全国分县造林情况

ANNEX Ⅳ

分县造林完成情况

单位：公顷

地　区	造林面积				更新造林
	合计	人工造林	飞播造林	无林地和疏林地新封山（沙）育林	
全国合计	**6100057**	**4209686**	**154400**	**1735971**	**303086**
北京市	**45813**	**30871**	**—**	**14942**	**784**
朝阳区	577	577	—	—	—
丰台区	67	67	—	—	—
海淀区	267	267	—	—	—
门头沟区	1373	1373	—	—	—
房山区	4706	4667	—	39	—
通州区	3458	3458	—	—	—
顺义区	3926	3926	—	—	—
昌平区	7664	3664	—	4000	—
大兴区	3827	3827	—	—	16
怀柔区	3348	1388	—	1960	—
平谷区	1898	1721	—	177	77
平谷区果品办公室	90	90	—	—	666
密云县	5607	2707	—	2900	—
延庆县	8639	2773	—	5866	—
延庆县果品服务中心	346	346	—	—	—
共青林场	—	—	—	—	25
八达岭林场	20	20	—	—	—
天津市	**5792**	**5792**	**—**	**—**	**—**
东丽区	207	207	—	—	—
西青区	1300	1300	—	—	—
津南区	218	218	—	—	—
北辰区	1025	1025	—	—	—
武清区	533	533	—	—	—
宝坻区	267	267	—	—	—
宁河县	138	138	—	—	—
静海县	1920	1920	—	—	—
滨海新区	184	184	—	—	—
河北省	**318737**	**238007**	**20001**	**60729**	**5017**
石家庄市	**32033**	**22386**	**—**	**9647**	**52**
长安区	530	530	—	—	—
桥西区	29	29	—	—	—
新华区	352	352	—	—	—
井陉矿区	480	387	—	93	—
井陉县	4440	2273	—	2167	—
正定县	387	387	—	—	—
栾城县	1453	1453	—	—	—
行唐县	2453	2053	—	400	—
灵寿县	533	133	—	400	—
高邑县	547	547	—	—	—
深泽县	866	866	—	—	—
赞皇县	2600	1800	—	800	—
无极县	133	133	—	—	—
平山县	6475	3008	—	3467	52
元氏县	3206	1673	—	1533	—
赵县	882	882	—	—	—

分县造林完成情况

单位:公顷

地　区	造林面积				更新造林
	合计	人工造林	飞播造林	无林地和疏林地新封山(沙)育林	
藁城市	1800	1800	—	—	—
晋州市	510	510	—	—	—
新乐市	727	727	—	—	—
鹿泉市	3630	2843	—	787	—
辛集市	80	80	—	—	—
唐山市	**28778**	**22231**	**—**	**6547**	**346**
路南区	61	61	—	—	34
路北区	27	27	—	—	—
古冶区	467	467	—	—	—
开平区	533	533	—	—	—
丰南区	1973	1973	—	—	300
丰润区	2587	1920	—	667	—
滦县	3567	1900	—	1667	—
滦南县	1987	1987	—	—	—
乐亭县	1927	1927	—	—	—
迁西县	4100	2767	—	1333	—
玉田县	2700	1820	—	880	—
唐海县	1647	1647	—	—	—
芦台农场	20	20	—	—	—
汉沽农场	71	71	—	—	12
遵化市	2778	2111	—	667	—
迁安市	4333	3000	—	1333	—
秦皇岛市	**10669**	**6668**	**—**	**4001**	**—**
海港区	467	467	—	—	—
山海关区	800	133	—	667	—
北戴河区	153	153	—	—	—
青龙满族自治县	3334	2000	—	1334	—
昌黎县	1066	733	—	333	—
抚宁县	1800	800	—	1000	—
卢龙县	2227	1560	—	667	—
市直单位	822	822	—	—	—
邯郸市	**26174**	**16171**	**—**	**10003**	**—**
邯山区	80	80	—	—	—
复兴区	134	134	—	—	—
峰峰矿区	1820	934	—	886	—
邯郸县	1784	967	—	817	—
临漳县	664	664	—	—	—
成安县	687	687	—	—	—
大名县	667	667	—	—	—
涉县	5314	1980	—	3334	—
磁县	4226	1893	—	2333	—
肥乡县	733	733	—	—	—
永年县	1887	1254	—	633	—
邱县	610	610	—	—	—
鸡泽县	533	533	—	—	—
广平县	380	380	—	—	—
馆陶县	667	667	—	—	—

分县造林完成情况

单位:公顷

地　区	造林面积				更新造林
	合计	人工造林	飞播造林	无林地和疏林地新封山(沙)育林	
魏县	646	646	—	—	—
曲周县	1233	1233	—	—	—
武安市	4000	2000	—	2000	—
漳河林场	30	30	—	—	—
马头生态工业城	79	79	—	—	—
邢台市	**30582**	**23583**	**—**	**6999**	**—**
桥东区	126	126	—	—	—
桥西区	83	83	—	—	—
邢台县	6467	3800	—	2667	—
临城县	2200	1867	—	333	—
内丘县	6499	3833	—	2666	—
柏乡县	333	333	—	—	—
隆尧县	742	742	—	—	—
任县	620	620	—	—	—
南和县	600	600	—	—	—
宁晋县	650	650	—	—	—
巨鹿县	600	600	—	—	—
新河县	660	660	—	—	—
广宗县	967	967	—	—	—
平乡县	870	870	—	—	—
威县	2000	2000	—	—	—
清河县	400	400	—	—	—
临西县	1133	1133	—	—	—
南宫市	800	800	—	—	—
沙河市	4432	3099	—	1333	—
高新技术产业开发区	333	333	—	—	—
大曹庄管理区	67	67	—	—	—
保定市	**44482**	**26149**	**—**	**18333**	**655**
新市区	13	13	—	—	—
北市区	47	47	—	—	—
南市区	21	21	—	—	—
满城县	1334	667	—	667	—
清苑县	333	333	—	—	—
涞水县	2667	2667	—	—	20
阜平县	14300	7633	—	6667	—
徐水县	250	250	—	—	28
定兴县	133	133	—	—	20
唐县	5066	3066	—	2000	45
高阳县	154	154	—	—	61
容城县	100	100	—	—	—
涞源县	5334	2667	—	2667	24
望都县	434	434	—	—	—
安新县	200	200	—	—	53
易县	5332	2666	—	2666	147
曲阳县	4333	2000	—	2333	141
蠡县	220	220	—	—	—
顺平县	2333	1000	—	1333	—

分县造林完成情况

单位:公顷

地　区	造林面积				更新造林
	合计	人工造林	飞播造林	无林地和疏林地新封山(沙)育林	
博野县	333	333	—	—	12
雄县	234	234	—	—	48
涿州市	800	800	—	—	56
安国市	223	223	—	—	—
高碑店市	200	200	—	—	—
高新区	55	55	—	—	—
白沟新城	33	33	—	—	—
定州市	700	700	—	—	—
张家口市	**70162**	**56494**	**12001**	**1667**	**667**
桥东区	349	349	—	—	—
桥西区	480	480	—	—	—
宣化区	133	133	—	—	—
下花园区	1188	1188	—	—	—
宣化县	2438	1771	667	—	—
张北县	1767	1767	—	—	167
康保县	3333	3333	—	—	166
沽源县	4986	4986	—	—	167
尚义县	5954	3953	2001	—	167
蔚县	4599	3266	1333	—	—
阳原县	6200	3533	2667	—	—
怀安县	2533	2533	—	—	—
万全县	6053	4720	1333	—	—
怀来县	9047	7380	—	1667	—
涿鹿县	4666	3333	1333	—	—
赤城县	6514	6514	—	—	—
崇礼县	9922	7255	2667	—	—
承德市	**45336**	**35337**	**6667**	**3332**	**1560**
双桥区	1494	1494	—	—	—
双滦区	1333	1333	—	—	—
鹰手营子矿区	1734	1067	—	667	—
承德县	3667	3667	—	—	61
兴隆县	3418	2752	—	666	—
平泉县	5139	3473	1333	333	520
滦平县	5158	4491	667	—	8
隆化县	3334	2667	667	—	280
丰宁满族自治县	9286	6953	2000	333	38
宽城满族自治县	2800	1467	667	666	—
围场满族蒙古族自治县	7973	5973	1333	667	653
沧州市	**5194**	**5194**	**—**	**—**	**—**
运河区	167	167	—	—	—
沧县	433	433	—	—	—
青县	333	333	—	—	—
东光县	633	633	—	—	—
海兴县	934	934	—	—	—
盐山县	402	402	—	—	—
肃宁县	67	67	—	—	—
南皮县	267	267	—	—	—

分县造林完成情况

单位:公顷

地区	造林面积				更新造林
	合计	人工造林	飞播造林	无林地和疏林地新封山(沙)育林	
吴桥县	440	440	—	—	—
孟村回族自治县	67	67	—	—	—
中捷农场	141	141	—	—	—
南大港管理区	133	133	—	—	—
泊头市	333	333	—	—	—
任丘市	133	133	—	—	—
黄骅市	400	400	—	—	—
河间市	311	311	—	—	—
廊坊市	**8699**	**8699**	**—**	**—**	**60**
安次区	640	640	—	—	—
广阳区	200	200	—	—	—
固安县	886	886	—	—	—
永清县	1300	1300	—	—	—
香河县	500	500	—	—	60
大成县	1667	1667	—	—	—
文安县	1606	1606	—	—	—
大厂回族自治县	500	500	—	—	—
霸州市	733	733	—	—	—
三河市	667	667	—	—	—
衡水市	**11826**	**11826**	**—**	**—**	**1314**
桃城区	546	546	—	—	—
枣强县	736	736	—	—	—
武邑县	1336	1336	—	—	598
武强县	800	800	—	—	—
饶阳县	1686	1686	—	—	—
安平县	653	653	—	—	—
故城县	1260	1260	—	—	—
景县	370	370	—	—	702
阜城县	695	695	—	—	14
冀州市	1474	1474	—	—	—
深州市	2000	2000	—	—	—
经济开发区	103	103	—	—	—
滨湖新区	167	167	—	—	—
木兰林管局	**1556**	**1556**	**—**	**—**	**146**
塞罕坝机械林场	**733**	**733**	**—**	**—**	**217**
雾灵山自然保护区	**1333**	**—**	**1333**	**—**	**—**
小五台自然保护区	**67**	**67**	**—**	**—**	**—**
省林业示范场	**333**	**133**	**—**	**200**	**—**
山西省	**298796**	**240843**	**1732**	**56221**	**—**
太原市	**21170**	**16571**	**—**	**4599**	**—**
小店区	267	267	—	—	—
迎泽区	553	553	—	—	—
杏花岭区	753	753	—	—	—
尖草坪区	620	620	—	—	—
万柏林区	2736	2736	—	—	—
晋源区	1609	1609	—	—	—
清徐县	1833	1366	—	467	—

分县造林完成情况

单位:公顷

地　区	造林面积				更新造林
	合计	人工造林	飞播造林	无林地和疏林地新封山(沙)育林	
阳曲县	3021	2288	—	733	—
娄烦县	4600	3400	—	1200	—
古交市	4645	2979	—	1666	—
市直单位	533	—	—	533	—
大同市	**21576**	**17310**	**1732**	**2534**	**—**
南郊区	2450	1117	666	667	—
新荣区	520	520	—	—	—
阳高县	2787	1920	400	467	—
天镇县	1568	1568	—	—	—
广灵县	2971	2771	—	200	—
灵丘县	2587	2387	—	200	—
浑源县	4015	2682	666	667	—
左云县	667	667	—	—	—
大同县	2678	2345	—	333	—
市直单位	1333	1333	—	—	—
阳泉市	**7473**	**6740**	**—**	**733**	**—**
阳泉郊区	2020	1820	—	200	—
平定县	1691	1358	—	333	—
盂县	2829	2629	—	200	—
市直单位	933	933	—	—	—
长治市	**20163**	**18163**	**—**	**2000**	**—**
长治郊区	67	67	—	—	—
长治县	473	473	—	—	—
襄垣县	1333	1333	—	—	—
屯留县	1327	1127	—	200	—
平顺县	2593	2260	—	333	—
黎城县	2213	1946	—	267	—
壶关县	1753	1486	—	267	—
长子县	1400	1400	—	—	—
武乡县	2914	2647	—	267	—
沁县	2233	1900	—	333	—
沁源县	1873	1540	—	333	—
潞城市	1984	1984	—	—	—
晋城市	**5421**	**4355**	**—**	**1066**	**—**
晋城城区	33	33	—	—	—
沁水县	1167	767	—	400	—
阳城县	960	827	—	133	—
陵川县	1320	1120	—	200	—
泽州县	1027	694	—	333	—
高平市	914	914	—	—	—
朔州市	**14774**	**14440**	**—**	**334**	**—**
朔城区	2413	2413	—	—	—
平鲁区	4202	4035	—	167	—
山阴县	2233	2233	—	—	—
应县	2373	2373	—	—	—
右玉县	2120	1953	—	167	—
怀仁县	1433	1433	—	—	—

分县造林完成情况

单位:公顷

地区	造林面积				更新造林
	合计	人工造林	飞播造林	无林地和疏林地新封山(沙)育林	
晋中市	**26088**	**23021**	**—**	**3067**	**—**
榆次区	1900	1434	—	466	—
榆社县	4313	4313	—	—	—
左权县	2304	2104	—	200	—
和顺县	3011	2544	—	467	—
昔阳县	1667	1200	—	467	—
寿阳县	1733	1066	—	667	—
太谷县	1933	1466	—	467	—
祁县	1724	1724	—	—	—
平遥县	2129	2129	—	—	—
灵石县	4887	4554	—	333	—
介休市	487	487	—	—	—
运城市	**26954**	**24156**	**—**	**2798**	**—**
盐湖区	2106	2106	—	—	—
临猗县	2473	2473	—	—	—
万荣县	1406	1273	—	133	—
闻喜县	3233	2900	—	333	—
稷山县	887	687	—	200	—
新绛县	994	861	—	133	—
绛县	1910	1910	—	—	—
垣曲县	4053	3387	—	666	—
夏县	1746	1746	—	—	—
平陆县	1200	1067	—	133	—
芮城县	2307	1773	—	534	—
永济市	2926	2260	—	666	—
河津市	1713	1713	—	—	—
忻州市	**38786**	**33253**	**—**	**5533**	**—**
忻府区	1933	1933	—	—	—
定襄县	956	756	—	200	—
五台县	1351	1351	—	—	—
代县	2133	1466	—	667	—
繁峙县	3107	1574	—	1533	—
宁武县	1867	867	—	1000	—
静乐县	3233	2500	—	733	—
神池县	3067	3067	—	—	—
五寨县	2733	2333	—	400	—
岢岚县	4500	4100	—	400	—
河曲县	2133	2133	—	—	—
保德县	4350	4350	—	—	—
偏关县	3870	3537	—	333	—
原平市	2753	2486	—	267	—
市直单位	800	800	—	—	—
临汾市	**35669**	**29086**	**—**	**6583**	**—**
尧都区	3200	3200	—	—	—
曲沃县	267	267	—	—	—
翼城县	1168	968	—	200	—
襄汾县	1858	1324	—	534	—

分县造林完成情况

单位：公顷

地　区	造林面积				更新造林
	合计	人工造林	飞播造林	无林地和疏林地新封山(沙)育林	
洪洞县	1227	693	—	534	—
古县	1134	934	—	200	—
安泽县	740	540	—	200	—
浮山县	1700	1300	—	400	—
吉县	3709	2816	—	893	—
乡宁县	3657	3243	—	414	—
大宁县	2900	2487	—	413	—
隰县	3334	2600	—	734	—
永和县	3635	3035	—	600	—
蒲县	3784	3057	—	727	—
汾西县	2541	1807	—	734	—
侯马市	433	433	—	—	—
霍州市	382	382	—	—	—
吕梁市	**45554**	**39014**	**—**	**6540**	**—**
离石区	2693	2460	—	233	—
文水县	1148	734	—	414	—
交城县	1549	789	—	760	—
兴县	4873	4460	—	413	—
临县	4720	4187	—	533	—
柳林县	5900	5420	—	480	—
石楼县	4374	3853	—	521	—
岚县	2967	2501	—	466	—
方山县	4506	4006	—	500	—
中阳县	4233	3639	—	594	—
交口县	2673	2307	—	366	—
孝义市	4021	3341	—	680	—
汾阳市	1897	1317	—	580	—
管涔山林局	**4200**	**1333**	**—**	**2867**	**—**
五台山林局	**2634**	**1767**	**—**	**867**	**—**
关帝山林局	**5333**	**1733**	**—**	**3600**	**—**
太行山林局	**5233**	**3166**	**—**	**2067**	**—**
太岳山林局	**4664**	**1334**	**—**	**3330**	**—**
吕梁山林局	**2015**	**1267**	**—**	**748**	**—**
中条山林局	**4800**	**1467**	**—**	**3333**	**—**
黑茶山林局	**5067**	**2067**	**—**	**3000**	**—**
杨树局	**955**	**533**	**—**	**422**	**—**
省林职院林场	**267**	**67**	**—**	**200**	**—**
内蒙古自治区	**805156**	**349624**	**78666**	**376866**	**14976**
呼和浩特市	**22401**	**10869**	**—**	**11532**	**—**
新城区	400	400	—	—	—
赛罕区	238	238	—	—	—
土默特左旗	3234	1168	—	2066	—
和林格尔县	5496	2163	—	3333	—
武川县	6367	4367	—	2000	—
清水河县	6666	2533	—	4133	—
包头市	**40256**	**7254**	**—**	**33002**	**—**
东河区	193	193	—	—	—

分县造林完成情况

单位:公顷

地　区	造林面积				更新造林
	合计	人工造林	飞播造林	无林地和疏林地新封山(沙)育林	
青山区	1094	427	—	667	—
昆都仑区	1376	709	—	667	—
石拐区	5681	1547	—	4134	—
白云鄂博矿区	67	67	—	—	—
九原区	1270	270	—	1000	—
土默特右旗	3400	1066	—	2334	—
固阳县	6183	2650	—	3533	—
达尔罕茂明安联合旗	20859	192	—	20667	—
稀土高新技术产业开发区	133	133	—	—	—
乌海市	**2030**	**2030**	**—**	**—**	**—**
海勃湾区	497	497	—	—	—
海南区	1533	1533	—	—	—
赤峰市	**195104**	**96437**	**6667**	**92000**	**7973**
红山区	170	170	—	—	—
元宝山区	290	290	—	—	253
松山区	12960	4960	—	8000	16
阿鲁科尔沁旗	35481	18814	—	16667	818
巴林左旗	7413	3413	—	4000	142
巴林右旗	20734	14734	—	6000	176
林西县	10763	5430	—	5333	985
克什克腾旗	26547	10547	—	16000	118
翁牛特旗	42400	21733	6667	14000	2237
宁城县	13487	4820	—	8667	955
敖汉旗	18140	8140	—	10000	2096
喀喇沁旗	6719	3386	—	3333	177
满洲里市	**667**	**667**	**—**	**—**	**—**
呼伦贝尔市	**38131**	**20465**	**—**	**17666**	**5**
海拉尔区	133	133	—	—	—
扎兰屯市	1333	1333	—	—	—
阿荣旗	667	667	—	—	—
鄂伦春自治旗	667	667	—	—	—
鄂温克自治旗	1666	1333	—	333	—
新巴尔虎左旗	16000	5333	—	10667	—
新巴尔虎右旗	6866	3533	—	3333	—
陈巴尔虎旗	8666	5333	—	3333	—
免渡河林业局	—	—	—	—	5
红花尔基林业局	2133	2133	—	—	—
兴安盟	**26000**	**11000**	**—**	**15000**	**3000**
乌兰浩特市	267	267	—	—	667
阿尔山市	333	—	—	333	—
科尔沁右翼前旗	4800	3466	—	1334	2000
科尔沁右翼中旗	9000	5000	—	4000	—
扎赉特旗	3534	1867	—	1667	333
突泉县	3733	400	—	3333	—
五岔沟林业局	3000	—	—	3000	—
白狼林业局	1333	—	—	1333	—
通辽市	**68266**	**38933**	**667**	**28666**	**3914**

分县造林完成情况

单位:公顷

地　区	造林面积				更新造林
	合计	人工造林	飞播造林	无林地和疏林地新封山(沙)育林	
科尔沁区	6533	4333	—	2200	—
科尔沁左翼中旗	6733	4867	—	1866	572
科尔沁左翼后旗	38733	17400	—	21333	676
开鲁县	6200	3333	67	2800	333
库伦旗	2267	1800	—	467	667
奈曼旗	5333	5333	—	—	1333
扎鲁特旗	2467	1867	600	—	333
锡林郭勒盟	**173151**	**39818**	**33333**	**100000**	**—**
锡林浩特市	16800	3467	—	13333	—
阿巴嘎旗	20666	1999	6000	12667	—
苏尼特左旗	18667	—	8667	10000	—
苏尼特右旗	15333	—	5333	10000	—
东乌珠慕沁旗	20667	11333	—	9334	—
西乌珠慕沁旗	17786	6453	—	11333	—
太仆寺旗	3333	2000	—	1333	—
镶黄旗	11666	333	—	11333	—
正镶白旗	18000	1334	6666	10000	—
正蓝旗	19374	3373	6667	9334	—
多伦县	9193	9193	—	—	—
乌拉盖开发区	1666	333	—	1333	—
乌兰察布市	**87858**	**44525**	**—**	**43333**	**—**
集宁区	497	497	—	—	—
丰镇市	9127	4460	—	4667	—
卓资县	10309	4976	—	5333	—
化德县	6637	1970	—	4667	—
商都县	6264	4264	—	2000	—
兴和县	11111	5778	—	5333	—
凉城县	7090	3757	—	3333	—
察哈尔右翼前旗	9061	5061	—	4000	—
察哈尔右翼中旗	8369	3702	—	4667	—
察哈尔右翼后旗	8345	6345	—	2000	—
四子王旗	11048	3715	—	7333	—
鄂尔多斯市	**53848**	**44848**	**7333**	**1667**	**—**
东胜区	4527	4527	—	—	—
达拉特旗	1953	1953	—	—	—
准格尔旗	9040	7373	—	1667	—
鄂托克前旗	6094	6094	—	—	—
鄂托克旗	6973	6973	—	—	—
杭锦旗	18446	11113	7333	—	—
乌审旗	3675	3675	—	—	—
伊金霍洛旗	2800	2800	—	—	—
造林总场	340	340	—	—	—
巴彦淖尔市	**38199**	**14199**	**11333**	**12667**	**84**
市直单位	425	425	—	—	—
临河区	4089	4089	—	—	—
五原县	4398	4398	—	—	—
磴口县	8612	279	2333	6000	29

分县造林完成情况

单位:公顷

地　区	造林面积				更新造林
	合计	人工造林	飞播造林	无林地和疏林地新封山(沙)育林	
乌拉特前旗	7643	976	6667	—	29
乌拉特中旗	5036	1036	—	4000	—
乌拉特后旗	5554	554	2333	2667	7
杭锦后旗	2442	2442	—	—	19
阿拉善盟	**56467**	**17134**	**19333**	**20000**	**—**
阿拉善左旗	38400	10401	19333	8666	—
阿拉善右旗	8200	4867	—	3333	—
额济纳旗	3267	600	—	2667	—
经济开发区	2600	933	—	1667	—
生态示范区	4000	333	—	3667	—
二连浩特市	**1340**	**7**	**—**	**1333**	**—**
内蒙古集团	**1438**	**1438**	**—**	**—**	**—**
阿尔山	153	153	—	—	—
绰源	150	150	—	—	—
库都尔	205	205	—	—	—
伊图里河	44	44	—	—	—
吉文	134	134	—	—	—
根河	440	440	—	—	—
大杨树	312	312	—	—	—
辽宁省	**237457**	**134459**	**—**	**102998**	**2199**
沈阳市	**16668**	**14668**	**—**	**2000**	**10**
市直单位	67	67	—	—	—
苏家屯区	667	667	—	—	—
东陵区	667	667	—	—	—
沈北新区	200	200	—	—	10
辽中县	1333	1333	—	—	—
康平县	6667	5334	—	1333	—
法库县	3734	3067	—	667	—
新民市	3333	3333	—	—	—
大连市	**20667**	**12000**	**—**	**8667**	**—**
长兴岛	333	333	—	—	—
瓦房店市	7667	4667	—	3000	—
普兰店市	6000	3333	—	2667	—
庄河市	6667	3667	—	3000	—
鞍山市	**9066**	**4400**	**—**	**4666**	**—**
台安县	533	533	—	—	—
岫岩满族自治县	6667	3334	—	3333	—
海城市	1866	533	—	1333	—
抚顺市	**5599**	**5266**	**—**	**333**	**—**
东洲区	234	234	—	—	—
抚顺县	1099	766	—	333	—
新宾满族自治县	2533	2533	—	—	—
清原满族自治县	1733	1733	—	—	—
本溪市	**2402**	**2402**	**—**	**—**	**1491**
高新区	7	7	—	—	—
市辖区	113	113	—	—	389
平山区	7	7	—	—	—

分县造林完成情况

单位:公顷

地　区	造林面积				更新造林
	合计	人工造林	飞播造林	无林地和疏林地新封山(沙)育林	
溪湖区	7	7	—	—	—
明山区	200	200	—	—	14
南芬区	67	67	—	—	67
本溪满族自治县	1334	1334	—	—	267
桓仁满族自治县	667	667	—	—	754
丹东市	**5140**	**2940**	**—**	**2200**	**13**
大孤山经济开发区	33	33	—	—	—
元宝区	—	—	—	—	13
振兴区	7	7	—	—	—
振安区	67	67	—	—	—
宽甸满族自治县	1800	667	—	1133	—
东港市	800	800	—	—	—
凤城市	2433	1366	—	1067	—
锦州市	**33799**	**22466**	**—**	**11333**	**—**
市辖区	267	267	—	—	—
太和区	333	333	—	—	—
黑山县	3066	1733	—	1333	—
义县	14333	10000	—	4333	—
凌海市	12000	8000	—	4000	—
北镇市	3800	2133	—	1667	—
营口市	**7599**	**2133**	**—**	**5466**	**—**
鲅鱼圈区	133	133	—	—	—
老边区	133	—	—	133	—
盖州市	4333	1000	—	3333	—
大石桥市	3000	1000	—	2000	—
阜新市	**39126**	**22060**	**—**	**17066**	**—**
阜新矿业集团	400	—	—	400	—
阜新蒙古族自治县	25906	14573	—	11333	—
彰武县	12820	7487	—	5333	—
辽阳市	**6625**	**3958**	**—**	**2667**	**109**
文圣区	273	273	—	—	7
宏伟区	173	173	—	—	—
弓长岭区	814	147	—	667	30
太子河区	33	33	—	—	—
辽阳县	4132	2799	—	1333	—
灯塔市	1200	533	—	667	72
盘锦市	**1000**	**1000**	**—**	**—**	**—**
大洼县	267	267	—	—	—
盘山县	733	733	—	—	—
铁岭市	**19126**	**5793**	**—**	**13333**	**—**
清河区	300	300	—	—	—
开发区	27	27	—	—	—
铁岭县	6066	1733	—	4333	—
西丰县	5000	1000	—	4000	—
昌图县	2533	1200	—	1333	—
开原市	5200	1533	—	3667	—
朝阳市	**41666**	**22266**	**—**	**19400**	**227**

分县造林完成情况

单位:公顷

地　区	造林面积				更新造林
	合计	人工造林	飞播造林	无林地和疏林地新封山(沙)育林	
双塔区	1667	1000	—	667	—
龙城区	3266	1933	—	1333	—
朝阳县	7400	4000	—	3400	—
建平县	6667	4000	—	2667	227
喀喇沁左翼蒙古族自治县	6666	3333	—	3333	—
北票市	8000	4000	—	4000	—
凌源市	8000	4000	—	4000	—
葫芦岛市	**28974**	**13107**	**—**	**15867**	**—**
连山区	1333	1333	—	—	—
南票区	4200	2867	—	1333	—
绥中县	4667	2000	—	2667	—
建昌县	11307	4107	—	7200	—
兴城市	7467	2800	—	4667	—
厅直单位	**—**	**—**	**—**	**—**	**349**
实验林场	—	—	—	—	89
生态实验林场	—	—	—	—	100
海洋林场	—	—	—	—	55
彰武章古台固沙造林实验林场	—	—	—	—	87
干旱地区造林研究所林场	—	—	—	—	18
吉林省	**112446**	**48448**	**—**	**63998**	**8545**
长春市	**5309**	**3643**	**—**	**1666**	**561**
榆树市	800	133	—	667	71
农安县	—	—	—	—	394
德惠市	133	133	—	—	62
九台市	3332	2333	—	999	—
双阳区	267	267	—	—	—
朝阳区	—	—	—	—	1
宽城区	—	—	—	—	12
绿园区	10	10	—	—	10
二道区	—	—	—	—	2
净月开发区	—	—	—	—	9
莲花山	767	767	—	—	—
吉林市	**16697**	**4030**	**—**	**12667**	**618**
桦甸市	2333	—	—	2333	—
舒兰市	3109	775	—	2334	26
蛟河市	3128	795	—	2333	69
磐石市	2667	334	—	2333	—
永吉县	3040	706	—	2334	387
昌邑区	338	5	—	333	7
龙潭区	1128	461	—	667	1
船营区	—	—	—	—	50
丰满区	—	—	—	—	78
上营森林经营局	953	953	—	—	—
直属林场	1	1	—	—	—
四平市	**10155**	**5155**	**—**	**5000**	**656**
公主岭市	667	667	—	—	270
双辽市	1333	1333	—	—	—

分县造林完成情况

单位:公顷

地区	造林面积				更新造林
	合计	人工造林	飞播造林	无林地和疏林地新封山(沙)育林	
梨树县	3720	2053	—	1667	307
伊通满族自治县	3001	1001	—	2000	54
铁东区	—	—	—	—	4
铁西区	—	—	—	—	11
辽河农垦区	67	67	—	—	10
直属林场	1367	34	—	1333	—
辽源市	**4334**	**2667**	**—**	**1667**	**557**
东辽县	3000	2000	—	1000	402
东丰县	1334	667	—	667	79
辽源市林场	—	—	—	—	76
通化市	**19861**	**3127**	**—**	**16734**	**1498**
梅河口市	3200	133	—	3067	190
集安市	3216	549	—	2667	277
通化县	3764	764	—	3000	470
柳河县	4666	667	—	3999	245
辉南县	2667	333	—	2334	282
东昌区	—	—	—	—	20
二道江区	—	—	—	—	8
直属林场	14	14	—	—	6
其他单位	2334	667	—	1667	—
白山市	**6378**	**1711**	**—**	**4667**	**1424**
长白朝鲜族自治县	667	—	—	667	544
抚松县	1333	333	—	1000	—
靖宇县	1715	48	—	1667	—
临江市	1381	714	—	667	19
江源区	333	333	—	—	—
浑江区	267	267	—	—	—
长白森林经营局	16	16	—	—	105
其他单位	666	—	—	666	756
松原市	**2035**	**703**	**—**	**1332**	**177**
长岭县	666	333	—	333	—
前郭尔罗斯蒙古族自治县	333	—	—	333	—
扶余市	333	—	—	333	—
乾安县	333	—	—	333	73
宁江区	20	20	—	—	100
其他单位	350	350	—	—	4
白城市	**12129**	**7463**	**—**	**4666**	**1154**
大安市	1182	515	—	667	406
洮南市	2667	1667	—	1000	726
通榆县	3667	2667	—	1000	—
镇赉县	2333	1667	—	666	—
洮北区	300	300	—	—	1
经济开发区	67	67	—	—	21
查干浩特开发区	1733	400	—	1333	—
其他单位	180	180	—	—	—
延边朝鲜族自治州	**18462**	**6196**	**—**	**12266**	**931**
延吉市	98	98	—	—	62

分县造林完成情况

单位:公顷

地 区	造林面积				更新造林
	合计	人工造林	飞播造林	无林地和疏林地新封山(沙)育林	
龙井市	1628	295	—	1333	272
和龙市	3357	1024	—	2333	102
图们市	600	—	—	600	47
珲春市	1666	333	—	1333	340
敦化市	5203	2203	—	3000	64
安图县	1553	219	—	1334	40
汪清县	4357	2024	—	2333	4
长白山森工集团	**10346**	**10346**	**—**	**—**	**109**
黄泥河	1625	1625	—	—	3
敦化	1141	1141	—	—	—
大石头	750	750	—	—	—
八家子	1025	1025	—	—	39
和龙	1397	1397	—	—	—
汪清	751	751	—	—	6
大兴沟	825	825	—	—	1
天桥岭	314	314	—	—	—
白河	1794	1794	—	—	—
珲春	470	470	—	—	60
安图森林经营局	254	254	—	—	—
吉林森工集团	**2669**	**2669**	**—**	**—**	**836**
临江	—	—	—	—	102
湾沟	—	—	—	—	155
松江河	—	—	—	—	78
泉阳	—	—	—	—	32
露水河	—	—	—	—	31
红石	2669	2669	—	—	438
省直单位	**4071**	**738**	**—**	**3333**	**24**
长白山保护局	666	—	—	666	—
向海保护局	667	—	—	667	—
三湖保护局	1405	738	—	667	—
蛟河实验局	667	—	—	667	—
辉南森林经营局	666	—	—	666	24
黑龙江	**124122**	**81512**	**—**	**42610**	**25569**
哈尔滨市	**18749**	**8534**	**—**	**10215**	**—**
市直市郊	1948	1014	—	934	—
五常县	4146	1333	—	2813	—
双城市	1334	667	—	667	—
尚志市	800	600	—	200	—
巴彦县	2867	1000	—	1867	—
宾县	1133	666	—	467	—
依兰县	1587	1254	—	333	—
延寿县	2800	800	—	2000	—
木兰县	600	400	—	200	—
通河县	867	467	—	400	—
方正县	667	333	—	334	—
齐齐哈尔市	**15511**	**9732**	**—**	**5779**	**—**
市直单位	104	—	—	104	—

分县造林完成情况

单位：公顷

地　区	造林面积				更新造林
	合计	人工造林	飞播造林	无林地和疏林地新封山(沙)育林	
龙沙区	42	33	—	9	—
建华区	20	20	—	—	—
铁锋区	20	20	—	—	—
昂昂溪区	20	20	—	—	—
富拉尔基区	26	26	—	—	—
碾子山区	1067	67	—	1000	—
梅里斯达斡尔族区	113	113	—	—	—
龙江县	2667	1000	—	1667	—
依安县	1333	1000	—	333	—
泰来县	666	666	—	—	—
甘南县	1133	1133	—	—	—
富裕县	1000	1000	—	—	—
克山县	3000	1000	—	2000	—
克东县	1467	1134	—	333	—
拜泉县	933	933	—	—	—
讷河市	1900	1567	—	333	—
牡丹江市	**5206**	**4873**	**—**	**333**	**—**
市直市郊	1367	1367	—	—	—
东宁县	834	834	—	—	—
林口县	1667	1334	—	333	—
绥芬河市	5	5	—	—	—
海林市	400	400	—	—	—
宁安市	333	333	—	—	—
穆棱市	600	600	—	—	—
佳木斯市	**10328**	**7329**	**—**	**2999**	**—**
市直单位	1400	1400	—	—	—
郊区	3000	1667	—	1333	—
桦南县	996	996	—	—	—
桦川县	1333	1333	—	—	—
汤原县	2333	667	—	1666	—
抚远县	400	400	—	—	—
同江市	333	333	—	—	—
富锦市	533	533	—	—	—
鸡西市	**1733**	**1733**	**—**	**—**	**—**
市直市郊	667	667	—	—	—
鸡东县	400	400	—	—	—
虎林市	333	333	—	—	—
密山市	333	333	—	—	—
鹤岗市	**1598**	**1598**	**—**	**—**	**—**
市直市郊	265	265	—	—	—
绥滨县	1333	1333	—	—	—
双鸭山市	**3468**	**3468**	**—**	**—**	**—**
市直市郊	667	667	—	—	—
集贤县	333	333	—	—	—
友谊县	200	200	—	—	—
饶河县	1535	1535	—	—	—
宝清县	733	733	—	—	—

分县造林完成情况

单位:公顷

地　区	造林面积				更新造林
	合计	人工造林	飞播造林	无林地和疏林地新封山(沙)育林	
伊春市	**12000**	**8000**	**—**	**4000**	**—**
嘉荫县	5400	3400	—	2000	—
铁力市	67	67	—	—	—
伊春区	667	—	—	667	—
西林区	533	533	—	—	—
市区	5333	4000	—	1333	—
七台河市	**180**	**180**	**—**	**—**	**—**
市直市郊	180	180	—	—	—
大庆市	**10099**	**7766**	**—**	**2333**	**—**
市直市郊	2100	2100	—	—	—
肇州县	1000	1000	—	—	—
肇源县	2333	1333	—	1000	—
林甸县	1000	1000	—	—	—
杜尔伯特蒙古族自治县	3666	2333	—	1333	—
绥化市	**16283**	**13866**	**—**	**2417**	**—**
经济技术开发区	67	67	—	—	—
海伦市	1667	1667	—	—	—
海伦市国有林场管理局	1000	333	—	667	—
绥棱县	267	267	—	—	—
绥棱国有林场管理局	333	333	—	—	—
庆安县	1333	1133	—	200	—
北林区	1067	1067	—	—	—
望奎县	2000	1333	—	667	—
兰西县	1333	1333	—	—	—
青冈县	2000	2000	—	—	—
明水县	1333	1333	—	—	—
安达市	1333	1333	—	—	—
肇东市	2550	1667	—	883	—
黑河市	**15633**	**8433**	**—**	**7200**	**—**
市直市郊	1133	800	—	333	—
爱辉区	4000	2667	—	1333	—
嫩江县	3134	2667	—	467	—
逊克县	1666	333	—	1333	—
孙吴县	3000	333	—	2667	—
北安市	1300	967	—	333	—
五大连池市	800	333	—	467	—
五大连池市风景区	600	333	—	267	—
大兴安岭行署	**5200**	**2200**	**—**	**3000**	**—**
呼玛县	800	133	—	667	—
塔河县	2200	200	—	2000	—
漠河县	2200	1867	—	333	—
尚志国有林场管理局	**2533**	**533**	**—**	**2000**	**—**
庆安国有林场管理局	**4000**	**2333**	**—**	**1667**	**—**
龙煤集团	**867**	**867**	**—**	**—**	**—**
宾西林场	**734**	**67**	**—**	**667**	**—**
龙江森工集团	**—**	**—**	**—**	**—**	**25569**
牡丹江林业管理局	**—**	**—**	**—**	**—**	**12**

分县造林完成情况

单位:公顷

地　区	造林面积				更新造林
	合计	人工造林	飞播造林	无林地和疏林地新封山(沙)育林	
东京城	—	—	—	—	12
合江林业管理局	**—**	**—**	**—**	**—**	**13**
桦南	—	—	—	—	13
伊春林业管理局	**—**	**—**	**—**	**—**	**19311**
铁力	—	—	—	—	2416
桃山	—	—	—	—	934
朗乡	—	—	—	—	206
南岔	—	—	—	—	1573
金山屯	—	—	—	—	34
美溪	—	—	—	—	1932
乌马河	—	—	—	—	53
翠峦	—	—	—	—	1560
上甘岭	—	—	—	—	133
五营	—	—	—	—	1558
红星	—	—	—	—	2200
新青	—	—	—	—	1371
汤旺河	—	—	—	—	2553
乌伊岭	—	—	—	—	2788
松花江林业管理局	**—**	**—**	**—**	**—**	**5349**
山河屯	—	—	—	—	258
苇河	—	—	—	—	1667
亚布力	—	—	—	—	458
绥棱	—	—	—	—	206
通北	—	—	—	—	2133
沾河	—	—	—	—	627
总局直属单位	**—**	**—**	**—**	**—**	**884**
带岭林业实验局	—	—	—	—	884
上海市	**862**	**862**	**—**	**—**	**—**
宝山区	16	16	—	—	—
闵行区	7	7	—	—	—
嘉定区	31	31	—	—	—
浦东新区	84	84	—	—	—
金山区	73	73	—	—	—
青浦区	20	20	—	—	—
松江区	37	37	—	—	—
奉贤区	235	235	—	—	—
崇明县	359	359	—	—	—
江苏省	**65258**	**64925**	**—**	**333**	**1948**
南京市	**4608**	**4608**	**—**	**—**	**—**
浦口区	376	376	—	—	—
栖霞区	155	155	—	—	—
雨花台区	41	41	—	—	—
江宁区	1122	1122	—	—	—
六合区	1127	1127	—	—	—
溧水区	905	905	—	—	—
高淳区	882	882	—	—	—
无锡市	**1733**	**1733**	**—**	**—**	**—**

分县造林完成情况

单位：公顷

地　区	造林面积				更新造林
	合计	人工造林	飞播造林	无林地和疏林地新封山（沙）育林	
市直单位	67	67	—	—	—
锡山区	234	234	—	—	—
惠山区	151	151	—	—	—
滨湖区	82	82	—	—	—
江阴市	541	541	—	—	—
宜兴市	658	658	—	—	—
徐州市	**5170**	**4837**	**—**	**333**	**512**
贾汪区	1120	1120	—	—	—
丰县	353	353	—	—	66
沛县	847	847	—	—	—
铜山区	1044	711	—	333	—
睢宁县	845	845	—	—	1
新沂市	310	310	—	—	233
邳州市	651	651	—	—	212
常州市	**1510**	**1510**	**—**	**—**	**4**
新北区	299	299	—	—	—
武进区	529	529	—	—	—
溧阳市	417	417	—	—	1
金坛市	265	265	—	—	3
苏州市	**3130**	**3130**	**—**	**—**	**—**
工业园区	100	100	—	—	—
虎丘区	15	15	—	—	—
吴中区	151	151	—	—	—
相城区	84	84	—	—	—
常熟市	1129	1129	—	—	—
张家港市	196	196	—	—	—
昆山市	355	355	—	—	—
吴江区	618	618	—	—	—
太仓市	482	482	—	—	—
南通市	**9949**	**9949**	**—**	**—**	**—**
市直单位	254	254	—	—	—
崇川区	200	200	—	—	—
港闸区	206	206	—	—	—
海安县	877	877	—	—	—
如东县	1676	1676	—	—	—
启东市	1822	1822	—	—	—
如皋市	1359	1359	—	—	—
通州区	1807	1807	—	—	—
海门市	1748	1748	—	—	—
连云港市	**9466**	**9466**	**—**	**—**	**20**
市直单位	882	882	—	—	20
连云区	39	39	—	—	—
新浦区	312	312	—	—	—
海州区	330	330	—	—	—
赣榆县	1948	1948	—	—	—
东海县	2231	2231	—	—	—
灌云县	2406	2406	—	—	—

分县造林完成情况

单位:公顷

地　区	造林面积				更新造林
	合计	人工造林	飞播造林	无林地和疏林地新封山(沙)育林	
灌南县	1318	1318	—	—	—
淮安市	**2994**	**2994**	**—**	**—**	**182**
淮安区	737	737	—	—	—
淮阴区	382	382	—	—	54
清浦区	220	220	—	—	—
涟水县	605	605	—	—	—
洪泽县	374	374	—	—	27
盱眙县	508	508	—	—	—
金湖县	168	168	—	—	101
盐城市	**8282**	**8282**	**—**	**—**	**448**
亭湖区	1410	1410	—	—	—
响水县	399	399	—	—	—
滨海县	832	832	—	—	—
阜宁县	454	454	—	—	118
射阳县	787	787	—	—	182
建湖县	771	771	—	—	58
盐都区	1893	1893	—	—	—
东台市	640	640	—	—	90
大丰市	1096	1096	—	—	—
扬州市	**2862**	**2862**	**—**	**—**	**274**
市直单位	1	1	—	—	—
广陵区	271	271	—	—	—
邗江区	273	273	—	—	—
宝应县	508	508	—	—	136
仪征市	747	747	—	—	62
高邮市	621	621	—	—	43
江都区	441	441	—	—	33
镇江市	**3522**	**3522**	**—**	**—**	**294**
市直单位	222	222	—	—	—
京口区	14	14	—	—	13
润州区	34	34	—	—	—
丹徒区	514	514	—	—	27
丹阳市	1429	1429	—	—	124
扬中市	216	216	—	—	—
句容市	1093	1093	—	—	130
泰州市	**4383**	**4383**	**—**	**—**	**76**
海陵区	268	268	—	—	—
高港区	256	256	—	—	—
兴化市	1942	1942	—	—	76
靖江市	691	691	—	—	—
泰兴市	559	559	—	—	—
姜堰市	667	667	—	—	—
宿迁市	**7649**	**7649**	**—**	**—**	**138**
宿城区	339	339	—	—	—
宿豫区	478	478	—	—	100
沭阳县	681	681	—	—	38
泗阳县	705	705	—	—	—

分县造林完成情况

单位:公顷

地　区	造林面积				更新造林
	合计	人工造林	飞播造林	无林地和疏林地新封山(沙)育林	
泗洪县	5446	5446	—	—	—
浙江省	**42362**	**30310**	**—**	**12052**	**13686**
杭州市	**5600**	**2812**	**—**	**2788**	**2606**
江干区	7	—	—	7	—
拱墅区	31	30	—	1	—
西湖区	7	—	—	7	—
滨江区	61	61	—	—	—
萧山区	374	374	—	—	5
余杭区	12	12	—	—	13
桐庐县	667	300	—	367	527
淳安县	1741	888	—	853	1135
建德市	587	267	—	320	533
富阳市	867	247	—	620	60
临安市	1246	633	—	613	333
宁波市	**2558**	**2558**	**—**	**—**	**375**
江北区	151	151	—	—	—
北仑区	121	121	—	—	—
大榭区	2	2	—	—	—
镇海区	80	80	—	—	—
鄞州区	601	601	—	—	51
东钱湖	—	—	—	—	10
象山县	415	415	—	—	100
宁海县	268	268	—	—	79
余姚市	337	337	—	—	75
慈溪市	375	375	—	—	—
奉化市	208	208	—	—	60
温州市	**7764**	**6136**	**—**	**1628**	**1060**
鹿城区	80	80	—	—	—
龙湾区	400	400	—	—	—
瓯海区	370	370	—	—	—
洞头县	292	292	—	—	—
永嘉县	491	358	—	133	771
平阳县	1178	1178	—	—	—
苍南县	1525	1386	—	139	—
文成县	755	73	—	682	153
泰顺县	897	223	—	674	—
瑞安市	700	700	—	—	13
乐清市	1076	1076	—	—	123
嘉兴市	**2168**	**2168**	**—**	**—**	**174**
秀城区	140	140	—	—	—
秀洲区	181	181	—	—	—
嘉善县	145	145	—	—	—
海盐县	522	522	—	—	174
海宁市	521	521	—	—	—
平湖市	345	345	—	—	—
桐乡市	314	314	—	—	—
湖州市	**4180**	**2590**	**—**	**1590**	**172**

分县造林完成情况

单位:公顷

地区	造林面积				更新造林
	合计	人工造林	飞播造林	无林地和疏林地新封山(沙)育林	
吴兴区	401	401	—	—	30
南浔区	832	832	—	—	—
德清县	1382	684	—	698	15
长兴县	490	273	—	217	97
安吉县	1075	400	—	675	30
绍兴市	**3820**	**2592**	**—**	**1228**	**216**
市直单位	107	107	—	—	—
越城区	106	13	—	93	13
柯桥区	743	743	—	—	—
新昌县	692	357	—	335	70
诸暨市	1070	937	—	133	80
上虞市	168	168	—	—	23
嵊州市	934	267	—	667	30
金华市	**4604**	**3090**	**—**	**1514**	**1105**
婺城区	440	440	—	—	230
金东区	335	335	—	—	47
武义县	494	227	—	267	370
浦江县	847	480	—	367	120
磐安县	401	125	—	276	231
兰溪市	349	349	—	—	33
义乌市	753	686	—	67	10
东阳市	502	168	—	334	20
永康市	483	280	—	203	44
衢州市	**2600**	**1681**	**—**	**919**	**2279**
市直单位	133	133	—	—	—
柯城区	43	43	—	—	5
衢江区	344	211	—	133	25
常山县	414	414	—	—	120
开化县	367	367	—	—	1674
龙游县	661	221	—	440	48
江山市	638	292	—	346	407
舟山市	**536**	**203**	**—**	**333**	**—**
市直单位	24	24	—	—	—
定海区	170	37	—	133	—
普陀区	180	47	—	133	—
岱山县	127	60	—	67	—
嵊泗县	35	35	—	—	—
台州市	**4183**	**2962**	**—**	**1221**	**1026**
椒江区	193	193	—	—	21
黄岩区	254	254	—	—	49
路桥区	180	180	—	—	—
玉环县	575	436	—	139	10
三门县	337	130	—	207	104
天台县	538	294	—	244	119
仙居县	622	424	—	198	367
温岭市	646	646	—	—	40
临海市	838	405	—	433	316

分县造林完成情况

单位:公顷

地　区	造林面积				更新造林
	合计	人工造林	飞播造林	无林地和疏林地新封山(沙)育林	
丽水市	**4349**	**3518**	**—**	**831**	**4673**
莲都区	105	105	—	—	232
青田县	500	500	—	—	443
缙云县	667	200	—	467	373
遂昌县	918	810	—	108	402
松阳县	798	635	—	163	448
云和县	129	129	—	—	327
庆元县	152	136	—	16	742
景宁畲族自治县	492	415	—	77	693
龙泉市	588	588	—	—	1013
安徽省	**172086**	**162488**	**—**	**9598**	**—**
合肥市	**21921**	**21337**	**—**	**584**	**—**
庐阳区	461	461	—	—	—
瑶海区	471	471	—	—	—
包河区	778	778	—	—	—
蜀山区	440	440	—	—	—
长丰县	4365	4365	—	—	—
肥东县	5169	4652	—	517	—
肥西县	5549	5549	—	—	—
庐江县	2452	2452	—	—	—
巢湖市	2236	2169	—	67	—
淮北市	**5579**	**5579**	**—**	**—**	**—**
烈山区	1202	1202	—	—	—
杜集区	429	429	—	—	—
相山区	234	234	—	—	—
濉溪县	3714	3714	—	—	—
亳州市	**6027**	**6027**	**—**	**—**	**—**
谯城区	1470	1470	—	—	—
涡阳县	1443	1443	—	—	—
蒙城县	1131	1131	—	—	—
利辛县	1983	1983	—	—	—
宿州市	**7346**	**7033**	**—**	**313**	**—**
埇桥区	2167	2167	—	—	—
砀山县	441	441	—	—	—
萧县	1240	1123	—	117	—
灵璧县	1707	1523	—	184	—
泗县	1406	1406	—	—	—
市直单位	385	373	—	12	—
蚌埠市	**9059**	**8726**	**—**	**333**	**—**
龙子湖区	178	178	—	—	—
蚌山区	94	94	—	—	—
禹会区	935	602	—	333	—
淮上区	241	241	—	—	—
怀远县	2785	2785	—	—	—
五河县	2500	2500	—	—	—
固镇县	2326	2326	—	—	—
阜阳市	**6831**	**6831**	**—**	**—**	**—**

分县造林完成情况

单位:公顷

地　区	造林面积				更新造林
	合计	人工造林	飞播造林	无林地和疏林地新封山(沙)育林	
颍州区	546	546	—	—	—
颍东区	822	822	—	—	—
颍泉区	471	471	—	—	—
界首市	651	651	—	—	—
临泉县	1105	1105	—	—	—
太和县	876	876	—	—	—
阜南县	1399	1399	—	—	—
颍上县	961	961	—	—	—
淮南市	**1974**	**1974**	**—**	**—**	**—**
大通区	330	330	—	—	—
田家庵区	169	169	—	—	—
谢家集区	236	236	—	—	—
八公山区	40	40	—	—	—
潘集区	299	299	—	—	—
毛集区	279	279	—	—	—
凤台县	621	621	—	—	—
滁州市	**24310**	**24302**	**—**	**8**	**—**
琅琊区	198	198	—	—	—
南谯区	1783	1783	—	—	—
天长市	4338	4338	—	—	—
明光市	3749	3749	—	—	—
来安县	3524	3524	—	—	—
全椒县	1927	1927	—	—	—
定远县	5492	5492	—	—	—
凤阳县	2883	2883	—	—	—
管店总场	149	141	—	8	—
沙河集总场	267	267	—	—	—
六安市	**17716**	**17649**	**—**	**67**	**—**
金安区	2119	2119	—	—	—
裕安区	2459	2459	—	—	—
叶集区	576	576	—	—	—
寿县	2350	2350	—	—	—
霍邱县	2480	2480	—	—	—
舒城县	2642	2642	—	—	—
金寨县	3078	3011	—	67	—
霍山县	2012	2012	—	—	—
马鞍山市	**6106**	**6106**	**—**	**—**	**—**
博望区	778	778	—	—	—
花山区	371	371	—	—	—
雨山区	450	450	—	—	—
当涂县	2186	2186	—	—	—
含山县	740	740	—	—	—
和县	1581	1581	—	—	—
芜湖市	**11685**	**11630**	**—**	**55**	**—**
镜湖区	206	206	—	—	—
鸠江区	1654	1654	—	—	—
弋江区	578	578	—	—	—

分县造林完成情况

单位:公顷

地　区	造林面积				更新造林
	合计	人工造林	飞播造林	无林地和疏林地新封山(沙)育林	
三山区	536	536	—	—	—
芜湖县	1569	1569	—	—	—
繁昌县	727	672	—	55	—
南陵县	981	981	—	—	—
无为县	5167	5167	—	—	—
市直单位	267	267	—	—	—
宣城市	**14280**	**11682**	**—**	**2598**	**—**
宣州区	3031	2698	—	333	—
宁国市	2190	1857	—	333	—
郎溪县	1430	1097	—	333	—
广德县	4101	3568	—	533	—
泾县	1421	1088	—	333	—
绩溪县	1165	765	—	400	—
旌德县	942	609	—	333	—
铜陵市	**1634**	**1434**	**—**	**200**	**—**
狮子山区	112	112	—	—	—
郊区	264	264	—	—	—
铜陵县	1252	1052	—	200	—
市直单位	6	6	—	—	—
池州市	**7521**	**5908**	**—**	**1613**	**—**
贵池区	1888	1555	—	333	—
九华山区	63	63	—	—	—
东至县	3072	2672	—	400	—
石台县	634	287	—	347	—
青阳县	1864	1331	—	533	—
安庆市	**21433**	**20072**	**—**	**1361**	**—**
迎江区	621	621	—	—	—
大观区	640	440	—	200	—
宜秀区	1010	1010	—	—	—
桐城市	2391	2239	—	152	—
怀宁县	2172	2172	—	—	—
枞阳县	738	697	—	41	—
潜山县	2035	2035	—	—	—
太湖县	3073	2905	—	168	—
宿松县	2602	2602	—	—	—
望江县	3212	3212	—	—	—
岳西县	2839	2039	—	800	—
市直单位	100	100	—	—	—
黄山市	**8664**	**6198**	**—**	**2466**	**—**
屯溪区	412	145	—	267	—
徽州区	618	285	—	333	—
黄山区	1657	1124	—	533	—
歙县	1790	1457	—	333	—
休宁县	1363	963	—	400	—
黟县	688	421	—	267	—
祁门县	2136	1803	—	333	—
福建省	**100185**	**100185**	**—**	**—**	**8229**

分县造林完成情况

单位:公顷

地　区	造林面积				更新造林
	合计	人工造林	飞播造林	无林地和疏林地新封山(沙)育林	
福州市	**10013**	**10013**	**—**	**—**	**935**
仓山区	168	168	—	—	—
马尾区	100	100	—	—	20
连江县	737	737	—	—	429
罗源县	1372	1372	—	—	95
闽清县	996	996	—	—	—
永泰县	1476	1476	—	—	251
平潭县	374	374	—	—	—
福清市	1205	1205	—	—	21
长乐市	1242	1242	—	—	—
晋安区	109	109	—	—	119
闽侯县	2234	2234	—	—	—
厦门市	**312**	**312**	**—**	**—**	**19**
同安区	101	101	—	—	—
翔安区	59	59	—	—	—
集美区	86	86	—	—	—
天竺山林场	—	—	—	—	19
海沧区	66	66	—	—	—
莆田市	**3674**	**3674**	**—**	**—**	**319**
涵江区	460	460	—	—	85
仙游县	2022	2022	—	—	163
城厢区	588	588	—	—	—
秀屿区	353	353	—	—	58
荔城区	149	149	—	—	13
湄洲岛	36	36	—	—	—
北岸管委会	66	66	—	—	—
三明市	**19555**	**19555**	**—**	**—**	**2533**
清流县	2115	2115	—	—	—
三元区	715	715	—	—	113
大田县	1908	1908	—	—	—
将乐县	1954	1954	—	—	—
建宁县	1055	1055	—	—	167
宁化县	2100	2100	—	—	429
梅列区	642	642	—	—	—
尤溪县	1366	1366	—	—	1824
永安市	3170	3170	—	—	—
沙县	1750	1750	—	—	—
明溪县	1561	1561	—	—	—
泰宁县	1219	1219	—	—	—
泉州市	**6826**	**6826**	**—**	**—**	**—**
惠安县	416	416	—	—	—
石狮市	161	161	—	—	—
晋江市	503	503	—	—	—
泉港区	240	240	—	—	—
永春县	1597	1597	—	—	—
鲤城区	14	14	—	—	—
德化县	1281	1281	—	—	—

分县造林完成情况

单位:公顷

地　区	造林面积				更新造林
	合计	人工造林	飞播造林	无林地和疏林地新封山(沙)育林	
洛江区	323	323	—	—	—
安溪县	1241	1241	—	—	—
南安市	774	774	—	—	—
台商投资区	197	197	—	—	—
丰泽区	79	79	—	—	—
漳州市	**15600**	**15600**	**—**	**—**	**—**
芗城区	170	170	—	—	—
龙文区	177	177	—	—	—
云霄县	1715	1715	—	—	—
漳浦县	2257	2257	—	—	—
诏安县	1613	1613	—	—	—
长泰县	1507	1507	—	—	—
东山县	347	347	—	—	—
南靖县	2033	2033	—	—	—
平和县	2113	2113	—	—	—
龙海市	1775	1775	—	—	—
华安县	1893	1893	—	—	—
南平市	**19036**	**19036**	**—**	**—**	**2468**
延平区	2381	2381	—	—	304
邵武市	2201	2201	—	—	200
武夷山市	1444	1444	—	—	132
建瓯市	2693	2693	—	—	559
建阳市	2862	2862	—	—	535
顺昌县	1841	1841	—	—	419
浦城县	2101	2101	—	—	241
光泽县	1502	1502	—	—	20
松溪县	932	932	—	—	26
政和县	1079	1079	—	—	32
龙岩市	**12793**	**12793**	**—**	**—**	**953**
新罗区	1391	1391	—	—	37
长汀县	2696	2696	—	—	—
永定县	1278	1278	—	—	—
上杭县	1947	1947	—	—	258
武平县	2193	2193	—	—	—
连城县	1567	1567	—	—	520
漳平市	1721	1721	—	—	138
宁德市	**12376**	**12376**	**—**	**—**	**1002**
古田县	1629	1629	—	—	360
霞浦县	1856	1856	—	—	49
柘荣县	609	609	—	—	—
周宁县	486	486	—	—	68
屏南县	1723	1723	—	—	176
蕉城区	1269	1269	—	—	146
寿宁县	1792	1792	—	—	192
福鼎市	1776	1776	—	—	—
福安市	1236	1236	—	—	11
江西省	**153368**	**141041**	**—**	**12327**	**9657**

分县造林完成情况

单位:公顷

地 区	造林面积				更新造林
	合计	人工造林	飞播造林	无林地和疏林地新封山(沙)育林	
南昌市	**2921**	**2921**	**—**	**—**	**15**
市辖区	100	100	—	—	—
湾里区	72	72	—	—	—
南昌县	333	333	—	—	—
新建县	1000	1000	—	—	—
安义县	800	800	—	—	—
进贤县	616	616	—	—	15
景德镇市	**2114**	**1647**	**—**	**467**	**674**
市辖区	680	680	—	—	—
昌江区	107	107	—	—	26
浮梁县	727	727	—	—	648
乐平市	600	133	—	467	—
萍乡市	**7590**	**6436**	**—**	**1154**	**—**
市直单位	147	147	—	—	—
安源区	201	201	—	—	—
安源经济开发区	35	35	—	—	—
湘东区	1567	1300	—	267	—
莲花县	2220	1800	—	420	—
上栗县	1633	1433	—	200	—
芦溪县	1787	1520	—	267	—
九江市	**18040**	**17007**	**—**	**1033**	**1320**
市辖区	333	333	—	—	—
庐山区	414	414	—	—	—
九江县	945	945	—	—	—
武宁县	2115	2115	—	—	240
修水县	3566	2666	—	900	—
永修县	1861	1861	—	—	—
德安县	1340	1340	—	—	40
星子县	609	609	—	—	100
都昌县	1180	1180	—	—	—
湖口县	1100	1100	—	—	767
彭泽县	2142	2142	—	—	173
瑞昌市	2200	2200	—	—	—
共青城市	102	102	—	—	—
庐山管理局	133	—	—	133	—
新余市	**5507**	**4840**	**—**	**667**	**616**
市辖区	267	267	—	—	—
仰天岗管理会	230	230	—	—	—
渝水区	2140	2140	—	—	40
仙女湖	267	200	—	67	—
高新开发区	360	360	—	—	30
分宜县	2243	1643	—	600	546
鹰潭市	**3665**	**3332**	**—**	**333**	**—**
月湖区	100	100	—	—	—
龙虎山	67	67	—	—	—
余江县	1145	1145	—	—	—
贵溪市	2353	2020	—	333	—

分县造林完成情况

单位:公顷

地区	造林面积				更新造林
	合计	人工造林	飞播造林	无林地和疏林地新封山(沙)育林	
赣州市	**35776**	**33043**	**—**	**2733**	**2230**
市辖区	33	33	—	—	—
赣县	2067	2067	—	—	—
信丰县	1929	1929	—	—	920
大余县	2843	2510	—	333	417
上犹县	2601	1934	—	667	—
崇义县	3066	2400	—	666	—
安远县	1447	1447	—	—	—
龙南县	2200	2200	—	—	—
定南县	1833	1833	—	—	806
全南县	1400	1400	—	—	—
宁都县	5133	4733	—	400	—
于都县	2033	1900	—	133	—
兴国县	2027	2027	—	—	—
会昌县	2000	2000	—	—	—
寻乌县	293	293	—	—	—
石城县	1882	1882	—	—	—
瑞金市	1774	1307	—	467	87
南康市	1215	1148	—	67	—
吉安市	**27508**	**24574**	**—**	**2934**	**3462**
吉州区	486	419	—	67	—
青原区	600	600	—	—	400
吉安县	1900	1900	—	—	538
吉水县	2267	2267	—	—	300
峡江县	1610	1343	—	267	—
新干县	1712	1712	—	—	267
永丰县	3633	3033	—	600	—
泰和县	2573	1973	—	600	1188
遂川县	2413	2413	—	—	—
万安县	2040	2040	—	—	29
安福县	3800	3200	—	600	700
永新县	3167	2367	—	800	—
井冈山市	1240	1240	—	—	40
井冈山国家级自然保护区	67	67	—	—	—
宜春市	**18571**	**17771**	**—**	**800**	**700**
明月山	210	210	—	—	—
袁州区	2534	2534	—	—	—
奉新县	1333	933	—	400	200
万载县	1400	1400	—	—	—
上高县	1257	1257	—	—	100
宜丰县	2506	2506	—	—	400
靖安县	1773	1373	—	400	—
铜鼓县	1467	1467	—	—	—
丰城市	2534	2534	—	—	—
樟树市	1351	1351	—	—	—
高安市	2206	2206	—	—	—
抚州市	**13579**	**11947**	**—**	**1632**	**530**

分县造林完成情况

单位:公顷

地区	造林面积				更新造林
	合计	人工造林	飞播造林	无林地和疏林地新封山(沙)育林	
临川区	767	767	—	—	—
南城县	820	820	—	—	—
黎川县	1532	1066	—	466	—
南丰县	987	987	—	—	—
崇仁县	1972	1572	—	400	—
乐安县	2472	2139	—	333	200
宜黄县	1383	950	—	433	—
金溪县	1267	1267	—	—	—
资溪县	834	834	—	—	—
东乡县	330	330	—	—	330
广昌县	1215	1215	—	—	—
上饶市	**18030**	**17456**	**—**	**574**	**110**
市辖区	200	200	—	—	—
信州区	74	67	—	7	—
上饶县	1787	1787	—	—	—
广丰县	1429	1196	—	233	30
玉山县	1413	1413	—	—	—
铅山县	1261	1261	—	—	—
横峰县	667	667	—	—	—
弋阳县	900	900	—	—	—
余干县	2346	2346	—	—	—
鄱阳县	3200	3200	—	—	80
万年县	2253	2253	—	—	—
婺源县	1467	1133	—	334	—
德兴市	1033	1033	—	—	—
省直单位	**67**	**67**	**—**	**—**	**—**
山东省	**220473**	**219129**	**—**	**1344**	**7219**
济南市	**13637**	**13637**	**—**	**—**	**120**
市中区	537	537	—	—	—
天桥区	89	89	—	—	—
历城区	1847	1847	—	—	—
长清区	3458	3458	—	—	50
开发区	63	63	—	—	—
平阴县	1488	1488	—	—	—
济阳县	1253	1253	—	—	—
商河县	1299	1299	—	—	70
章丘市	3603	3603	—	—	—
青岛市	**9951**	**9951**	**—**	**—**	**568**
开发区	229	229	—	—	—
崂山区	73	73	—	—	—
城阳区	153	153	—	—	47
胶州市	1685	1685	—	—	142
即墨市	1528	1528	—	—	12
平度市	2426	2426	—	—	—
胶南市	1452	1452	—	—	302
莱西市	2405	2405	—	—	65
淄博市	**9112**	**9112**	**—**	**—**	**—**

分县造林完成情况

单位:公顷

地　区	造林面积				更新造林
	合计	人工造林	飞播造林	无林地和疏林地新封山(沙)育林	
高新区	35	35	—	—	—
文昌湖旅游度假区	408	408	—	—	—
淄川区	1673	1673	—	—	—
张店区	300	300	—	—	—
博山区	1667	1667	—	—	—
临淄区	267	267	—	—	—
周村区	133	133	—	—	—
桓台县	667	667	—	—	—
高青县	1047	1047	—	—	—
沂源县	2915	2915	—	—	—
枣庄市	**17784**	**17784**	**—**	**—**	**92**
高新区	192	192	—	—	—
市中区	1898	1898	—	—	12
薛城区	2637	2637	—	—	—
峄城区	3370	3370	—	—	—
台儿庄区	2210	2210	—	—	—
山亭区	3593	3593	—	—	—
滕州市	3884	3884	—	—	80
东营市	**8251**	**6947**	**—**	**1304**	**—**
东营区	1278	1278	—	—	—
河口区	1484	514	—	970	—
垦利县	1447	1113	—	334	—
利津县	2000	2000	—	—	—
广饶县	2042	2042	—	—	—
烟台市	**16625**	**16625**	**—**	**—**	**25**
芝罘区	271	271	—	—	—
福山区	1144	1144	—	—	—
牟平区	1433	1433	—	—	—
莱山区	1180	1180	—	—	—
长岛国家级自然保护区	133	133	—	—	—
龙口市	2400	2400	—	—	—
莱阳市	1200	1200	—	—	—
莱州市	2003	2003	—	—	—
蓬莱市	868	868	—	—	—
招远市	1367	1367	—	—	25
栖霞市	2165	2165	—	—	—
海阳市	1811	1811	—	—	—
昆嵛山保护区	517	517	—	—	—
开发区	133	133	—	—	—
潍坊市	**23312**	**23312**	**—**	**—**	**538**
高新区	40	40	—	—	—
峡山区	561	561	—	—	20
滨海区	1275	1275	—	—	—
经济区	—	—	—	—	20
保税区	—	—	—	—	21
潍城区	861	861	—	—	—
寒亭区	1001	1001	—	—	—

分县造林完成情况

单位:公顷

地　区	造林面积				更新造林
	合计	人工造林	飞播造林	无林地和疏林地新封山(沙)育林	
坊子区	857	857	—	—	—
奎文区	67	67	—	—	—
临朐县	2755	2755	—	—	—
昌乐县	1453	1453	—	—	—
青州市	3271	3271	—	—	—
诸城市	2703	2703	—	—	—
寿光市	2987	2987	—	—	210
安丘市	2571	2571	—	—	—
高密市	1255	1255	—	—	—
昌邑市	1655	1655	—	—	267
济宁市	**17307**	**17307**	**—**	**—**	**—**
市中区	219	219	—	—	—
任城区	263	263	—	—	—
微山县	664	664	—	—	—
鱼台县	892	892	—	—	—
金乡县	753	753	—	—	—
嘉祥县	1393	1393	—	—	—
汶上县	1325	1325	—	—	—
泗水县	4036	4036	—	—	—
梁山县	1410	1410	—	—	—
曲阜市	2001	2001	—	—	—
兖州区	270	270	—	—	—
邹城市	4081	4081	—	—	—
泰安市	**13933**	**13933**	**—**	**—**	**746**
岱岳区	1708	1708	—	—	—
宁阳县	2760	2760	—	—	346
东平县	1878	1878	—	—	400
新泰市	4294	4294	—	—	—
肥城市	3293	3293	—	—	—
威海市	**6629**	**6629**	**—**	**—**	**11**
环翠区	179	179	—	—	11
文登市	1957	1957	—	—	—
荣成市	2191	2191	—	—	—
乳山市	2063	2063	—	—	—
工业新区	123	123	—	—	—
经济开发区	70	70	—	—	—
高新区	46	46	—	—	—
日照市	**8964**	**8924**	**—**	**40**	**47**
国际海洋城	62	62	—	—	—
山海天旅游度假区	218	178	—	40	—
东港区	1896	1896	—	—	—
岚山区	1549	1549	—	—	20
五莲县	3135	3135	—	—	—
莒县	2104	2104	—	—	27
莱芜市	**2904**	**2904**	**—**	**—**	**40**
市直单位	584	584	—	—	—
莱城区	1589	1589	—	—	40

分县造林完成情况

单位:公顷

地区	造林面积				更新造林
	合计	人工造林	飞播造林	无林地和疏林地新封山(沙)育林	
钢城区	731	731	—	—	—
临沂市	**22595**	**22595**	**—**	**—**	**1240**
临港经济开发区	795	795	—	—	—
蒙山旅游区	471	471	—	—	—
高新区	510	510	—	—	—
经济技术开发区	290	290	—	—	33
兰山区	1552	1552	—	—	—
罗庄区	600	600	—	—	40
河东区	800	800	—	—	—
沂南县	1899	1899	—	—	60
郯城县	1900	1900	—	—	—
沂水县	3300	3300	—	—	413
苍山县	1672	1672	—	—	30
费县	1556	1556	—	—	45
平邑县	1900	1900	—	—	573
莒南县	1821	1821	—	—	46
蒙阴县	1990	1990	—	—	—
临沭县	1539	1539	—	—	—
德州市	**15100**	**15100**	**—**	**—**	**—**
开发区	800	800	—	—	—
德城区	1014	1014	—	—	—
陵县	1385	1385	—	—	—
宁津县	933	933	—	—	—
庆云县	1470	1470	—	—	—
临邑县	908	908	—	—	—
齐河县	2718	2718	—	—	—
平原县	1139	1139	—	—	—
夏津县	992	992	—	—	—
武城县	1200	1200	—	—	—
乐陵市	1280	1280	—	—	—
禹城市	1261	1261	—	—	—
聊城市	**11431**	**11431**	**—**	**—**	**3060**
经济开发区	243	243	—	—	150
高新区	250	250	—	—	—
度假区	260	260	—	—	200
东昌府区	975	975	—	—	—
阳谷县	1067	1067	—	—	—
莘县	1372	1372	—	—	—
茌平县	1320	1320	—	—	1320
东阿县	1729	1729	—	—	—
冠县	1768	1768	—	—	—
高唐县	1057	1057	—	—	—
临清市	1390	1390	—	—	1390
滨州市	**14944**	**14944**	**—**	**—**	**330**
经济开发区	276	276	—	—	—
滨城区	1784	1784	—	—	—
惠民县	2005	2005	—	—	—

分县造林完成情况

单位:公顷

地　区	造林面积				更新造林
	合计	人工造林	飞播造林	无林地和疏林地新封山(沙)育林	
阳信县	1428	1428	—	—	—
无棣县	2599	2599	—	—	—
沾化县	1798	1798	—	—	—
博兴县	2856	2856	—	—	330
邹平县	1345	1345	—	—	—
北海新区	430	430	—	—	—
高新区	423	423	—	—	—
菏泽市	**7994**	**7994**	**—**	**—**	**402**
市直单位	101	101	—	—	—
牡丹区	642	642	—	—	—
曹县	1106	1106	—	—	396
单县	1055	1055	—	—	6
成武县	546	546	—	—	—
巨野县	902	902	—	—	—
郓城县	1422	1422	—	—	—
鄄城县	1166	1166	—	—	—
定陶县	274	274	—	—	—
东明县	780	780	—	—	—
河南省	**253914**	**201208**	**—**	**52706**	**146**
郑州市	**7870**	**7870**	**—**	**—**	**—**
市辖区	135	135	—	—	—
中原区	29	29	—	—	—
二七区	59	59	—	—	—
管城回族区	71	71	—	—	—
上街区	21	21	—	—	—
惠济区	102	102	—	—	—
中牟县	1522	1522	—	—	—
巩义市	831	831	—	—	—
荥阳市	1405	1405	—	—	—
新密市	1764	1764	—	—	—
新郑市	539	539	—	—	—
登封市	1392	1392	—	—	—
开封市	**7820**	**7820**	**—**	**—**	**86**
市辖区	297	297	—	—	—
龙亭区	159	159	—	—	—
顺河回族区	21	21	—	—	—
鼓楼区	53	53	—	—	—
禹王台区	30	30	—	—	—
金明区	—	—	—	—	86
杞县	1711	1711	—	—	—
通许县	1210	1210	—	—	—
尉氏县	1879	1879	—	—	—
开封县	1321	1321	—	—	—
兰考县	1139	1139	—	—	—
洛阳市	**35816**	**29030**	**—**	**6786**	**—**
西工区	20	20	—	—	—
洛龙区	670	670	—	—	—

分县造林完成情况

单位:公顷

地　区	造林面积				更新造林
	合计	人工造林	飞播造林	无林地和疏林地新封山(沙)育林	
龙门管委会	89	89	—	—	—
伊滨区	395	395	—	—	—
孟津县	2874	2874	—	—	—
新安县	3345	2439	—	906	—
栾川县	2467	2467	—	—	—
嵩县	5930	4832	—	1098	—
汝阳县	5282	3995	—	1287	—
宜阳县	4791	3224	—	1567	—
洛宁县	8048	6120	—	1928	—
伊川县	1382	1382	—	—	—
偃师市	523	523	—	—	—
平顶山市	**3102**	**2792**	**—**	**310**	**—**
新华区	113	113	—	—	—
卫东区	207	207	—	—	—
石龙区	41	41	—	—	—
湛河区	83	83	—	—	—
宝丰县	357	357	—	—	—
叶县	446	446	—	—	—
鲁山县	674	553	—	121	—
郏县	450	261	—	189	—
舞钢市	74	74	—	—	—
汝州市	657	657	—	—	—
安阳市	**6284**	**5599**	**—**	**685**	**—**
文峰区	7	7	—	—	—
北关区	7	7	—	—	—
殷都区	4	4	—	—	—
龙安区	84	84	—	—	—
新区	4	4	—	—	—
安阳县	1454	1388	—	66	—
汤阴县	608	608	—	—	—
滑县	1313	1313	—	—	—
内黄县	521	521	—	—	—
林州市	2282	1663	—	619	—
鹤壁市	**18734**	**14283**	**—**	**4451**	**—**
鹤山区	3794	2229	—	1565	—
山城区	3695	2109	—	1586	—
淇滨区	4308	3875	—	433	—
浚县	1856	1856	—	—	—
淇县	5081	4214	—	867	—
新乡市	**6270**	**5333**	**—**	**937**	**60**
红旗区	110	110	—	—	—
卫滨区	5	5	—	—	—
凤泉区	32	32	—	—	—
牧野区	9	9	—	—	—
新乡县	133	133	—	—	—
获嘉县	244	244	—	—	60
原阳县	837	837	—	—	—

分县造林完成情况

单位:公顷

地　区	造林面积				更新造林
	合计	人工造林	飞播造林	无林地和疏林地新封山(沙)育林	
延津县	311	311	—	—	—
封丘县	330	330	—	—	—
长垣县	498	498	—	—	—
卫辉市	901	635	—	266	—
辉县市	2860	2189	—	671	—
焦作市	**7990**	**7578**	**—**	**412**	**—**
解放区	195	51	—	144	—
中站区	494	494	—	—	—
马村区	201	201	—	—	—
高新区	14	14	—	—	—
山阳区	391	323	—	68	—
修武县	2727	2527	—	200	—
博爱县	933	933	—	—	—
武陟县	1178	1178	—	—	—
温县	1199	1199	—	—	—
沁阳市	422	422	—	—	—
孟州市	236	236	—	—	—
濮阳市	**11478**	**11478**	**—**	**—**	**—**
市直单位	74	74	—	—	—
华龙区	416	416	—	—	—
高新区	316	316	—	—	—
清丰县	1901	1901	—	—	—
南乐县	1540	1540	—	—	—
范县	2068	2068	—	—	—
台前县	1577	1577	—	—	—
濮阳县	3586	3586	—	—	—
许昌市	**9878**	**8545**	**—**	**1333**	**—**
魏都区	93	93	—	—	—
东城区	99	99	—	—	—
开发区	62	62	—	—	—
许昌县	699	699	—	—	—
鄢陵县	1087	1087	—	—	—
襄城县	965	965	—	—	—
禹州市	5777	4444	—	1333	—
长葛市	1096	1096	—	—	—
漯河市	**2172**	**2172**	**—**	**—**	**—**
市辖区	109	109	—	—	—
源汇区	283	283	—	—	—
郾城区	367	367	—	—	—
召陵区	266	266	—	—	—
舞阳县	735	735	—	—	—
临颍县	412	412	—	—	—
三门峡市	**26656**	**24842**	**—**	**1814**	**—**
湖滨区	1718	1718	—	—	—
渑池县	4907	4000	—	907	—
陕县	6636	5729	—	907	—
卢氏县	5874	5874	—	—	—

分县造林完成情况

单位:公顷

地 区	造林面积				更新造林
	合计	人工造林	飞播造林	无林地和疏林地新封山(沙)育林	
义马市	1352	1352	—	—	—
灵宝市	6169	6169	—	—	—
南阳市	**59800**	**32949**	**—**	**26851**	**—**
市辖区	1488	1488	—	—	—
宛城区	911	911	—	—	—
卧龙区	1006	682	—	324	—
南召县	6105	2438	—	3667	—
方城县	3636	3312	—	324	—
西峡县	12374	5048	—	7326	—
镇平县	1643	1169	—	474	—
内乡县	3541	2190	—	1351	—
淅川县	11998	7060	—	4938	—
社旗县	1093	899	—	194	—
唐河县	2351	1703	—	648	—
新野县	1378	1378	—	—	—
桐柏县	11708	4103	—	7605	—
邓州市	568	568	—	—	—
商丘市	**4393**	**4393**	**—**	**—**	**—**
市辖区	266	266	—	—	—
梁园区	245	245	—	—	—
睢阳区	317	317	—	—	—
民权县	542	542	—	—	—
睢县	291	291	—	—	—
宁陵县	523	523	—	—	—
柘城县	846	846	—	—	—
虞城县	728	728	—	—	—
夏邑县	361	361	—	—	—
永城市	274	274	—	—	—
信阳市	**26192**	**20545**	**—**	**5647**	**—**
浉河区	3329	2734	—	595	—
平桥区	2970	2645	—	325	—
罗山县	1710	1370	—	340	—
光山县	8123	5090	—	3033	—
新县	4365	3344	—	1021	—
商城县	2957	2624	—	333	—
固始县	687	687	—	—	—
潢川县	522	522	—	—	—
淮滨县	617	617	—	—	—
息县	912	912	—	—	—
周口市	**4380**	**4380**	**—**	**—**	**—**
扶沟县	535	535	—	—	—
西华县	626	626	—	—	—
商水县	899	899	—	—	—
沈丘县	441	441	—	—	—
郸城县	449	449	—	—	—
淮阳县	125	125	—	—	—
太康县	638	638	—	—	—

分县造林完成情况

单位:公顷

地　区	造林面积				更新造林
	合计	人工造林	飞播造林	无林地和疏林地新封山(沙)育林	
鹿邑县	223	223	—	—	—
项城市	444	444	—	—	—
驻马店市	**13086**	**9606**	**—**	**3480**	**—**
驿城区	842	575	—	267	—
西平县	505	505	—	—	—
上蔡县	605	605	—	—	—
平舆县	324	324	—	—	—
正阳县	1506	1506	—	—	—
确山县	3469	2066	—	1403	—
泌阳县	4829	3019	—	1810	—
汝南县	478	478	—	—	—
遂平县	324	324	—	—	—
新蔡县	204	204	—	—	—
济源市	**1993**	**1993**	**—**	**—**	**—**
湖北省	**246858**	**165652**	**—**	**81206**	**2952**
武汉市	**3605**	**3605**	**—**	**—**	**—**
洪山区	20	20	—	—	—
汉南区	380	380	—	—	—
蔡甸区	667	667	—	—	—
江夏区	648	648	—	—	—
黄陂区	1140	1140	—	—	—
新洲区	750	750	—	—	—
黄石市	**3568**	**3368**	**—**	**200**	**—**
阳新县	2735	2535	—	200	—
大冶市	833	833	—	—	—
十堰市	**38809**	**18693**	**—**	**20116**	**27**
茅箭区	1883	616	—	1267	—
张湾区	1238	571	—	667	—
市直单位	1267	67	—	1200	—
郧县	5453	3000	—	2453	—
郧西县	5583	2743	—	2840	—
竹山县	5187	2540	—	2647	27
竹溪县	6256	3101	—	3155	—
房县	6020	3287	—	2733	—
丹江口市	5322	2655	—	2667	—
武当山特区	600	113	—	487	—
宜昌市	**31010**	**15751**	**—**	**15259**	**—**
市直单位	233	33	—	200	—
伍家岗区	200	—	—	200	—
点军区	480	480	—	—	—
夷陵区	3334	2107	—	1227	—
远安县	2731	1131	—	1600	—
兴山县	4840	1527	—	3313	—
秭归县	3904	3131	—	773	—
长阳土家族自治县	4366	1800	—	2566	—
五峰土家族自治县	3895	1342	—	2553	—
宜都市	4894	2067	—	2827	—

分县造林完成情况

单位:公顷

地　区	造林面积				更新造林
	合计	人工造林	飞播造林	无林地和疏林地新封山(沙)育林	
当阳市	1000	1000	—	—	—
枝江市	1133	1133	—	—	—
襄阳市	**19229**	**12063**	**—**	**7166**	**—**
襄城区	533	333	—	200	—
樊城区	427	427	—	—	—
襄州区	773	573	—	200	—
市直单位	353	20	—	333	—
南漳县	5429	3423	—	2006	—
谷城县	4014	2587	—	1427	—
保康县	3373	1640	—	1733	—
老河口市	580	580	—	—	—
枣阳市	2680	1413	—	1267	—
宜城市	1067	1067	—	—	—
鄂州市	**2247**	**1780**	**—**	**467**	**—**
荆门市	**11063**	**9997**	**—**	**1066**	**880**
市直单位	566	33	—	533	106
东宝区	865	865	—	—	—
掇刀区	753	753	—	—	—
京山县	3126	2926	—	200	774
沙洋县	2000	1867	—	133	—
钟祥市	3000	2800	—	200	—
屈家岭管理区	533	533	—	—	—
漳河新区	220	220	—	—	—
孝感市	**10094**	**7960**	**—**	**2134**	**360**
孝南区	1380	1113	—	267	200
市直单位	333	—	—	333	—
孝昌县	1667	1267	—	400	—
大悟县	2527	1660	—	867	—
云梦县	967	967	—	—	—
应城市	667	667	—	—	—
安陆市	1267	1000	—	267	—
汉川市	1286	1286	—	—	160
荆州市	**14483**	**14083**	**—**	**400**	**70**
沙市区	647	647	—	—	—
荆州区	833	833	—	—	—
市直单位	173	173	—	—	—
公安县	1343	1343	—	—	—
监利县	2560	2560	—	—	—
江陵县	733	733	—	—	—
石首市	2371	2371	—	—	—
洪湖市	2180	2180	—	—	—
松滋市	3643	3243	—	400	70
黄冈市	**24159**	**16826**	**—**	**7333**	**563**
黄州区	850	850	—	—	410
团风县	2113	1313	—	800	—
红安县	2660	1860	—	800	—
罗田县	2467	1600	—	867	—

分县造林完成情况

单位:公顷

地　区	造林面积				更新造林
	合计	人工造林	飞播造林	无林地和疏林地新封山(沙)育林	
英山县	2840	1507	—	1333	—
浠水县	2103	2103	—	—	—
蕲春县	4293	2093	—	2200	—
黄梅县	1132	1132	—	—	100
麻城市	4200	2867	—	1333	53
武穴市	1168	1168	—	—	—
龙感湖	333	333	—	—	—
咸宁市	**22838**	**20306**	**—**	**2532**	**280**
市辖区	233	33	—	200	—
咸安区	3400	3400	—	—	80
嘉鱼县	2433	2433	—	—	200
通城县	3240	3040	—	200	—
崇阳县	4666	4133	—	533	—
通山县	4466	4000	—	466	—
赤壁市	4400	3267	—	1133	—
随州市	**13225**	**12225**	**—**	**1000**	**—**
大洪山风景名胜区	333	—	—	333	—
市辖区	1033	1033	—	—	—
曾都区	2073	1873	—	200	—
市直单位	28	28	—	—	—
广水市	4693	4426	—	267	—
随县	5065	4865	—	200	—
恩施土家族苗族自治州	**41970**	**20370**	**—**	**21600**	**305**
恩施市	4590	2549	—	2041	—
利川市	5973	2693	—	3280	133
建始县	6862	4986	—	1876	113
巴东县	4793	1893	—	2900	—
宣恩县	5457	2390	—	3067	—
咸丰县	4230	1667	—	2563	59
来凤县	4955	1615	—	3340	—
鹤峰县	5110	2577	—	2533	—
省直单位	**494**	**294**	**—**	**200**	**—**
省林科院	200	67	—	133	—
省太子山林管局	294	227	—	67	—
仙桃市	**3567**	**3567**	**—**	**—**	**200**
潜江市	**2447**	**2447**	**—**	**—**	**267**
天门市	**1800**	**1800**	**—**	**—**	**—**
神农架林区	**1316**	**517**	**—**	**799**	**—**
神农架国家级自然保护区	**267**	**—**	**—**	**267**	**—**
七姊妹山国家级自然保护区	**667**	**—**	**—**	**667**	**—**
湖南省	**349772**	**188680**	**—**	**161092**	**23670**
长沙市	**16395**	**7809**	**—**	**8586**	**—**
长沙县	1500	567	—	933	—
望城县	684	351	—	333	—
宁乡县	5197	3197	—	2000	—
浏阳市	9014	3694	—	5320	—
株洲市	**31954**	**14667**	**—**	**17287**	**800**

分县造林完成情况

单位:公顷

地　区	造林面积				更新造林
	合计	人工造林	飞播造林	无林地和疏林地新封山(沙)育林	
株洲县	4274	1287	—	2987	—
攸县	7107	3640	—	3467	—
茶陵县	7001	3668	—	3333	400
炎陵县	6060	2727	—	3333	400
醴陵市	7512	3345	—	4167	—
湘潭市	**11135**	**3868**	**—**	**7267**	**—**
九华经开区	20	20	—	—	—
雨湖区	436	103	—	333	—
岳塘区	33	33	—	—	—
昭山示范区	100	33	—	67	—
湘潭县	4627	1627	—	3000	—
湘乡市	4860	1926	—	2934	—
韶山市	1059	126	—	933	—
衡阳市	**23954**	**11088**	**—**	**12866**	**512**
珠晖区	20	20	—	—	—
雁峰区	697	31	—	666	—
蒸湘区	691	24	—	667	—
南岳区	1065	198	—	867	—
衡阳县	2348	548	—	1800	4
衡南县	3724	2324	—	1400	—
衡山县	2622	955	—	1667	—
衡东县	4423	2290	—	2133	398
祁东县	1796	863	—	933	41
耒阳县	3641	1975	—	1666	—
常宁市	2927	1860	—	1067	69
邵阳市	**21200**	**11635**	**—**	**9565**	**6050**
双清区	190	190	—	—	—
大祥区	380	—	—	380	—
北塔区	958	291	—	667	286
邵东县	1450	1450	—	—	—
新邵县	1623	1490	—	133	135
邵阳县	986	853	—	133	—
隆回县	4122	1787	—	2335	134
洞口县	564	163	—	401	3239
绥宁县	872	539	—	333	1883
新宁县	3025	2892	—	133	—
城步苗族自治县	4410	1370	—	3040	299
武冈市	2620	610	—	2010	74
岳阳市	**20153**	**17200**	**—**	**2953**	**489**
云溪区	567	567	—	—	—
君山区	1620	1620	—	—	—
岳阳县	1675	1475	—	200	—
华容县	2927	2460	—	467	—
湘阴县	2194	2194	—	—	100
平江县	5267	5267	—	—	213
汨罗市	4240	2507	—	1733	176
临湘市	1596	1043	—	553	—

分县造林完成情况

单位:公顷

地　区	造林面积				更新造林
	合计	人工造林	飞播造林	无林地和疏林地新封山(沙)育林	
屈原管理区	67	67	—	—	—
常德市	**25906**	**15763**	**—**	**10143**	**373**
武陵区	917	247	—	670	—
鼎城区	3016	2283	—	733	—
安乡县	2361	2361	—	—	—
汉寿县	3202	2402	—	800	—
澧县	5148	3148	—	2000	373
临澧县	1731	664	—	1067	—
桃源县	5929	3462	—	2467	—
石门县	2543	804	—	1739	—
津市市	1059	392	—	667	—
张家界市	**12074**	**4485**	**—**	**7589**	**235**
永定区	1178	960	—	218	235
武陵源区	1233	100	—	1133	—
慈利县	3970	970	—	3000	—
桑植县	5693	2455	—	3238	—
益阳市	**19336**	**14663**	**—**	**4673**	**1493**
资阳区	2067	2067	—	—	—
赫山区	813	813	—	—	—
高新区	67	67	—	—	—
南县	2333	2333	—	—	—
桃江县	3054	1054	—	2000	—
安化县	6402	3729	—	2673	—
沅江市	3600	3600	—	—	1333
大通湖区	1000	1000	—	—	160
郴州市	**41020**	**23447**	**—**	**17573**	**2723**
北湖区	3018	545	—	2473	—
苏仙区	4279	1546	—	2733	—
桂阳县	5837	4504	—	1333	—
宜章县	3915	3275	—	640	285
永兴县	3561	701	—	2860	180
嘉禾县	3363	1696	—	1667	—
临武县	6724	6391	—	333	—
汝城县	1785	1718	—	67	1205
桂东县	3031	364	—	2667	150
安仁县	2232	1765	—	467	23
资兴市	3275	942	—	2333	880
永州市	**44728**	**26220**	**—**	**18508**	**5968**
零陵区	3245	1932	—	1313	98
冷水滩区	1580	1440	—	140	—
祁阳县	3424	1951	—	1473	214
东安县	3388	2481	—	907	53
双牌县	4576	3103	—	1473	1769
道县	3535	1584	—	1951	72
江永县	3120	1242	—	1878	—
宁远县	5897	3561	—	2336	681
蓝山县	4582	2315	—	2267	556

分县造林完成情况

单位:公顷

地区	造林面积				更新造林
	合计	人工造林	飞播造林	无林地和疏林地新封山(沙)育林	
新田县	3107	1904	—	1203	123
江华瑶族自治县	6060	3092	—	2968	2039
金洞管理区	1498	1279	—	219	363
廻龙圩管理区	579	199	—	380	—
凤凰园管理区	137	137	—	—	—
怀化市	**39744**	**23304**	**—**	**16440**	**2915**
鹤城区	899	366	—	533	—
中方县	3339	2252	—	1087	—
沅陵县	3521	2068	—	1453	—
辰溪县	3250	1604	—	1646	46
溆浦县	4072	2645	—	1427	300
会同县	3821	2290	—	1531	533
麻阳苗族自治县	2572	1239	—	1333	—
新晃侗族自治县	2856	1523	—	1333	—
芷江侗族自治县	3145	1972	—	1173	475
靖州苗族自治县	4190	2760	—	1430	667
通道侗族自治县	4165	2738	—	1427	639
洪江市	2930	1597	—	1333	212
洪江管理区	984	250	—	734	—
市直辖区	—	—	—	—	43
娄底市	**20372**	**9038**	**—**	**11334**	**2112**
娄星区	1460	793	—	667	—
双峰县	4781	2781	—	2000	200
新化县	6761	2094	—	4667	—
冷水江市	2326	993	—	1333	—
涟源市	5044	2377	—	2667	1912
湘西土家族苗族自治州	**21801**	**5493**	**—**	**16308**	**—**
吉首市	1747	444	—	1303	—
泸溪县	3202	925	—	2277	—
凤凰县	2571	1305	—	1266	—
花垣县	3955	267	—	3688	—
保靖县	2755	488	—	2267	—
古丈县	2063	356	—	1707	—
永顺县	3121	988	—	2133	—
龙山县	2387	720	—	1667	—
广东省	**139058**	**119083**	**—**	**19975**	**83650**
广州市	**373**	**—**	**—**	**373**	**2322**
市辖区	—	—	—	—	528
天河区	—	—	—	—	79
增城市	—	—	—	—	1646
从化市	373	—	—	373	—
增城林场	—	—	—	—	50
梳脑林场	—	—	—	—	19
深圳市	**7140**	**7133**	**—**	**7**	**25**
大鹏新区	4120	4120	—	—	—
龙华新区	217	217	—	—	—
南山区	107	107	—	—	—

分县造林完成情况

单位:公顷

地　区	造林面积				更新造林
	合计	人工造林	飞播造林	无林地和疏林地新封山(沙)育林	
宝安区	302	302	—	—	—
盐田区	7	—	—	7	—
光明新区	—	—	—	—	25
市直单位	2377	2377	—	—	—
绿化管理处	10	10	—	—	—
珠海市	**2529**	**2254**	**—**	**275**	**1000**
市辖区	720	720	—	—	—
香洲区	—	—	—	—	267
斗门区	1100	1100	—	—	733
金湾区	67	67	—	—	—
高新开发区	200	200	—	—	—
高栏港经济区	265	—	—	265	—
横琴新区	167	167	—	—	—
淇澳－担杆岛自然保护区	10	—	—	10	—
汕头市	**3120**	**1066**	**—**	**2054**	**—**
潮阳区	1560	533	—	1027	—
潮南区	1560	533	—	1027	—
佛山市	**297**	**254**	**—**	**43**	**191**
南海区	67	24	—	43	—
顺德区	230	230	—	—	—
三水区	—	—	—	—	71
高明区	—	—	—	—	120
韶关市	**13334**	**11522**	**—**	**1812**	**12199**
武江区	353	353	—	—	1027
浈江区	271	271	—	—	333
曲江区	1060	1060	—	—	253
始兴县	551	551	—	—	1200
仁化县	3167	2374	—	793	807
翁源县	960	960	—	—	1800
乳源瑶族自治县	2039	1813	—	226	913
新丰县	927	927	—	—	2207
乐昌市	2760	2533	—	227	1733
南雄市	1246	680	—	566	1260
韶关林场	—	—	—	—	170
曲江林场	—	—	—	—	69
仁化林场	—	—	—	—	155
河口林场	—	—	—	—	139
九曲水林场	—	—	—	—	83
华溪林场	—	—	—	—	50
河源市	**20216**	**16050**	**—**	**4166**	**4340**
紫金县	8279	5246	—	3033	—
龙川县	2200	1067	—	1133	—
连平县	2222	2222	—	—	4340
和平县	6285	6285	—	—	—
东源县	667	667	—	—	—
新丰江林管局	167	167	—	—	—
牛岭水林场	30	30	—	—	—

分县造林完成情况

单位:公顷

地 区	造林面积				更新造林
	合计	人工造林	飞播造林	无林地和疏林地新封山(沙)育林	
黎明林场	366	366	—	—	—
梅州市	**20898**	**20898**	**—**	**—**	**8027**
梅江区	293	293	—	—	727
梅县	—	—	—	—	1748
大埔县	600	600	—	—	1000
丰顺县	6156	6156	—	—	590
五华县	6996	6996	—	—	2360
平远县	—	—	—	—	872
蕉岭县	—	—	—	—	163
兴宁市	6853	6853	—	—	567
惠州市	**3112**	**2446**	**—**	**666**	**1984**
惠城区	13	13	—	—	—
惠阳区	200	200	—	—	600
大亚湾区	—	—	—	—	167
仲恺区	451	451	—	—	143
博罗县	153	153	—	—	209
惠东县	1766	1100	—	666	268
龙门县	529	529	—	—	200
梁化林场	—	—	—	—	60
象头山林场	—	—	—	—	80
平安林场	—	—	—	—	65
鸡笼山林场	—	—	—	—	79
水东陂林场	—	—	—	—	33
市林科所	—	—	—	—	80
汕尾市	**24162**	**15916**	**—**	**8246**	**493**
城区	2333	800	—	1533	—
红海湾开发区	3753	2000	—	1753	—
海丰县	3157	3157	—	—	—
陆河县	2930	2930	—	—	493
陆丰市	10330	5370	—	4960	—
黄羌林场	1000	1000	—	—	—
吉溪林场	200	200	—	—	—
红岭林场	133	133	—	—	—
罗经嶂林场	133	133	—	—	—
东海岸林场	133	133	—	—	—
湖东林场	60	60	—	—	—
东莞市	**3**	**3**	**—**	**—**	**—**
市林科所	3	3	—	—	—
中山市	**—**	**—**	**—**	**—**	**200**
江门市	**2778**	**2778**	**—**	**—**	**13563**
蓬江区	14	14	—	—	—
江海区	3	3	—	—	—
新会区	—	—	—	—	2733
台山市	492	492	—	—	3120
开平市	533	533	—	—	2666
鹤山市	873	873	—	—	2600
恩平市	595	595	—	—	300

分县造林完成情况

单位：公顷

地　区	造林面积				更新造林
	合计	人工造林	飞播造林	无林地和疏林地新封山(沙)育林	
大沙林场	—	—	—	—	293
狮山林场	—	—	—	—	661
河排林场	268	268	—	—	550
西坑林场	—	—	—	—	361
古斗林场	—	—	—	—	118
四堡林场	—	—	—	—	161
阳江市	**812**	**812**	**—**	**—**	**3257**
江城区	73	73	—	—	20
高新区	—	—	—	—	153
阳西县	—	—	—	—	533
阳东县	533	533	—	—	1200
阳春市	206	206	—	—	1066
花滩林场	—	—	—	—	285
湛江市	**270**	**270**	**—**	**—**	**5342**
坡头区	—	—	—	—	520
麻章区	—	—	—	—	233
开发区	—	—	—	—	200
遂溪县	—	—	—	—	604
徐闻县	—	—	—	—	467
廉江市	270	270	—	—	1725
雷州林业局	—	—	—	—	1000
吴川市	—	—	—	—	333
防护林场	—	—	—	—	167
东海林场	—	—	—	—	40
吴川林场	—	—	—	—	53
茂名市	**5679**	**4093**	**—**	**1586**	**4212**
茂南区	—	—	—	—	100
茂港区	—	—	—	—	107
电白县	826	473	—	353	853
高州市	1820	1820	—	—	613
化州市	267	267	—	—	733
信宜市	1800	667	—	1133	1000
八一林场	53	53	—	—	53
厚元林场	—	—	—	—	47
新田林场	133	133	—	—	133
荷塘林场	367	267	—	100	—
文楼林场	200	200	—	—	—
播扬林场	—	—	—	—	133
平定林场	40	40	—	—	400
丽岗林场	133	133	—	—	—
电白林场	40	40	—	—	33
森林公园管理处	—	—	—	—	2
野生动物救护中心	—	—	—	—	5
肇庆市	**3559**	**3492**	**—**	**67**	**6746**
大水口林场	445	445	—	—	211
端州区	—	—	—	—	52
鼎湖区	—	—	—	—	200

分县造林完成情况

单位:公顷

地　区	造林面积				更新造林
	合计	人工造林	飞播造林	无林地和疏林地新封山(沙)育林	
大旺综合经济开发区	—	—	—	—	4
广宁县	—	—	—	—	333
怀集县	601	534	—	67	2748
封开县	1400	1400	—	—	—
德庆县	620	620	—	—	—
高要市	—	—	—	—	2533
四会市	99	99	—	—	257
北岭山林场	333	333	—	—	70
清桂林场	22	22	—	—	94
葵洞林场	39	39	—	—	39
大坑山林场	—	—	—	—	77
新岗林场	—	—	—	—	128
清远市	**11893**	**11553**	**—**	**340**	**6502**
清城区	—	—	—	—	467
佛冈县	367	367	—	—	233
阳山县	2533	2533	—	—	467
连山壮族瑶族自治县	2333	2333	—	—	—
连南瑶族自治县	2133	2133	—	—	333
清新区	640	640	—	—	1727
英德市	2174	1947	—	227	920
连州市	1713	1600	—	113	467
银盏林场	—	—	—	—	234
笔架林场	—	—	—	—	149
天堂山林场	—	—	—	—	134
英德林场	—	—	—	—	208
长江坝林场	—	—	—	—	93
金鸡林场	—	—	—	—	113
铁溪林场	—	—	—	—	147
羊角山林场	—	—	—	—	45
小龙林场	—	—	—	—	89
龙坪林场	—	—	—	—	143
杨梅林场	—	—	—	—	533
潮州市	**4646**	**4646**	**—**	**—**	**—**
湘桥区	340	340	—	—	—
潮安县	2133	2133	—	—	—
饶平县	2173	2173	—	—	—
揭阳市	**10387**	**10387**	**—**	**—**	**361**
榕城区	267	267	—	—	—
揭东区	1133	1133	—	—	—
揭西县	3567	3567	—	—	244
惠来县	2540	2540	—	—	—
普宁市	2547	2547	—	—	117
大南山侨区	133	133	—	—	—
后溪林场	200	200	—	—	—
云浮市	**3821**	**3481**	**—**	**340**	**4299**
云城区	400	400	—	—	1032
新兴县	540	200	—	340	667

分县造林完成情况

单位:公顷

地　区	造林面积				更新造林
	合计	人工造林	飞播造林	无林地和疏林地新封山(沙)育林	
郁南县	324	324	—	—	350
云安县	225	225	—	—	772
罗定市	2330	2330	—	—	1095
大云雾林场	—	—	—	—	99
龙埇林场	—	—	—	—	200
飞马林场	—	—	—	—	63
同乐林场	2	2	—	—	21
雷州林业局	**—**	**—**	**—**	**—**	**5972**
省直林场	**—**	**—**	**—**	**—**	**2615**
西江林业局	—	—	—	—	1070
乳阳林业局	—	—	—	—	34
龙眼洞林场	—	—	—	—	21
天井山林场	—	—	—	—	192
樟木头林场	—	—	—	—	286
乐昌林场	—	—	—	—	219
连山林场	—	—	—	—	56
东江林场	—	—	—	—	329
九连山林场	—	—	—	—	408
湛江红树林国家级自然保护区	**29**	**29**	**—**	**—**	**—**
广西壮族自治区	**149875**	**133510**	**—**	**16365**	**71579**
南宁市	**8016**	**7123**	**—**	**893**	**1743**
兴宁区	338	338	—	—	19
青秀区	333	333	—	—	333
江南区	335	335	—	—	73
西乡塘区	337	337	—	—	270
良庆区	347	347	—	—	67
邕宁区	567	567	—	—	—
武鸣县	669	669	—	—	165
隆安县	710	710	—	—	62
马山县	618	618	—	—	124
上林县	1653	760	—	893	61
宾阳县	952	952	—	—	419
横县	1157	1157	—	—	150
柳州市	**12991**	**12991**	**—**	**—**	**4432**
鱼峰区	134	134	—	—	20
柳南区	—	—	—	—	41
柳北区	100	100	—	—	100
柳江县	848	848	—	—	155
柳城县	2997	2997	—	—	90
鹿寨县	2969	2969	—	—	90
融安县	2435	2435	—	—	1321
融水苗族自治县	3106	3106	—	—	1829
三江侗族自治县	402	402	—	—	786
桂林市	**23308**	**15678**	**—**	**7630**	**4063**
雁山区	74	74	—	—	25
阳朔县	1201	144	—	1057	—
临桂县	2949	1804	—	1145	468

分县造林完成情况

单位:公顷

地　区	造林面积				更新造林
	合计	人工造林	飞播造林	无林地和疏林地新封山(沙)育林	
灵川县	1648	1648	—	—	—
全州县	2875	2776	—	99	606
兴安县	1069	1069	—	—	300
永福县	2378	2378	—	—	148
灌阳县	1709	992	—	717	433
龙胜各族自治县	1205	1205	—	—	655
资源县	954	954	—	—	267
平乐县	2619	701	—	1918	337
荔浦县	1133	1133	—	—	200
恭城瑶族自治县	3494	800	—	2694	624
梧州市	**9586**	**9586**	**—**	**—**	**11299**
万秀区	538	538	—	—	109
蝶山区	332	332	—	—	164
长洲区	294	294	—	—	227
苍梧县	2376	2376	—	—	1992
藤县	3247	3247	—	—	3647
蒙山县	1638	1638	—	—	887
岑溪市	1161	1161	—	—	4273
北海市	**271**	**271**	**—**	**—**	**268**
银海区	—	—	—	—	16
合浦县	271	271	—	—	252
防城港市	**4027**	**4027**	**—**	**—**	**666**
港口区	267	267	—	—	4
防城区	2350	2350	—	—	—
上思县	1400	1400	—	—	662
东兴市	10	10	—	—	—
钦州市	**3906**	**3906**	**—**	**—**	**1421**
钦南区	570	570	—	—	120
钦北区	1000	1000	—	—	325
灵山县	1844	1844	—	—	958
浦北县	492	492	—	—	18
贵港市	**2204**	**2204**	**—**	**—**	**1664**
港北区	634	634	—	—	55
港南区	483	483	—	—	81
覃塘区	284	284	—	—	92
平南县	803	803	—	—	310
桂平市	—	—	—	—	1126
玉林市	**2723**	**2723**	**—**	**—**	**3340**
玉州区	10	10	—	—	9
福绵区	69	69	—	—	177
容县	707	707	—	—	678
陆川县	435	435	—	—	231
博白县	787	787	—	—	1430
兴业县	372	372	—	—	658
北流市	343	343	—	—	157
百色市	**30319**	**26343**	**—**	**3976**	**5706**
右江区	2757	2757	—	—	947

分县造林完成情况

单位：公顷

地 区	造林面积				更新造林
	合计	人工造林	飞播造林	无林地和疏林地新封山（沙）育林	
田阳县	2145	1444	—	701	67
田东县	1334	1334	—	—	66
平果县	1378	1316	—	62	284
德保县	1119	900	—	219	300
靖西县	2333	333	—	2000	—
那坡县	1606	1154	—	452	217
凌云县	1965	1667	—	298	467
乐业县	2301	2057	—	244	533
田林县	6490	6490	—	—	1358
西林县	3561	3561	—	—	667
隆林各族自治县	3330	3330	—	—	800
贺州市	**8436**	**8436**	**—**	**—**	**9882**
八步区	3885	3885	—	—	5407
平桂区	1267	1267	—	—	1020
昭平县	1147	1147	—	—	2176
钟山县	440	440	—	—	915
富川瑶族自治县	1697	1697	—	—	364
河池市	**30041**	**26509**	**—**	**3532**	**7249**
金城江区	1677	1341	—	336	487
南丹县	4134	4134	—	—	—
天峨县	1757	1757	—	—	1123
凤山县	6209	6209	—	—	1753
东兰县	2329	1662	—	667	339
罗城仫佬族自治县	2202	1869	—	333	667
环江毛南族自治县	2801	2334	—	467	1344
巴马瑶族自治县	2766	2637	—	129	108
都安瑶族自治县	2533	1866	—	667	161
大化瑶族自治县	2733	2333	—	400	133
宜州市	900	367	—	533	1134
来宾市	**5574**	**5574**	**—**	**—**	**1511**
兴宾区	1274	1274	—	—	189
忻城县	409	409	—	—	94
象州县	1949	1949	—	—	626
武宣县	548	548	—	—	312
金秀瑶族自治县	1210	1210	—	—	230
合山市	184	184	—	—	60
崇左市	**3658**	**3324**	**—**	**334**	**5946**
江州区	182	182	—	—	1417
扶绥县	426	426	—	—	1467
宁明县	933	933	—	—	1785
龙州县	967	967	—	—	—
大新县	190	190	—	—	91
天等县	901	567	—	334	733
凭祥市	59	59	—	—	453
高峰林场	**—**	**—**	**—**	**—**	**673**
七坡林场	**26**	**26**	**—**	**—**	**57**
东门林场	**—**	**—**	**—**	**—**	**132**

分县造林完成情况

单位:公顷

地　区	造林面积				更新造林
	合计	人工造林	飞播造林	无林地和疏林地新封山(沙)育林	
派阳山林场	**735**	**735**	**—**	**—**	**735**
钦廉林场	**8**	**8**	**—**	**—**	**1308**
六万林场	**2785**	**2785**	**—**	**—**	**2785**
博白林场	**—**	**—**	**—**	**—**	**2085**
维都林场	**137**	**137**	**—**	**—**	**127**
三门江林场	**—**	**—**	**—**	**—**	**668**
黄冕林场	**—**	**—**	**—**	**—**	**271**
大桂山林场	**—**	**—**	**—**	**—**	**2898**
雅长林场	**1124**	**1124**	**—**	**—**	**167**
南宁树木园	**—**	**—**	**—**	**—**	**70**
中国林科院热林中心	**—**	**—**	**—**	**—**	**413**
海南省	**12829**	**12829**	**—**	**—**	**13271**
海口市	103	103	—	—	739
三亚市	165	165	—	—	879
五指山市	67	67	—	—	147
文昌市	519	519	—	—	492
琼海市	553	553	—	—	429
万宁市	1699	1699	—	—	970
定安县	932	932	—	—	383
屯昌县	136	136	—	—	1279
澄迈县	674	674	—	—	2241
临高县	790	790	—	—	903
儋州市	1697	1697	—	—	964
白沙黎族自治县	997	997	—	—	488
昌江黎族自治县	1005	1005	—	—	149
东方市	979	979	—	—	299
乐东黎族自治县	1969	1969	—	—	561
陵水黎族自治县	—	—	—	—	237
保亭黎族苗族自治县	180	180	—	—	711
琼中黎族苗族自治县	364	364	—	—	1400
重庆市	**227883**	**152832**	**—**	**75051**	**—**
万州区	4400	3533	—	867	—
黔江区	12667	9000	—	3667	—
涪陵区	6467	2800	—	3667	—
江北区	67	67	—	—	—
沙坪坝区	67	67	—	—	—
九龙坡区	67	67	—	—	—
南岸区	67	67	—	—	—
北碚区	667	667	—	—	—
万盛区	3467	2667	—	800	—
渝北区	2666	2333	—	333	—
巴南区	2666	2333	—	333	—
长寿区	2333	2000	—	333	—
南川区	10067	4867	—	5200	—
江津区	4667	2667	—	2000	—
合川区	2333	2000	—	333	—
永川区	4000	2000	—	2000	—

分县造林完成情况

单位:公顷

地　区	造林面积				更新造林
	合计	人工造林	飞播造林	无林地和疏林地新封山(沙)育林	
綦江区	3000	2667	—	333	—
潼南县	3000	3000	—	—	—
铜梁县	2200	1140	—	1060	—
大足区	4000	3000	—	1000	—
荣昌县	4000	3000	—	1000	—
璧山县	1333	1000	—	333	—
梁平县	3000	2667	—	333	—
城口县	9334	8000	—	1334	—
丰都县	3667	3000	—	667	—
垫江县	3334	3000	—	334	—
武隆县	12600	7933	—	4667	—
忠县	3333	2000	—	1333	—
开县	12333	7666	—	4667	—
云阳县	13133	9000	—	4133	—
奉节县	13267	8800	—	4467	—
巫山县	14467	8800	—	5667	—
巫溪县	15614	10224	—	5390	—
石柱土家族自治县	8000	5667	—	2333	—
秀山土家族苗族自治县	10600	5600	—	5000	—
酉阳土家族苗族自治县	17200	9533	—	7667	—
彭水苗族土家族自治县	13800	10000	—	3800	—
四川省	**126191**	**67992**	**—**	**58199**	**6140**
成都市	**1567**	**1567**	**—**	**—**	**133**
金堂县	334	334	—	—	—
新津县	433	433	—	—	—
都江堰市	600	600	—	—	—
彭州市	200	200	—	—	133
自贡市	**4168**	**4035**	**—**	**133**	**53**
自流井区	266	133	—	133	—
贡井区	600	600	—	—	—
沿滩区	773	773	—	—	—
荣县	1633	1633	—	—	33
富顺县	896	896	—	—	20
泸州市	**3299**	**1899**	**—**	**1400**	**400**
纳溪区	133	133	—	—	—
泸县	133	133	—	—	—
合江县	466	466	—	—	—
叙永县	1667	1000	—	667	—
古蔺县	900	167	—	733	400
德阳市	**800**	**267**	**—**	**533**	**—**
绵竹市	800	267	—	533	—
绵阳市	**4649**	**3250**	**—**	**1399**	**399**
游仙区	636	636	—	—	—
三台县	1000	1000	—	—	—
盐亭县	815	815	—	—	—
安县	333	333	—	—	66
北川羌族自治县	533	—	—	533	—

分县造林完成情况

单位：公顷

地区	造林面积				更新造林
	合计	人工造林	飞播造林	无林地和疏林地新封山(沙)育林	
平武县	799	466	—	333	333
江油市	533	—	—	533	—
广元市	**8264**	**7465**	**—**	**799**	**—**
利州区	867	867	—	—	—
昭化区	1000	1000	—	—	—
朝天区	1000	1000	—	—	—
旺苍县	1199	866	—	333	—
青川县	1799	1466	—	333	—
剑阁县	1133	1133	—	—	—
苍溪县	1266	1133	—	133	—
遂宁市	**733**	**733**	**—**	**—**	**—**
安居区	266	266	—	—	—
射洪县	267	267	—	—	—
大英县	200	200	—	—	—
内江市	**466**	**466**	**—**	**—**	**—**
市中区	133	133	—	—	—
资中县	133	133	—	—	—
隆昌县	200	200	—	—	—
乐山市	**10599**	**2865**	**—**	**7734**	**1066**
沙湾区	133	133	—	—	200
金口河区	200	200	—	—	—
犍为县	567	567	—	—	—
井研县	233	233	—	—	—
夹江县	133	133	—	—	—
沐川县	533	533	—	—	533
峨边彝族自治县	200	200	—	—	333
川南林业局	7067	—	—	7067	—
马边彝族自治县	1067	400	—	667	—
峨眉山市	466	466	—	—	—
南充市	**7599**	**6466**	**—**	**1133**	**—**
顺庆区	333	333	—	—	—
高坪区	467	467	—	—	—
嘉陵区	1133	1133	—	—	—
南部县	1333	1333	—	—	—
营山县	933	733	—	200	—
蓬安县	1133	600	—	533	—
仪陇县	800	600	—	200	—
西充县	600	400	—	200	—
阆中市	867	867	—	—	—
眉山市	**798**	**798**	**—**	**—**	**400**
东坡区	133	133	—	—	—
仁寿县	133	133	—	—	—
洪雅县	266	266	—	—	400
丹棱县	133	133	—	—	—
青神县	133	133	—	—	—
宜宾市	**9527**	**9127**	**—**	**400**	**955**
翠屏区	467	467	—	—	—

分县造林完成情况

单位:公顷

地　区	造林面积				更新造林
	合计	人工造林	飞播造林	无林地和疏林地新封山(沙)育林	
宜宾县	1654	1654	—	—	—
南溪县	1600	1467	—	133	—
江安县	733	600	—	133	—
长宁县	873	873	—	—	—
高县	527	527	—	—	22
珙县	333	333	—	—	933
筠连县	1360	1360	—	—	—
兴文县	1513	1513	—	—	—
屏山县	467	333	—	134	—
广安市	**6206**	**6006**	**—**	**200**	**1467**
市辖区	666	666	—	—	—
广安区	1000	1000	—	—	—
岳池县	1507	1507	—	—	—
武胜县	1000	800	—	200	—
邻水县	800	800	—	—	—
华蓥市	1233	1233	—	—	1467
达州市	**2482**	**1616**	**—**	**866**	**—**
通川区	150	150	—	—	—
达县	466	133	—	333	—
大竹县	200	200	—	—	—
渠县	733	533	—	200	—
万源市	933	600	—	333	—
雅安市	**2114**	**214**	**—**	**1900**	**934**
汉源县	447	214	—	233	—
石棉县	1667	—	—	1667	—
芦山县	—	—	—	—	667
宝兴县	—	—	—	—	267
巴中市	**6331**	**5065**	**—**	**1266**	**—**
市辖区	667	667	—	—	—
巴州区	667	667	—	—	—
通江县	1184	851	—	333	—
南江县	1733	1133	—	600	—
平昌县	2080	1747	—	333	—
资阳市	**534**	**534**	**—**	**—**	**—**
雁江区	267	267	—	—	—
简阳市	267	267	—	—	—
阿坝藏族羌族自治州	**4400**	**333**	**—**	**4067**	**—**
汶川县	533	—	—	533	—
茂县	533	—	—	533	—
九寨沟县	667	—	—	667	—
壤塘县	667	—	—	667	—
壤塘林业局	400	67	—	333	—
小金林业局	667	—	—	667	—
松潘林业局	133	133	—	—	—
南坪林业局	133	133	—	—	—
林业筑路工程处	667	—	—	667	—
甘孜藏族自治州	**4932**	**1066**	**—**	**3866**	**—**

分县造林完成情况

单位:公顷

地　区	造林面积				更新造林
	合计	人工造林	飞播造林	无林地和疏林地新封山(沙)育林	
丹巴县	734	67	—	667	—
新龙县	133	—	—	133	—
新龙林业局	266	133	—	133	—
德格县	134	—	—	134	—
白玉县	367	33	—	334	—
石渠县	367	34	—	333	—
理塘县	366	33	—	333	—
巴塘县	899	566	—	333	—
乡城县	333	—	—	333	—
得荣县	200	—	—	200	—
白玉林业局	367	67	—	300	—
力邱河林业局	266	133	—	133	—
工程处	500	—	—	500	—
凉山彝族自治州	**20843**	**12740**	**—**	**8103**	**333**
木里藏族自治县	1316	849	—	467	—
盐源县	1666	1333	—	333	—
德昌县	667	667	—	—	—
会理县	667	667	—	—	—
会东县	1000	667	—	333	—
宁南县	1778	1192	—	586	—
普格县	466	133	—	333	—
布拖县	333	333	—	—	—
金阳县	1236	825	—	411	—
昭觉县	333	333	—	—	—
喜德县	1200	1200	—	—	—
越西县	800	466	—	334	—
甘洛县	4448	1142	—	3306	333
美姑县	800	800	—	—	—
雷波县	333	333	—	—	—
木里林业局	533	—	—	533	—
雷波林业局	1533	1133	—	400	—
凉北林业局	1067	667	—	400	—
林业第五筑路工程处	667	—	—	667	—
省直单位	**25880**	**1480**	**—**	**24400**	**—**
长江造林局	15880	813	—	15067	—
大渡河造林局	10000	667	—	9333	—
贵州省	**340000**	**256253**	**—**	**83747**	**—**
贵阳市	**16331**	**8505**	**—**	**7827**	**—**
乌当区	1896	1136	—	760	—
花溪区	1904	924	—	980	—
白云区	1594	367	—	1227	—
南明区	56	56	—	—	—
云岩区	117	117	—	—	—
清镇市	2701	1601	—	1100	—
开阳县	2836	1669	—	1167	—
修文县	1920	1006	—	913	—
息烽县	2662	982	—	1680	—

分县造林完成情况

单位:公顷

地　区	造林面积				更新造林
	合计	人工造林	飞播造林	无林地和疏林地新封山(沙)育林	
小河区	53	53	—	—	—
市直单位	595	595	—	—	—
六盘水市	**23470**	**19423**	**—**	**4047**	**—**
六枝特区	4987	3187	—	1800	—
盘县	7757	7224	—	533	—
水城县	8040	6993	—	1047	—
钟山区	1976	1309	—	667	—
市直单位	710	710	—	—	—
遵义市	**48703**	**34409**	**—**	**14293**	**—**
红花岗区	1964	784	—	1180	—
汇川区	2385	1152	—	1233	—
遵义县	3735	2729	—	1007	—
桐梓县	2970	1777	—	1193	—
绥阳县	1964	1324	—	640	—
湄潭县	2644	1378	—	1267	—
凤冈县	3429	2396	—	1033	—
余庆县	4653	3607	—	1047	—
仁怀市	2247	1480	—	767	—
赤水市	3153	3153	—	—	—
习水县	5600	4493	—	1107	—
正安县	5521	4121	—	1400	—
道真仡佬族苗族自治县	1785	731	—	1053	—
务川仡佬族苗族自治县	5468	4101	—	1367	—
市直单位	1183	1183	—	—	—
安顺市	**22703**	**14930**	**—**	**7773**	**—**
西秀区	3634	2200	—	1433	—
平坝县	2868	2188	—	680	—
普定县	3404	2350	—	1053	—
镇宁布依族苗族自治县	3970	2337	—	1633	—
关岭布依族苗族自治县	3886	3319	—	567	—
紫云苗族布依族自治县	3787	1853	—	1933	—
黄果树管委会	943	470	—	473	—
开发区	25	25	—	—	—
市直单位	187	187	—	—	—
毕节市	**46366**	**36492**	**—**	**9873**	**—**
七星关区	4647	4034	—	613	—
大方县	7502	6216	—	1287	—
黔西县	3373	2573	—	800	—
金沙县	6790	5370	—	1420	—
织金县	4284	3284	—	1000	—
纳雍县	5171	3951	—	1220	—
威宁彝族回族苗族自治县	7475	5542	—	1933	—
赫章县	5480	4247	—	1233	—
百管委	920	553	—	367	—
双山新区	133	133	—	—	—
市直单位	589	589	—	—	—
铜仁市	**50831**	**42743**	**—**	**8088**	**—**

分县造林完成情况

单位:公顷

地　区	造林面积				更新造林
	合计	人工造林	飞播造林	无林地和疏林地新封山(沙)育林	
碧江区	2348	2348	—	—	—
松桃苗族自治县	6475	5643	—	832	—
玉屏侗族自治县	3804	2921	—	883	—
万山区	3635	2435	—	1200	—
江口县	4349	3583	—	767	—
石阡县	2555	2041	—	513	—
印江土家族苗族自治县	6575	5635	—	940	—
思南县	5526	4526	—	1000	—
德江县	6586	5566	—	1020	—
沿河土家族自治县	7747	6813	—	933	—
市直单位	1232	1232	—	—	—
黔西南布依族苗族自治州	**39843**	**32071**	**—**	**7772**	**—**
兴义市	4139	3113	—	1027	—
兴仁县	2556	1856	—	700	—
贞丰县	4092	3232	—	860	—
册亨县	6329	4662	—	1667	—
望谟县	12248	11581	—	667	—
普安县	2929	1629	—	1300	—
晴隆县	2941	2249	—	692	—
安龙县	3907	3047	—	860	—
顶效开发区	200	200	—	—	—
普晴林场	67	67	—	—	—
州直单位	437	437	—	—	—
黔东南苗族侗族自治州	**41394**	**34214**	**—**	**7180**	**—**
凯里市	1586	336	—	1250	—
黄平县	3623	2349	—	1273	—
麻江县	2898	1595	—	1303	—
丹寨县	3838	2831	—	1007	—
雷山县	1208	1208	—	—	—
施秉县	2508	1695	—	813	—
镇远县	1418	1218	—	200	—
三穗县	1851	1851	—	—	—
岑巩县	2603	1736	—	867	—
天柱县	2613	2613	—	—	—
锦屏县	3833	3500	—	333	—
黎平县	4788	4788	—	—	—
榕江县	1588	1588	—	—	—
从江县	3768	3768	—	—	—
剑河县	1282	1149	—	133	—
台江县	896	896	—	—	—
州直单位	1094	1094	—	—	—
黔南布依族苗族自治州	**47306**	**32552**	**—**	**14753**	**—**
都匀市	2098	804	—	1293	—
独山县	3241	1948	—	1293	—
平塘县	5805	3925	—	1880	—
荔波县	4956	3842	—	1113	—
三都水族自治县	2523	2523	—	—	—

分县造林完成情况

单位:公顷

地　区	造林面积				更新造林
	合计	人工造林	飞播造林	无林地和疏林地新封山(沙)育林	
福泉市	2605	1605	—	1000	—
瓮安县	3663	1530	—	2133	—
贵定县	3865	2525	—	1340	—
龙里县	2393	1193	—	1200	—
惠水县	3084	2084	—	1000	—
长顺县	5041	3541	—	1500	—
罗甸县	7029	6029	—	1000	—
州直单位	1003	1003	—	—	—
贵安新区	**2013**	**207**	**—**	**1807**	**—**
省直单位	**1040**	**707**	**—**	**333**	**—**
省林科院	40	40	—	—	—
扎佐林场	200	200	—	—	—
龙里林场	13	13	—	—	—
宽阔水保护区	200	200	—	—	—
大沙河保护区	587	253	—	333	—
云南省	**524334**	**467658**	**—**	**56676**	**1167**
昆明市	**49082**	**32678**	**—**	**16404**	**—**
五华区	1599	133	—	1466	—
盘龙区	1233	1233	—	—	—
官渡区	1467	467	—	1000	—
西山区	2600	933	—	1667	—
东川区	9333	9333	—	—	—
呈贡县	2658	507	—	2151	—
晋宁县	400	400	—	—	—
富民县	3873	1873	—	2000	—
宜良县	5333	2533	—	2800	—
石林彝族自治县	3083	1066	—	2017	—
嵩明县	2266	1666	—	600	—
禄劝彝族苗族自治县	11267	9600	—	1667	—
寻甸回族彝族自治县	3903	2867	—	1036	—
安宁市	67	67	—	—	—
曲靖市	**48017**	**41925**	**—**	**6092**	**—**
麒麟区	1667	1667	—	—	—
马龙县	1467	1467	—	—	—
陆良县	2118	2118	—	—	—
师宗县	6372	5813	—	559	—
罗平县	8000	8000	—	—	—
富源县	6333	6333	—	—	—
会泽县	3867	3200	—	667	—
沾益县	5006	4240	—	766	—
宣威市	13187	9087	—	4100	—
玉溪市	**17238**	**14891**	**—**	**2347**	**—**
红塔区	225	225	—	—	—
江川县	2046	1379	—	667	—
澄江县	3113	1433	—	1680	—
通海县	121	121	—	—	—
华宁县	1607	1607	—	—	—

分县造林完成情况

单位:公顷

地 区	造林面积				更新造林
	合计	人工造林	飞播造林	无林地和疏林地新封山(沙)育林	
易门县	1753	1753	—	—	—
峨山彝族自治县	2667	2667	—	—	—
新平彝族傣族自治县	4433	4433	—	—	—
元江哈尼族彝族傣族自治县	1273	1273	—	—	—
保山市	**25793**	**25793**	**—**	**—**	**—**
隆阳区	5640	5640	—	—	—
施甸县	7147	7147	—	—	—
腾冲县	3133	3133	—	—	—
龙陵县	3480	3480	—	—	—
昌宁县	6393	6393	—	—	—
昭通市	**52090**	**51463**	**—**	**627**	**—**
昭阳区	4920	4920	—	—	—
鲁甸县	7194	6567	—	627	—
巧家县	4520	4520	—	—	—
盐津县	3647	3647	—	—	—
大关县	5676	5676	—	—	—
永善县	4193	4193	—	—	—
绥江县	1333	1333	—	—	—
镇雄县	11087	11087	—	—	—
彝良县	5600	5600	—	—	—
威信县	2120	2120	—	—	—
水富县	1800	1800	—	—	—
丽江市	**36242**	**34662**	**—**	**1580**	**—**
古城区	4229	3229	—	1000	—
玉龙纳西族自治县	6567	5987	—	580	—
永胜县	8740	8740	—	—	—
华坪县	7866	7866	—	—	—
宁蒗彝族自治县	8840	8840	—	—	—
普洱市	**17232**	**16565**	**—**	**667**	**1167**
思茅区	313	313	—	—	—
宁洱哈尼族彝族自治县	1300	633	—	667	—
墨江哈尼族自治县	2067	2067	—	—	—
景东彝族自治县	2833	2833	—	—	—
景谷傣族彝族自治县	1333	1333	—	—	1167
镇沅彝族哈尼族拉祜族自治县	2700	2700	—	—	—
江城哈尼族彝族自治县	1433	1433	—	—	—
孟连傣族拉祜族佤族自治县	133	133	—	—	—
澜沧拉祜族自治县	4787	4787	—	—	—
西盟佤族自治县	333	333	—	—	—
临沧市	**78142**	**69727**	**—**	**8415**	**—**
临翔区	7734	7067	—	667	—
凤庆县	9000	8333	—	667	—
云县	12307	11640	—	667	—
永德县	10407	9007	—	1400	—
镇康县	8000	6513	—	1487	—
双江拉祜族佤族布朗族傣族自治县	9007	8340	—	667	—
耿马傣族佤族自治县	10300	8827	—	1473	—

分县造林完成情况

单位:公顷

地　区	造林面积				更新造林
	合计	人工造林	飞播造林	无林地和疏林地新封山(沙)育林	
沧源佤族自治县	11387	10000	—	1387	—
楚雄彝族自治州	**46597**	**45286**	**—**	**1311**	**—**
楚雄市	5133	5133	—	—	—
双柏县	5667	5667	—	—	—
牟定县	1266	1266	—	—	—
南华县	4167	4167	—	—	—
姚安县	8533	8533	—	—	—
大姚县	11207	11207	—	—	—
永仁县	680	680	—	—	—
元谋县	533	533	—	—	—
武定县	3300	2633	—	667	—
禄丰县	6111	5467	—	644	—
红河哈尼族彝族自治州	**31205**	**26043**	**—**	**5162**	**—**
个旧市	114	114	—	—	—
开远市	3031	1467	—	1564	—
蒙自市	2467	1800	—	667	—
屏边苗族自治县	2729	2467	—	262	—
建水县	1767	1767	—	—	—
石屏县	4210	3467	—	743	—
弥勒县	2859	2267	—	592	—
泸西县	2883	2883	—	—	—
元阳县	1277	1277	—	—	—
红河县	1667	1667	—	—	—
金平苗族瑶族傣族自治县	3334	2667	—	667	—
绿春县	3333	3333	—	—	—
河口瑶族自治县	1534	867	—	667	—
文山壮族苗族自治州	**39625**	**32528**	**—**	**7097**	**—**
文山市	3873	3873	—	—	—
砚山县	4846	4846	—	—	—
西畴县	3574	2907	—	667	—
麻栗坡县	4666	2506	—	2160	—
马关县	1293	627	—	666	—
丘北县	10226	6813	—	3413	—
广南县	4984	4793	—	191	—
富宁县	6163	6163	—	—	—
西双版纳傣族自治州	**2574**	**2574**	**—**	**—**	**—**
景洪市	1007	1007	—	—	—
勐海县	800	800	—	—	—
勐腊县	767	767	—	—	—
大理白族自治州	**28160**	**26473**	**—**	**1687**	**—**
大理市	700	700	—	—	—
漾濞彝族自治县	1500	1500	—	—	—
祥云县	3154	2800	—	354	—
宾川县	6346	6346	—	—	—
弥渡县	1287	1287	—	—	—
南涧彝族自治县	2066	1733	—	333	—
巍山彝族回族自治县	4374	4374	—	—	—

分县造林完成情况

单位:公顷

地　区	造林面积				更新造林
	合计	人工造林	飞播造林	无林地和疏林地新封山(沙)育林	
永平县	1000	1000	—	—	—
云龙县	2000	1333	—	667	—
洱源县	2334	2334	—	—	—
剑川县	2466	2133	—	333	—
鹤庆县	933	933	—	—	—
德宏傣族景颇族自治州	**18498**	**17164**	**—**	**1334**	**—**
瑞丽市	1394	1394	—	—	—
芒市	5460	5460	—	—	—
梁河县	367	367	—	—	—
盈江县	6577	5910	—	667	—
陇川县	4700	4033	—	667	—
怒江傈僳族自治州	**15213**	**15213**	**—**	**—**	**—**
泸水县	4433	4433	—	—	—
福贡县	1540	1540	—	—	—
贡山独龙族怒族自治县	2733	2733	—	—	—
兰坪白族普米族自治县	6507	6507	—	—	—
迪庆藏族自治州	**18626**	**14673**	**—**	**3953**	**—**
香格里拉县	7106	6767	—	339	—
德钦县	5414	2467	—	2947	—
维西傈僳族自治县	6106	5439	—	667	—
西藏自治区	**69629**	**30540**	**—**	**39089**	**—**
陕西省	**343981**	**215732**	**54001**	**74248**	**36**
西安市	**8194**	**7528**	**—**	**666**	**—**
灞桥区	82	82	—	—	—
阎良区	220	220	—	—	—
临潼区	2146	2146	—	—	—
长安区	391	391	—	—	—
蓝田县	3025	2692	—	333	—
周至县	1561	1228	—	333	—
户县	685	685	—	—	—
高陵县	67	67	—	—	—
沣东新城管委会	17	17	—	—	—
铜川市	**11848**	**7847**	**—**	**4001**	**—**
市辖区	70	70	—	—	—
王益区	200	200	—	—	—
印台区	3686	2686	—	1000	—
耀州区	3998	2331	—	1667	—
宜君县	3894	2560	—	1334	—
宝鸡市	**22530**	**10332**	**4334**	**7864**	**36**
陈仓区	2665	1132	667	866	—
凤翔县	1983	1450	—	533	—
岐山县	2917	984	1333	600	—
扶风县	1866	1399	—	467	—
眉县	1467	667	—	800	—
陇县	3134	1667	667	800	—
千阳县	2866	1733	—	1133	—
麟游县	2433	1100	667	666	—

分县造林完成情况

单位:公顷

地区	造林面积				更新造林
	合计	人工造林	飞播造林	无林地和疏林地新封山(沙)育林	
凤县	1800	200	1000	600	—
太白县	733	—	—	733	36
辛家山林业局	333	—	—	333	—
马头滩林业局	333	—	—	333	—
咸阳市	**28346**	**16946**	**2667**	**8733**	**—**
秦都区	200	200	—	—	—
渭城区	213	213	—	—	—
三原县	1600	667	—	933	—
泾阳县	1467	1000	—	467	—
乾县	1847	1047	—	800	—
礼泉县	3133	2200	—	933	—
永寿县	3133	1600	—	1533	—
彬县	4200	2933	667	600	—
长武县	4133	2933	—	1200	—
旬邑县	5000	1933	2000	1067	—
淳化县	3000	1800	—	1200	—
武功县	200	200	—	—	—
兴平市	220	220	—	—	—
渭南市	**31997**	**18931**	**2000**	**11066**	**—**
临渭区	2486	1153	—	1333	—
华县	2515	1582	—	933	—
潼关县	3184	1917	—	1267	—
大荔县	3976	3643	—	333	—
合阳县	3583	2117	—	1466	—
澄城县	2425	1625	—	800	—
蒲城县	2067	867	—	1200	—
白水县	4450	1850	1333	1267	—
富平县	4678	2744	667	1267	—
华阴市	2633	1433	—	1200	—
延安市	**77747**	**59013**	**5334**	**13400**	**—**
宝塔区	4280	4280	—	—	—
延长县	6807	5874	—	933	—
延川县	10687	9687	—	1000	—
子长县	4934	3667	667	600	—
安塞县	5533	5000	—	533	—
志丹县	6200	5933	—	267	—
吴起县	7153	6353	667	133	—
甘泉县	8880	8213	—	667	—
富县	3547	2080	1000	467	—
洛川县	3080	1413	667	1000	—
宜川县	3846	1913	1333	600	—
黄龙县	4867	2400	1000	1467	—
黄陵县	1666	467	—	1199	—
劳山林业局	800	133	—	667	—
桥北林业局	800	133	—	667	—
桥山林业局	1000	467	—	533	—
黄龙山林业局	3667	1000	—	2667	—

分县造林完成情况

单位:公顷

地区	造林面积				更新造林
	合计	人工造林	飞播造林	无林地和疏林地新封山(沙)育林	
汉中市	**15938**	**8269**	**—**	**7669**	**—**
汉台区	413	80	—	333	—
南郑县	2534	1667	—	867	—
城固县	1433	900	—	533	—
洋县	866	266	—	600	—
西乡县	1887	1220	—	667	—
勉县	1533	800	—	733	—
宁强县	1867	1067	—	800	—
略阳县	1333	533	—	800	—
镇巴县	1403	668	—	735	—
留坝县	1535	801	—	734	—
佛坪县	1134	267	—	867	—
榆林市	**73746**	**47032**	**23334**	**3380**	**—**
榆阳区	16513	5333	8667	2513	—
神木县	16000	7333	8667	—	—
府谷县	9867	9867	—	—	—
横山县	6000	3667	2333	—	—
靖边县	8000	4333	3667	—	—
定边县	4133	4133	—	—	—
绥德县	2267	1400	—	867	—
米脂县	1333	1333	—	—	—
佳县	4099	4099	—	—	—
吴堡县	667	667	—	—	—
清涧县	3400	3400	—	—	—
子洲县	1467	1467	—	—	—
安康市	**43367**	**25966**	**8000**	**9401**	**—**
汉滨区	8887	6287	1666	934	—
汉阴县	3687	1820	1000	867	—
石泉县	3033	2100	—	933	—
宁陕县	2600	1599	—	1001	—
紫阳县	4867	2000	2000	867	—
岚皋县	4973	2373	1667	933	—
平利县	4066	3066	—	1000	—
镇坪县	1667	867	—	800	—
旬阳县	6267	3667	1667	933	—
白河县	3320	2187	—	1133	—
商洛市	**24800**	**10734**	**8332**	**5734**	**—**
商州区	4000	2267	1333	400	—
洛南县	4000	2000	1333	667	—
丹凤县	3200	1334	1000	866	—
商南县	3200	1133	1000	1067	—
山阳县	4000	1733	1333	934	—
镇安县	4000	1800	1333	867	—
柞水县	2400	467	1000	933	—
杨凌区	**134**	**134**	**—**	**—**	**—**
省直单位	**1000**	**333**	**—**	**667**	**—**
楼观台实验林场	1000	333	—	667	—

分县造林完成情况

单位:公顷

地 区	造林面积				更新造林
	合计	人工造林	飞播造林	无林地和疏林地新封山(沙)育林	
韩城市	**4334**	**2667**	**—**	**1667**	**—**
甘肃省	**174470**	**108377**	**—**	**66093**	**—**
兰州市	**10046**	**5113**	**—**	**4933**	**—**
新区	1694	894	—	800	—
市辖区	2166	366	—	1800	—
城关区	899	433	—	466	—
七里河区	700	700	—	—	—
西固区	226	226	—	—	—
红古区	507	507	—	—	—
永登县	1468	601	—	867	—
皋兰县	907	507	—	400	—
榆中县	1479	879	—	600	—
嘉峪关市	**533**	**—**	**—**	**533**	**—**
金昌市	**4686**	**1460**	**—**	**3226**	**—**
市辖区	833	100	—	733	—
金川区	1434	567	—	867	—
永昌县	2419	793	—	1626	—
白银市	**8356**	**6557**	**—**	**1799**	**—**
白银区	1380	1247	—	133	—
平川区	2020	1553	—	467	—
靖远县	2289	1956	—	333	—
会宁县	1600	1067	—	533	—
景泰县	1067	734	—	333	—
天水市	**9960**	**7693**	**—**	**2267**	**—**
秦州区	1333	933	—	400	—
麦积区	1367	1167	—	200	—
清水县	2080	1880	—	200	—
秦安县	1947	1680	—	267	—
甘谷县	1300	900	—	400	—
武山县	1000	600	—	400	—
张家川回族自治县	933	533	—	400	—
武威市	**24067**	**9134**	**—**	**14933**	**—**
濒危动物研究中心	333	—	—	333	—
凉州区	1400	667	—	733	—
民勤县	15847	6314	—	9533	—
古浪县	2333	933	—	1400	—
天祝藏族自治县	2267	400	—	1867	—
石羊河林业总场	1334	667	—	667	—
苏武山林场	466	133	—	333	—
林科院	87	20	—	67	—
张掖市	**12637**	**7470**	**—**	**5167**	**—**
市直单位	1022	222	—	800	—
甘州区	1720	1153	—	567	—
肃南裕固族自治县	1200	333	—	867	—
民乐县	2007	1407	—	600	—
临泽县	2267	1467	—	800	—
高台县	2155	1155	—	1000	—

分县造林完成情况

单位:公顷

地 区	造林面积				更新造林
	合计	人工造林	飞播造林	无林地和疏林地新封山(沙)育林	
山丹县	2266	1733	—	533	
平凉市	**10336**	**7802**	**—**	**2534**	**—**
市直单位	334	334	—	—	—
太统—崆峒山国家级自然保护区	767	567	—	200	—
崆峒区	734	734	—	—	—
泾川县	934	734	—	200	—
灵台县	1334	867	—	467	—
崇信县	1067	600	—	467	—
华亭县	1067	600	—	467	—
庄浪县	1166	1033	—	133	—
静宁县	2179	2046	—	133	—
关山林管局	754	287	—	467	—
酒泉市	**7866**	**4566**	**—**	**3300**	**—**
肃州区	767	767	—	—	—
金塔县	800	467	—	333	—
瓜州县	1666	666	—	1000	—
肃北蒙古族自治县	1033	400	—	633	—
阿克塞哈萨克族自治县	400	400	—	—	—
玉门市	1400	733	—	667	—
敦煌市	1800	1133	—	667	—
庆阳市	**12587**	**9454**	**—**	**3133**	**—**
西峰区	267	267	—	—	—
庆城县	867	534	—	333	—
环县	1567	900	—	667	—
华池县	1840	1707	—	133	—
合水县	1773	1573	—	200	—
正宁县	800	267	—	533	—
宁县	2173	2173	—	—	—
镇原县	933	599	—	334	—
华池林业总场	600	400	—	200	—
合水林业总场	700	500	—	200	—
正宁林业总场	534	201	—	333	—
湘乐林业总场	533	333	—	200	—
定西市	**10706**	**7906**	**—**	**2800**	**—**
市辖区	1660	660	—	1000	—
安定区	1333	1133	—	200	—
通渭县	1780	1780	—	—	—
陇西县	734	734	—	—	—
渭源县	1266	799	—	467	—
临洮县	1133	867	—	266	—
漳县	1400	1000	—	400	—
岷县	1400	933	—	467	—
陇南市	**10567**	**6700**	**—**	**3867**	**—**
市辖区	600	467	—	133	—
武都区	733	733	—	—	—
成县	1600	733	—	867	—
文县	800	600	—	200	—

分县造林完成情况

单位：公顷

地　区	造林面积				更新造林
	合计	人工造林	飞播造林	无林地和疏林地新封山(沙)育林	
宕昌县	1067	467	—	600	—
康县	533	533	—	—	—
西和县	1000	533	—	467	—
礼县	1067	600	—	467	—
徽县	967	500	—	467	—
两当县	1467	1134	—	333	—
岷江林业总场	333	200	—	133	—
康南林业总场	400	200	—	200	—
临夏回族自治州	**24321**	**21320**	**—**	**3001**	**—**
临夏市	1736	870	—	866	—
临夏县	4433	4433	—	—	—
康乐县	2847	2513	—	334	—
永靖县	4841	4574	—	267	—
广河县	1579	1579	—	—	—
和政县	1991	1724	—	267	—
东乡族自治县	1927	1394	—	533	—
积石山保安族东乡族撒拉族自治县	4634	3900	—	734	—
州直单位	333	333	—	—	—
甘南藏族自治州	**5434**	**2433**	**—**	**3001**	**—**
合作市	934	867	—	67	—
临潭县	467	—	—	467	—
卓尼县	467	200	—	267	—
舟曲县	1000	533	—	467	—
迭部县	933	200	—	733	—
碌曲县	1100	300	—	800	—
夏河县	400	200	—	200	—
州直单位	133	133	—	—	—
省直单位	**22368**	**10769**	**—**	**11599**	**—**
白龙江林业管理局	11467	4801	—	6666	—
小陇山林业实验局	3002	3002	—	—	—
兴隆山国家级自然保护区	333	333	—	—	—
莲花山国家级自然保护区	933	533	—	400	—
敦煌西湖国家级自然保护区	334	—	—	334	—
民勤连古城国家级自然保护区	533	—	—	533	—
小陇山国家级自然保护区	333	333	—	—	—
尕海－则岔国家级自然保护区	533	200	—	333	—
太子山自然保护区	2367	1100	—	1267	—
省治沙所	1000	—	—	1000	—
甘肃矿区	733	400	—	333	—
省农垦公司	67	67	—	—	—
中牧山丹马场总场	200	—	—	200	—
安南坝野骆驼国家级自然保护区	200	—	—	200	—
盐池湾国家级自然保护区	333	—	—	333	—
青海省	**152755**	**44397**	**—**	**108358**	**—**
西宁市	**17001**	**5668**	**—**	**11333**	**—**
大通回族土族自治县	6880	1880	—	5000	—
湟中县	6721	2388	—	4333	—

分县造林完成情况

单位:公顷

地区	造林面积				更新造林
	合计	人工造林	飞播造林	无林地和疏林地新封山(沙)育林	
湟源县	3400	1400	—	2000	—
海东地区	**19935**	**10601**	**—**	**9334**	**—**
地直单位	49	49	—	—	—
平安县	2400	1733	—	667	—
民和回族土族自治县	3800	1133	—	2667	—
乐都区	6053	4053	—	2000	—
互助土族自治县	5800	2800	—	3000	—
循化撒拉族自治县	1833	833	—	1000	—
海北藏族自治州	**5887**	**553**	**—**	**5334**	**—**
祁连县	3420	420	—	3000	—
海晏县	2467	133	—	2334	—
黄南藏族自治州	**10067**	**267**	**—**	**9800**	**—**
同仁县	1867	200	—	1667	—
尖扎县	733	67	—	666	—
泽库县	2667	—	—	2667	—
河南蒙古族自治县	2800	—	—	2800	—
麦秀林场	2000	—	—	2000	—
海南藏族自治州	**26595**	**8194**	**—**	**18401**	**—**
共和县	7733	5733	—	2000	—
同德县	8000	333	—	7667	—
贵德县	2215	881	—	1334	—
兴海县	5613	13	—	5600	—
贵南县	3034	1234	—	1800	—
果洛藏族自治州	**17366**	**33**	**—**	**17333**	**—**
玛沁县	5367	33	—	5334	—
班玛县	1333	—	—	1333	—
甘德县	5333	—	—	5333	—
达日县	2000	—	—	2000	—
久治县	3333	—	—	3333	—
玉树藏族自治州	**23226**	**69**	**—**	**23157**	**—**
玉树县	2494	2	—	2492	—
杂多县	4000	—	—	4000	—
称多县	5333	—	—	5333	—
治多县	3333	—	—	3333	—
囊谦县	6733	67	—	6666	—
曲麻莱县	1333	—	—	1333	—
海西蒙古族藏族自治州	**26333**	**15333**	**—**	**11000**	**—**
德令哈市	16733	10733	—	6000	—
格尔木市	887	220	—	667	—
乌兰县	3819	1819	—	2000	—
都兰县	3627	2294	—	1333	—
大柴旦	1267	267	—	1000	—
省三江集团	**3679**	**2346**	**—**	**1333**	**—**
贵南草业开发公司	666	333	—	333	—
湖东种羊场	1667	1000	—	667	—
门源种马场	1346	1013	—	333	—
省监狱管理局	**1333**	**1333**	**—**	**—**	**—**

分县造林完成情况

单位:公顷

地　区	造林面积				更新造林
	合计	人工造林	飞播造林	无林地和疏林地新封山(沙)育林	
诺木洪农场	1333	1333	—	—	—
省直单位	**1333**	**—**	**—**	**1333**	**—**
玛可河林业局	1333	—	—	1333	—
宁夏回族自治区	**101145**	**60695**	**—**	**40450**	**—**
银川市	**9511**	**6445**	**—**	**3066**	**—**
市直单位	1010	1010	—	—	—
兴庆区	407	340	—	67	—
金凤区	71	71	—	—	—
西夏区	172	172	—	—	—
永宁县	1170	837	—	333	—
贺兰县	817	817	—	—	—
灵武市	3531	2198	—	1333	—
白芨滩保护区	2333	1000	—	1333	—
石嘴山市	**5245**	**2579**	**—**	**2666**	**—**
市直单位	97	97	—	—	—
大武口区	279	279	—	—	—
惠农区	1753	420	—	1333	—
平罗县	3116	1783	—	1333	—
吴忠市	**28903**	**16786**	**—**	**12117**	**—**
市直单位	857	190	—	667	—
太阳山	861	194	—	667	—
利通区	3825	2377	—	1448	—
红寺堡区	5804	3136	—	2668	—
青铜峡市	2539	1206	—	1333	—
盐池县	7941	5274	—	2667	—
同心县	7076	4409	—	2667	—
固原市	**29304**	**19037**	**—**	**10267**	**—**
市直单位	787	787	—	—	—
原州区	5361	3361	—	2000	—
西吉县	5682	4348	—	1334	—
隆德县	3667	2334	—	1333	—
泾源县	3333	1667	—	1666	—
彭阳县	8140	5873	—	2267	—
六盘山保护区	2334	667	—	1667	—
中卫市	**20636**	**13302**	**—**	**7334**	**—**
市直单位	8058	5391	—	2667	—
中宁县	5354	3354	—	2000	—
海原县	7224	4557	—	2667	—
区直单位	**6934**	**1934**	**—**	**5000**	**—**
哈巴湖保护区	3334	1667	—	1667	—
贺兰山保护区	2000	—	—	2000	—
罗山保护区	1600	267	—	1333	—
区农垦局	**612**	**612**	**—**	**—**	**—**
新疆维吾尔自治区	**147357**	**99659**	**—**	**47698**	**2269**
乌鲁木齐市	**2729**	**2729**	**—**	**—**	**—**
天山区	157	157	—	—	—
沙依巴克区	406	406	—	—	—

分县造林完成情况

单位:公顷

地　区	造林面积				更新造林
	合计	人工造林	飞播造林	无林地和疏林地新封山(沙)育林	
高新区	266	266	—	—	—
水磨沟区	227	227	—	—	—
头屯河区	287	287	—	—	—
达坂城区	327	327	—	—	—
米东区	588	588	—	—	—
乌鲁木齐县	471	471	—	—	—
克拉玛依市	**1159**	**1159**	**—**	**—**	**—**
吐鲁番地区	**3994**	**2994**	**—**	**1000**	**8**
吐鲁番市	1260	927	—	333	—
鄯善县	1534	867	—	667	—
托克逊县	1200	1200	—	—	8
哈密地区	**5046**	**380**	**—**	**4666**	**—**
哈密市	778	112	—	666	—
巴里坤哈萨克自治县	1233	233	—	1000	—
伊吾县	3035	35	—	3000	—
昌吉回族自治州	**10365**	**8366**	**—**	**1999**	**—**
昌吉市	667	667	—	—	—
阜康市	2199	2199	—	—	—
呼图壁县	2200	867	—	1333	—
玛纳斯县	1000	1000	—	—	—
奇台县	1266	933	—	333	—
吉木萨尔县	1966	1633	—	333	—
木垒哈萨克自治县	1067	1067	—	—	—
博尔塔拉蒙古自治州	**5161**	**2828**	**—**	**2333**	**86**
博乐市	843	843	—	—	21
艾比湖湿地保护区	333	333	—	—	—
精河县	2600	1267	—	1333	31
温泉县	1365	365	—	1000	34
阿拉山口	20	20	—	—	—
巴音郭楞蒙古自治州	**14400**	**8268**	**—**	**6132**	**56**
库尔勒市	740	740	—	—	9
轮台县	311	311	—	—	10
尉犁县	1891	558	—	1333	—
若羌县	1513	1513	—	—	—
且末县	3021	1688	—	1333	—
焉耆回族自治县	1735	403	—	1332	10
和静县	2367	1233	—	1134	—
和硕县	1811	811	—	1000	4
博湖县	1011	1011	—	—	23
阿克苏地区	**9614**	**8614**	**—**	**1000**	**434**
阿克苏市	550	550	—	—	133
实验林场	31	31	—	—	—
温宿县	4546	4546	—	—	—
库车县	233	233	—	—	67
沙雅县	933	933	—	—	35
新和县	390	390	—	—	65
拜城县	1493	493	—	1000	—

分县造林完成情况

单位:公顷

地区	造林面积				更新造林
	合计	人工造林	飞播造林	无林地和疏林地新封山(沙)育林	
乌什县	800	800	—	—	67
阿瓦提县	600	600	—	—	67
柯坪县	38	38	—	—	—
克孜勒苏柯尔克孜自治州	**6593**	**4593**	**—**	**2000**	**—**
阿图什市	1964	631	—	1333	—
阿克陶县	1761	1761	—	—	—
阿合奇县	1154	1154	—	—	—
乌恰县	1714	1047	—	667	—
喀什地区	**21411**	**20745**	**—**	**666**	**240**
喀什市	379	379	—	—	—
疏附县	867	867	—	—	18
疏勒县	576	576	—	—	—
英吉沙县	867	534	—	333	92
泽普县	733	400	—	333	44
莎车县	11921	11921	—	—	53
叶城县	976	976	—	—	33
麦盖提县	1371	1371	—	—	—
岳普湖县	672	672	—	—	—
伽师县	1557	1557	—	—	—
巴楚县	663	663	—	—	—
塔什库尔干塔吉克自治县	829	829	—	—	—
和田地区	**12239**	**12072**	**—**	**167**	**201**
和田市	651	651	—	—	5
和田县	2912	2912	—	—	12
墨玉县	1773	1773	—	—	38
皮山县	1500	1500	—	—	64
洛浦县	1029	1029	—	—	22
策勒县	1559	1559	—	—	24
于田县	1434	1434	—	—	24
民丰县	1381	1214	—	167	12
伊犁哈萨克自治州	**18368**	**11034**	**—**	**7334**	**366**
伊宁市	772	772	—	—	17
奎屯市	120	120	—	—	—
伊宁县	1800	1133	—	667	39
察布查尔锡伯自治县	4040	3373	—	667	109
霍城县	1200	1200	—	—	6
巩留县	2173	2173	—	—	19
新源县	5467	800	—	4667	147
昭苏县	1002	336	—	666	—
特克斯县	340	340	—	—	15
尼勒克县	1454	787	—	667	14
塔城地区	**19403**	**7203**	**—**	**12200**	**164**
塔城市	1147	1147	—	—	100
乌苏市	4726	2393	—	2333	64
额敏县	3466	133	—	3333	—
沙湾县	1112	779	—	333	—
托里县	2040	173	—	1867	—
裕民县	1445	778	—	667	—
和布克赛尔蒙古自治县	5467	1800	—	3667	—
阿勒泰地区	**16697**	**8496**	**—**	**8201**	**—**
阿勒泰市	2950	1283	—	1667	—
布尔津县	2683	2016	—	667	—
富蕴县	2625	1292	—	1333	—
福海县	2267	933	—	1334	—
哈巴河县	2199	1666	—	533	—
青河县	1700	1033	—	667	—

分县造林完成情况

单位:公顷

地　区	造林面积				更新造林
	合计	人工造林	飞播造林	无林地和疏林地新封山(沙)育林	
吉木乃县	2273	273	—	2000	—
区直单位	**85**	**85**	**—**	**—**	**666**
天山西部国有林管理局	85	85	—	—	400
阿尔泰山国有林管理局	—	—	—	—	266
石河子市	**93**	**93**	**—**	**—**	**48**
新疆生产建设兵团	**17093**	**16093**	**—**	**1000**	**317**
农一师	**1535**	**1535**	**—**	**—**	**—**
1 团	40	40	—	—	—
2 团	57	57	—	—	—
3 团	147	147	—	—	—
4 团	120	120	—	—	—
5 团	78	78	—	—	—
6 团	107	107	—	—	—
7 团	47	47	—	—	—
8 团	173	173	—	—	—
阿拉尔农场	23	23	—	—	—
10 团	91	91	—	—	—
11 团	395	395	—	—	—
12 团	40	40	—	—	—
13 团	126	126	—	—	—
14 团	34	34	—	—	—
16 团	20	20	—	—	—
水工处	37	37	—	—	—
农二师	**403**	**403**	**—**	**—**	**—**
21 团	13	13	—	—	—
22 团	27	27	—	—	—
24 团	7	7	—	—	—
25 团	7	7	—	—	—
27 团	7	7	—	—	—
29 团	7	7	—	—	—
30 团	7	7	—	—	—
31 团	7	7	—	—	—
33 团	7	7	—	—	—
34 团	7	7	—	—	—
36 团	7	7	—	—	—
38 团	267	267	—	—	—
223 团	13	13	—	—	—
且末支队	20	20	—	—	—
农三师	**4609**	**3609**	**—**	**1000**	**—**
41 团	453	453	—	—	—
42 团	107	107	—	—	—
44 团	760	760	—	—	—
45 团	249	249	—	—	—
46 团	463	463	—	—	—
48 团	347	347	—	—	—
49 团	1229	229	—	1000	—
50 团	520	520	—	—	—
51 团	59	59	—	—	—
53 团	189	189	—	—	—
伽师总场	224	224	—	—	—
东风农场	2	2	—	—	—
红旗农场	7	7	—	—	—
农四师	**931**	**931**	**—**	**—**	**140**
61 团	201	201	—	—	—
62 团	14	14	—	—	—
63 团	157	157	—	—	44

分县造林完成情况

单位:公顷

地　区	造林面积				更新造林
	合计	人工造林	飞播造林	无林地和疏林地新封山(沙)育林	
64 团	87	87	—	—	13
66 团	51	51	—	—	—
67 团	120	120	—	—	1
68 团	14	14	—	—	—
69 团	20	20	—	—	13
70 团	32	32	—	—	4
71 团	20	20	—	—	—
72 团	27	27	—	—	6
73 团	59	59	—	—	53
74 团	21	21	—	—	—
75 团	6	6	—	—	6
76 团	10	10	—	—	—
77 团	7	7	—	—	—
78 团	53	53	—	—	—
79 团	32	32	—	—	—
第五师	**559**	**559**	**—**	**—**	**140**
81 团	40	40	—	—	27
83 团	79	79	—	—	31
84 团	61	61	—	—	7
86 团	70	70	—	—	22
87 团	45	45	—	—	10
88 团	34	34	—	—	—
89 团	117	117	—	—	23
90 团	48	48	—	—	20
91 团	65	65	—	—	—
农六师	**3229**	**3229**	**—**	**—**	**—**
101 团	3	3	—	—	—
102 团	42	42	—	—	—
103 团	80	80	—	—	—
105 团	653	653	—	—	—
106 团	14	14	—	—	—
新湖农场	564	564	—	—	—
芳草湖农场	533	533	—	—	—
红旗农场	991	991	—	—	—
军户农场	6	6	—	—	—
共青团农场	147	147	—	—	—
六运湖农场	3	3	—	—	—
土墩子农场	29	29	—	—	—
奇台农场	28	28	—	—	—
北塔山牧场	3	3	—	—	—
师直单位	133	133	—	—	—
农七师	**943**	**943**	**—**	**—**	**—**
123 团	100	100	—	—	—
124 团	85	85	—	—	—
125 团	101	101	—	—	—
126 团	76	76	—	—	—
127 团	49	49	—	—	—
128 团	95	95	—	—	—
129 团	113	113	—	—	—
130 团	122	122	—	—	—
131 团	170	170	—	—	—
137 团	27	27	—	—	—
九建	5	5	—	—	—
农八师	**2574**	**2574**	**—**	**—**	**—**
121 团	357	357	—	—	—
133 团	373	373	—	—	—

分县造林完成情况

单位:公顷

地　区	造林面积				更新造林
	合计	人工造林	飞播造林	无林地和疏林地新封山(沙)育林	
134 团	137	137	—	—	—
136 团	127	127	—	—	—
141 团	75	75	—	—	—
142 团	337	337	—	—	—
143 团	95	95	—	—	—
144 团	345	345	—	—	—
石河子总场	129	129	—	—	—
147 团	139	139	—	—	—
148 团	176	176	—	—	—
149 团	25	25	—	—	—
150 团	250	250	—	—	—
152 团	9	9	—	—	—
农九师	**674**	**674**	**—**	**—**	**—**
161 团	5	5	—	—	—
162 团	11	11	—	—	—
163 团	38	38	—	—	—
164 团	33	33	—	—	—
165 团	27	27	—	—	—
166 团	28	28	—	—	—
167 团	153	153	—	—	—
168 团	99	99	—	—	—
169 团	51	51	—	—	—
170 团	205	205	—	—	—
团结农场	24	24	—	—	—
农十师	**432**	**432**	**—**	**—**	**—**
181 团	40	40	—	—	—
182 团	47	47	—	—	—
183 团	101	101	—	—	—
184 团	53	53	—	—	—
185 团	47	47	—	—	—
186 团	7	7	—	—	—
187 团	47	47	—	—	—
188 团	90	90	—	—	—
农十二师	**417**	**417**	**—**	**—**	**—**
头屯河农场	14	14	—	—	—
三坪农场	123	123	—	—	—
104 团	130	130	—	—	—
五一农场	80	80	—	—	—
西山农场	8	8	—	—	—
221 团	62	62	—	—	—
农十三师	**198**	**198**	**—**	**—**	**37**
红星 1 场	18	18	—	—	—
红星 2 场	27	27	—	—	1
红星 4 场	21	21	—	—	3
黄田农场	21	21	—	—	9
火箭农场	47	47	—	—	9
柳树泉农场	24	24	—	—	—
红山农场	26	26	—	—	1
淖毛湖农场	14	14	—	—	14
农十四师	**589**	**589**	**—**	**—**	**—**
47 团	7	7	—	—	—
皮山农场	122	122	—	—	—
一牧场	10	10	—	—	—
224 团	450	450	—	—	—
大兴安岭	**—**	**—**	**—**	**—**	**60**
军事管理区	**20000**	**20000**	**—**	**—**	**—**

附录五

全国历年主要统计指标完成情况

ANNEX V

全国历年造林面积

单位:千公顷

年　份	造林面积			
	合计	人工造林	飞播造林	新封山育林
1949～1952	1707.33	1707.33		
1953	1112.93	1112.93		
1954	1166.20	1166.20		
1955	1710.53	1710.53		
1956	5723.27	5723.27		
1957	4355.07	4355.07		
1958	6098.67	6098.67		
1959	5449.67	5442.67	7.00	
1960	4143.93	4136.93	7.00	
1961	1441.33	1432.33	9.00	
1962	1198.73	1188.73	10.00	
1963	1530.13	1516.03	14.10	
1964	2911.33	2893.23	18.10	
1965	3425.33	3403.23	22.10	
1966	4533.33	4351.83	181.50	
1967	3904.00	3540.99	363.01	
1968	3413.33	2858.81	554.52	
1969	3479.33	2753.31	726.02	
1970	3884.00	2976.48	907.52	
1971	4525.13	3404.40	1120.73	
1972	4635.73	3473.33	1162.40	
1973	4982.87	3925.47	1057.40	
1974	5002.47	4114.74	887.73	
1975	4973.73	4437.66	536.07	
1976	4925.73	4323.06	602.67	
1977	4793.27	4218.54	574.73	
1978	4496.33	4125.73	370.60	
1979	4489.27	3910.27	579.00	
1980	4552.00	3940.00	612.00	
1981	4110.07	3681.00	429.07	
1982	4495.60	4115.80	379.80	
1983	6324.40	5603.13	721.27	
1984	8253.67	7290.74	962.93	
1985	8336.80	6948.80	1388.00	
1986	5274.00	4158.20	1115.80	
1987	5414.20	4207.27	1206.93	
1988	5533.27	4574.80	958.47	
1989	5023.33	4109.53	913.80	
1990	5208.47	4353.34	855.13	
1991	5594.47	4751.80	842.67	
1992	6030.40	5083.70	946.70	
1993	5903.40	5044.40	859.00	
1994	5992.66	5190.24	802.42	
1995	5214.61	4629.35	585.26	
1996	4919.38	4314.96	604.42	
1997	4354.93	3737.75	617.18	
1998	4811.05	4086.00	725.05	
1999	4900.71	4276.85	623.86	
2000	5105.14	4345.01	760.13	
2001	4953.04	3977.32	975.72	
2002	7770.97	6896.04	874.93	
2003	9118.89	8432.48	686.41	
2004	5598.08	5018.89	579.19	
2005	3637.68	3221.29	416.39	
2006	3838.79	2446.12	271.80	1120.87
2007	3907.71	2738.52	118.67	1050.52
2008	5353.74	3684.26	154.07	1515.41
2009	6262.33	4156.29	226.34	1879.70
2010	5909.92	3872.76	195.95	1841.21
2011	5996.61	4065.69	196.93	1733.99
2012	5595.79	3820.70	136.41	1638.68
2013	6100.06	4209.69	154.40	1735.97
1949～1952	1707.33	1707.33		
1953～1957	14068.00	14068.00		
1958～1962	18332.33	18299.33	33.00	
1963～1965	7866.79	7812.49	54.30	
1966～1970	19213.99	16481.42	2732.57	
1971～1975	24119.93	19355.60	4764.33	
1976～1980	23256.60	20517.60	2739.00	
1981～1985	31520.54	27639.47	3881.07	
1986～1990	26453.27	21403.14	5050.13	
1991～1995	28735.54	24699.49	4036.05	
1996～2000	24091.21	20760.57	3330.64	
2001～2005	31078.66	27546.03	3532.64	
2006～2010	25272.49	16897.96	966.82	7407.71
1949～2013	293409.14	249284.51	31608.29	12516.34

注:1. 1985 年以前,造林成活率达到 40% 即统计造林面积,以后为达到 85% 以上统计。

2. 根据《造林技术规程》(GB/T 15776－2006),本表自 2006 年起将无林地和疏林地新封山育林面积计入造林总面积。

全国历年新封山育林和迹地更新面积

单位:千公顷

年份	新封山育林面 积	迹地更新面积	年份	新封山育林面 积	迹地更新面积
1949~1952		22.53	1990	4910.47	671.50
1953		16.53	1991	6220.47	664.10
1954		38.80	1992	5874.10	673.60
1955		39.20	1993	4795.60	739.20
1956		94.13	1994	4844.44	722.70
1957		55.80	1995	4538.49	750.96
1958		391.13	1996	3659.83	794.75
1959		560.33	1997	3865.81	798.38
1960		483.73	1998	9699.10	806.30
1961		157.07	1999	6704.50	1042.83
1962		106.33	2000	6130.00	919.80
1963		183.00	2001	5821.90	515.29
1964		206.53	2002	2561.36	379.00
1965		238.93	2003	1817.34	285.99
1966		321.00	2004	1196.55	319.31
1967		303.00	2005	1763.00	407.55
1968		240.00	2006	1120.87	408.24
1969		233.00	2007	1050.52	390.91
1970		325.00	2008	1515.41	424.00
1971		307.53	2009	1879.70	344.25
1972		319.00	2010	1841.21	306.71
1973		356.73	2011	1733.99	326.64
1974		362.00	2012	1638.68	305.07
1975		422.00	2013	1735.97	303.09
1976		420.80	1949~1952		22.53
1977		416.40	1953~1957		244.46
1978		458.40	1958~1962		1698.59
1979		409.33	1963~1965		628.46
1980		421.93	1966~1970		1422.00
1981	3652.33	442.60	1971~1975		1767.26
1982	5732.00	438.80	1976~1980		2126.86
1983	5678.07	508.80	1981~1985	26889.87	2580.47
1984	6780.67	552.00	1986~1990	25277.07	3308.40
1985	5046.80	638.27	1991~1995	26273.10	3550.56
1986	5736.13	577.40	1996~2000	30059.24	4362.06
1987	5449.13	703.50	2001~2005	13160.15	1907.14
1988	4646.00	636.90	2006~2010	7407.71	1874.12
1989	4535.33	719.10	1949~2013	134175.77	26427.69

注：2004年后新封山育林面积指无林地和疏林地新封山育林面积。

全国历年林业重点

年　份	合　计	天然林资源保护工程	退耕还林工程		京津风沙源治理工程	
			小计	其中:退耕地造林		小　计
1979～1985年	10109.80					10109.80
1986年	1106.73					1106.73
1987年	1064.80					1064.80
1988年	1063.93					1063.93
1989年	1001.80					1001.80
1990年	1662.06					1662.06
"七五"小计	**5899.32**					**5899.32**
1991年	2082.20					2082.20
1992年	2308.00					2308.00
1993年	2602.10				132.80	2211.80
1994年	2729.59				139.79	2366.48
1995年	2862.17				168.59	2450.71
"八五"小计	**12584.06**				**441.18**	**11419.19**
1996年	2669.49				164.95	2316.73
1997年	2642.61				215.95	2233.46
1998年	2856.00	290.35			231.58	2196.02
1999年	3275.63	477.56	447.93	381.47	211.58	2032.46
2000年	3345.92	426.37	683.60	328.42	280.27	1708.80
"九五"小计	**14789.65**	**1194.28**	**1131.53**	**709.89**	**1104.33**	**10487.47**
2001年	3160.18	948.08	870.99	386.14	217.32	1034.92
2002年	6777.38	856.08	4423.61	2039.77	676.38	775.63
2003年	8262.78	688.26	6196.13	3085.93	824.43	533.54
2004年	4802.85	641.45	3217.54	824.90	473.27	448.32
2005年	3109.10	424.81	1898.36	667.39	408.25	368.20
"十五"小计	**26112.30**	**3558.68**	**16606.63**	**7004.13**	**2599.64**	**3160.62**
2006年	2810.80	774.82	1050.53	218.49	409.54	566.82
2007年	2681.65	732.88	1056.02	59.46	315.13	574.22
2008年	3437.50	1009.02	1189.70	2.16	469.04	765.77
2009年	4596.24	1360.91	886.67	0.74	434.82	1893.08
2010年	3669.65	885.48	982.62	0.33	439.13	1360.65
"十一五"小计	**17195.84**	**4763.11**	**5165.52**	**281.19**	**2067.66**	**5160.54**
2011年	3093.87	553.56	730.18	0.06	545.19	1264.03
2012年	2753.93	485.20	655.27		541.69	1071.77
2013年	2568.95	460.30	628.93		626.08	853.64
"十二五"小计	**8416.75**	**1499.07**	**2014.38**	**0.06**	**1712.96**	**3189.44**
总　计	**95107.71**	**11015.13**	**24918.06**	**7995.26**	**7925.77**	**49426.37**

注:1. 本表数据从2001年开始,将原有的16个工程整合形成10个重点林业工程。太行山绿化工程1990年造林面积数据为原全国防沙治沙工程数据。

2. 1993～2011年造林面积合计项包含速生丰产用材林工程造林，自2012年起该工程造林不作为林业重点生态工程

3. 根据《造林技术规程》(GB/T 15776—2006),本表自2006年起将无林地和疏林地新封山育林面积计入造林总面积。

生态工程完成造林面积

单位:千公顷

	三北及长江流域等重点防护林体系工程				
三北防护林工程	长江流域防护林工程	沿海防护林工程	珠江流域防护林工程	太行山绿化工程	平原绿化工程
10109.80					
1106.73					
1064.80					
1063.93					
956.07	45.73				
983.33	324.13			354.60	
5174.86	**369.86**			**354.60**	
1170.47	462.40	223.60		225.73	
1255.20	584.60	235.80		232.40	
1160.00	573.00	131.20		275.20	72.40
1255.49	546.00	152.78		358.22	53.99
1333.26	535.71	103.27		427.04	51.43
6174.42	**2701.71**	**846.65**		**1518.59**	**177.82**
1342.28	463.96	72.17		402.46	35.86
1266.12	447.75	63.48	56.72	366.32	33.07
1243.96	448.60	60.29	39.85	343.74	59.58
1245.41	369.84	44.48	32.09	293.36	47.28
1053.16	206.94	56.91	30.68	298.51	62.60
6150.93	**1937.09**	**297.33**	**159.34**	**1704.39**	**238.39**
541.71	162.72	90.90	27.05	141.29	71.25
453.76	110.29	55.71	46.55	76.15	33.16
275.30	108.75	38.56	44.71	50.05	16.18
232.34	113.28	30.18	31.76	30.92	9.85
217.89	65.94	22.68	30.67	28.52	2.50
1721.00	**560.98**	**238.03**	**180.74**	**326.93**	**132.94**
326.83	78.67	16.96	28.82	114.67	0.87
381.53	76.40	23.85	17.42	73.93	1.10
497.95	72.25	74.25	36.97	80.28	4.07
1255.87	222.13	212.18	82.06	119.16	1.67
928.24	118.81	173.24	66.83	69.22	4.30
3390.42	**568.26**	**500.48**	**232.10**	**457.27**	**12.01**
737.78	204.84	209.89	72.29	36.58	2.64
678.74	157.94	145.39	51.58	38.12	
518.56	130.35	118.59	43.99	35.75	6.42
1935.08	**493.14**	**473.88**	**167.85**	**110.44**	**9.06**
34656.50	**6631.03**	**2356.36**	**740.03**	**4472.21**	**570.21**

354.60 千公顷系指 1984 ~ 1990 年的造林面积,其中 1990 年造林面积为 109.73 千公顷;京津风沙源治理工程 1993 ~ 2000 年统计。下表与此相同。

全国历年林业重点生态工程实际

指标名称		合计	天然林资源保护工程	退耕还林工程	京津风沙源治理工程	
						小 计
1979～1989 年	实际完成投资	62295				62295
	其中:国家投资	35443				35443
1990 年	实际完成投资	25537				25537
	其中:国家投资	13469				13469
1991 年	实际完成投资	34949				34949
	其中:国家投资	20247				20247
1992 年	实际完成投资	44640				44640
	其中:国家投资	22888				22888
1993 年	实际完成投资	118913			3351	66925
	其中:国家投资	32351			1914	27613
1994 年	实际完成投资	144563			6822	79326
	其中:国家投资	36779			3064	32187
1995 年	实际完成投资	162611			7259	86411
	其中:国家投资	43062			3523	36285
“八五”小计	**实际完成投资**	**505676**			**17432**	**312251**
	其中:国家投资	**155327**			**8501**	**139220**
1996 年	实际完成投资	203110			15741	124720
	其中:国家投资	54772			4506	47433
1997 年	实际完成投资	244737			33782	152324
	其中:国家投资	68989			12247	52494
1998 年	实际完成投资	495760	227761		37741	176215
	其中:国家投资	285611	206365		10176	63797
1999 年	实际完成投资	761756	409225	33595	35477	235521
	其中:国家投资	506707	351309	33595	8198	108432
2000 年	实际完成投资	1106412	608414	154075	43102	300821
	其中:国家投资	881704	582886	146623	15655	136540
“九五”小计	**实际完成投资**	**2811775**	**1245400**	**187670**	**165843**	**989601**
	其中:国家投资	**1797783**	**1140560**	**180218**	**50782**	**408696**

完成投资及国家投资情况(一)

单位:万元

三北及长江流域等重点防护林体系工程						野生动植物保护及自然保护区建设工程
三北防护林工程	长江流域防护林工程	沿海防护林工程	珠江流域防护林工程	太行山绿化工程	平原绿化工程	
53781	1167			7347		
33076	427			1940		
16733	6676			2128		
10291	2616			562		
19750	7747	5214		2238		
14315	3205	1983		744		
24921	10342	7250		2127		
15978	3608	2613		689		
35080	15112	9773		4436	2524	
18076	5283	2346		949	959	
38928	18587	9485		6903	5423	
19589	6535	1899		1643	2521	
42459	18308	10268		7443	7933	
21454	5474	2089		2253	5015	
161138	**70096**	**41990**		**23147**	**15880**	
89412	**24105**	**10930**		**6278**	**8495**	
71169	23114	16548		7371	6518	
30802	7455	2531		2085	4560	
80567	21095	12653	16430	12247	9332	
34704	7196	2198	502	2853	5041	
90289	27774	21029	12060	11970	13093	
37206	11154	3340	1557	5411	5129	
118754	31384	22897	16463	24232	21791	
57383	16345	5717	2775	14195	12017	
143682	31273	31551	14392	23781	56142	
71602	18427	13768	6831	13327	12585	
504461	**134640**	**104678**	**59345**	**79601**	**106876**	
231697	**60577**	**27554**	**11665**	**37871**	**39332**	

全国历年林业重点生态工程实际

指标名称		合计	天然林资源保护工程	退耕还林工程	京津风沙源治理工程	
						小 计
2001 年	实际完成投资	1795799	949319	314547	183275	303066
	其中:国家投资	1355797	887717	248459	59283	145743
2002 年	实际完成投资	2558004	933712	1106096	123238	316711
	其中:国家投资	2250647	881617	1061504	120022	157582
2003 年	实际完成投资	3339160	679020	2085573	258781	232083
	其中:国家投资	2978139	650304	1926019	239513	136239
2004 年	实际完成投资	3510242	681985	2142905	267666	352661
	其中:国家投资	2983123	640983	1920609	261857	135782
2005 年	实际完成投资	3616302	620148	2404111	332625	192556
	其中:国家投资	3212387	584777	2185928	325408	91292
“十五”小计	**实际完成投资**	**14819507**	**3864184**	**8053232**	**1165585**	**1397077**
	其中:国家投资	**12780093**	**3645398**	**7342519**	**1006083**	**666638**
2006 年	实际完成投资	3533372	643750	2321449	327666	179501
	其中:国家投资	3255411	604120	2224633	310029	85398
2007 年	实际完成投资	3480379	820496	2084085	320929	165879
	其中:国家投资	3029091	666496	1915544	298768	91273
2008 年	实际完成投资	4202355	973000	2489727	323871	337349
	其中:国家投资	3626077	923500	2210195	310795	139275
2009 年	实际完成投资	5087347	817253	3217569	403175	557076
	其中:国家投资	4179556	688199	2886310	355377	209602
2010 年	实际完成投资	4720065	731299	2927290	382406	570888
	其中:国家投资	3617431	591086	2499773	329166	138550
“十一五”小计	**实际完成投资**	**21023518**	**3985798**	**13040120**	**1758047**	**1810693**
	其中:国家投资	**17707566**	**3473401**	**11736455**	**1604135**	**664098**
2011 年	实际完成投资	5322129	1826744	2463373	250395	664819
	其中:国家投资	4343147	1696826	1949855	223978	394431
2012 年	实际完成投资	5283825	2186318	1977649	356646	630274
	其中:国家投资	4050116	1710230	1545329	321863	380467
2013 年	实际完成投资	5361512	2301529	1962668	378669	569772
	其中:国家投资	4378163	2020503	1557260	357304	354732
“十二五”小计	**实际完成投资**	**15967466**	**6314591**	**6403690**	**985710**	**1864865**
	其中:国家投资	**12771426**	**5427559**	**5052444**	**903145**	**1129630**
总　计	**实际完成投资**	**55190237**	**15409973**	**27684712**	**4092617**	**6436782**
	其中:国家投资	**45247638**	**13686918**	**24311636**	**3572646**	**3043725**

完成投资及国家投资情况(二)

单位:万元

三北及长江流域等重点防护林体系工程						野生动植物保护及自然保护区建设工程
三北防护林工程	长江流域防护林工程	沿海防护林工程	珠江流域防护林工程	太行山绿化工程	平原绿化工程	
102468	53406	40026	10678	16169	80319	20917
56163	22736	14425	6499	8832	37088	12109
139272	45837	41164	17657	17151	55630	39261
66512	27942	13839	15481	10920	22888	28460
85437	41442	29155	13136	10436	52477	52406
49105	27758	20127	11083	8097	20069	25609
86645	109028	51946	11922	13048	80072	44465
44014	26017	29705	9797	11268	14981	22133
85231	53607	23029	9134	14620	6936	51452
41252	12808	19704	7039	10095	394	24450
499053	**303320**	**185320**	**62527**	**71423**	**275434**	**208501**
257046	**117261**	**97800**	**49899**	**49212**	**95420**	**112761**
84328	24386	42553	6509	13949	7776	54718
38539	8262	20637	4647	13108	205	30750
94026	13912	37819	3994	13213	2915	79580
48202	9964	23290	2811	6541	465	55464
184078	34916	94009	7142	16804	400	69800
99184	13119	18429	4043	4275	225	41963
270310	101057	140019	23828	21663	199	80097
133198	27000	35953	8979	4422	50	39948
284589	49422	192579	27177	16471	650	100107
68632	19557	33802	12519	4000	40	57740
917331	**223693**	**506979**	**68650**	**82100**	**11940**	**384302**
387755	**77902**	**132111**	**32999**	**32346**	**985**	**225865**
322215	98832	200344	26204	12948	4276	114253
208105	42627	117478	14984	11167	70	77727
325088	99667	165824	25796	13899		132938
210938	40869	96239	19977	12444		92227
274469	65806	178784	21154	17539	12020	148874
170664	33863	116389	11354	10442	12020	88364
921772	**264305**	**544952**	**73154**	**44386**	**16296**	**396065**
589707	**117359**	**330106**	**46315**	**34053**	**12090**	**258318**
3057536	**997221**	**1383919**	**263676**	**308005**	**426426**	**988868**
1588693	**397631**	**598501**	**140878**	**161700**	**156322**	**596944**

全国历年木材、竹材及木材加工、林产化学主要产品产量(一)

时期	木材（万立方米）	竹材（万根）	锯材（万立方米）	人造板（万立方米）				松香（吨）	栲胶（吨）	紫胶（吨）
				总　计	其　中					
					胶合板	纤维板	刨花板			
1949 年	567.00									
1950 年	664.40									
1951 年	764.40									
1952 年	1233.20	*2710	*1151.40	*4.5	*4.5			*78056	*88	*180
三年恢复时期	**3229.00**	***2710**	***1151.40**	***4.5**	***4.5**			***78056**	***88**	***180**
1953 年	1753.90	2643	664.00	3.54	3.54			22267	120	15
1954 年	2220.60	5021	759.90	4.65	4.65			45905	157	105
1955 年	2093.30	5902	678.20	5.18	5.18			80091	568	142
1956 年	2104.80	12490	890.80	5.64	5.64			109992	1275	154
1957 年	2786.90	9348	824.10	6.98	6.98			116799	1633	143
“一五”时期	**10959.50**	**35404**	**3817.00**	**25.99**	**25.99**			**375054**	**3753**	**559**
1958 年	3579.40	14873	1187.60	12.57	12.57			98373	3679	245
1959 年	4517.70	15547	1454.70	16.47	15.31	1.16		79387	11266	201
1960 年	4129.30	8869	1622.90	20.71	14.76	5.96		78429	13650	245
1961 年	2193.50	4993	778.70	9.58	7.43	2.15		39227	6661	332
1962 年	2374.60	6076	672.80	9.52	7.42	1.55	0.54	33595	4800	241
“二五”时期	**16794.50**	**50358**	**5716.70**	**68.86**	**57.49**	**10.83**	**0.54**	**329011**	**40056**	**1264**
1963 年	3250.20	6853	826.40	13.60	10.43	1.86	1.30	97982	6078	180
1964 年	3800.00	6726	1063.90	16.89	11.95	2.80	2.14	162914	9276	220
1965 年	3978.00	7031	1160.10	22.06	13.90	5.02	3.14	167172	13064	440
三年调整时期	**11028.20**	**20610**	**3050.40**	**52.55**	**36.28**	**9.68**	**6.59**	**428068**	**28418**	**840**
1966 年	4192.40	6991	1117.80	23.13	15.04	6.24	1.85	178943	15789	640
1967 年	3249.60	7223	1157.40	16.78	12.23	3.46	1.09	166119	14320	800
1968 年	2791.20	6603	909.10	14.07	10.59	2.59	0.90	181911	13100	1400
1969 年	3283.30	6619	1004.80	20.06	14.67	4.18	1.21	204158	18969	1100
1970 年	3781.80	6958	1100.30	24.04	17.07	5.47	1.50	189288	22098	1800
“三五”时期	**17298.30**	**34394**	**5289.40**	**98.08**	**69.60**	**21.94**	**6.55**	**920419**	**84276**	**5740**
1971 年	4067.30	7542	1104.90	27.81	17.21	8.73	1.87	200411	23209	1873
1972 年	4253.50	7629	957.80	31.74	18.24	10.82	2.68	240074	21850	1076
1973 年	4466.90	11493	993.10	35.20	18.84	13.14	3.22	261467	17581	1302
1974 年	4607.10	9954	1009.00	33.99	17.62	13.34	3.03	289287	18085	1562
1975 年	4702.70	9073	1069.10	37.37	19.21	15.49	2.67	266224	20861	915
“四五”时期	**22097.50**	**45691**	**5133.90**	**166.10**	**91.13**	**61.51**	**13.46**	**1257463**	**101586**	**6728**
1976 年	4572.80	10439	1001.10	38.11	18.44	17.02	2.65	237773	19066	807
1977 年	4967.20	10799	1125.20	45.87	20.85	22.13	2.89	259150	23959	783
1978 年	5162.30	11181	1105.50	62.45	25.22	32.88	4.36	282027	30130	1384
1979 年	5438.93	10507	1271.40	77.46	29.24	42.93	5.29	297034	33831	2234
1980 年	5359.31	9621	1368.70	91.43	32.99	50.62	7.82	327283	36314	2134
“五五”时期	**25500.54**	**52547**	**5871.90**	**315.32**	**126.74**	**165.58**	**23.00**	**1403267**	**143300**	**7342**
1981 年	4942.31	8656	1301.06	99.61	35.11	56.83	7.67	406214	40159	1095
1982 年	5041.25	10183	1360.85	116.67	39.41	66.99	10.27	400784	36000	1397

注：标有 * 号的产品产量数据为 1949 ~ 1952 年合计数。

全国历年木材、竹材及木材加工、林产化学主要产品产量(二)

时期	木材(万立方米)	竹材(万根)	锯材(万立方米)	人造板(万立方米)				松香(吨)	栲胶(吨)	紫胶(吨)
				总计	其中 胶合板	其中 纤维板	其中 刨花板			
1983年	5232.32	9601	1394.48	138.95	45.48	73.45	12.74	246916	34131	1045
1984年	6384.81	9117	1508.59	151.38	48.97	73.59	16.48	307993	36523	1489
1985年	6323.44	5641	1590.76	165.93	53.87	89.50	18.21	255736	36875	2102
“六五”时期	**27924.13**	**43198**	**7155.74**	**672.54**	**222.84**	**360.36**	**65.37**	**1617643**	**183688**	**7128**
1986年	6502.42	7716	1505.20	189.44	61.08	102.70	21.03	293500	42059	1661
1987年	6407.86	11855	1471.91	247.66	77.63	120.65	37.78	395692	50306	1909
1988年	6217.60	26211	1468.40	289.88	82.69	148.41	48.31	376482	41862	1482
1989年	5801.80	15238	1393.30	270.56	72.78	144.27	44.20	409463	26411	833
1990年	5571.00	18714	1284.90	244.60	75.87	117.24	42.80	344003	20402	829
“七五”时期	**30500.68**	**79734**	**7123.71**	**1242.14**	**370.05**	**633.27**	**194.12**	**1819140**	**181040**	**6714**
1991年	5807.30	29173	1141.50	296.01	105.40	117.43	61.38	343300	19516	876
1992年	6173.60	40430	1118.70	428.90	156.47	144.45	115.85	419503	26141	732
1993年	6392.20	43356	1401.30	579.79	212.45	180.97	157.13	503681	26176	931
1994年	6615.10	50430	1294.30	664.72	260.62	193.03	168.20	437269	18177	1001
1995年	6766.90	44792	4183.80	1684.60	759.26	216.40	435.10	481264	19662	1393
“八五”时期	**31755.10**	**208181**	**9139.60**	**3654.02**	**1494.20**	**852.28**	**937.66**	**2185017**	**109672**	**4933**
1996年	6710.27	42175	2442.40	1203.26	490.32	205.50	338.28	501221	23766	1450
1997年	6394.79	44921	2012.40	1648.48	758.45	275.92	360.44	675758	19814	579
1998年	5966.20	69253	1787.60	1056.33	446.52	219.51	266.30	416016	14081	255
1999年	5236.80	53921	1585.94	1503.05	727.64	390.59	240.96	434528	10972	294
2000年	4723.97	56183	634.44	2001.66	992.54	514.43	286.77	386760	7510	778
“九五”时期	**29032.03**	**266453**	**8462.78**	**7412.78**	**3415.47**	**1605.95**	**1492.75**	**2414283**	**76143**	**3356**
2001年	4552.03	58146	763.83	2111.27	904.51	570.11	344.53	377793	9446	431
2002年	4436.07	66811	851.61	2930.18	1135.21	767.42	369.31	395273	9132	561
2003年	4758.87	96867	1126.87	4553.36	2102.35	1128.33	547.41	443306	11970	1078
2004年	5197.33	109846	1532.54	5446.49	2098.62	1560.46	642.92	485863	12113	1117
2005年	5560.31	115174	1790.29	6392.89	2514.97	2060.56	576.08	606594	7668	779
“十五”时期	**24504.61**	**446844**	**6065.13**	**21434.19**	**8755.66**	**6086.88**	**2480.25**	**2308829**	**50329**	**3966**
2006年	6611.78	131176	2486.46	7428.56	2728.78	2466.60	843.26	845959	10564	3569
2007年	6976.65	139761	2829.10	8838.58	3561.56	2729.85	829.07	1061658	13733	3430
2008年	8108.34	126220	2840.95	9409.95	3540.86	2906.56	1142.23	945590	9337	2891
2009年	7068.29	135650	3229.77	11546.65	4451.24	3488.56	1431.00	1001574	11000	1992
2010年	8089.62	143008	3722.63	15360.83	7139.66	4354.54	1264.20	1205991	10925	2080
“十一五”时期	**36854.68**	**675814**	**15108.92**	**52584.57**	**21422.11**	**15946.12**	**5509.76**	**5060772**	**55559**	**13962**
2011年	8145.92	153929	4460.25	20919.29	9869.63	5562.12	2559.39	1253651	9129	2046
2012年	8174.87	164412	5568.19	22335.79	10981.17	5800.35	2349.55	1091832	6926	1971
2013年	8438.50	187685	6297.60	25559.91	13725.19	6402.10	1884.95	1424300	8403	4955
“十二五”时期	**24759.29**	**506026**	**16326.03**	**68814.99**	**34575.99**	**17764.58**	**6793.90**	**3769783**	**24458**	**8972**
总　计	**312238.06**	**2465254**	**98261.22**	**156542.13**	**70663.55**	**43518.96**	**17523.95**	**23888749**	**1082278**	**71504**

全国历年林业投资完成情况(一)

单位:万元

年 份	林业投资完成额	其中:国家投资
1950 年	1010	1010
1951 年	1666	1666
1952 年	5524	5524
三年恢复时期	**8199**	**8200**
1953 年	13874	13874
1954 年	12415	12415
1955 年	11483	11483
1956 年	17733	17733
1957 年	21393	21393
“一五”时期	**76897**	**76898**
1958 年	32666	32666
1959 年	61240	51648
1960 年	84021	74052
1961 年	34396	31284
1962 年	39329	29085
“二五”时期	**251652**	**218735**
1963 年	63498	52506
1964 年	81209	68759
1965 年	80974	69974
三年调整时期	**225680**	**191239**
1966 年	79469	62657
1967 年	60233	44232
1968 年	47492	34054
1969 年	56252	39680
1970 年	62235	42977
“三五”时期	**305681**	**223600**
1971 年	76123	50339
1972 年	89978	58055
1973 年	93597	64052
1974 年	99317	63436
1975 年	98806	55519
“四五”时期	**457821**	**291401**
1976 年	68669	49659
1977 年	58757	46008
1978 年	108360	65604
1979 年	141326	91364
1980 年	144954	68481
“五五”时期	**522066**	**321116**

全国历年林业投资完成情况(二)

单位:万元

年　份	林业投资完成额	其中:国家投资
1981 年	140752	64928
1982 年	168725	70986
1983 年	164399	77364
1984 年	180111	85604
1985 年	183303	81277
“六五”时期	**837291**	**380159**
1986 年	231994	83613
1987 年	247834	97348
1988 年	261413	91504
1989 年	237553	90604
1990 年	246131	107246
“七五”时期	**1224925**	**470315**
1991 年	272236	134816
1992 年	329800	138679
1993 年	409238	142025
1994 年	476997	141198
1995 年	563972	198678
“八五”时期	**2052243**	**755396**
1996 年	638626	200898
1997 年	741802	198908
1998 年	874648	374386
1999 年	1084077	594921
2000 年	1677712	1130715
“九五”时期	**5016865**	**2499828**
2001 年	2095636	1551602
2002 年	3152374	2538071
2003 年	4072782	3137514
2004 年	4118669	3226063
2005 年	4593443	3528122
“十五”时期	**18032904**	**13981372**
2006 年	4957918	3715114
2007 年	6457517	4486119
2008 年	9872422	5083432
2009 年	13513349	7104764
2010 年	15533217	7452396
“十一五”时期	**50334423**	**27841825**
2011 年	26326068	11065990
2012 年	33420880	12454012
2013 年	37822690	13942080
“十二五”时期	**97569638**	**37462082**
总　计	**176916285**	**84722166**

附录六

2004～2013年主要林产品进出口情况

ANNEX Ⅵ

2004～2013 年主要林产品

产品			2004 年	2005 年	2006 年	2007 年
总计		**出口**	**16300854**	**20574172**	**26377042**	**31930993**
		进口	**19939912**	**22102107**	**25798689**	**32360169**
原木	针叶原木	出口	—	91	94	17
		进口	1168493	1387979	1713618	2404879
	阔叶原木	出口	1959	1950	1275	1194
		进口	1635825	1855561	2215648	2950955
	合计	出口	1959	2040	1368	1211
		进口	2804318	3243540	3929266	5355834
锯材		出口	219843	281431	356490	392669
		进口	1387144	1516885	1697715	1774871
单板		出口	120710	128529	171508	200086
		进口	109913	121181	118163	135718
特形材		出口	278238	557133	731094	519003
		进口	15043	25099	27429	21636
刨花板		出口	21394	18396	25183	34758
		进口	123197	115461	101730	106352
纤维板		出口	125121	396067	635782	1085801
		进口	272725	229268	195714	168916
胶合板		出口	1249941	1879039	2910501	3577941
		进口	384280	276681	197174	170383
木制品		出口	2934699	3139195	3791812	3828644
		进口	52953	49605	61572	70251
家具		出口	5229343	6843165	8783827	10683050
		进口	72706	87217	117585	220383
木片		出口	102486	92893	64321	25249
		进口	39929	122141	119140	158338
木浆		出口	925	10728	16480	27487
		进口	3526709	3694780	4354322	5498741
废纸		出口	24	8	5	18
		进口	1726999	2457178	2748047	4041970
纸和纸制品		出口	768335	1060777	1457284	1844016
		进口	4637510	4387339	4215202	4287379
木炭		出口	39067	22501	26111	20114
		进口	2809	6070	5922	9914
松香		出口	163850	254515	365260	274265
		进口	4392	4849	5815	6686

进出口金额(一)

单位:千美元

2008 年	2009 年	2010 年	2011 年	2012 年	2013 年
33488310	**36316317**	**46316686**	**55033714**	**58690787**	**64454614**
38439466	**33902486**	**47506554**	**65299100**	**61948082**	**64088332**
21	274	51	38	1724	—
2414186	2234430	3240796	4864608	7250935	5114048
965	4306	10475	6730	—	6656
2769073	1852088	2830298	3408524	3760576	4203304
986	4580	10526	6768	1724	6656
5183259	4086518	6071094	8273132	3490359	9317352
412265	346344	342001	360493	331346	325737
2039427	2327863	3878172	5721322	5524195	6829924
243925	172678	210865	273559	234420	235983
98504	63736	88064	118568	135155	142005
448662	371345	433189	377244	359769	334364
19774	15547	19708	29668	30988	28193
45873	32712	41387	56411	66454	93181
91859	88913	114283	122232	116921	127891
1094538	884401	1114253	1435693	1613657	1523620
140415	119570	124654	107114	93740	100575
3400530	2523949	3402140	4339929	4795625	5033698
167469	89042	116042	119681	119546	103104
3522246	3324597	4114612	4536235	4854951	5160484
75033	84081	121953	156709	274723	500161
11017339	12035202	16157214	17118709	18331201	19440770
311952	297671	387711	546457	596047	707904
9034	887	558	726	30	57
182490	353802	673817	1159600	1331814	1554275
6916	22351	11344	34119	12694	14008
6660933	6795615	8774104	11852421	10904715	11316770
1	48	119	616	691	418
5556926	3796054	5352897	6967452	6275973	5930000
2070567	6129326	7554688	10454553	11800706	14232066
4363240	3879784	4610590	5055272	4600238	4373700
22979	26065	35748	39094	44428	64472
14663	17552	22952	44877	58017	62857
271944	181729	486750	593328	268287	272145
4739	6104	8830	8577	17549	47616

2004～2013 年主要林产品

产品			2004 年	2005 年	2006 年	2007 年
水果	柑橘属	出口	105020	143383	161510	257633
		进口	48433	44859	54642	54670
	鲜苹果	出口	274407	306313	372552	512645
		进口	29417	25428	25277	34674
	鲜梨	出口	90665	122078	147713	161765
		进口	234	52	23	16
	鲜葡萄	出口	7382	9982	19234	32944
		进口	67482	82385	69654	63180
	山竹果	出口	10	1	1	—
		进口	29764	39547	25217	62230
	鲜榴莲	出口	1	—	—	—
		进口	52501	47863	53929	71250
	鲜龙眼	出口	1131	1348	2160	2718
		进口	69286	73265	85219	98239
	鲜火龙果	出口	—	—	—	—
		进口	—	—	—	—
坚果	核桃	出口	31043	46112	56691	53887
		进口	2648	3767	6324	6218
	板栗	出口	58461	49803	57404	62244
		进口	21813	21993	20264	18304
	松子仁	出口	68896	76324	103081	81610
		进口	100	154	63	1091
	开心果	出口	4800	6403	5488	5906
		进口	17432	19252	14664	43178
干果	梅干及李干	出口	1568	1073	970	2136
		进口	972	591	1071	1500
	龙眼干、肉	出口	1041	883	1079	1018
		进口	28730	26933	32991	52849
	柿饼	出口	13210	16314	12105	15983
		进口	11	43	37	18
	红枣	出口	10942	11561	10717	10709
		进口	25	1	5	3
	葡萄干	出口	18397	21762	30880	36329
		进口	14666	15747	15695	17917
果汁	柑橘属果汁	出口	3347	3974	7402	10525
		进口	50443	62562	85830	122646
	苹果汁	出口	325345	458169	594846	1243994
		进口	1042	412	297	1224
其他		出口	4029252	4612272	5456183	6924636
		进口	4344283	5299957	7412689	9683594

注：1. 资料来源：海关总署信息中心；

2. 木浆中未包括从回收纸与纸板中提取的木浆；

3. 纸和纸制品中未包括回收纸和纸板及印刷品等；

4. 2004～2008 年以造纸工业纸浆消耗价值中原生木浆价值的比例将从回收的纸与纸板中提取的纤维浆、回收纸与纸为：2004～2006 年取 0.22，2007 年取 0.214，2008 年取 0.221，2009 年取 0.80，2010 年为 0.78，2011 年为 0.80，

5. 2004～2008 年以造纸工业纸浆消耗价值中原生木浆价值的比例将纸和纸制品出口额折算为木制林产品价值，2009～2008 年取 0.26，2009 年取 0.81，2010 年取 0.79，2011 年取 0.81，2012 年取 0.86，2013 年取 0.89；

6. 印刷品、手稿、打字稿等的进(出)口额＝进(出)口折算量×纸和纸制品的平均价格。

进出口金额(二)

单位:千美元

2008 年	2009 年	2010 年	2011 年	2012 年	2013 年
437373	592697	615797	726457	971902	1155959
67312	74224	106072	148576	150776	166152
698398	713518	831627	914326	959913	1030074
45188	54108	75932	115830	92578	67465
215087	220716	243263	285559	325154	361737
27	23	75	1043	3793	6041
47437	85926	104943	162273	336036	268561
95018	172077	189471	324280	425205	514608
—	—	1	1	1	0
69565	144383	147018	145837	196000	231455
—	—	1	4	—	—
92850	124373	149562	234304	399762	543165
2770	857	711	2451	2813	2158
124192	157334	193182	314287	395965	448088
121	161	300	719	1093	736
55236	94538	105305	200154	326473	410163
60224	19849	24536	47654	54660	63087
12624	28502	48596	55204	73373	61000
62981	68208	73434	75865	85864	84255
18531	18108	22090	17893	26937	24578
47675	142974	159277	153902	174671	212315
6955	7875	5619	21990	22467	26953
13098	5622	7334	10889	35959	28830
76554	77461	203136	116623	134940	80886
1942	2311	3844	4943	6766	6479
1783	2865	4942	8274	9718	9745
1005	1249	1742	1674	1868	1535
53530	88737	64630	86455	82020	86062
10630	9098	13896	11100	16040	13476
—	—	—	1	—	—
12187	17399	17447	22611	26808	24638
14	20	90	58	70	8
47225	65311	69960	102067	73901	83392
19686	18340	23010	34943	41525	37881
14424	14218	16064	19946	11107	11209
97790	106311	109036	172899	153505	155367
1130079	655526	747088	1081240	1142004	906622
4634	718	606	1087	1383	2269
8116983	7640042	9459801	11782556	11746517	13455234
7559270	6718656	9727522	23016281	14830100	10756768

板出口额折算为木制林产品价值，2009～2012 年按木纤维浆(原生木浆和废纸中的木浆)价值比例折算，各年的折算系数
2012 年为 0. 85，2013 年为 0. 88；
2010 年按木纤维浆(原生木浆和废纸中的木浆)价值比例折算，各年的折算系数为：2004～2006 年取 0. 27，2007 年取 0. 26，

2004~2013 年主要林产品

产品			单位	2004 年	2005 年	2006 年	2007 年
原木	针叶原木	出口	立方米	—	742	113	66
		进口	立方米	16003654	18270100	19717608	23270909
	阔叶原木	出口	立方米	6137	6185	4169	3655
		进口	立方米	10304868	11097886	12435326	13861696
	合计	出口	立方米	6137	6927	4282	3721
		进口	立方米	26308522	29367986	32152934	37132605
锯材		出口	立方米	489331	682072	829990	763544
		进口	立方米	6051670	6054178	6153148	6557793
单板		出口	立方米	110498	104091	143893	152746
		进口	立方米	154142	151800	134002	130215
特形材		出口	吨	221247	424922	518926	363790
		进口	吨	11962	13127	16523	13755
刨花板		出口	立方米	130751	95035	141658	179824
		进口	立方米	652594	633972	541102	524918
纤维板		出口	立方米	509945	1376697	1968316	3056768
		进口	立方米	1377045	1137113	924481	702512
胶合板		出口	立方米	4305484	5583972	8303695	8715903
		进口	立方米	799298	589120	413429	304098
木制品		出口	吨	1983984	2009708	2304919	2207534
		进口	吨	37844	39018	47047	52585
家具		出口	件	175777874	211601212	248149710	280364654
		进口	件	851909	863112	1290094	2468740
木片		出口	吨	1094162	880655	596242	214540
		进口	吨	302680	871274	895437	1139607
木浆		出口	吨	1504	20456	32007	50781
		进口	吨	7214995	7520149	7881293	8383914
废纸		出口	吨	163	30	24	108
		进口	吨	12306851	17036170	19623353	22562110
纸和纸制品		出口	吨	576634	790907	1145650	1457278
		进口	吨	6376108	5465318	4604689	4208691
木炭		出口	吨	68141	37497	46652	42643
		进口	吨	31066	43013	39406	75003
松香		出口	吨	342888	347455	367148	329214
		进口	吨	2152	2345	2872	3122

进出口数量(一)

2008年	2009年	2010年	2011年	2012年	2013年
100	851	174	41	—	—
18577008	20302606	24274023	31465280	26769151	33163602
2725	11885	28208	14339	3569	13128
10992626	7756655	10073466	10860568	11123565	11995831
2825	12736	28382	14380	3569	13128
29569634	28059261	34347489	42325848	37892716	45159433
717475	561106	539433	544194	479847	458284
7181828	9935167	14812175	21606705	20669661	24042966
146283	114327	158158	246914	205644	204347
91894	72327	109517	200231	342983	599518
310052	251560	302159	254144	247267	225281
12333	7953	10513	13442	14108	11818
193171	124944	165527	86786	216685	271316
374137	446543	539368	547030	540749	586779
2382562	2031141	2569456	3291031	3609069	3068658
504505	452979	400071	306210	211524	226156
7185060	5634800	7546940	9572461	10032149	10263412
293937	179178	213672	188371	178781	154695
1750049	1563994	1858712	1876915	1865571	1935606
60187	39734	43652	55484	198006	445186
242633034	247470421	298327198	289157492	286991126	287405234
3147981	3298999	4361353	5497244	6368316	7384560
73014	7247	5342	5094	69	69
1056387	2766012	4631704	6565328	7580364	9157137
10628	35045	14433	31520	19504	22759
9460349	13578483	11299952	14354611	16380763	16781790
4	220	621	2853	2067	923
24205826	27501707	24352214	27279353	30067145	29236781
1356450	4802753	5157993	5997827	6444274	7622315
3735959	3495948	3536533	3477712	3254368	2971246
50976	54922	63398	67463	64192	75550
136266	156678	175518	188697	167655	209273
276517	193291	249801	231148	167784	133136
1076	2927	3589	2659	9918	30413

2004～2013年主要林产品

产品			单位	2004年	2005年	2006年	2007年
水果	柑橘属	出口	吨	361385	465623	435127	564471
		进口	吨	66889	61530	78931	74421
	鲜苹果	出口	吨	774131	824050	804226	1019840
		进口	吨	37281	33204	31075	36396
	鲜梨	出口	吨	318218	368298	375298	405189
		进口	吨	500	81	16	14
	鲜葡萄	出口	吨	17800	21257	34293	55790
		进口	吨	58887	57490	46021	42775
	山竹果	出口	吨	2	3	1	—
		进口	吨	30811	35200	17161	40404
	鲜榴莲	出口	吨	1	—	—	—
		进口	吨	85500	75371	85220	105667
	鲜龙眼	出口	吨	1547	3251	3150	3560
		进口	吨	109418	143375	168482	174625
	鲜火龙果	出口	吨	—	—	—	—
		进口	吨	—	—	—	—
坚果	核桃	出口	吨	25805	32267	33617	28081
		进口	吨	2687	3717	6290	7813
	板栗	出口	吨	37581	37065	43379	45409
		进口	吨	13503	13763	13343	11151
	松子仁	出口	吨	9542	11655	9948	7882
		进口	吨	70	27	8	196
	开心果	出口	吨	3572	4992	3931	3953
		进口	吨	9473	11965	9129	19290
干果	梅干及李干	出口	吨	1697	663	484	736
		进口	吨	1010	503	1095	1372
	龙眼干、肉	出口	吨	311	250	287	254
		进口	吨	55461	44385	58895	80996
	柿饼	出口	吨	11067	11603	7122	8546
		进口	吨	21	59	123	7
	红枣	出口	吨	15796	13080	9539	9496
		进口	吨	26	1	1	1
	葡萄干	出口	吨	12122	13392	23392	25680
		进口	吨	10772	11274	11109	12338
果汁	柑橘属果汁	出口	吨	3266	3848	8984	11941
		进口	吨	48255	60814	64454	65324
	苹果汁	出口	吨	487139	648463	673047	1042326
		进口	吨	1344	461	348	1028

注：1. 资料来源：海关总署信息中心；

2. 表中数据体积与重量按刨花板650千克/立方米，单板750千克/立方米的标准换算；2004～2006年纤维板分别按硬质准：密度＞800千克/立方米的取950千克/立方米、500千克/立方米＜密度＜800千克/立方米的取650千克/立方米、350

3. 木浆中未包括从回收纸和纸板中提取的木浆；

4. 纸和纸制品中未包括回收的废纸和纸板、印刷品、手稿等；

5. 2004～2008年废纸、纸和纸制品出口量按纸和纸产品中的原生木浆比例折算，2009～2012年按木纤维浆（原生木浆和2007年为0.214；2008年为0.221；2009年为0.80；2010年为0.78；2011年为0.80；2012年为0.85；2013年为0.88；

6. 核桃进（出）口量包括未去壳核桃和核桃仁的折算量，其中核桃仁的折算量是以40%的出仁率将核桃仁数量折算为未栗数量折算为未去壳板栗数量；开心果进（出）口量包括未去壳开心果和去壳开心果的折算量，其中去壳开心果的折算量

7. 柑橘属水果中包括橙、葡萄柚、柚、蕉柑、其他柑橘、柠檬酸橙、其他柑橘属水果。

进出口数量(二)

2008年	2009年	2010年	2011年	2012年	2013年
862105	1113002	933089	901557	1082217	1041421
79946	91652	105275	131739	126154	128621
1153326	1174191	1122953	1034635	975878	994664
42395	54116	66882	77085	61505	38642
446656	463159	437804	402778	409584	381374
9	13	13	527	2479	3122
63303	100225	89359	106477	152292	105152
51613	89775	81744	122909	168409	185228
—	—	1	4	1	0
41084	91719	90918	83573	101141	112945
—	—	4	11	—	—
138929	196147	172205	210938	286510	321950
2221	945	1177	1704	1894	1892
196451	256037	291336	338846	323328	365227
282	418	440	430	607	347
118248	195044	218355	339710	469245	538542
26179	10582	12086	17952	18024	18189
9033	21102	25918	22837	27801	28385
40920	46640	37002	37767	35081	39046
11890	10820	11983	9197	10666	11788
4178	7862	7027	9633	11579	10683
882	935	503	2481	2279	1948
7691	2469	3382	5178	11008	5193
29605	21545	52781	24952	28039	13651
475	551	954	1157	1522	1504
1552	3034	5635	9065	8269	6838
222	232	283	264	248	193
76117	133616	62036	77370	58551	64471
5660	5001	6505	4657	6080	5036
—	—	—	—	—	—
7884	8668	7686	6873	8522	7784
17	5	51	37	17	1
30620	41345	39850	47959	30633	36005
12570	11743	13855	20624	22358	20073
16895	20220	22563	20541	6102	5661
47566	65108	71364	78156	61904	70459
692574	799505	788409	613912	591633	601490
2270	467	464	819	1034	1769

纤维板950千克/立方米、中密度纤维板650千克/立方米、绝缘板250千克/立方米的标准折算;2007~2013年纤维板折算标
千克/立方米<密度<500千克/立方米的取425千克/立方米、密度<350千克/立方米的取250千克/立方米;

废纸中的木浆)比例折算,纸和纸制品出口量按纸和纸产品中木浆比例折算,出口量的折算系数:2004~2006年为0.22;

去壳的核桃数量;板栗进(出)口量包括未去壳板栗和去壳板栗的折算量,其中去壳板栗的折算量是以80%的出仁率将去壳板
是以50%的出仁率将去壳开心果数量折算为未去壳开心果数量;

附录七

野生动植物进出口情况

ANNEX Ⅶ

全国野生动植物进出口情况(一)

指标名称				单位	2013 年
一、进出口证明书核发数量				**份**	**31649**
1. 进口	小计			份	13989
	动物			份	12779
	植物			份	1210
2. 出口	小计			份	15901
	动物			份	2272
	植物			份	13629
3. 再出口	小计			份	1759
	动物			份	1540
	植物			份	219
二、物种证明核发数量				**份**	**33921**
1. 进口	小计			份	25449
	动物			份	6451
	植物			份	18998
2. 出口	小计			份	8472
	动物			份	2327
	植物			份	6145
三、进出口管理费				**万元**	**4081**
1. 进口	小计			万元	1989
	动物			万元	1442
	植物			万元	547
2. 出口	小计			万元	2092
	动物			万元	923
	植物			万元	1169
四、进出口贸易额				**万元**	**6596894**
(一)进出口证明书贸易额	合计			万元	427064
	1. 进口	小计		万元	158887
		动物	计	万元	104376
			观赏活体类	万元	17960
			实验类	万元	306
			毛皮类	万元	72967
			食用类	万元	1433
			药用或中成药类	万元	1498
			其他	万元	10212
		植物	计	万元	54512
			观赏类	万元	866
			食用类	万元	1868
			用材类	万元	32981
			药用或中成药类	万元	17830
			其他	万元	967

全国野生动植物进出口情况(二)

指标名称				单位	2013 年
(一)进出口证明书贸易额	2. 出口	小计		万元	122610
		动物	计	万元	77265
			观赏活体类	万元	970
			实验类	万元	23258
			毛皮类	万元	268
			食用类	万元	6587
			药用或中成药类	万元	45069
			其他	万元	1113
		植物	计	万元	45345
			观赏类	万元	4335
			食用类	万元	27651
			用材类	万元	35
			药用或中成药类	万元	13004
			其他	万元	320
	3. 再出口	小计		万元	145567
		动物	计	万元	138081
			观赏活体类	万元	69
			实验类	万元	—
			毛皮类	万元	1825
			食用类	万元	128981
			药用或中成药类	万元	152
			其他	万元	7055
		植物	计	万元	7486
			观赏类	万元	39
			食用类	万元	1560
			用材类	万元	0
			药用或中成药类	万元	5875
			其他	万元	11
(二)物种证明贸易额	合计			万元	6169829
	1. 进口	小计		万元	5682486
		动物		万元	138300
		植物		万元	5544186
	2. 出口	小计		万元	487344
		动物		万元	60212
		植物		万元	427132

各办事处野生动植物

单 位	进出口证明书核发数量(份)									
	合计	进口			出口			再出口		
		小计	动物	植物	小计	动物	植物	小计	动物	植物
总 计	**31649**	**13989**	**12779**	**1210**	**15901**	**2272**	**13629**	**1759**	**1540**	**219**
濒管办北京办事处(北京)	2478	1798	1750	48	628	446	182	52	52	—
濒管办北京办事处(天津)	340	91	87	4	244	93	151	5	5	—
濒管办北京办事处(石家庄)	80	32	32	—	12	4	8	36	36	—
濒管办内蒙古自治区办事处	12	7	7	—	5	—	5	—	—	—
濒管办长春办事处	2549	82	52	30	2435	93	2342	32	22	10
濒管办黑龙江省办事处	23	21	18	3	2	2	—	—	—	—
濒管办上海办事处(上海)	8953	7982	7809	173	747	493	254	224	209	15
濒管办上海办事处(杭州)	194	101	86	15	93	79	14	—	—	—
濒管办福州办事处	1229	234	95	139	521	50	471	474	472	2
濒管办合肥办事处(济南)	487	188	112	76	267	11	256	32	32	—
濒管办武汉办事处(郑州)	31	28	2	26	3	1	2	—	—	—
濒管办广州办事处(广州)	6109	3255	2649	606	1950	814	1136	904	712	192
濒管办广州办事处(海口)	169	54	23	31	115	113	2	—	—	—
濒管办成都办事处(成都)	1398	48	43	5	1350	25	1325	—	—	—
濒管办成都办事处(拉萨)	9	—	—	—	9	—	9	—	—	—
濒管办云南省办事处	7490	61	8	53	7429	32	7397	—	—	—
濒管办西安办事处	91	5	4	1	86	11	75	—	—	—
濒管办乌鲁木齐办事处	7	2	2	—	5	5	—	—	—	—
濒管办贵阳办事处	—	—	—	—	—	—	—	—	—	—

注:北京、上海、合肥、武汉、广州、成都办事处下辖多个证书核发点。

进出口情况(一)

物种证明核发数量(份)							进出口管理费(万元)						
合计	进口			出口			合计	进口			出口		
	小计	动物	植物	小计	动物	植物		小计	动物	植物	小计	动物	植物
33921	**25449**	**6451**	**18998**	**8472**	**2327**	**6145**	**4081**	**1989**	**1442**	**547**	**2092**	**923**	**1169**
716	641	305	336	75	14	61	379	164	134	30	215	159	56
263	121	43	78	142	142	—	55	11	11	—	44	9	35
75	39	17	22	36	32	4	10	9	9	—	—	—	—
6	6	2	4	—	—	—	3	1	—	1	2	—	2
3740	573	388	185	3167	343	2824	83	14	12	3	69	8	61
509	11	—	11	498	—	498	1	1	1	1	—	—	—
6559	5803	2193	3610	756	229	527	939	819	681	139	119	91	28
1327	764	278	486	563	172	391	72	24	22	2	48	46	2
1307	967	747	220	340	8	332	223	39	5	35	183	168	16
552	350	61	289	202	56	146	26	16	11	5	10	1	9
54	23	1	22	31	3	28	3	3	—	3	—	—	—
16631	14483	2325	12158	2148	1243	905	1125	729	541	188	396	368	28
164	92	5	87	72	69	3	27	6	5	1	21	21	—
168	79	78	1	89	6	83	482	29	7	22	453	18	436
18	18	—	18	—	—	—	20	—	—	—	20	—	20
1558	1390	1	1389	168	8	160	569	121	3	118	448	31	417
182	3	2	1	179	—	179	63	1	1	—	62	1	61
92	86	5	81	6	2	4	1	—	—	—	1	1	—
—	—	—	—	—	—	—	—	—	—	—	—	—	—

各办事处野生动植物

单位	总计	进出口								
		进出口证明书								
		合计	进口							
			小计	动物						
				计	观赏活体类	实验类	毛皮类	食用类	药用或中成药类	其他
总计	**6596894**	**427064**	**158887**	**104376**	**17960**	**306**	**72967**	**1433**	**1498**	**10212**
濒管办北京办事处(北京)	180515	29049	9771	8104	226	98	6938	—	655	188
濒管办北京办事处(天津)	8049	5239	1039	1023	624	—	169	—	—	230
濒管办北京办事处(石家庄)	2002	654	595	595	392	—	201	—	—	2
濒管办内蒙古自治区办事处	1485	416	19	19	19	—	—	—	—	—
濒管办长春办事处	146949	4392	1277	1134	523	12	66	—	23	510
濒管办黑龙江省办事处	254129	346	323	291	242	—	4	—	—	45
濒管办上海办事处(上海)	393217	94983	61237	51689	227	5	44254	—	—	7204
濒管办上海办事处(杭州)	57233	4120	1606	1431	991	191	188	23	—	38
濒管办福州办事处	154949	140622	2796	450	282	—	2	87	—	79
濒管办合肥办事处(济南)	7499	2530	1453	1020	846	—	174	—	—	—
濒管办武汉办事处(郑州)	846	212	170	2	2	—	—	—	—	—
濒管办广州办事处(广州)	4857413	84639	56341	36606	13439	—	20348	1324	820	674
濒管办广州办事处(海口)	50008	1568	548	516	39	—	156	—	—	321
濒管办成都办事处(成都)	23416	22765	4138	1271	—	—	465	—	—	806
濒管办成都办事处(拉萨)	832	678	—	—	—	—	—	—	—	—
濒管办云南省办事处	445594	32812	17435	89	—	—	—	—	—	89
濒管办西安办事处	4023	2035	139	134	107	—	—	—	—	27
濒管办乌鲁木齐办事处	8735	5	1	1	—	—	—	—	—	—
濒管办贵阳办事处	—	—	—	—	—	—	—	—	—	—

进出口情况(二)

贸易额(万元)													
贸易额													
						出口							
植物						小计	动物						
计	观赏类	食用类	用材类	药用或中成药类	其他		计	观赏活体类	实验类	毛皮类	食用类	药用或中成药类	其他
54512	**866**	**1868**	**32981**	**17830**	**967**	**122610**	**77265**	**970**	**23258**	**268**	**6587**	**45069**	**1113**
1666	34	—	118	1511	3	19111	16428	502	939	42	—	14940	5
16	—	—	—	16	—	4056	2923	—	6	—	—	2914	3
—	—	—	—	—	—	40	9	—	—	2	—	7	—
—	—	—	—	—	—	189	50	50	—	—	—	—	—
142	—	—	—	142	—	2633	254	2	—	—	—	237	16
32	—	—	32	—	—	23	—	—	—	—	—	—	—
9547	80	1836	4014	2936	681	6412	4543	4	1152	172	3215	—	—
176	6	—	91	78	—	2513	2402	—	—	—	2401	—	1
2346	15	—	2128	—	203	27637	26605	—	—	—	29	26576	—
433	432	—	—	1	—	945	327	—	—	3	—	324	—
168	—	—	—	168	—	42	—	—	—	—	—	—	—
19735	259	—	9794	9603	79	21406	19633	—	18219	—	317	11	1087
32	—	32	—	—	—	1020	1020	412	563	45	—	—	—
2867	—	—	—	2867	—	18627	1065	—	440	—	624	—	1
—	—	—	—	—	—	678	—	—	—	—	—	—	—
17346	41	—	16798	507	—	15377	1939	—	1939	—	—	—	—
5	—	—	5	—	—	1896	62	—	—	—	—	61	1
—	—	—	—	—	—	4	4	—	—	4	—	—	—
—	—	—	—	—	—	—	—	—	—	—	—	—	—

各办事处野生动植物

单位	进出口								
	进出口证明书								
	出口						小计		
	植物								
	计	观赏类	食用类	用材类	药用或中成药类	其他		计	观赏活体类
总计	**45345**	**4335**	**27651**	**35**	**13004**	**320**	**145567**	**138081**	**69**
濒管办北京办事处(北京)	2683	56	—	—	2626	—	167	167	—
濒管办北京办事处(天津)	1133	562	210	—	361	—	144	144	—
濒管办北京办事处(石家庄)	31	—	—	—	31	—	19	17	—
濒管办内蒙古自治区办事处	139	39	—	—	100	—	208	69	69
濒管办长春办事处	2379	2	1556	—	817	3	482	469	—
濒管办黑龙江省办事处	23	—	23	—	—	—	—	—	—
濒管办上海办事处(上海)	1869	1083	—	—	786	—	27334	25774	—
濒管办上海办事处(杭州)	111	30	—	—	81	—	—	—	—
濒管办福州办事处	1032	1012	—	—	20	—	110189	110180	—
濒管办合肥办事处(济南)	618	362	—	—	256	—	132	132	—
濒管办武汉办事处(郑州)	42	—	—	35	7	—	—	—	—
濒管办广州办事处(广州)	1772	977	14	—	781	—	6892	1130	—
濒管办广州办事处(海口)	—	—	—	—	—	—	—	—	—
濒管办成都办事处(成都)	17562	21	12129	—	5412	—	—	—	—
濒管办成都办事处(拉萨)	678	—	678	—	—	—	—	—	—
濒管办云南省办事处	13438	191	11759	—	1488	—	—	—	—
濒管办西安办事处	1834	—	1280	—	237	316	—	—	—
濒管办乌鲁木齐办事处	—	—	—	—	—	—	—	—	—
濒管办贵阳办事处	—	—	—	—	—	—	—	—	—

进出口情况(三)

贸易额(万元)										
贸易额										
再出口										
动物					植物					
实验类	毛皮类	食用类	药用或中成药类	其他	计	观赏类	食用类	用材类	药用或中成药类	其他
—	**1825**	**128981**	**152**	**7055**	**7486**	**39**	**1560**	**0**	**5875**	**11**
—	80	—	1	86	—	—	—	—	—	—
—	—	—	144	—	—	—	—	—	—	—
—	10	—	—	8	2	—	—	—	—	2
—	—	—	—	—	139	39	—	—	100	—
—	13	—	7	449	13	—	—	—	13	—
—	—	—	—	—	—	—	—	—	—	—
—	675	18801	—	6298	1560	—	1560	—	—	—
—	—	—	—	—	—	—	—	—	—	—
—	—	110180	—	—	9	—	—	—	—	9
—	132	—	—	—	—	—	—	—	—	—
—	—	—	—	—	—	—	—	—	—	—
—	915	—	—	215	5762	—	—	—	5762	—
—	—	—	—	—	—	—	—	—	—	—
—	—	—	—	—	—	—	—	—	—	—
—	—	—	—	—	—	—	—	—	—	—
—	—	—	—	—	—	—	—	—	—	—
—	—	—	—	—	—	—	—	—	—	—
—	—	—	—	—	—	—	—	—	—	—
—	—	—	—	—	—	—	—	—	—	—

各办事处野生动植物进出口情况(四)

单 位	进出口贸易额(万元)						
	物种证明贸易额						
	合计	进口			出口		
		小计	动物	植物	小计	动物	植物
总计	**6169829**	**5682486**	**138300**	**5544186**	**487344**	**60212**	**427132**
濒管办北京办事处(北京)	151466	150560	16571	133988	907	214	693
濒管办北京办事处(天津)	2810	2709	410	2299	101	101	—
濒管办北京办事处(石家庄)	1347	600	289	311	747	713	35
濒管办内蒙古自治区办事处	1069	1069	452	617	—	—	—
濒管办长春办事处	142558	16458	13509	2949	126099	7093	119006
濒管办黑龙江省办事处	253783	4612	4612	—	249171	—	249171
濒管办上海办事处(上海)	298234	277063	40637	236427	21171	2685	18486
濒管办上海办事处(杭州)	53113	33963	8001	25962	19150	2437	16712
濒管办福州办事处	14326	8485	1563	6922	5841	104	5737
濒管办合肥办事处(济南)	4969	1170	672	498	3799	216	3583
濒管办武汉办事处(郑州)	634	352	106	246	282	77	205
濒管办广州办事处(广州)	4772774	4760271	51317	4708954	12503	6572	5932
濒管办广州办事处(海口)	48440	8941	29	8912	39499	39487	12
濒管办成都办事处(成都)	652	14	11	3	638	32	606
濒管办成都办事处(拉萨)	154	154	—	154	—	—	—
濒管办云南省办事处	412782	407333	4	407329	5449	462	4987
濒管办西安办事处	1988	44	42	3	1944	—	1944
濒管办乌鲁木齐办事处	8731	8688	75	8613	43	20	23
濒管办贵阳办事处	—	—	—	—	—	—	—

附录八

世界主要国家林业情况

ANNEX Ⅷ

2010年世界主要国家森林面积及变化

国家(地区)	土地面积(千公顷)	2010年森林面积			2000~2010年森林面积年变化量(千公顷)	2000~2010年森林覆盖率年变化率(%)	2010年活立木生物量中的碳储量	
		森林面积(千公顷)	占国土面积的百分比(%)	人均面积(公顷/千人)			活立木生物量中的碳储量(百万吨)	单位面积碳储量(吨/公顷)
世界合计	**13009550**	**4033060**	**31**	**597**	**-5211**	**-0.1**	**—**	**—**
非洲合计	**2964388**	**674419**	**23**	**683**	**-3414**	**-0.5**	**—**	**—**
中非共和国	62298	22605	36	5210	-30	-0.1	2861	127
刚果民主共和国	226705	154135	68	2399	-311	-0.2	19639	127
加蓬	25767	22000	85	15193	—	—	2710	123
苏丹	237600	69949	29	1692	-54	-0.1	1393	20
亚洲合计	**3093763**	**592512**	**19**	**145**	**2235**	**0.4**	**—**	**—**
日本	36450	24979	69	196	10	—	—	—
蒙古	155356	10898	7	4126	-82	-0.7	583	53
大韩民国	9692	6222	63	129	-7	-0.1	268	43
印度尼西亚	181157	94432	52	415	-498	-0.5	13017	138
老挝人民民主共和国	23080	15751	68	2538	-78	-0.5	1074	68
马来西亚	32855	20456	62	757	-114	-0.5	3212	157
缅甸	65352	31773	48	641	-310	-0.9	1654	52
泰国	51089	18972	37	282	-3	—	880	46
越南	31007	13797	44	158	207	1.6	992	72
欧洲合计	**2213507**	**1005001**	**45**	**1373**	**676**	**0.1**	**—**	**—**
芬兰	30390	22157	73	4177	-30	-0.1	832	38
法国	54766	15954	29	257	60	0.4	1208	76
德国	34863	11076	32	135	—	—	1405	127
意大利	29414	9149	31	153	78	0.9	558	61
俄罗斯联邦	1637687	809090	49	5722	-18	—	32500	40
西班牙	49911	18173	36	409	119	0.7	422	23
瑞典	41034	28203	69	3064	81	0.3	1255	45
北美洲和中美洲合计	**2132999**	**705393**	**33**	**1315**	**-10**	**—**	**—**	**—**
加拿大	909351	310134	34	9325	—	—	13908	45
墨西哥	194395	64802	33	597	-195	-0.3	2043	32
美利坚合众国	914742	304022	33	975	383	0.1	19308	64
大洋洲合计	**848655**	**191384**	**23**	**5478**	**-700**	**-0.4**	**—**	**—**
澳大利亚	768230	149300	19	7085	-562	-0.4	—	—
新西兰	26331	8269	31	1955	—	—	1292	156
巴布亚新几内亚	45286	28726	63	4368	-141	-0.5	2306	80
南美洲合计	**1756239**	**864351**	**49**	**2246**	**-3997**	**-0.5**	**—**	**—**
巴西	845942	519522	62	2706	-2642	-0.5	62607	121
智利	74353	16231	22	966	40	0.2	1349	83
哥伦比亚	110950	60499	55	1344	-101	-0.2	6805	112
苏里南	15600	14758	95	28656	-2	—	3165	214
委内瑞拉	88205	46275	52	1646	-288	-0.6	—	—

注:资料来源为联合国粮农组织《世界森林状况2011》。

2008年世界主要国家林产品产量、贸易量和消费量(一)

国家(地区)	工业原木(千立方米)				锯　材(千立方米)			
	产　量	进口量	出口量	消费量	产　量	进口量	出口量	消费量
世界总计	**1541971**	**119856**	**117050**	**1544777**	**400246**	**106365**	**116040**	**390570**
非洲合计	**72059**	**754**	**3449**	**69365**	**8412**	**4862**	**1307**	**11967**
刚果民主共和国	4452	5	156	4301	15	17	29	3
加蓬	3400	—	2178	1222	230	—	62	169
乌干达	3489	1	19	3471	117	4	1	121
南非	19867	60	273	19654	2056	488	55	2488
尼日利亚	9418	1	40	9379	2000	2	8	1994
亚洲合计	**244515**	**55212**	**7926**	**291801**	**88202**	**25319**	**5174**	**108347**
日本	17709	6766	49	24426	10884	6522	43	17363
大韩民国	2702	4896	—	7598	4366	564	8	4922
印度	23192	1768	14	24946	14789	48	40	14797
印度尼西亚	35551	120	685	34986	4330	318	73	4575
马来西亚	22744	217	4811	18150	4486	203	2514	2174
泰国	8700	159	—	8859	2868	387	384	2871
越南	5850	203	8	6045	5000	563	129	5433
欧洲合计	**507442**	**57383**	**76723**	**488103**	**136552**	**46939**	**72866**	**110625**
芬兰	45965	13371	710	58626	9881	468	5992	4357
法国	28366	2346	3505	27207	9690	3992	1077	12606
德国	46806	5758	7040	45524	23060	6303	12928	16435
意大利	2994	3478	33	6438	1384	6733	243	7874
波兰	30470	1868	369	31969	3786	918	481	4222
俄罗斯联邦	136700	286	36784	100202	21618	23	15258	6383
瑞典	64900	6781	2349	69332	17601	381	12006	5976
北美洲和中美洲合计	**480192**	**6428**	**13387**	**473233**	**119622**	**28148**	**28182**	**119588**
加拿大	132232	4608	2839	134001	41548	1754	24219	19083
墨西哥	6425	174	9	6590	2814	3468	64	6218
美利坚合众国	336895	1430	10200	328125	72869	22136	3703	91303
大洋洲合计	**52378**	**17**	**11290**	**41104**	**9617**	**711**	**2250**	**8079**
澳大利亚	27083	2	1065	26020	5064	575	377	5262
新西兰	20214	6	6684	13536	4341	42	1794	2589
巴布亚新几内亚	3040	—	2519	521	61	1	40	22
南美洲合计	**185385**	**61**	**4275**	**181171**	**37840**	**386**	**6262**	**31964**
巴西	115390	34	121	115303	24987	103	2102	22988
智利	39878	—	44	39834	7306	20	3335	3991
乌拉圭	7244	6	3818	3432	284	27	109	202

2008 年世界主要国家林产品产量、贸易量和消费量(二)

国家(地区)	人造板(千立方米)				纸　浆(千吨)				纸张和纸板(千吨)			
	产 量	进口量	出口量	消费量	产 量	进口量	出口量	消费量	产 量	进口量	出口量	消费量
世界总计	**268788**	**73257**	**78342**	**263702**	**193146**	**45087**	**47032**	**191201**	**389237**	**114797**	**115319**	**388715**
非洲合计	**2962**	**1019**	**574**	**3407**	**2632**	**515**	**437**	**2710**	**4285**	**3604**	**1153**	**6737**
刚果民主共和国	3	3	1	5	—	—	—	—	3	15	1	17
加蓬	267	1	80	188	—	—	—	—	—	6	—	5
乌干达	24	6	1	29	—	—	—	—	3	67	1	69
南非	973	130	42	1061	1939	85	195	1828	3033	544	974	2604
尼日利亚	95	68	3	161	23	35	1	57	19	357	1	375
亚洲合计	**120935**	**19796**	**24838**	**115893**	**44289**	**17556**	**3102**	**58743**	**153251**	**22555**	**15296**	**160510**
日本	4609	4656	42	9223	10706	1916	176	12447	28360	1544	1624	28280
大韩民国	3689	1825	37	5478	536	2482	—	3018	10642	804	2675	8771
印度	2592	126	65	2653	4048	432	21	4459	7600	1734	373	8961
印度尼西亚	4332	656	3329	1659	5282	813	2622	3473	7777	401	3574	4603
马来西亚	13054	785	6266	7573	124	220	10	334	1105	2016	308	2812
泰国	3788	186	2556	1417	935	398	125	1208	4108	756	1026	3838
越南	564	488	33	1018	626	132	—	758	1324	648	24	1948
欧洲合计	**77484**	**36291**	**36992**	**76783**	**50377**	**18336**	**14598**	**54114**	**112719**	**59126**	**69405**	**102440**
芬兰	1715	411	1287	839	12087	396	2226	10257	13549	497	11852	2195
法国	6168	2271	3065	5373	2220	1972	624	3568	9420	6144	4932	10632
德国	14674	5284	8783	11175	2909	4887	1002	6794	22842	11139	13254	20727
意大利	5136	2570	997	6709	664	3210	45	3828	9467	5048	3389	11125
波兰	8124	1887	2275	7735	1151	648	33	1766	3044	2843	1496	4391
俄罗斯联邦	10665	1594	2220	10039	7003	80	1875	5208	7700	1478	2634	6544
瑞典	875	1099	331	1644	12060	450	3412	9098	12557	985	10580	2962
北美洲和中美洲合计	**48499**	**14464**	**8741**	**54222**	**73012**	**7258**	**16193**	**64077**	**101476**	**22220**	**24537**	**99160**
加拿大	12220	3689	6153	9756	20405	337	9343	11399	15789	2914	12289	6414
墨西哥	398	1079	52	1425	345	1264	20	1589	5141	3956	445	8652
美利坚合众国	35576	9195	2498	42274	52244	5601	6828	51017	80178	13411	11707	81882
大洋洲合计	**3715**	**649**	**1342**	**3022**	**2741**	**384**	**801**	**2324**	**3412**	**2023**	**1292**	**4143**
澳大利亚	1662	545	427	1780	1195	348	10	1533	2541	1490	684	3347
新西兰	1939	73	900	1112	1546	32	791	787	871	472	600	743
巴布亚新几内亚	94	2	10	86	—	—	—	—	—	17	—	17
南美洲合计	**15193**	**1038**	**5856**	**10375**	**20096**	**1038**	**11902**	**9233**	**14093**	**5268**	**3635**	**15726**
巴西	8611	163	2757	6017	12697	330	7057	5971	8977	1268	2592	7654
智利	2657	179	2193	643	4981	13	4061	933	1391	523	586	1328
乌拉圭	176	55	137	94	967	9	603	373	90	83	37	136